Antilia

Du même auteur
aux Éditions du Rocher

CYCLE DE PHÉNIX

Phénix, 1986, réédité en deux tomes en 1998.
Graal, 1988, réédité en deux tomes en 1999.
La Malédiction de la licorne, 1990.
La Porte de bronze, 1994.

CYCLE LES ENFANTS DE L'ATLANTIDE

Le Prince déchu, 1994.
L'Archipel du soleil, 1995.
Le Crépuscule des géants, 1996.
La Lande maudite, 1996.

CYCLE LA PREMIÈRE PYRAMIDE

La Jeunesse de Djoser, 1996.
La Cité sacrée d'Imhotep, 1997.
La Lumière d'Horus, 1998.

BERNARD SIMONAY

Antilia

ou la découverte de l'Amérique antique

roman

ÉDITIONS DU
ROCHER
Jean-Paul Bertrand

ISBN 2 268 03332 5

AVANT-PROPOS

Bien que les voyages effectués par les Vikings sur les côtes d'Amérique du Nord vers le Xᵉ siècle aient été prouvés, les écoliers apprennent toujours que l'Amérique fut découverte par Christophe Colomb en 1492 pour le compte d'Isabelle la Catholique. Ces expéditions scandinaves sur les côtes canadiennes furent longtemps considérées comme impossibles par certains scientifiques frileux, jusqu'à ce que l'on en apporte des preuves irréfutables. Les Vikings se sont contentés de nouer des relations épisodiques avec les indigènes de la région du Saint-Laurent, et n'ont pas entrepris de conquête systématique. Sans doute est-ce pour cela que leurs voyages sont restés longtemps controversés.

À partir du XVIᵉ siècle, le vaste continent occidental fut *exploré*, afin, sous le couvert de la religion, de remplir d'or les caisses des souverains européens. Cette exploration se traduisit par un massacre systématique des autochtones. On estime que les deux Amériques comptaient environ soixante-quinze millions d'habitants avant l'arrivée de Colomb. Au début du XVIIᵉ siècle, soit à peine plus de deux cents ans plus tard, cinquante millions d'Indiens avaient péri, victimes de tueries et des maladies apportées par les Blancs. Ce génocide frappa tout d'abord les peuples d'Amérique centrale et méridionale. Depuis toujours, leurs croyances affirmaient que la fin du monde était cyclique, ce qui explique qu'ils acceptèrent, pour la plupart sans sourciller, de se laisser exterminer.

Cependant, un élément singulier attire l'attention dans les mythologies des civilisations amérindiennes, depuis les Olmèques, Mayas et autres Aztèques du Mexique jusqu'aux Incas des pays andins. Toutes comportent une légende annonçant le retour d'un dieu ancien. Ce dieu était appelé de noms différents suivant les pays, *Viracocha*, *Kukulkan*, *Bohica*, mais le plus connu d'entre eux était *Quetzalcoatl*. Le plus étrange était la description de celui que l'on appelle aussi le *Serpent à plumes*, ou encore le *Seigneur de l'Aurore* : « ***Il avait la peau blanche, et portait la barbe.*** »

Les Amérindiens ont pour ancêtres lointains des Asiatiques ayant franchi l'isthme qui reliait l'Asie et l'Alaska, avant la fin de la dernière glaciation de Würms, il y a douze mille ans. Ils appartiennent à la race dite mongoloïde, leur peau n'est pas blanche, et leur barbe n'est guère fournie. Comment les Amérindiens ont-ils pu imaginer une telle divinité sans avoir rencontré des hommes présentant les mêmes caractéristiques ?

Les missionnaires espagnols chargés d'évangéliser les Amérindiens mirent tout leur zèle à supprimer ce qui pouvait s'opposer à la pensée chrétienne. Ils détruisirent d'innombrables documents écrits – les Amérindiens connaissaient l'écriture ! – et réduisirent à néant des civilisations millénaires. Il faudra attendre le XIXe siècle et des passionnés comme Stephens et Catherwood, entre autres, pour redécouvrir ces civilisations. Mais ce fut seulement au XXe siècle que l'on commença à s'interroger sérieusement sur une hypothèse extraordinaire : les civilisations méditerranéennes antiques avaient-elles établi des relations avec les Américains ?

À la lumière des travaux de certains scientifiques éclairés, des faits troublants viennent appuyer cette hypothèse. Par exemple, on a retrouvé, dans des tombeaux d'Amérique centrale datant de l'époque précolombienne, des statuettes présentant des traits nettement sémites ou négroïdes. Les têtes géantes de la civilisation olmèque, que l'on peut admirer à La Venta et à San Lorenzo, ont la même caractéristique.

Plus surprenant encore, on a décelé, dans des momies égyptiennes authentifiées, des traces de nicotine et de cocaïne. Or, à l'époque pharaonique, le tabac et la coca ne poussaient ni en Afrique ni en Asie. Il peut bien sûr s'agir de variétés disparues, mais rien n'est moins sûr. Quantité de similitudes déconcertantes relient les deux mondes, architecture, coutumes, objets usuels...

L'hypothèse d'une Terre sphérique fut émise dès le XVe siècle avant J.-C. Les marins savaient depuis longtemps se repérer grâce aux étoiles. L'obstacle de l'océan n'était donc pas infranchissable pour les navigateurs de l'Antiquité. Thor Heyerdahl a prouvé, dans les années soixante-dix, avec la deuxième expédition *Râ*, que les navires égyptiens étaient tout à fait capables de traverser l'Atlantique. Les navires phéniciens, plus robustes et équipés d'une quille à partir du XIIIe ou XIIe siècle avant J.-C., étaient encore meilleurs. Les Polynésiens ont conquis les archipels du Pacifique sur des pirogues à balancier. Les Méditerranéens avaient encore plus de chances de traverser l'Atlantique, trois fois moins vaste, avec des bateaux plus gros et plus solides. Il paraît donc difficile de repousser sans partialité l'hypothèse d'expéditions transatlantiques avant l'ère chrétienne.

Les adversaires acharnés de cette hypothèse se fondent essentiellement sur le fait que les Amérindiens ignoraient l'usage de la roue, et en concluent qu'il n'a pu exister de relations entre les deux mondes. Or, on a retrouvé en Amérique centrale des jouets de l'époque précolombienne représentant des animaux montés sur roues, curieusement semblables aux jouets proposés par les Phéniciens lors de leurs opérations de troc.

Mais alors, si les Amérindiens connaissaient la roue, pourquoi ne l'utilisaient-ils pas ? La réponse peut être la suivante : le principe de la roue nous semble parfaitement évident parce que nous l'utilisons depuis des millénaires ; elle fait partie intégrante de notre manière de raisonner, de nos schémas de pensée. Or, si les Amérindiens ne connaissaient de la roue que la représentation qu'ils en avaient sur des jouets apportés de l'extérieur, une utilisation plus rationnelle ne leur était certainement pas aussi évidente qu'à nous. Une autre civilisation a d'ailleurs connu le même phénomène. Trois mille cinq cents ans avant J.-C., les Sumériens utilisaient la roue. Mais son usage demeurait limité à des chariots grossiers, à petites roues pleines, uniquement destinés au transport dans les cités. Il faudra attendre vingt siècles pour que l'homme comprenne qu'il disposait là d'une invention extraordinaire, dont il était loin d'avoir épuisé toutes les possibilités. Alors apparut la roue à rayons et le char de combat, qui rompirent l'isolement relatif des nations méditerranéennes et bouleversa les rapports entre les puissances militaires.

Les Anciens ignoraient la notion de continent. Toute terre était considérée comme une île, quelle que fût sa taille. Nous savons qu'ils connaissaient l'existence d'îles Lointaines, que nous n'avons jamais réussi à localiser avec précision. On a longtemps imaginé que ces îles n'étaient autres que les Canaries ou les Açores. Mais il peut tout aussi bien s'agir de l'Amérique. N'est-ce pas cet immense continent que Platon évoque lorsqu'il parle de l'Atlantide comme d'une île « plus grande que l'Asie et la Libye réunies », située au-delà des colonnes d'Hercule, c'est-à-dire de Gibraltar ?

Un autre argument des conservateurs repose sur le fait que le secret de ces routes maritimes, si elles avaient réellement existé, n'aurait pu se perdre pendant quinze siècles. Si l'on admet que seuls les Phéniciens détenaient ce secret, leur anéantissement par les Romains, avec la destruction de Carthage en 146 avant J.-C., amena la fin des relations transatlantiques. Par la suite, avec la diffusion de la pensée chrétienne, qui estimait que la Terre était plate et se terminait au bord d'un gouffre, on assista à la disparition des peuples navigateurs. Une légende africaine affirme cependant qu'un sultan du Mali, Musa, aurait envoyé une centaine de navires pour découvrir les « lointaines terres de l'ouest ». Peut-être y a-t-il une part de vérité à la base de cette légende, mais rien ne le prouve.

À l'époque de la Renaissance, provoquée par la redécouverte de l'Antiquité, certains savants eurent le courage de braver l'Inquisition en affirmant que la Terre était ronde. Alors, on assista à l'émergence de marins audacieux comme les Vénitiens et les Génois. Motivés, tout comme les ancêtres phéniciens, par des intérêts économiques, ils ouvrirent de nouvelles routes maritimes. En 1474, le mathématicien Toscanelli établit une carte du monde faisant apparaître Cipango (le Japon), Cathay (La Chine) et un archipel indéterminé qu'il baptisa Antilia, du nom que les Anciens donnaient aux îles Lointaines ! Il précisa même la distance qui, selon lui, séparait l'Europe de Cipango. Colomb fut très intéressé par ces travaux. On connaît la suite.

Enfin, les conservateurs estiment que les Anciens n'avaient aucun intérêt à entreprendre un voyage aussi risqué. Il n'y avait donc pas de raison pour qu'ils se lancent dans l'aventure. C'est faire peu de cas de l'audace et de l'esprit d'entreprise des navigateurs de l'Antiquité. Les récentes découvertes historiques sur cette période prouvent que les Anciens étaient plus évolués que nous le croyions jusqu'à présent. Au Ier siècle de notre ère, Héron d'Alexandrie avait découvert le principe de la machine à vapeur, utilisé, par exemple, pour l'ouverture automatique des portes de temple ; il avait également inventé le premier distributeur automatique, qui permettait d'obtenir des mesures de grains, à l'aide d'un système à contrepoids. À la vérité, l'avènement de la religion chrétienne et les grandes invasions destructrices du premier millénaire ont amené une régression. Il est difficile pour certains d'admettre que les Anciens possédaient un savoir qui fut oublié par la suite, mais il est probable que nombre de secrets furent perdus, notamment après l'incendie de la grande bibliothèque d'Alexandrie.

Si Christophe Colomb a eu l'idée d'entreprendre le voyage transatlantique, pourquoi un navigateur antique ne l'aurait-il pas eu ?

À l'inverse, l'hypothèse de ces voyages a aussi ses ardents défenseurs, que l'on appelle les « diffusionnistes ». Selon eux, les relations transatlantiques sous l'Antiquité sont une certitude absolue. Certains affirment même que, sans ces relations, les civilisations amérindiennes ne se seraient jamais développées ; les Phéniciens, ainsi que divers autres peuples de navigateurs antiques, se sont rendus en Amérique, y ont apporté leurs lumières, et sont tout naturellement devenus les rois de populations béates d'admiration, qui n'attendaient qu'eux pour connaître les premiers bienfaits de la civilisation. On comprend pourquoi, dans ces conditions, les Mexicains se montrent réticents pour accepter cette théorie.

Après une étude aussi objective que possible, je pense que, comme bien souvent, la vérité se situe entre les deux extrêmes. À une époque antérieure à l'ère chrétienne, il a très bien pu exister des relations commerciales épisodiques ou suivies entre les deux continents. Ces relations étaient probablement le fait de ces marins extraordinaires que furent les Phéniciens. C'est peut-être dans ce but qu'ils fondèrent, au XIIe siècle avant J.-C., le port de Gadeth, qui deviendra plus tard Cadix. Des îles Lointaines – désignées sous le nom générique d'*Antilia* –, ils ramenaient toutes sortes de produits inconnus en Méditerranée, ce qui expliquerait, par exemple, la consommation de tabac et de coca par les Égyptiens, premiers clients des Phéniciens. Toutefois, n'étant pas animés par l'esprit de conquête qui caractérisa plus tard les Européens, ils se contentèrent d'effectuer du troc avec les indigènes. Sans doute certains firent-ils souche là-bas, occasionnant ainsi quelques échanges entre les cultures. Mais ces échanges furent très limités, et, contrairement à ce qu'imaginent les diffusionnistes, les Anciens n'eurent pas une influence prépondérante sur le développement des civilisations amérindiennes – sauf peut-être en ce qui concerne la légende de Quetzalcoatl, le dieu barbu à peau blanche. Elles possédaient déjà leurs propres connaissances en astrologie, médecine ou architecture, et l'apport des Méditerranéens ne fit que les enrichir. Mais cette influence laissa tout de même quelques traces qui nous déconcertent aujourd'hui.

Cette opinion ne repose que sur une intuition, et non sur des certitudes. À ce jour, il n'existe aucune preuve formelle que l'Ancien et le Nouveau Monde aient eu des relations avant les visites des Vikings en Amérique du Nord. Ce livre n'a donc pas pour ambition de prouver l'existence de voyages transatlantiques sous l'Antiquité. Sous forme de roman, il veut seulement illustrer, de manière agréable, une possible première expédition vers la mystérieuse Antilia. Il importe peu qu'une quelconque vérité historique y soit respectée. Je n'ai pas la prétention d'être historien. Cependant, je souhaiterais qu'il donne à des scientifiques ouverts d'esprit l'envie d'étudier le sujet avec l'impartialité qu'il mérite.

En attendant, je souhaite à tous mes lecteurs autant de plaisir à lire cette aventure que j'en ai eu à l'écrire.

Bon voyage !

LE PAYS DU CAOUTCHOUC

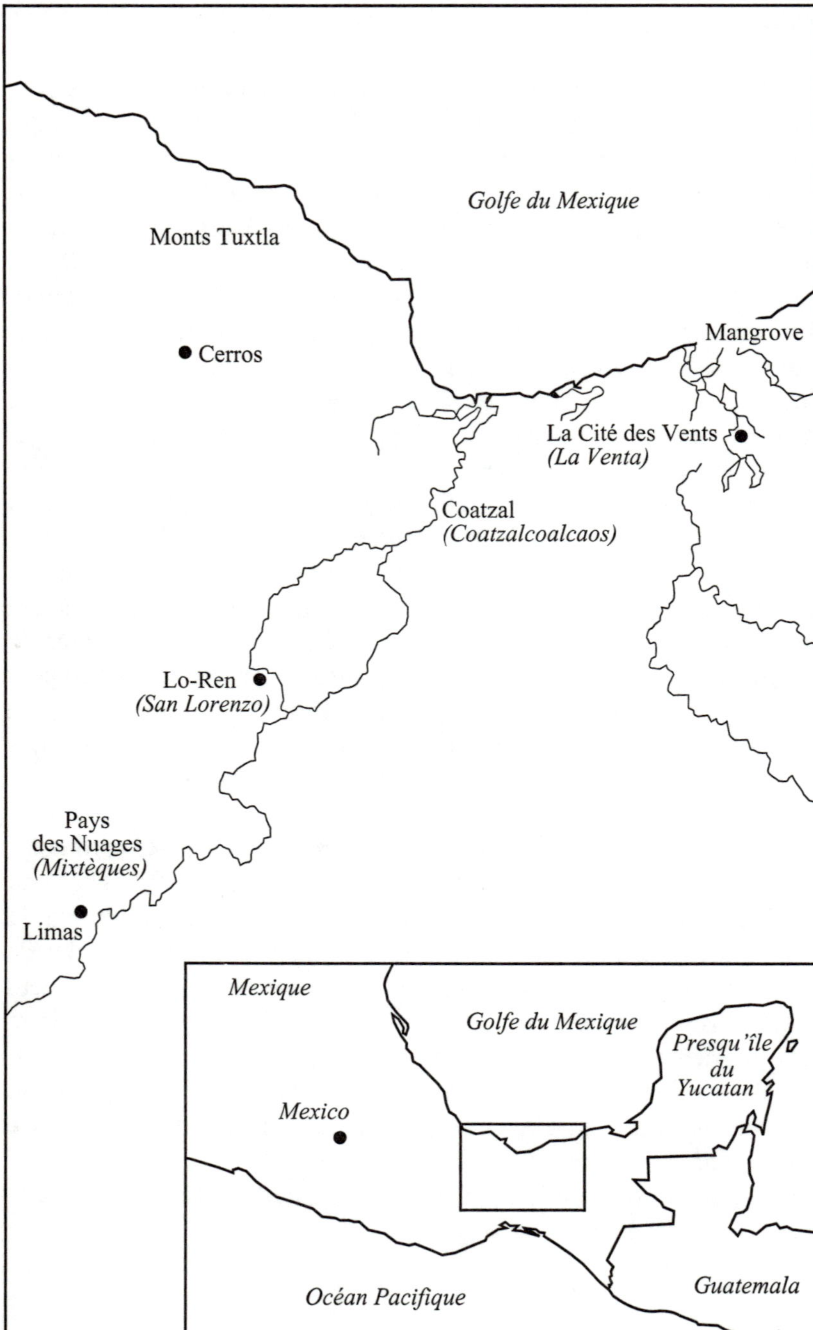

En italique, les noms actuels.

LES VOYAGES DE MEREN-MAÂT

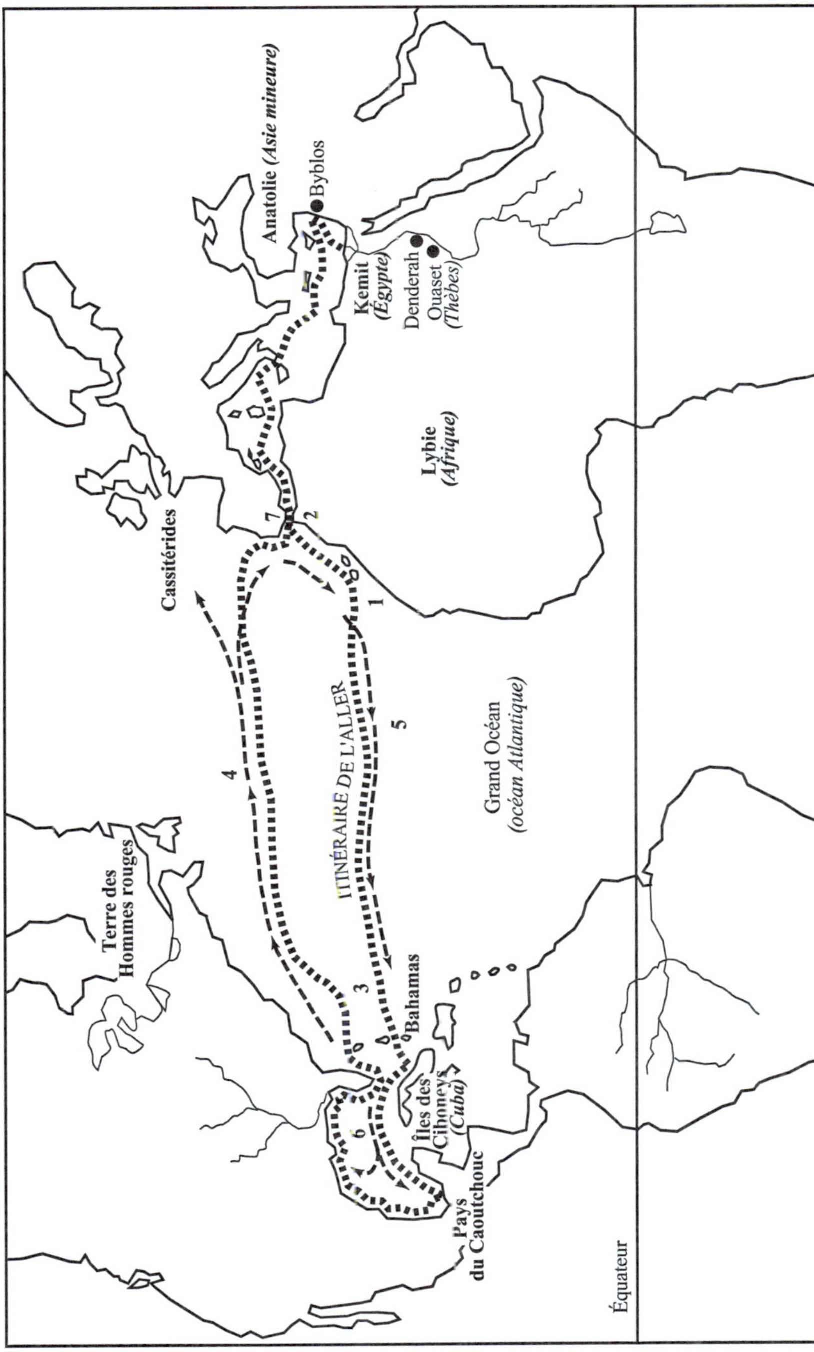

1 - Îles de la Fortune (*Canaries*)
2 - Les Portes de Neith ou les Bornes du Monde (*détroit de Gibraltar*)
3 - Mare Pigrum (*mer des Sargasses*)
4 - Gulf Stream
5 - Courant nord-équatorial
6 - Courant du golfe du Mexique
7 - Gadeth (*Cadix*)
En italique, les noms actuels.

PERSONNAGES

Xe SIÈCLE AVANT J.-C.

Chacatoatl : roi olmèque, grand-père de Koatlan.
Hameran-Bal : roi olmèque, père de Koatlan.
Koatlan : jeune prince olmèque.

XVe SIÈCLE AVANT J.-C.

Akhena-Huato : roi ciboney.
Amonisfet : capitaine égyptien, second de Dereb.
Copahotl : roi mixtèque.
Daraan : second médecin de Meren-Maât.
Dereb : capitaine égyptien.
Edna : esclave, puis première épouse de Meren-Maât.
Hamel : savant crétois.
Hatchepsout : reine d'Égypte et Pharaon ®.
Hirabaal : capitaine cananéen.
Hualco : prêtre olmèque.
Huwan-Tlaloc : fils de Topohatloc.
Isah-Bel (Chahuitlalotl) : épouse de Meren-Maât.
K'in-Hotep : fils d'Isah-Bel et de Meren-Maât.
Kambélé-Huato : guerrier ciboney.
Khenty (Khentimentiou-Hotep) : frère de lait de Meren-Maât.
Letihuacan : fille de Topohatloc.
Mahatlazol : sorcier.
Meren-Maât : prince égyptien.
Meren-Ptah : fils d'Edna et de Meren-Maât.
Métara : roi de Cooseatepe (Cassitérides).
Metzaco : prêtre de Lo-Ren.
Mineesakea : guerrier olmèque.
Moutnedjemet : demi-sœur de Meren-Maât.
Naga : intendant de Meren-Maât.
Nefer-Kheret : père de Meren-Maât.
Pen-Aser : frère aîné de Meren-Maât, directeur de la Marine.
Per-Hathor : monarque de Saïs.
Pezcatl : prêtre de Lo-Ren.
Ragnar : chef tjekerou.
Rîany : servante d'Edna.
Serenout : mère de Meren-Maât.
Thoutmôsis Ier : roi de Kemit, père d'Hatchepsout ®.
Topohatloc : roi olmèque.
Zangha : esclave nubienne.

Le signe ® indique que ces personnages ont réellement existé.

PROLOGUE

Pays olmèque, Amérique centrale, vers le Xe siècle avant J.-C...

La nouvelle de la mort du vieux roi avait frappé comme la foudre. À plus de soixante soleils, Chacatoatl jouissait d'une santé solide. Pourtant, la fièvre des marais l'avait emporté en deux jours. Sans doute le dieu jaguar, Tezcatlipoca, s'était-il irrité de la belle condition du souverain, qui honorait encore ses dix-neuf épouses avec tant de fougue que ses héritiers ne se comptaient plus.

Sa disparition touchait profondément chacun, et les larmes qui ruisselaient sur les joues n'étaient pas feintes. On aimait Chacatoatl, qui avait régné avec justice et sagesse, tout comme son grand ancêtre, le dieu Quetzalcoatl.

Le Peuple du Caoutchouc[1] avait quitté Lo-Ren, la capitale du royaume, située à l'intérieur des terres, à la limite des hautes montagnes du Sud. La totalité des pirogues avait été nécessaire pour le voyage. Pendant trois jours, on avait suivi le cours méandreux du Coatzal. On avait ainsi traversé la jungle dense qui menait jusqu'à la grande mer de l'est. Puis on avait chargé les canoës à dos d'hommes et emprunté, durant deux pénibles journées, la piste bourbeuse qui constituait le seul accès terrestre au sanctuaire de la Cité des Vents. Il avait fallu se frayer un chemin à travers le labyrinthe glauque des marécages, où pullulaient caïmans et serpents d'eau.

Une pluie fine n'avait cessé de tomber depuis trois jours, noyant la jungle sous un brouillard qui détrempait les voyageurs jusqu'aux

---

1. Le Peuple du Caoutchouc : les Olmèques. Ils furent appelés ainsi par les Aztèques, *olmeca* signifiant « caoutchouc » dans leur langue. Les Olmèques vivaient en effet dans une région forestière où poussaient des hévéas, dont la sève, le latex, fournit le caoutchouc. Ne disposant d'aucun élément sur le nom que ce peuple se donnait lui-même, j'ai choisi de respecter l'appellation aztèque.

os. Pourtant, lorsque l'on parvint en vue de la cité sacrée, les nuages, chassés par les vents violents venus du large, s'écartèrent pour laisser place à un ciel partagé entre lumière et ténèbres. Le sommet des nuées monstrueuses se frangeait d'une lueur étincelante, tandis que leur ventre titanesque semblait écraser la mangrove, étouffée par une pénombre grise que perçaient de temps à autre d'éblouissantes taches de clarté. Alors, le soleil faisait resplendir les milliards de gouttelettes d'eau qui habillaient les arbres et les lianes d'une dentelle lumineuse ; des contrastes d'ombres et de lumière conféraient à la jungle une beauté magique et surnaturelle, comme si les dieux avaient voulu faire oublier la douleur des hommes et les périls qui les guettaient. Il ne faisait aucun doute dans l'esprit des participants que Quetzalcoatl manifestait ainsi son désir d'accueillir son descendant.

Les plus jeunes, qui n'avaient jamais vu la cité sacrée, ne comprenaient pas pourquoi l'on avait ainsi voyagé pendant six jours pour venir dans ces dangereux marais, royaume du palétuvier géant. Hormis quelques pêcheurs grossiers, personne n'habitait cet endroit mystérieux ; l'on y percevait des effluves différents, épais, provenant de l'océan proche, dont nul ne savait où il commençait et où il finissait. Parfois, lors de ses fureurs soudaines, ses eaux remontaient au cœur des innombrables bras du fleuve et emportait les fragiles demeures des indigènes. En ces lieux inquiétants, la terre et l'océan se mêlaient plus intimement que deux amants.

Koatlan, prince héritier et petit-fils de Chacatoatl, regarda discrètement la silhouette haute et maigre de son père qui peinait à ses côtés. Hameran-Bal, fils aîné de Chacatoatl, devait lui succéder. Le jeune homme n'ignorait pas que sa santé, contrairement à celle du vieux roi, était précaire. Si les dieux le rappelaient bientôt à eux, il devrait le remplacer. Mais il ne se sentait pas prêt. Il lui semblait qu'une porte inquiétante s'était ouverte devant lui et un profond désarroi le harcelait.

Il tenta de deviner les sentiments de son père. Le visage émacié ne laissait transparaître aucune émotion. Hameran-Bal n'avait jamais été très bavard. Dissimulait-il, lui aussi, par amour-propre, ses peines et ses craintes ? Songeait-il à la lourde responsabilité qui était désormais la sienne ?

Koatlan ne parvenait pas à accepter l'idée de la disparition de son grand-père. Depuis toujours, celui-ci avait été présent à ses côtés, figure puissante et tranquille qui lui avait transmis sa sagesse. Quelques jours plus tôt, ils avaient tous deux chassé l'agouti, et Koatlan entendait encore le rire du vieil homme résonner à ses oreilles. Chacatoatl lui avait enseigné le maniement de l'arc et du javelot, et la science du combat au corps à corps. De lui, Koatlan avait appris les secrets de la jungle et des montagnes, ceux du ciel et des étoiles. Chacatoatl l'avait aussi initié à l'art étrange de la médecine, qui permettait d'éloigner les mauvais esprits habitant les malades.

– Quetzalcoatl aime la vie, affirmait-il. Il est le dieu du soleil et de la lumière. Les ténèbres fondent devant lui. Le mensonge et la souffrance disparaissent.

Hameran-Bal éprouvait une grande fierté en regardant son fils. Il savait combien Koatlan aimait Chacatoatl, et quelle complicité était la leur. Il devinait sa douleur et son trouble, qu'il dissimulait admirablement. Koatlan montrait au peuple un visage serein et imperturbable, un masque d'autorité et de bravoure, digne du prince qu'il était. Le roi ne s'en étonnait guère. La montagne et la jungle avaient forgé son âme.

Malgré leur parenté, les deux hommes offraient un contraste étonnant. Tous les membres du Peuple du Caoutchouc avaient les cheveux noirs et les yeux d'un brun foncé. Cependant, si le nouveau roi ne se démarquait pas des autres, le prince héritier, à l'instar de son grand-père Chacatoatl, arborait une chevelure inhabituelle, d'un blond tirant sur le roux, qui ne laissait pas d'étonner les émissaires des tribus amies et alliées venus rendre un dernier hommage au souverain défunt. De même, il avait hérité d'un regard bleu pâle, dont on disait qu'il était celui de Quetzalcoatl. On y voyait un don des dieux, et la promesse d'un règne exceptionnel. Aussi l'attention de la foule se portait-elle plus sur le jeune prince que sur son père.

Enfin, on arriva au bord d'un fleuve assez large, au milieu duquel se dressait une île. Le site mystérieux de La-Ven apparut dans toute sa splendeur, surprenant, inattendu au cœur de ces marais putrides, et ceux qui n'étaient jamais venus comprirent pourquoi on avait accompli ce voyage épuisant. Construite sur une sorte de tertre dont les flancs se couvraient de végétation tropicale, la cité sacrée s'étirait vers le sud. Après avoir gravi la pente douce menant au sommet, la foule marqua un instant d'arrêt. Trois têtes monumentales et identiques la contemplaient, parfaitement alignées. C'étaient les Gardiens de pierre, qui protégeaient le sanctuaire. Destinés à effrayer un éventuel envahisseur, ils avaient chacun presque la hauteur de deux hommes[1].

Au-delà des Gardiens s'ouvrait une enceinte rectangulaire d'une cinquantaine de mètres[2] de large. Devant l'enceinte rectangulaire se dressaient deux autels taillés dans la roche basaltique. Sur deux faces opposées étaient sculptés, en bas relief, deux personnages, un homme et une femme, reliés par un cordon symbolisant le cycle de la mort et de la renaissance.

Dans le prolongement s'étirait une aire bordée de deux talus haut de six mètres et longs de quatre-vingt-cinq. À l'entrée, un tumulus sacré accueillerait Chacatoatl. La surface plane était destinée au *Tlachti*, le jeu de la pelote sacrée, auquel Koatlan avait déjà participé, et qui permettait aux prêtres de connaître les intentions des dieux.

Mais le plus impressionnant restait la longue pyramide de terre qui se dressait au-delà, haute de trente-cinq mètres. Un édifice de bois recouvert de chaume la couronnait. Tandis que le peuple, hommes et femmes confondus, s'installait en silence dans la première enceinte, les prêtres ouvrant le cortège se dirigèrent vers la grande pyramide. Derrière eux suivait le sarcophage dans lequel on avait installé le corps du roi défunt. Hameran-Bal et Koatlan marchaient derrière le cercueil, précédant la famille royale, qui, à elle seule, comportait plus de trois cents personnes.

Le sarcophage avait été taillé dans le tronc d'un arbre sacré que l'on avait fait venir de la montagne Tuxtla. Douze hommes nus le transportaient sur leurs épaules grâce à un assemblage de lianes et de branches soigneusement élaguées. Ces porteurs à la peau entièrement recouverte de cendre n'étaient autres que les prêtres principaux qui

---

1. Il s'agit là d'une interprétation personnelle. En réalité, on ignore encore la signification de ces têtes géantes. Il ne fait aucun doute qu'il s'agissait de personnages importants, et leur érection dut mobiliser un grand nombre de personnes.

2. On ne possède aucun élément sur le système de mesure olmèque. J'ai donc préféré utiliser le système métrique.

assistaient le roi dans les sacrifices rituels. La plupart, aussi âgés que lui, souffraient visiblement de la charge pesant sur leurs frêles épaules. Un silence impressionnant régnait sur la cité sacrée, seulement troublé par le crépitement léger de la pluie sur les larges feuilles des arbres.

Le cortège funèbre traversa l'aire centrale à pas lents, puis gravit la pente de la pyramide. Parvenus au sommet, les porteurs déposèrent leur fardeau et s'écartèrent avec respect.

De là, on découvrait l'étendue immense de la mangrove. Une pluie tiède et abondante se mit à tomber, contrastant avec la lumière du soleil qui trouait les nuages vers l'orient. Un arc-en-ciel double se déploya à l'ouest. Hameran-Bal s'approcha du sarcophage et leva les bras.

– Les dieux accueillent notre roi ! clama-t-il d'une voix forte où perçait une vive émotion.

La Pluie, Tlaloc, symbolisée par le jaguar, et le Soleil, incarné par Quetzalcoatl, étaient les deux divinités principales du Peuple du Caoutchouc. On ne pouvait que se réjouir de leur présence. Tandis que Hameran-Bal, dont la fonction de souverain comportait également celle de grand prêtre, prononçait les paroles rituelles destinées à apaiser l'âme du défunt, on amena le chien de Chacatoatl, qui devait être sacrifié et enterré avec son maître afin de lui tenir compagnie sur la terre des ancêtres.

Au pied de la pyramide avaient pris place des pleureuses, dont les chants lancinants rythmaient les phrases lancées par le roi, et reprises par l'ensemble des prêtres. Une vive émotion saisit Koatlan lorsque l'on ouvrit le sarcophage. Le visage de Chacatoatl apparut, rendu méconnaissable par la maladie. Avec des gestes pleins de précautions, Hameran-Bal posa sur la face de son père un masque d'or ciselé. Puis on glissa près de la tête des billes de jade, qui représentaient le péage dont le mort devrait s'acquitter pour accéder à l'empire souterrain.

Lorsque les prêtres eurent fini de placer les objets, la dernière épouse de Chacatoatl s'avança. Elle avait pour nom Mayarâ. Le cœur de Koatlan se serra. Elle était à peine plus âgée que lui, et elle allait mourir. Autrefois, lors des cérémonies rituelles, on sacrifiait un être jeune, pour servir de messager auprès des dieux. Mais, depuis la venue du grand dieu Quetzalcoatl, bien des générations auparavant, le Peuple du Caoutchouc ne pratiquait plus de sacrifices humains. Le dieu de lumière détestait ces immolations cruelles. Toutefois, lorsqu'un homme mourait, qu'il fût roi ou simple paysan, son épouse pouvait demander à le suivre dans la mort. Tel avait été le vœu de Mayarâ. Elle préférait rejoindre son époux dans le royaume des ancêtres et, de son propre gré, devait être sacrifiée sur l'autel. Ils deviendraient des dieux à leur tour. Les autres épouses l'enviaient et la craignaient. Elles n'avaient pas, quant à elles, le courage d'affronter le couteau du grand prêtre.

En lui-même, le principe du sacrifice ne choquait nullement Koatlan. La mort était un spectacle quotidien dont il ne fallait pas s'effrayer. Mais était-il nécessaire de se l'imposer ainsi, alors que les dieux n'avaient envoyé aucun signe tangible ? La vie ne devait-elle pas se montrer plus forte que la mort ?

Koatlan contempla la longue silhouette qui s'avançait lentement vers la table de basalte sur laquelle étaient sculptés les symboles de Tezcatlipoca. Afin de supprimer toute angoisse dans le cœur de la jeune femme, on lui avait fait mâcher des feuilles de coca, la plante sacrée fournie par les peuples qui vivaient au-delà des hautes montagnes du Sud. Les yeux de Mayarâ luisaient d'une ferveur presque surnaturelle lorsqu'elle se défit de ses vêtements. Sans un mouvement de révolte, elle s'allongea sur la pierre de l'autel. Un silence absolu se fit. Même les pleureuses se turent. Hameran-Bal s'avança, le visage impénétrable.

L'émotion de Koatlan s'intensifia. En tant que premier officiant du Royaume du Caoutchouc, il revenait à son père de pratiquer lui-même le sacrifice. Devrait-il un jour, lui aussi, accomplir un acte aussi épouvantable ? Il lui était arrivé de tuer des ennemis, la loi de la guerre l'exigeait. Mais un sacrifice rituel était différent. Où puiser la force d'effectuer le geste de mort sur une femme que l'on connaissait, et pour laquelle on n'éprouvait aucune haine ?

Un jour, son propre corps reposerait ainsi dans un sarcophage sur lequel on se pencherait en pleurant. Une femme aimée déciderait-elle alors de donner sa vie pour ne pas être séparée de lui ? Il éprouva un profond respect envers Mayarâ, pour l'exemple qu'elle offrait. En ce jour, il lui semblait comprendre ce que signifiait vraiment l'amour.

Il ne savait s'il devait admirer son père ou le haïr lorsque celui-ci éleva lentement le couteau à lame d'obsidienne au-dessus du corps nu de la dernière épouse royale. D'une voix forte, Hameran-Bal prononça les paroles rituelles, puis, d'un geste précis, il plongea la lame dans le cœur de sa victime. Elle ne poussa qu'un cri léger, accompagné d'un soubresaut. Son corps se cabra, refusant la mort, puis elle céda d'un coup et retomba, inerte. Sans hésitation, Hameran-Bal découpa la cage thoracique, dont il ôta le cœur meurtri, en psalmodiant les mots sacrés. Sur ses bras et sur la pierre de l'autel s'écoulaient des rigoles écarlates, auxquelles se mêlaient les eaux du ciel. D'un geste lent, le roi-prêtre éleva l'organe ruisselant de sang, geste symbolique signifiant que l'esprit de la sacrifiée s'envolait vers le royaume des ancêtres.

Koatlan serra les dents. Il aimait beaucoup Mayarâ. Bien sûr, il ne doutait pas qu'à cet instant même elle se tenait dans la lumière du royaume des morts, près de son époux bien-aimé. Mais il avait peine à imaginer qu'il ne la verrait plus, qu'il n'entendrait plus son rire.

Bientôt, le sang du chien se mêla à celui de Mayarâ, que des servants emportaient déjà vers le tombeau. Selon la croyance, le sang fertilisait la terre. On referma ensuite le sarcophage, que les prêtres porteurs soulevèrent pour gagner le tumulus à pas lourds. Tous les dix mètres, le cortège s'arrêtait et un compagnon du roi contait alors ses exploits, ses chasses, les victoires qu'il avait remportées sur ses ennemis, les alliances qu'il avait conclues, les bienfaits apportés à son peuple. Et à chaque fois les larmes des pleureuses redoublaient, largement suivies par celles de la foule. Cependant, certaines anecdotes étaient pleines de drôlerie, car elles illustraient l'amour de la vie qui avait caractérisé Chacatoatl. Alors, le rire l'emportait sur le chagrin, et l'on s'esclaffait avec force, pour oublier un instant la douleur.

Enfin, on pénétra dans le tumulus, édifié sur une ossature de basalte. On installa le sarcophage dans la chambre funéraire, dont les murs se creusaient de niches destinées à recevoir les offrandes. On disposa autour du mort de nombreux objets qui lui serviraient dans sa vie future : têtes de haches, arcs et javelines pour la chasse, colliers, bracelets. On joignit également une lourde mosaïque constituée de cinq cents blocs de serpentine représentant le dieu jaguar, que l'on plaça à la tête du cercueil pour éloigner les démons. Des pirogues de format réduit lui permettraient de se déplacer. On ajouta une série de miroirs concaves en fer finement poli, afin que le roi puisse continuer d'officier auprès de Quetzalcoatl. Enfin, on déposa au pied du sarcophage une série de statuettes aux oreilles percées, sculptées dans le jade et la serpentine. Elles représentaient les vassaux des cités lointaines, dont l'ensemble constituait la Nation du Caoutchouc[1].

Parmi ces objets, l'un d'eux intriguait Koatlan. Il s'agissait d'un vase, dont la forme n'offrait en elle-même aucune originalité, mais sur les flancs duquel étaient peints trois groupes de personnages mystérieux. Le premier groupe présentait une peau sombre, le deuxième une peau cuivrée, et le troisième une peau claire, avec une chevelure jaune. Ce vase avait été fabriqué dans le secret du temple de Lo-Ren et Koatlan savait qu'il revêtait une grande signification religieuse. Il ignorait laquelle, mais une obscure intuition lui soufflait qu'elle avait un rapport avec lui. Il brûlait d'interroger son père à ce sujet, mais il lui fallait faire preuve de patience.

En fait, Hameran-Bal lui fournit l'explication sans qu'il ait eu besoin de la demander. Deux jours après les funérailles de Chacatoatl, tandis que le peuple avait commencé à regagner la capitale, le nouveau souverain entraîna son fils à l'écart.

– Koatlan, le temps est venu pour toi d'apprendre un secret que seuls les rois se transmettent.

Il s'assura que personne ne les suivait, puis mena son fils hors de la cité sacrée, en direction de la jungle. Leurs pas les guidèrent jusqu'à une butte recouverte d'une végétation abondante. Les deux hommes contournèrent le tertre pour arriver devant une ouverture sombre dissimulée par les arbres. De l'extérieur, la butte offrait un aspect parfaitement naturel. Mais, en pénétrant dans l'anfractuosité, le jeune prince constata qu'elle avait été édifiée par l'homme. Une lourde dalle de schiste se dressa devant eux, que le roi fit basculer grâce à un mécanisme secret. Il alluma une torche, puis invita son fils à entrer. Koatlan le suivit. Un couloir étroit s'enfonçait en pente douce dans les entrailles de la terre.

---

1. De tels objets ont été retrouvés dans des tombes olmèques datant de cette époque. Les miroirs constituent un mystère. On ignore encore comment les Olmèques ont pu obtenir un poli aussi étonnant. D'après Jacques Soustelle, ces miroirs devaient servir à allumer les feux rituels.

– J'ai remarqué combien le vase déposé dans le tombeau de ton grand-père t'intriguait, dit Hameran-Bal.

– C'est vrai, père. Pourquoi ces personnages de différentes couleurs ?

– Lorsque Quetzalcoatl, le dieu barbu à peau blanche, nous rendit visite, il y a de cela bien longtemps, il amena avec lui des hommes dont le teint allait de la pâleur du lait à la noirceur de la terre la plus sombre. Ce sont eux qui sont représentés sur ce vase [1].

– Est-il vrai que Quetzalcoatl fut notre ancêtre, père ?

– Oui, mon fils. Cet endroit n'est pas un tombeau. C'est un sanctuaire où nous gardons précieusement son histoire.

Le couloir les mena dans une crypte ténébreuse, étrangement sèche par rapport à l'extérieur. Koatlan remarqua des vasques contenant une substance blanche et cristalline. Du sel.

– Il protège ce lieu saint de l'humidité, expliqua Hameran-Bal.

La torche éclaira alors trois jarres scellées par de la cire d'abeille, que le roi brisa pour en extraire de mystérieux rouleaux faits d'une matière inconnue.

– Le papyrus, une plante noble qui n'existe pas dans notre monde. Elle vient du pays lointain où naquit notre ancêtre.

Koatlan contempla les rouleaux avec une soudaine vénération. Des signes mystérieux s'alignaient, incompréhensibles, représentant des animaux stylisés, des symboles hermétiques.

– Je suis le seul à pouvoir traduire ces documents, poursuivit Hameran-Bal. À partir d'aujourd'hui, je vais t'enseigner cette écriture sacrée, afin que tu connaisses l'histoire de notre ancêtre divin et, que tu puisses, à ton tour, la transmettre à ton successeur. C'est cette histoire que je vais te conter.

---

1. On a retrouvé, à Campeche, en pays maya, un vase semblable, où coexistent trois couleurs de peaux différentes.

1

Tout a commencé...

À la vérité, je pense que tout a commencé lorsque nous avons rencontré ces hommes étranges sur les côtes des Cassitérides. Meren-Maât et moi avions alors plus de trente ans. Cette rencontre fut le véritable point de départ de l'aventure inimaginable que nous avons vécue ensuite.

Il est difficile de débuter une histoire. Lorsque l'on fouille dans sa mémoire, on découvre que tous les événements sont liés les uns aux autres, et que l'on pourrait ainsi remonter indéfiniment dans le passé. Malheureusement, je suis un très vieil homme à présent, et j'ignore combien de temps encore Osiris m'accordera de vivre, ni même si je pourrai terminer ce récit. Je ne sais d'ailleurs pas pourquoi j'ai ressorti mes outils de scribe, ma tablette, mon calame, les encres rouges et noires. J'ai retrouvé la position apprise lorsque je n'étais encore qu'un jeune garçon, accroupi, la tablette de bois posée sur les jambes. Mes genoux ont élevé des protestations, mais mon plaisir est trop grand pour que je leur accorde une quelconque attention.

D'ailleurs, quelle autre motivation pourrais-je avoir que le plaisir ? Personne dans ce pays magnifique ne lit ni ne parle ma langue. Elle est utilisée dans une contrée lointaine, située au-delà du Grand Océan, et il y a peu de chance que mon livre y parvienne un jour. C'est donc pour moi que j'écris, et pour le petit-fils de mon frère bien-aimé, un petit-fils qui règne aujourd'hui sur le peuple attachant qui nous a adoptés : les Olmèques.

Avec les années écoulées, il me semble avoir vécu plusieurs vies. J'ai peine à me souvenir de ce que j'ai fait hier, mais je me souviens avec une précision surprenante d'événements qui se sont déroulés il y a très longtemps. Tout cela est si loin, et si proche.

Ceci est le récit du voyage le plus extraordinaire accompli par les hommes depuis que Khnoum les a créés sur son tour de potier. Grâces lui soient rendues de m'avoir permis de le partager avec un homme dont je fus le serviteur, mais qui toute sa vie me considéra comme son véritable frère, parce que nous avions partagé le lait de la même femme, ma mère.

Mon nom est Khentimentiou-Hotep, fils de Moraka et de Lorissa. Il traduit la joie de Khentimentiou, l'une des plus anciennes et des plus mystérieuses divinités de Kemit [1]. Appelé Oupouaout dans certaines régions, il est aussi Anubis, le dieu loup, fils d'Osiris et de Nephtys, *Celui qui ouvre la voie des cieux*. Anubis l'initiateur, qui accueille les défunts sur la montagne de l'Aurore où se tient Maât, la déesse de l'Harmonie et de la Justice. Cependant, ce patronyme chargé de significations n'étant pas d'un emploi aisé, on me prénomma plus simplement Khenty.

Mes parents étaient des esclaves nubiens. Ils eurent la chance d'être achetés par le noble seigneur Nefer-Kheret, qui fut aussi mon maître. Je ne conserve que très peu de souvenirs de mon père ; il mourut de la fièvre des marais alors que je n'avais pas atteint ma quatrième année. En revanche, le doux visage de ma mère demeure à jamais gravé dans mon cœur et mon esprit.

Je suis né à Byblos, dans les pays du Levant, le même jour que mon seigneur, Meren-Maât. Lui, à l'aube, à l'instant où Amon-Rê se lève à l'orient, et moi au crépuscule, à l'heure mystérieuse d'Atoum. D'ailleurs, ma peau n'est-elle pas couleur de nuit ? Nous fûmes élevés comme des jumeaux. La dernière épouse du maître, dame Serenout, n'avait pas assez de lait pour nourrir son enfant. En revanche, ma mère en possédait tellement qu'elle était obligée de presser sa poitrine pour en extraire l'excès. Jusqu'au moment où Meren-Maât but ce lait généreux avec un tel appétit qu'elle n'en avait plus trop de reste.

Cela se passait sous le règne du dieu bon [2] Thoutmôsis Ier, qui

1. Kemit, nom ancien de l'Égypte, la Noire, du nom du limon fertile apporté chaque année par la crue.

2. À la mort des rois, les Égyptiens pensaient qu'ils devenaient des divinités bénéfiques vivant dans les étoiles.

conservait un regard jaloux sur sa cité de Byblos, où se négociait l'achat des produits provenant de la lointaine Mésopotamie, et d'au-delà, – notamment du bois de cèdre qui faisait cruellement défaut au Double-Royaume.

Bien que né esclave, je fus béni des dieux en devenant le frère de lait de Meren-Maât. Plus tard, on lui expliqua que nous n'étions pas nés du même sang. Il s'en moqua et s'obstina à me considérer comme tel, et l'affection qui nous a unis jusqu'à la mort était certainement plus profonde et plus sincère que celle de ses véritables frères et sœurs, nés des autres épouses du seigneur Nefer-Kheret.

Nous avons vécu dix ans à Byblos. Bien qu'il fût le fils du seigneur Nefer-Kheret, que le dieu bon Thoutmôsis avait nommé gouverneur, Meren-Maât menait la vie de tous les garnements de la cité. À cette époque, comme le voulait la tradition, nous ne portions aucuns vêtements. Nous vivions comme les chats à demi sauvages qui hantaient les ruelles et les terrasses noyées de soleil, libres et indépendants, peu soucieux d'obéir aux serviteurs qui avaient pour rude tâche de veiller sur nous et dont nous prenions un malin plaisir à tromper la vigilance. Nous passions le plus clair de notre temps à parcourir les artères et les quais de la ville, à la recherche d'une facétie nouvelle ou bavant d'émerveillement devant les étals des commerçants. Byblos était un lieu fabuleux, le port principal du Levant, dont les marchés, nourris par les bateaux en provenance de tous les horizons de la Grande Verte[1] et par les caravanes arrivant de l'intérieur, regorgeaient de produits inimaginables. Quelle image fabuleuse que ces tapis où s'amoncelaient les épices aux mille couleurs différentes, aux senteurs enivrantes ! Byblos regorgeait de toutes les richesses, de toutes les nouveautés du monde. On y trouvait des animaux destinés à la compagnie, comme les perroquets, les chiens ou les petits singes. On pouvait aussi y acheter ânes et chevaux, moutons, chèvres et porcs. Les riches marchands de Babylone et de Kemit venaient y proposer des rouleaux d'étoffes somptueuses, lin fin d'Égypte, chaudes couvertures de laine des montagnes syriennes, soie du lointain Orient. Les joailliers présentaient les plus beaux bijoux du monde, bracelets de poignets ou de chevilles, colliers, pec-

1. La Méditerranée.

toraux, anneaux de toutes sortes que les femmes élégantes se fixaient dans le nombril ou aux oreilles... Ils étaient en or, en argent, en os, en ivoire, en bois, chargés de pierres précieuses : turquoise du Sinaï, émeraude, lapis-lazuli, améthyste, cornaline, malachite...

L'endroit qui nous attirait le plus était celui où l'on vendait les fruits et les pains. Nous arrivions toujours à subtiliser au marchand grenades, grappes de raisins, oranges ou figues, ou encore des pains fourrés aux dattes. Sans le moindre remords, nous dévorions ensuite notre larcin dans un jardin abandonné où nous courions nous réfugier, poursuivis par les hurlements de fureur de notre victime. Mais les marchés n'étaient pas les seuls lieux que nous fréquentions. Du plus loin que je me souvienne, Meren-Maât éprouvait une véritable fascination pour la mer. Il ne se passait pas une journée sans que nous n'allions errer sur les quais. Les marins nous reconnaissaient, car nous passions de longs moments à bavarder avec eux. Meren-Maât leur posait d'intarissables questions sur leurs navires, sur leurs voyages, sur les contrées fantastiques qu'ils avaient visitées.

Il s'expliquait mal pourquoi ils se contentaient de suivre les côtes. L'horizon infini lui paraissait bien plus attirant. Mais les navigateurs redoutaient d'affronter la haute mer. Ils nous contaient des légendes évoquant les monstres terrifiants qui hantaient les profondeurs du grand large. Je les écoutais bouche bée, tremblant de frayeur à la pensée de ces créatures démoniaques, et plein de respect pour ces marins courageux et audacieux. En revanche, Meren-Maât ne leur accordait guère de crédit. Il disait qu'ils exagéraient la vérité, afin de se rendre héroïques. Il ne niait pas que la Grande Verte recelât des dangers véritables, comme les requins mangeurs d'hommes et les tempêtes, mais il doutait de l'existence des êtres épouvantables dont parlaient les marins.

Lorsque nous abandonnions la bande de galopins dont il était tout naturellement devenu le chef, nous passions de longues heures sur la plage, à écouter le fracas des vagues sur les galets, à contempler leur mouvement sans cesse recommencé, et à chaque fois différent. Nous emplissions nos poumons des odeurs d'algues et de vase, des parfums subtils apportés par les vents, et léchions sur nos lèvres l'humidité salée des embruns.

Une prostituée esclave venue d'un lointain pays du Nord nous avait appris à nager. Elle ignorait sans doute que Meren-Maât était le fils du seigneur Nefer-Kheret, gouverneur de la cité, ou bien elle s'en moquait. Mais elle partageait avec nous cet amour de la mer et de l'eau, qui était pour elle le seul moyen de s'évader de ses nuits sordides. Très souvent, nous nous rendions en sa compagnie dans une crique isolée, où elle nous enseignait son savoir. J'ai oublié son nom, mais je me souviens de sa silhouette nue sortant des vagues. Je n'avais pas encore dix ans et je n'y voyais pas malice. Mais aujourd'hui, il m'en reste une image inoubliable, celle d'une divinité que les habitants de Chypre appellent Cypris, et qui est leur déesse de l'Amour.

Meren-Maât me fit partager sa passion de la mer. Combien de fois avons-nous tardé à rentrer au palais pour voir le soleil embraser le crépuscule parfumé avant de sombrer dans les flots.

– Je ressens la mer en moi, comme si je faisais partie d'elle, disait-il.

Il l'aimait comme on aime une personne vivante ; elle était son amie, sa complice. Parfois, il lui parlait, lui racontait ses rêves, ses projets. Et les vagues venaient lui lécher les pieds. Il était persuadé qu'elle comprenait ce qu'il disait, et aujourd'hui, je sais que c'était vrai.

Il s'était juré, lorsqu'il serait grand, de construire un navire capable d'affronter la haute mer, et il tint parole. À dix ans, il connaissait tout sur les vaisseaux qui accostaient dans le port, depuis la plus petite barque de pêcheur jusqu'aux grands navires égyptiens qui emportaient de lourdes cargaisons de bois de cèdre vers la Vallée sacrée. Il lui arrivait souvent de s'introduire à bord des bateaux. Les capitaines l'acceptaient, car ils savaient qui était son père et ne souhaitaient pas s'attirer ses foudres.

Un jour, il nous entraîna ainsi dans une aventure périlleuse. Nous étions montés à bord d'un grand navire à l'insu de l'équipage, pour visiter les cales. Il voulait savoir comment était construite la coque. Absorbés par notre étude, nous n'avons pas vu le temps passer. Parce que nous étions fatigués, nous nous sommes endormis sur des rouleaux d'étoffe confortables et odorants. Nous n'avons pas senti que le navire avait largué ses amarres et quitté le port. Lorsque le capitaine s'aperçut de notre présence à bord, il était trop tard. S'il n'y avait eu que moi, esclave et fils d'esclave, sans doute m'aurait-il jeté par-dessus bord. Mais on connaissait Meren-Maât, et le bateau fut contraint de faire demi-tour. Nous reçûmes le fouet tous deux, mais jamais nous n'avons oublié cette expérience passionnante.

Nous la renouvelâmes, tout à fait officiellement cette fois, peu de temps après. Le seigneur Nefer-Kheret avait été rappelé par le dieu bon Thoutmôsis pour occuper près de lui de hautes fonctions. Nous embarquâmes donc en compagnie de sa maison – ses cinq femmes, ses concubines, tous les enfants qu'il avait eus d'elles, et l'ensemble de ses serviteurs. Cela représentait plus de trois cents personnes, qui se répartirent sur les cinq navires lui appartenant. Ceux-ci effectuaient pour son compte le négoce entre Byblos et Kemit.

Ce grand périple, qui dura vingt jours, nous laissa un souvenir magique. Pendant les huit premiers jours, nous longeâmes la côte. Puis la flotte pénétra le bras oriental du Nil, et, pour la première fois, nous vîmes la terre sacrée d'Égypte. C'était la période de l'inondation, Akhet, et le fleuve recouvrait largement le Delta, dont seules émergeaient les *kom*, les buttes surélevées où se dressaient les villages. Nous n'avions pas assez d'yeux pour tout voir. Des cités aux noms légendaires, des lieux sacrés se succédaient : Iounou, la ville sainte de la Grande Ennéade, Mennof-Rê, l'antique capitale aux murs blancs, le plateau de Gizeh, où se dressent les pyramides fabuleuses construites par les premiers rois, Saouti, la ville d'Anubis, Teni, qui abritait le sanctuaire d'Osiris, et enfin Ouaset[1], la capitale du Double-Royaume.

La mère de Meren-Maât, la très belle dame Serenout, était confortablement installée sur le pont du vaisseau amiral, à bord duquel nous voyagions. En réalité, elle s'appelait Khedryna, princesse d'un peuple sans royaume. Le seigneur Nefer-Kheret l'avait capturée lors d'une campagne contre les Peuples de la Mer. Séduit par la chevelure d'or et le regard vert de sa magnifique prisonnière, il l'avait épousée, bien qu'il eût déjà quatre femmes et une ribambelle d'héritiers. Malgré leur grande différence d'âge, la princesse du Nord s'était attachée à son vainqueur et époux. Elle lui avait très vite donné un fils.

1. Ouaset : Thèbes. Ouaset était le nom égyptien, c'est-à-dire la ville du sceptre Ouas, la grande cité du Sud. Thèbes est le nom que lui donnèrent les Grecs à partir du mot *Tapé*, nom copte de Opet, la déesse hippopotame autrement appelée Thouéris.

Meren-Maât adorait ses parents. Dame Serenout était douce et bonne. Elle l'avait aidé à affronter la jalousie de ses frères et sœurs plus âgés. Quant au seigneur Nefer-Kheret, c'était un homme de tempérament joyeux, qui aimait la vie sous toutes ses formes et en jouissait de belle manière. Outre ses épouses légitimes, il s'était entouré d'un bataillon de concubines toutes plus belles les unes que les autres. Son autorité n'était guère pesante. Il était le seul héritier de l'une des plus anciennes familles d'Égypte. Ses ancêtres remontaient, cinq siècles plus tôt, au grand Amenemhat Ier, qui avait instauré le premier le culte du dieu Amon. Ils avaient combattu au côté de Kâmôsis contre les Hyksos. Nefer-Kheret pouvait s'enorgueillir d'être considéré par le roi Thoutmôsis comme son *Ami unique*, titre à vrai dire partagé par quelques dizaines de courtisans appréciés du souverain.

Nommé gouverneur de Byblos pour ses remarquables qualités de diplomate et de meneur d'hommes, Nefer-Kheret avait été rappelé à la cour pour occuper une fonction encore plus prestigieuse : directeur des Relations commerciales extérieures. À ce titre, il devenait maître des ambassadeurs et percevait une taxe sur toutes les marchandises en provenance de l'étranger. Les négociants savaient qu'il était inutile de tenter de le tromper sur la qualité d'un produit. Dans sa jeunesse, il avait écumé toute la côte orientale de la Méditerranée et connaissait parfaitement le commerce. C'était de lui que Meren-Maât avait hérité son goût prononcé pour la vie et l'aventure.

Peu après l'arrivée de Nefer-Kheret dans la capitale, Thoutmôsis donna une grande fête en son honneur, afin de montrer à la cour en quelle estime il le tenait.

À dix ans, Meren-Maât se différenciait peu des gamins batailleurs qui hantaient les quais de Byblos. Il avait certainement plus appris en fréquentant les marins et les bas-fonds qu'auprès des maîtres fatigués que son père tentait sans grande conviction de lui imposer. Mais Nefer-Kheret n'avait jamais pu se résoudre à faire preuve de sévérité excessive envers son fils préféré, d'autant plus qu'il avait été autrefois aussi indiscipliné que lui. Cependant, en perspective de l'invitation de Sa Majesté, il lui avait enseigné les règles rigoureuses du protocole. Je bénéficiai moi aussi de cet enseignement précieux, car Meren-Maât insista pour que je fusse près de lui. Le seigneur Nefer-Kheret accepta sans difficulté. Avec le temps, il avait fini par me considérer un peu comme son fils, puisque j'étais devenu le reflet du sien. Il me témoignait une grande affection, et je partageais ainsi les récompenses et les punitions de Meren-Maât (les secondes n'étant d'ailleurs pas les moins nombreuses).

Nous avions du souverain l'idée d'un être inaccessible, qui régnait en maître absolu sur le pays le plus puissant du monde, un dieu vivant dont chacun, même les plus grands seigneurs, parlait avec une infinie déférence. Il était le Taureau puissant, l'Aimé d'Amon-Rê, le Seigneur des Deux-Terres, le Fils du Soleil.... Tout le monde tremblait et s'inclinait devant lui.

Je crois que, de ma vie, je ne fus jamais autant impressionné que le soir magique où je pénétrai pour la première fois dans la Grande Demeure, ce sanctuaire mystérieux où vivait le dieu vivant, incarnation d'Amon. J'étais partagé entre l'impression de vivre un rêve éveillé, d'entrer dans un lieu plein de lumière où vivaient des êtres supérieurs, et la sensation de marcher au-devant de la mort. J'étais persuadé que tout le monde ne regardait que moi, que l'on se chuchotait que je n'étais qu'un esclave injustement traité comme un seigneur. J'en voulais presque à mon frère bien-aimé de m'avoir imposé cette épreuve terrifiante. Mais je lui étais reconnaissant également de m'avoir permis de pénétrer dans le saint des saints.

En fait, personne ne m'accorda d'attention. L'intérêt se porta tout naturellement sur le seigneur Nefer-Kheret, véritable héros de la fête. Les centaines de lampes à huile illuminaient la grande salle du trône d'une lumière surnaturelle, qui répandait sur les murs chargés de fresques colorées un reflet moiré. Des courtisans richement vêtus étaient couchés sur des coussins épais. Des tables proposaient des victuailles appétissantes, des carafes emplies de vin. Femmes et hommes portaient sur la tête de petits cônes de beurre parfumé destinés à leur apporter de la fraîcheur. Les maquillages de khôl et de malachite mettaient les visages en valeur. Le grand maître des cérémonies amena Nefer-Kheret et sa suite devant le monarque. Nous nous prosternâmes tous devant lui, puis il nous invita à prendre place à ses côtés. Mal à l'aise, je tâchais de calquer mes gestes sur ceux de mon frère.

Il émanait de Sa Majesté une autorité naturelle incontestable. Ses yeux semblaient percer les âmes et les cœurs. La Couronne double, le cobra dressé sur son front, la crosse et le fléau, insignes de la royauté, m'impressionnaient. Pourtant, si je fus pénétré de respect et de crainte, Meren-Maât ne sembla guère intimidé. Comme je m'en étonnais auprès de lui, il me répondit :

– Qu'aurais-je à redouter de lui ? Notre père n'est-il pas son *Ami unique* ?

Pour lui, le roi était aussi un être humain. Et, à vrai dire, nous l'entendîmes tousser plusieurs fois, comme le commun des mortels. Malgré ses airs redoutables, Thoutmôsis était, aux yeux de Meren-Maât, un homme comme les autres. Peut-être savait-il déjà inconsciemment qu'ils étaient de la même race, celle des hommes d'essence divine.

Il se produisit ce soir-là un incident étonnant qui décida de notre avenir. Ce fut à cette occasion que nous rencontrâmes pour la première fois la petite princesse Hatchepsout. Je garde encore à l'esprit son regard noir volontaire, l'assurance de sa démarche, sa grâce de félin et ce sentiment de supériorité sans morgue qui est l'apanage des véritables princes.

Lors de cette soirée, Meren-Maât ne se fit pas que des amis. Un concours de chant avait été organisé, auquel participait une grande dame qui se piquait de chanter de vieilles complaintes d'amour. Comme elle était l'épouse du directeur des Deux-Greniers, chacun s'accordait à trouver sa voix ravissante et son interprétation sublime. Meren-Maât estimait quant à lui que, si la voix de la dame était acceptable, elle ne méritait pas les éloges dithyrambiques que lui adressaient les courtisans. Il avait remarqué qu'Hatchepsout paraissait s'ennuyer au plus haut point, sans toutefois oser le dire ouvertement.

Soudain, le roi s'adressa à lui.

– Eh bien, jeune Meren-Maât, tu ne sembles guère apprécier la voix de Nefernout !

Il se tourna vers son père. Le visage de celui-ci reflétait l'inquiétude. Il savait que son fils ne possédait pas ses propres qualités de diplomate, et craignait sa franchise. Non sans raison, car la réponse fut pire encore que ce qu'il redoutait. Mon seigneur Nefer-Kheret dut sentir son sang se coaguler en entendant Meren-Maât déclarer :

– Nefernout possède une jolie voix, Sire, mais la Nubienne qui a chanté pour toi tout à l'heure a une voix bien plus belle.

Un murmure de réprobation parcourut l'assemblée, empêchant le jeune garçon de poursuivre. Nefernout toisa l'insolent avec fureur. Nefer-Kheret blêmit ; il ne tenait pas à se faire un ennemi du directeur des Deux-Greniers.

– Continue ! laissa tomber le roi d'une voix sèche.

Devant le visage désemparé de son père, Meren-Maât pâlit. Il savait que l'on n'applaudissait Nefernout que parce que son mari était un homme puissant. Mais il ignorait tout de la Flagornerie. Je sais qu'il en voulut à Thoutmôsis de lui avoir tendu ce piège. À ce moment, la princesse Hatchepsout lui dédia un regard intense. Il comprit alors qu'il avait une alliée, et que de sa réponse dépendrait son avenir, et celui de son père. Cependant, il ne pouvait plus faire marche arrière sans se déjuger. Il avala difficilement sa salive et acheva :

– Cette chanteuse nubienne n'est qu'une esclave, Seigneur. À cause de cela, elle ne gagnera pas ce concours, bien qu'elle le mérite. Pardonne-moi, mais je ne peux pas trouver cela juste.

Le roi se tourna vers Nefer-Kheret.

– Mon ami, au moins ton fils ne peut être soupçonné d'hypocrisie. Il porte bien son nom [1].

– Il est très jeune, ô Taureau puissant, et son jugement... hasarda Nefer-Kheret.

Sans attendre la fin de la réponse, Thoutmôsis se tourna vers Hatchepsout.

– Qu'en pense ma fille ?

Elle se glissa près de lui.

– Mon père, je partage l'avis de Meren-Maât. Nefernout a une jolie voix, mais l'esclave chante mieux. Et je trouve qu'elle est digne de gagner ce concours. Je suis persuadée que la plupart de tes courtisans approuveraient ce jugement s'ils ne craignaient de déplaire au seigneur Menenthou, le directeur des Deux-Greniers. Mais fort heureusement, Nefernout est une femme d'une grande honnêteté, et d'une grande sagesse. Elle n'acceptera pas de triompher, car elle sait, au fond d'elle-même, qu'elle n'est pas la meilleure. D'ailleurs, je suis sûre qu'elle te confirmera que ce garçon a raison.

Elle se tourna alors, tout sourire, vers dame Nefernout. J'ai appris ce soir-là ce que signifiait la ruse politique, que d'aucuns appellent diplomatie. Nefernout était piégée. Elle ne pouvait plus contredire la princesse sans avouer ouvertement son appétit de vaincre, et, de là,

1. Meren-Maât signifie : aimé de Maât, la déesse de la Vérité et de l'Harmonie.

perdre tout crédit. Elle s'inclina avec un sourire qui ressemblait à une grimace et confirma le jugement de Meren-Maât.

– Ce jeune homme a vu juste, Majesté, dit-elle d'une voix quelque peu grinçante. L'esclave mérite d'être couronnée.

Un silence glacial s'installa dans la grande salle du trône. Thoutmôsis laissa peser un long regard sur les nobles, qui détournèrent les yeux, ne sachant plus quelle attitude adopter. À l'éclat pétillant de ses yeux, je compris qu'il jubilait. Il eut un regard de connivence avec sa fille. Visiblement fier de sa répartie intelligente, il éclata de rire, ravi d'avoir une fois de plus constaté l'ascendant qu'il exerçait sur les plus puissants personnages du Double-Royaume.

– Approche, Meren-Maât ! dit-il de sa voix profonde. Ta franchise me plaît. Il semble que cela soit un sentiment rare dans ce palais, ajouta-t-il en toisant de nouveau les grands seigneurs. Aussi, je désire que tu suives l'enseignement de la Maison de Vie, en compagnie de mes fils et de ma fille, Hatchepsout.

Éberlué, Meren-Maât se prosterna devant le roi-dieu. Pour moi qui connaissais bien son orgueil, je savais qu'il avait horreur de ce genre de manifestation, qu'il considérait comme humiliante. Cette fois pourtant, le geste ne lui coûta pas, car la volonté de Thoutmôsis répondait sans le vouloir à son formidable désir d'apprendre.

Nefer-Kheret, assis près de moi, poussa un soupir de soulagement. Non seulement l'incident était clos, mais il avait débouché sur une chance inespérée pour son fils : suivre le même enseignement que celle que l'on appelait déjà « le Prince héritier ».

2

Meren-Maât avait exigé que je demeure près de lui ; je bénéficiai donc de l'enseignement des prêtres, auquel, étant aussi curieux que mon frère bien-aimé, je pris goût sans difficulté. L'étude des *medou-neter*, les signes sacrés de l'écriture, me passionna particulièrement, et je devins très vite, d'après mes maîtres, le meilleur de leurs élèves. Ce talent me permet aujourd'hui de transcrire sur le papyrus les souvenirs de cette époque tumultueuse.

Chaque jour, nous nous rendions à la Maison de Vie, où nous retrouvions une bande de jeunes gens aussi turbulents que nous, dont la petite princesse Hatchepsout était le chef incontesté. Nous constituions sa cour, sur laquelle elle régnait comme le pharaon qu'elle devint par la suite. Malgré son jeune âge – le même que le nôtre, dix ans –, elle exerçait déjà un ascendant indiscutable sur son entourage. Elle portait encore la mèche recourbée sur l'oreille droite, retenue par un anneau. Une grande complicité la rapprocha très vite de Meren-Maât. Sans doute était-il tombé amoureux d'elle. Intéressée par sa force et sa taille, la princesse avait fait de lui son garde du corps. Elle s'amusait beaucoup à le voir défier des garçons de trois ou quatre ans plus vieux que lui, qu'il rossait régulièrement. Combien de volées de coups de bâton ne récolta-t-il pas à la suite de plaintes formulées par les parents des princes battus, et touchés dans leur orgueil. Il s'attira l'inimitié de nombre d'entre eux, et surtout de ses propres frères plus âgés, fils des premières épouses de Nefer-Kheret. L'un d'eux le détestait particulièrement. Pen-Aser, de trois ans son aîné, avait repris à son compte la haine que sa mère vouait à Serenout. Celle-ci l'avait détrônée dans le cœur et l'esprit de leur mari. Pen-Aser avait reporté sur Meren-Maât cette rancune furieuse.

En dépit de son esprit indiscipliné, Meren-Maât s'intéressait aux études dispensées par les prêtres. C'était pour lui une manière de compenser l'absence de son amie de toujours : la mer. Doté d'une intelligence vive et intuitive, il se passionnait pour tous les sujets. L'un d'eux attirait plus particulièrement son attention : l'astronomie. Ce fut grâce à elle que, vers l'âge de quinze ans, il fit une découverte stupéfiante, à laquelle encore aujourd'hui j'ai peine à croire, même après avoir constaté par moi-même qu'il avait raison.

Il profitait de la nuit pour quitter les appartements des enfants. Il m'entraînait toujours dans ces insolites aventures nocturnes, où nous risquions fort de nous faire surprendre par les gardes qui sillonnaient les immenses jardins du palais. Il y avait dans ces escapades nocturnes le goût délicieux de l'interdit, et le plaisir sans mélange de jouer un bon tour à nos maîtres trop rigides. Même pour étudier les étoiles, ils n'auraient pas permis que nous brisions ainsi les règles rigoureuses qu'ils imposaient à leurs élèves. L'esprit indépendant et frondeur de mon frère s'accommodait mal de leur discipline étouffante.

Presque chaque soir, nous nous rendions au sommet d'une butte couverte d'arbustes odorants, située à peu de distance du Nil. Là, nous pouvions à loisir contempler les étoiles qui constellaient le corps de Nout, et tenter de comprendre leurs mystères. Certaines brillaient plus que d'autres, et Meren-Maât leur avait donné des noms. Il aimait à les saluer. Ne disait-on pas en effet qu'elles représentaient les âmes des rois des temps anciens ?

Une nuit, il se produisit quelque chose d'étrange. Comme à notre habitude, Meren-Maât et moi étions installés à notre poste d'observation favori, près du sommet de la butte. J'aimais ces instants privilégiés. Les senteurs subtiles de la nuit avaient des nuances différentes des odeurs du jour. Il s'y glissait une fraîcheur délicate, un parfum de mystère apporté par le vent léger qui soufflait du désert, et qui s'harmonisait avec les teintes bleues et mauves des montagnes lointaines. J'avais l'impression de pouvoir toucher leurs cimes du doigt, comme si le monde m'appartenait.

Pendant que Meren-Maât prenait ses notes à la lueur parcimonieuse de Thôt, le dieu de la Lune, je surveillais les alentours, guettant l'arrivée d'une éventuelle patrouille. Bientôt, un groupe de gardes se manifesta. Habitués à leurs allées et venues, nous nous dissimulâmes prudemment, peu désireux de tâter du bâton si nous étions découverts. Comme de coutume, les soldats, équipés de torches, passèrent en bavardant à voix basse. Soudain, à quelques pas de nous, un bruit se fit entendre, qui attira aussi l'attention des gardes. Je distinguai la silhouette d'un singe, sans doute évadé du zoo royal. Les vigiles s'arrêtèrent, tandis que Meren-Maât m'adressait des signes d'agacement. Intérieurement, je pestai contre l'animal, qui risquait de nous faire prendre. Nous n'allions tout de même pas être capturés à cause de ce vulgaire macaque. Heureusement, nous constatâmes que les gardes, après avoir scruté la butte, reprenaient leur chemin. Meren-Maât poussa un soupir de soulagement, mais, tout à coup, l'un d'eux revint sur ses pas. Nous nous enfonçâmes au cœur d'un buisson. Le garde zélé effectua le tour de la butte, sa torche à la main.

Passant derrière le promontoire, il disparut à notre vue, exactement à l'endroit où Rê s'était couché deux heures plus tôt. Nous nous crûmes débarrassés de lui, mais il reparut à l'orient, dans la direction du soleil levant. À cet instant, une vision stupéfiante frappa Meren-Maât. Tandis que le garde s'éloignait définitivement, son esprit enfiévré élabora une hypothèse invraisemblable. Et si la torche était le soleil ? Et s'il tournait autour du monde, un monde à l'image de cette butte circulaire, un monde rond ?

Lorsqu'il me raconta sa vision, immédiatement après, un frisson d'angoisse me saisit. Je crus qu'il était devenu fou. Comment pouvait-il remettre en cause un savoir détenu par les prêtres omniscients depuis des millénaires ? Ils affirmaient que Rê disparaissait le soir à l'horizon parce qu'il était avalé par sa mère, Nout, la grande déesse du Ciel. Elle le protégeait ainsi des démons effrayants qui hantaient les mondes ténébreux qu'il traversait pendant la nuit. Puis elle lui redonnait naissance au matin, et il réapparaissait dans toute sa gloire. Meren-Maât ne croyait guère à ces histoires. Il est vrai que là-bas, sur les rives du Levant, les légendes que nous contaient les voyageurs venus de tous les horizons étaient bien différentes. Chaque peuple avait sa propre manière d'expliquer la succession du jour et de la nuit. Certains parlaient d'un éléphant qui poussait une énorme boule de feu au sommet d'une montagne, d'autres pensaient que le soleil voyageait sur un char tiré par des chevaux divins. Les tribus du désert estimaient qu'il était une divinité mauvaise parce que sa chaleur desséchait la terre, à l'inverse de la lune, qu'ils considéraient comme une déesse bénéfique apportant la fraîcheur. Mais jamais on n'avait osé imaginer qu'il n'était qu'une gigantesque sphère de feu qui tournait autour de notre monde, dont chacun savait qu'il était plat.

– Ne répète ça à personne, lui conseillé-je. Nos maîtres se fâcheraient.

– Nos maîtres, aussi instruits soient-ils, ne savent pas tout. Certains mystères leur échappent. Alors, ils s'abritent derrière des légendes que personne ne peut vérifier.

– Ce ne sont pas des légendes, ripostai-je, mal à l'aise.

Mais il ne m'écoutait plus. Ses yeux s'étaient mis à luire, et une exaltation formidable s'était emparée de lui. Plus rien n'existait que son hypothèse. Je crus qu'il me parlait. En réalité, il échafaudait sa théorie tout haut, à petites phrases rapides, presque dépourvues de sens pour moi. D'ailleurs, j'étais parfaitement incapable de le suivre dans son raisonnement.

– Et si le monde n'était autre qu'une énorme boule autour de laquelle tournait le soleil ? Et non seulement le soleil, mais aussi la lune, et les étoiles ?

Oubliant toute prudence, il se redressa et arpenta la butte en tous sens.

– Crois-moi, Khenty, plus j'y réfléchis, et plus je suis sûr d'avoir percé là un secret extraordinaire. Le monde n'est pas cette surface plate que l'on imagine habituellement. Les prêtres n'expliquent jamais rien à ce sujet. Ils se contentent de dire qu'il ne faut pas essayer de pénétrer les mystères divins. En fait, ils éludent les questions trop précises parce qu'ils ne peuvent y répondre.

Il m'adressa un sourire radieux.

– Alors, pourquoi ne pas envisager que je puisse avoir raison ? Nous allons rentrer, mon frère. Demain nous reviendrons vérifier mon idée !

Nous revînmes le lendemain, et les nuits suivantes. Même si j'étais persuadé qu'il se trompait, son enthousiasme était tel qu'il réussissait à me le faire partager. Et même si sa théorie m'effrayait parce qu'elle remettait en cause une certitude absolue apprise depuis l'enfance, cette angoisse ne pesait pas lourd par rapport à l'exaltation qui nous avait envahis tous deux. Nous avions pris soin de nous munir d'un gnomon, d'une clepsydre et d'un bâton de visée, un *hay*. Il s'usa les yeux à prendre ces notes sur la position des astres à chaque heure de la nuit. Comme nous ne pouvions utiliser de lampe à huile, il devait écrire à la seule clarté blafarde de la lune. Il travailla fiévreusement pendant plusieurs mois, vérifiant ses calculs. Je suis sûr que, déjà à l'époque, et malgré sa jeunesse, il était plus savant que ses professeurs. Il constata avec jubilation que les constellations semblaient tourner autour d'un point fixe : les étoiles, elles aussi, confirmaient son hypothèse ! Il se promit de parler de sa découverte à ses maîtres.

Mal lui en prit. Ceux-ci entrèrent dans une colère noire parce qu'il avait osé remettre en question un savoir transmis depuis des siècles. Il eut beau protester, il reçut le fouet, parce qu'il faisait preuve d'un dangereux esprit subversif. Mais, loin de le ramener aux vues exigées par ses professeurs, leur réaction obtuse le conforta dans son idée qu'ils étaient décidément tous des ânes bâtés.

De même, il ne recueillit que sarcasmes auprès de la plupart de ses condisciples, qui ne l'aimaient guère. Ces fils de la haute noblesse désapprouvaient la présence, imposée par Pharaon, de ce bâtard, dont le père, certes, était un grand prince d'Égypte, mais dont la mère appartenait à une peuplade inconnue venue du nord, et sans doute ennemie de Kemit.

Cependant, leur hostilité ironique resta discrète, car Hatchepsout le soutint. Arrogante et fière, elle aussi faisait preuve d'un esprit frondeur, et l'idée de Meren-Maât la séduisait. J'ignore si elle y adhéra réellement. Je pense plutôt que tout ce qui pouvait remettre en cause l'autorité des prêtres l'amusait. Et, comme elle était la fille de Pharaon et qu'elle possédait une intelligence et une volonté bien au-delà de la moyenne, les professeurs supportaient son caractère.

Le réconfort qu'elle apporta à Meren-Maât les rapprocha encore plus. Parfois, il me demandait de rester à l'écart. À cette époque, il se noua entre eux une complicité dont je crois bien, à ma grande honte, avoir pris vivement ombrage. C'était la première fois qu'il s'écartait de moi, et je me souviens en avoir souffert. Mais je n'étais qu'un esclave. Un jour, je le lui fis aigrement remarquer, avec les mots blessants que l'on peut avoir à cet âge ingrat. Mais, dans sa grande générosité, la jalousie était un mot dont il ignorait le sens.

Lorsqu'il comprit qu'il me faisait du mal, il me prit dans ses bras et me serra à me briser les côtes.

– Comment peux-tu réagir ainsi ? Tu es et tu resteras toujours mon frère bien-aimé. Mais n'est-il pas naturel que je passe du temps avec une fille aussi belle que la princesse ?

La honte m'étouffa. Ma possessivité n'avait aucune raison d'être. Il avait raison : nous étions en âge de nous intéresser aux filles. Mais je m'angoissais pour lui : n'était-il pas trop audacieux de vouloir séduire la princesse ? Il ne doutait de rien. Peut-être envisageait-il de l'épouser. Pour lui, la vie était magnifique et ne pouvait rien lui refuser. Peu lui importait qu'Hatchepsout eût été nommée « Prince héritier » par Thoutmôsis. Le pouvoir ne l'intéressait pas. Non, il était amoureux d'elle, et cela lui suffisait.

Comment le lui reprocher ? Moi-même, j'aimais la princesse. Il n'existait pas dans le Double-Royaume de fille plus attirante. Elle ne ressemblait en rien aux femmes de la cour, qui s'empâtaient à force de se goinfrer de pâtisseries et de friandises au miel. Comme les garçons, elle suivait un entraînement intensif à la Maison des Armes. Son corps, que nous pouvions souvent admirer, car elle n'hésitait pas à se mettre nue parmi nous comme n'importe quel guerrier, était puissant, fait de muscles solides, merveilleusement proportionné ; ses jambes longues et fines lui donnaient l'allure d'une gazelle. Quant à son visage, il ne pouvait y en avoir de plus sublime. Ses yeux brillaient d'une vie intense, d'une volonté à laquelle on ne pouvait résister. Je ne pouvais la regarder sans éprouver une étrange douleur dans la poitrine. Je comprenais très bien que Meren-Maât fût tombé sous son charme.

Et pourtant, leur complicité eut une conséquence dramatique pour lui.

Quelques années plus tard, une longue balafre partait de son œil droit pour aller se perdre dans sa barbe épaisse. Il devait cette cicatrice à l'imprudence d'Hatchepsout. À l'époque, il avait dix-sept ans. Les enfants royaux organisaient des expéditions de chasse sur la rive occidentale, où, à proximité de la nécropole, s'étendaient de magnifiques savanes. Hatchepsout était aussi adroite à l'arc qu'au javelot. Montée sur un char, elle avait lancé ses chevaux à la poursuite d'une antilope addax. Meren-Maât la suivait de près. La prudence aurait voulu qu'elle restât à proximité du groupe de guerriers chargés d'assurer leur protection. Mais l'animal s'était engagé dans un défilé s'enfonçant dans les contreforts montagneux où la végétation se faisait rare. Ignorant les avertissements des soldats restés en arrière, elle poussa ses chevaux dans la gorge étroite. Meren-Maât savait qu'il était inutile de tenter de la raisonner. L'antilope disparut bientôt dans un épais bosquet d'acacias et d'épineux.

Soudain, un énorme lion à crinière noire surgit des rochers surplombant la gorge. Les chevaux de la princesse, effrayés, se cabrèrent, et le char se renversa. Le lion sauta à bas de son promontoire. Meren-Maât poussa un cri de rage mêlé d'angoisse. Les flèches ne feraient que blesser le fauve, et le rendraient encore plus agressif. Il lança ses chevaux en direction d'Hatchepsout. Celle-ci s'était relevée et courait vers lui, déjà poursuivie par le lion. Meren-Maât comprit qu'il ne pourrait effectuer son demi-tour après avoir fait monter la princesse. De plus, ses chevaux avaient vu le fauve et devenaient nerveux. Il sauta alors de son véhicule. Armé d'un solide javelot à pointe de bronze et d'un glaive, il chargea le monstre. Hatchepsout n'eut que le temps de se réfugier derrière lui. Le lion bondit. Au lieu de l'esquiver, Meren-Maât planta solidement sa lance dans un talon rocheux. La bête furieuse vint s'empaler sur la lame en poussant un épouvantable rugissement de douleur. Dans le mouvement qu'elle fit pour crocheter son adversaire, ses griffes frappèrent violemment Meren-Maât au visage. Il roula à terre, mais parvint cependant à se dégager. Bondissant sur le dos du fauve, il s'y maintint fermement et lui enfonça son glaive dans la poitrine jusqu'à la garde. Lorsque les soldats arrivèrent au pas de course, le lion était mort. Pleurant et riant à la fois, Hatchepsout était penchée sur Meren-Maât, dont le visage ruisselait de sang.

La princesse lui garda une grande reconnaissance de son geste courageux. Pendant sa convalescence, elle brava les interdits pour le veiller. Ils restaient de longs moments à bavarder. Avec elle, il partageait ses rêves de voyages, son amour des étoiles. Il découvrit qu'elle aurait aimé, elle aussi, partir très loin, visiter des pays inconnus. Mais sa position de prince héritier le lui interdisait.

J'étais parfois présent à ces entretiens, car elle m'appréciait aussi, et me traitait sans aucun mépris, comme si j'avais véritablement été le frère de mon seigneur. Mais la plupart du temps, je les laissais seuls. J'avais réussi à surmonter ma stupide jalousie, car j'avais découvert les joies des ébats amoureux dans les bras d'une demoiselle ravissante et peu farouche, fille d'un haut fonctionnaire, et indifférente à ma condition. Oserai-je dire sans paraître immodeste que j'étais beau garçon, et attentif au plaisir des femmes, ce qui me valut très vite un certain succès auprès d'elles.

En raison de la cicatrice qui l'enlaidissait, Meren-Maât craignait de ne plus jamais être capable de séduire une fille. Hatchepsout lui prouva que les femmes accordent peu d'importance à ce genre de détail. Je n'appris ce qui se passa à cette époque que bien plus tard, alors que Meren-Maât et moi avions déjà quitté le Double-Royaume. Car, même à moi, il avait tu le lien véritable qui s'était noué entre eux.

Parce qu'ils ne souhaitaient partager avec personne leurs bavardages sur les voyages et les étoiles, Hatchepsout et Meren-Maât avaient pris l'habitude de se retrouver, à la nuit tombée, dans les ruines d'un temple abandonné, autrefois dédié à Isis. Personne ne songeait à les chercher en cet endroit. Les jardins, retournés à l'état de friche, mélangeaient des espèces venues de différents endroits du monde, des arbres qui portaient des fruits redevenus sauvages. Ils les cueillaient et les dévoraient à belles dents. Leur jus, tiédi par le soleil, leur dégoulinait sur les lèvres.

Un soir, un orage violent les surprit. Des trombes d'eau s'abattirent sur la vallée. Ils trouvèrent refuge dans une salle à demi éboulée, dont le toit précaire les abrita de la pluie. Mais la foudre et les fracas du tonnerre semblaient apeurer la princesse. Plus par jeu que par frayeur, elle se blottit contre son compagnon. Soudain, elle lui glissa :

– Je crois que je vais bientôt épouser mon demi-frère, Aâkheperenrê.

Malgré la chaleur humide de la salle du temple abandonné, un grand froid envahit Meren-Maât. Hatchepsout lui sourit tristement dans la pénombre et ajouta :

– La tradition exige de conserver pur le sang divin qui coule dans nos veines.

– Tu l'aimes ?

– Non ! Mais c'est mon devoir, depuis la mort de ma sœur aînée. Si je refusais, le Double-Royaume sombrerait très vite dans le chaos. Aâkheperenrê est un faible. De plus il est de santé fragile, comme ses deux frères. Je sais qu'il ne vivra pas vieux. Il a besoin de moi pour consolider le pouvoir royal et le culte d'Amon-Rê.

– Tu pourrais épouser un prince de lignée royale, hasarda-t-il.

– C'est impossible ! Choisir un prince provoquerait la jalousie des autres familles. On verrait alors apparaître des factions rivales qui se déchireraient et plongeraient le pays dans le chaos. Cela s'est déjà produit par le passé, jusqu'au moment où le dieu bon Sésostris eut l'idée d'associer son fils au pouvoir afin de le légitimer. Ainsi veut agir mon père, et je sais qu'il a raison. Même si cela me coûte.

Elle se tourna vers lui. À ce moment, un éclair illumina la salle dévastée, envahie par les mauvaises herbes. À la lueur de l'orage, elle entrevit son visage déformé, et son regard étrange, dont indirectement elle était responsable. Il serrait la mâchoire pour masquer sa douleur, tandis que deux larmes glissaient de son œil abîmé. Une violente émotion s'empara d'elle. Meren-Maât lui avait toujours offert l'image d'un homme fort, pratiquement invincible, doté d'un fantastique amour de la vie. Jamais il n'avait fait montre de faiblesse avant cette nuit. Alors, elle prit son visage entre ses mains, ferma les yeux et posa un baiser chaud sur ses lèvres.

Ensuite, tous deux perdirent la tête. Se souciant peu d'éventuelles conséquences dramatiques, ils obéirent à l'attirance violente qui s'était emparée d'eux. Ils arrachèrent leurs vêtements, leurs mains s'agrippèrent au corps l'un de l'autre, avec force. Lorsque Meren-Maât partagea ce souvenir brûlant avec moi, j'eus l'impression qu'il se parlait surtout à lui-même, comme pour exorciser l'amour passionnel qu'il avait éprouvé pour cette femme hors du commun. Il évoqua le grain fin de sa peau humide, l'odeur enivrante de son corps, la douceur de ses seins sous ses doigts, la chaleur de ses cuisses offertes. Roulant sur les herbes écrasées, ils avaient fait l'amour sous les trombes d'eau et les lueurs apocalyptiques de l'orage. Tous deux possédaient un tempérament exigeant, tous deux étaient des forces de la nature. Pendant une trop courte nuit, ils avaient oublié qu'elle était l'héritière du trône et lui un simple fils de prince. Jamais il n'oublia le parfum de son haleine ni l'écho de ses gémissements.

Le jour revenu avait dissipé leur délire, et ils s'étaient séparés, l'esprit abasourdi. Lorsqu'il la revit, bien plus tard dans la journée, elle avait retrouvé son assurance hautaine, sa fierté royale. Elle ne lui accorda pas plus d'intérêt qu'aux autres. Pire même, la complicité qui les unissait semblait avoir disparu. Bouleversé, il s'enfuit. Quand il me rejoignit, il avait perdu sa belle humeur habituelle. Pour la première fois, il semblait ne plus trouver goût à la vie. Pourtant, il ne me dit rien, et je n'osai l'interroger.

Son abattement ne dura guère. Le lendemain, il avait retrouvé le sourire. Je ne m'expliquai que bien plus tard la décision qu'il prit ce jour-là. Sur le moment, je ne compris pas pourquoi il renonça à la vie tumultueuse de la cour pour s'intéresser au petit domaine que lui avait donné son père, dans le nome de Denderah. En fait, il s'y installa pour oublier sa peine. Je sais aujourd'hui qu'il considéra son aventure avec Hatchepsout comme un échec. Passionnément épris d'elle, il avait espéré la garder. Mais il avait très vite compris qu'elle ferait passer la raison d'État avant lui et qu'il n'avait aucune chance de l'épouser. Alors, il s'était enfui, pour ne pas grossir les rangs des soupirants stupides qui gravitaient autour d'elle.

Il savait admirablement dissimuler ses chagrins, sans doute parce qu'il ne souhaitait pas en faire pâtir les autres. À l'époque, je ne m'aperçus de rien. À Denderah, il prit en charge avec enthousiasme la gestion des semailles et des récoltes. Sa bonne humeur était revenue, et cela seul comptait.

Je garde de cette période des souvenirs merveilleux. Loin des intrigues de la cour, nous étions les maîtres absolus d'un domaine magnifique et fertile. Nous y avons partagé des moments extraordinaires. Meren-Maât était heureux au milieu de ses paysans. Son formidable amour de la vie s'exprimait de manière inattendue. Il avait pour coutume de s'adresser aux plants de blé ou d'orge, leur prodiguant des paroles d'encouragement et de remerciement pour la nourriture qu'ils apportaient.

– Les plantes sont vivantes, me disait-il, elles aiment qu'on leur parle.

Les paysans prétendaient qu'il possédait un don étrange. Certains chuchotaient même qu'il était en communion avec Renenouete, la déesse serpent des Moissons. Assistance divine ou non, les récoltes se révélaient plus abondantes qu'ailleurs. Superstitieux, les habitants du domaine l'avaient surnommé le Maître-Serpent, en hommage à la déesse.

Notre complicité et notre affection se consolidèrent. Nous avions tous deux le goût des femmes, et chaque nuit nous surprenait dans les bras d'une nouvelle conquête. Meren-Maât aimait participer aux festivités organisées par les paysans. Elles n'avaient aucun rapport avec les réjouissances magnifiques de la cour, mais l'ambiance y était saine et sans fard. Les personnages importants de la province, depuis le nomarque jusqu'au plus modeste des directeurs, étaient ravis de notre présence, qui rompait la monotonie de leur séjour. Écartés de la cour par la volonté de Pharaon, ou plus simplement oubliés, ils nous considéraient comme de grands seigneurs. Meren-Maât avait eu la délicatesse de taire ma condition d'esclave et, pour la première fois, j'eus l'impression d'être un vrai noble. Ma vanité s'en satisfaisait fort bien.

Meren-Maât n'allait plus à Thèbes que pour rendre visite à ses parents. À cette époque, ils étaient les seules personnes qui le rattachaient encore à l'Égypte. Ses frères et sœurs aînés, mêlés à la vie de la cour, lui témoignaient du mépris parce qu'il n'assumait pas son rang et préférait se rouler dans la fange du Nil avec ses paysans. Mais il s'en moquait comme de son premier pagne. Il n'avait rien à faire dans cet univers où régnaient l'hypocrisie et le mensonge, où toutes les bassesses étaient permises pour attirer l'attention du souverain. Parfois, à l'occasion de grandes cérémonies, il revoyait Hatchepsout, mais celle-ci demeurait distante. Le pouvoir l'accaparait de plus en plus. À cette époque, le vieux roi Thoutmôsis Ier était déjà malade. Jamais, depuis la nuit magique où elle s'était donnée à lui, Meren-Maât n'avait pu renouer les relations d'amitié qui les unissaient auparavant.

Un jour, un navire fit escale à Denderah. Quelle ne fut pas la surprise de Meren-Maât lorsqu'il reconnut Pen-Aser, l'un de ses frères aînés. Leurs relations n'avaient jamais été bonnes. C'était un personnage suffisant et maniéré, qui traitait les autres avec un mépris non dissimulé. Cette fois, sa vanité était comblée et son arrogance ne connaissait plus de limites, car Sa Majesté venait de le nommer à des fonctions importantes dans le Delta. À travers ses paroles, il ressortait clairement qu'il se considérait presque comme l'égal de Thoutmôsis. Un peu ennuyé, Meren-Maât organisa, pour l'honorer, une fête à laquelle il invita les notables. Pen-Aser passa la soirée à critiquer l'endroit où il se trouvait, vantant en comparaison les lumières de Ouaset.

– Franchement, mon frère, je ne comprends pas pourquoi tu es venu t'enterrer dans cette province minable, tout juste bonne pour les chèvres et les cochons.

Je détestais ce Pen-Aser. Face à lui, Meren-Maât demeurait imperturbable. Il semblait même s'amuser de sa suffisance, qui à ses yeux était la preuve de sa faiblesse.

Dans la soirée, Pen-Aser fit venir ses propres danseuses, car il pensait, sans les avoir vues, que celles de Denderah devaient se mouvoir comme des hippopotames. Frappant dans ses mains, il fit entrer une douzaine de filles nues qui entamèrent une danse lascive, accompagnées par des tambourins, une harpe et deux flûtes. Le spectacle était beau. Mais l'une des danseuses avait visiblement des difficultés à suivre le rythme. C'était une fille superbe, nubienne comme moi. Il était visible qu'elle souffrait d'une douleur à la cheville, et qu'il aurait fallu éviter de la faire danser. Mais Pen-Aser, déjà méprisant avec ses pairs de province, se montrait absolument odieux avec ses serviteurs, qu'il prenait un plaisir malsain à humilier. Je voyais son visage blêmir à chaque faux pas de la fille. Lorsque enfin elle s'écroula, il bondit de son fauteuil, saisit le fouet qui pendait à sa ceinture et se rua sur elle pour la frapper. Un premier coup s'abattit sur les épaules de la malheureuse. Il n'y en eut pas de second. Meren-Maât s'était levé à son tour et avait arraché la *courbash* des mains de son frère.

– Comment oses-tu... commença Pen-Aser, ivre de colère.

– Mon frère, coupa Meren-Maât, ne vois-tu pas que cette pauvre fille souffre ?

– Que m'importe ? Ce n'est qu'une danseuse, et elle doit m'obéir.

– Elle ne demanderait certainement pas mieux si tu lui laissais le temps de guérir.

Impressionné par la carrure puissante de Meren-Maât, qui le dominait de plus d'une tête, Pen-Aser se radoucit.

– Mon frère, s'il fallait tenir compte des petites douleurs de nos serviteurs, nous ne pourrions plus compter sur eux. Cette fille sera punie pour m'avoir désobéie.

– Elle ne sera pas punie, car je désire te la racheter.

– Mais elle n'est pas à vendre. Elle est à moi, et je tiens à lui appliquer moi-même la punition. Je saurai lui faire passer l'envie de souffrir de la cheville, crois-moi.

– Oh, je te crois ! Seulement, cette fille ne repartira pas d'ici, car elle est désormais sous ma protection.

– Comment ça ? Sais-tu bien à qui tu parles ?

– Je réprouve ta manière d'agir. On obtient de bien meilleurs résultats en respectant ses serviteurs, fussent-ils esclaves. Tout comme nous, ils furent créés sur le tour de potier de Khnoum. Ils ne sont pas différents de nous.

Sans attendre la réponse de Pen-Aser, il prit la fille dans ses bras et la confia à son intendant. L'autre écumait de rage.

– J'exige que tu me rendes cette danseuse !

– Pen-Aser ! répondit Meren-Maât d'une voix douce et ironique. Désires-tu vraiment me fâcher ?

– Mes gardes vont te la reprendre.

– Avec plaisir. Cela fait un bon moment que je ne me suis pas battu pour les beaux yeux d'une fille. Appelle-les, mon frère.

Ce disant, il écarta ses bras, faisant jouer sa musculature. Simultanément, les quelques soldats du domaine vinrent se placer derrière lui. Ravalant sa colère, Pen-Aser s'amadoua. Meren-Maât le prit par les épaules et l'invita à se rasseoir.

– Allons, mon frère, nous n'allons pas gâcher nos retrouvailles à cause de ce petit différend. Je maintiens ma proposition. Je te paierai cette danseuse.

Pen-Aser fut bien obligé de céder. Ainsi Zangha entra-t-elle dans notre vie.

Meren-Maât la fit soigner par le meilleur médecin de Denderah. Elle ne souffrait que d'une entorse, et sa cheville se rétablit rapidement. Dès qu'elle fut guérie, elle tint à danser pour nous. Il émanait d'elle une chaude sensualité, qui transparaissait dans le moindre mouvement de son corps. La première nuit, elle était dans le lit de Meren-Maât. Mais, comme bien souvent nous partagions nos conquêtes, elle passa la suivante dans le mien. Dotée d'un solide tempérament, elle nous exténua l'un comme l'autre. Lorsque nous comparâmes nos expériences, nous fûmes pris d'une crise de fou rire en constatant notre épuisement.

Avec le temps, Zangha, tout comme moi, acquit un statut différent de celui d'esclave. Meren-Maât ne lui demandait que d'être disponible pour nous offrir ces merveilleux spectacles de danse dont elle avait le secret, et qui nous émoustillaient pour la nuit. Meren-Maât la fascinait. Peu à peu, elle s'attacha à lui comme un chat à son maître. Zangha avait tout d'un félin, la démarche et le caractère. Meren-Maât ne lui faisait jamais sentir sa condition d'esclave. Elle avait pourtant décidé qu'elle lui appartenait, corps et âme, et le suivait comme son ombre.

Elle parlait peu, mais observait tout. Curieusement, elle s'était instituée garde du corps de Meren-Maât. Il n'en avait guère besoin, mais un jour, lors d'une excursion dans le désert à laquelle elle avait pris part, nous fûmes attaqués par une bande de pillards. Nous constatâmes alors avec stupéfaction qu'elle possédait parfaitement la science des armes, et maniait le glaive aussi bien que son maître.

Meren-Maât aimait trop les femmes pour se contenter d'une seule. Nous continuâmes à accumuler les conquêtes. Encore une fois, la réaction de Zangha fut inattendue. On aurait pu penser qu'elle ressentirait au moins une pointe de jalousie. Il n'en fut rien. Au contraire, chacune de nos nouvelles victimes la réjouissait et il lui arriva de participer à nos ébats. En revanche, lorsqu'une dame se montrait rebelle à nos avances, Zangha se montrait agressive avec elle.

Nous menions une vie plaisante et facile, et j'envisageais l'avenir d'un œil serein. Mais je me rendis compte peu à peu que Meren-Maât n'était pas pleinement heureux. Si la plupart du temps il nous montrait le visage d'un homme satisfait de son sort, il lui arrivait de s'isoler sur les rives du Nil. Dans ces moments, il n'avait envie de parler à personne. Un jour, je me décidai à lui demander ce qui le contrariait. Il médita un long moment avant de me répondre.

– J'aime ce pays et les gens qui l'habitent, dit-il enfin. Je suis un seigneur riche et respecté, et je prends plaisir à cultiver cette terre fertile. Mais je sais que je ne finirai pas ma vie ainsi. Quant à retourner à la cour... (il marqua là une hésitation où planait l'ombre d'Hatchepsout), il n'en est pas question.

– Alors, que veux-tu faire ?

– La mer me manque, mon frère. Sans doute est-ce le sang des marins, ancêtres de ma mère, qui s'exprime.

À vrai dire, sa réponse ne me surprit guère. Et la mer me manquait, à moi aussi.

Notre retraite à Denderah dura quatre années. Meren-Maât avait vingt-deux ans lorsque Nefer-Kheret et la belle Serenout périrent dans un naufrage, au cours d'un voyage à Byblos, où ils avaient conservé des intérêts. Lorsqu'il apprit la nouvelle, il eut l'impression que le monde s'écroulait autour de lui. Il resta des journées entières prostré le long du fleuve. Je ne savais plus que faire pour le sortir de sa mélancolie. Zangha seule pouvait l'approcher. Elle se serrait contre lui sans mot dire. De loin, je le voyais enfouir son visage dans sa poitrine.

Un matin enfin, il réagit et vint me trouver.

– Nous allons partir, mon frère. Je n'ai plus rien à faire dans ce pays où, hormis mes fidèles paysans, je ne compte aucun ami. Je rêve depuis toujours de naviguer. Le temps est venu de réaliser ce rêve.

J'acquiesçai en silence. Plus tard, je connus ses véritables motivations. Seuls ses parents l'avaient retenu au Double-Pays. En réalité, il avait pris sa décision depuis longtemps. Le pharaon Thoutmôsis était mort, et, à travers son demi-frère, qu'elle avait épousé, c'était Hatchepsout qui tenait les rênes de l'Égypte. Même si Aâkheperenrê, devenu roi sous le nom de Thoutmôsis II, périssait rapidement, elle ne serait jamais à lui. Quelque temps auparavant, elle avait pris sous sa protection un jeune architecte du nom de Senenmout. Lors d'une visite à Ouaset, Meren-Maât avait surpris les regards qu'elle échangeait avec lui, et il avait compris la qualité de leurs relations. Il trouvait stupide de souffrir pour une femme. Il avait déjà failli donner sa vie pour elle, cela suffisait. Il la mit au courant de sa décision. Sans doute comprit-elle qu'il était inutile de tenter de le retenir, même en usant de son pouvoir royal. Il possédait lui-même une autorité naturelle contre laquelle il était difficile de lutter.

La mort de ses parents lui laissait, après le partage avec ses frères et sœurs survivants, une fortune confortable, qui lui permit d'acquérir un navire capable d'affronter la mer. Parmi ses paysans, les plus jeunes, qui lui vouaient une admiration inconditionnelle, se lamentèrent.

– Que deviendrons-nous si tu pars, Seigneur ?

Lorsqu'il leur expliqua qu'il voulait voyager sur la Grande Verte, une vingtaine d'entre eux le supplièrent de les emmener. Il accepta. Un matin, nous nous embarquâmes pour Byblos, dans un navire pour lequel ils firent office de rameurs.

Quelques mois plus tard, après avoir équipé notre navire, nous quittions les côtes du Levant.

Ainsi commença une longue série de voyages qui nous mena sur toutes les côtes de la Grande Verte et même au-delà. Nous avons visité des contrées aussi disparates que la Crète, l'Étrurie, la Libye, l'Anatolie, le pays mycénien, les îles du Vent, la Sicile. Nous avons franchi la passe dangereuse des Portes de Neith [1], longé les côtes d'Afrique jusqu'à l'embouchure d'un grand fleuve dans lequel nous nous sommes engagés. À l'intérieur des terres, nous avons découvert un pays étrange où l'on rencontrait des sortes d'hommes immenses, à la peau couverte de poils, que les indigènes appelaient gorilles. Nous sommes aussi remontés loin vers le nord, et c'est ainsi que nous avons découvert les Cassitérides [2], où nous avons noué des contacts avec les peuples qui extraient ce métal si rare qu'est l'étain.

Ce fut dans ces îles mystérieuses que commença notre fabuleuse aventure.

---

1. Le détroit de Gibraltar. J'ai imaginé le nom *Portes de Neith* parce que les Égyptiens pensaient que la Méditerranée était le corps de cette déesse.

2. Les Cassitérides : l'emplacement de ces îles n'a jamais pu être déterminé avec précision. Il peut tout aussi bien s'agir de la Bretagne que des côtes sud de l'Angleterre ou de l'Irlande, voire du nord-ouest de l'Espagne. Il est possible que ce nom désigne l'ensemble des pays qui, en Europe occidentale, fournissaient l'étain (*kassiteros* en grec).

3

Dix années s'étaient écoulées depuis que nous avions quitté Byblos. Avec le temps, le commerce nous avait enrichis, et nous possédions désormais quatre navires étonnants. Bien sûr, cette petite flotte appartenait à Meren-Maât, mais il m'avait lié de si près à sa fortune que je me considérais, moi aussi, comme propriétaire et maître à bord. Il ne disait jamais *je,* mais *nous*, car il lui était inconcevable que je ne fusse pas associé à sa vie. J'étais devenu son double, son reflet, son autre lui-même. La complicité et l'affection qui nous unissaient étaient telles que nous nous comprenions sans avoir besoin de terminer nos phrases. Certains mots revêtaient des significations particulières que nous étions les seuls à comprendre, parce que nous les avions utilisés dans notre petite enfance.

Meren-Maât n'avait jamais regretté sa décision. Cette vie d'aventure et de voyage lui convenait parfaitement. Nous n'étions pas retournés en Égypte. Il n'avait que mépris pour les courtisans qui abritaient leur médiocrité derrière leurs titres. Pour lui, un marin courageux était cent fois plus noble que ces pantins maquillés. Même si parfois il pensait encore à Hatchepsout, il se disait qu'il avait réalisé son rêve : naviguer. Meren-Maât connaissait un grand nombre de peuples des rives de la Méditerranée et du Grand Océan, et son charisme était tel qu'il avait tissé avec eux des liens d'amitié. Il possédait de plus un don incroyable pour les langues et il ne lui fallait pas plus de quelques jours pour les comprendre. Il avait remarqué que nombre de dialectes utilisaient des termes semblables, comme s'il avait existé, à l'origine, une première langue qui s'était différenciée suivant les pays. Personnellement, je ne possédais pas ce don, et, même si je connaissais les mots essentiels, j'avais quelques difficultés à communiquer avec les indigènes. Sur les navires, nous pratiquions le sabir des marins de la Grande Verte.

Le jour où se produisit l'événement stupéfiant qui bouleversa notre vie, Meren-Maât venait de conclure un marché fructueux avec le roi de Cooseatepe, l'une des cités les plus importantes des Cassitérides. Enfin, si l'on pouvait appeler ces lieux des cités. Elles n'avaient rien à voir avec les villes lumineuses et pleines de couleurs du Double-Royaume. Les demeures n'étaient que de grossières masures de granit, recouvertes d'un toit de pierres plates ou de chaume. Il avait été difficile d'établir des contacts avec les habitants. Ils se montraient volontiers belliqueux, mais, lorsque l'on s'était lié d'amitié avec eux, ils devenaient les plus fidèles des alliés. C'étaient de joyeux compagnons, qui aimaient rire, boire et chanter. De plus, leurs femmes étaient belles, et ma peau couleur d'ébène me valait un franc succès. Je ne connaissais que quelques mots de leur langue, mais elles se chamaillaient pour partager ma couche, et j'ai laissé là-bas plusieurs héritiers.

Nous étions installés sous la grande tente doublée de fourrure que nous utilisions dans ces pays. Protégée par un rideau d'arbres courbés par les vents glacés, elle offrait un confort relatif. À l'extérieur soufflaient de violentes bourrasques, dont les remous s'engouffraient sous notre abri. Par moments, leur haleine humide et glacée tentait de soulever les feuilles de papyrus sur lesquelles j'inscrivais les comptes. J'avais les doigts gelés, mais Meren-Maât n'en avait cure ; il aimait ce climat rude et sauvage. De sa voix étonnamment grave, il déclara :

– Mon frère, nous avons réalisé là la plus belle opération de notre vie. Avec ce qu'elle va nous rapporter, nous allons pouvoir faire construire un cinquième navire, et nous établirons avec ce pays des relations commerciales durables.

Le roi de Cooseatepe, Métara, avait été séduit par les poteries peintes et les rouleaux d'étoffe que nous lui avions proposés. Le négoce était avantageux. Outre le minerai d'étain, nous les avions troqués contre des peaux de loup, de renard, d'élan, douze superbes fourrures d'ours, et surtout une pleine jarre de perles d'ambre qui feraient la joie des joailliers. L'étain nous serait acheté très cher à Byblos ou dans la cité nouvelle de Tyr. Mêlé au cuivre, il donnait un alliage d'une solidité remarquable, le bronze, qui trouvait son utilisation dans la fabrication d'armes, d'objets usuels tels que vases, chaudrons, cruches, rasoirs, pinces à épiler, miroirs, ainsi que des outils, burins, scies, pioches... On ne le trouvait que dans la partie occidentale de la Méditerranée, et dans les Cassitérides. Mais seuls les plus audacieux des marins bravaient les redoutables Portes de Neith pour venir jusque dans ces îles du Nord. Afin de célébrer l'opération, Meren-Maât nous versa deux gobelets de l'alcool de miel que distillaient les habitants de cette région.

En dix années, Meren-Maât s'était encore étoffé. Son épaisse tignasse d'un blond fauve encadrait une tête carrée, reliée au tronc par un cou massif qui contribuait à lui donner un aspect de force invincible. Ses mains étaient larges, et son torse couturé de cicatrices trahissait sa propension à se mesurer au danger. Il ne se séparait jamais de sa hache, une arme lourde et imposante que lui seul était capable de manier, et dont la lame avait été coulée dans le bronze par un métallurgiste cananéen réputé.

Sa balafre et son œil abîmé ne contribuaient pas à le rendre engageant. Dans un premier temps, son regard étrange provoquait un malaise. Mais cette impression disparaissait devant la lumière qui en émanait. Les conditions parfois dures de navigation avaient développé sa musculature. Tout en lui respirait la puissance, et il dépassait d'une tête le plus grand de ses guerriers. Dans les tavernes des ports, les bagarres étaient promptes à se déclencher, et il n'était pas le dernier à se jeter dans la mêlée. Tous les prétextes lui étaient bons : une femme, même prostituée, un mot de travers, un avis divergent... Nombre de lutteurs avaient appris à leurs dépens qu'il valait mieux éviter de le provoquer. Mais il ne prenait jamais ces affrontements au sérieux, et, après une bonne échauffourée, il relevait ses adversaires pour leur offrir le gobelet de l'amitié.

Quelles que fussent les circonstances, son humeur demeurait toujours égale. Il possédait un don particulier pour calmer les esprits lorsqu'un différend éclatait entre ses hommes. Il riait facilement, et son grand rire sans entrave désarmait très vite les adversaires, qui s'étonnaient après coup d'avoir fait tant de bruit pour si peu. La vie lui avait enseigné la grande force de l'humour, et il savait l'utiliser comme une arme contre la fatalité. Combien de fois l'ai-je vu rire lorsque éclatait une tempête. Il s'adressait directement à elle, lui parlait avec familiarité, comme si elle n'était qu'une bonne farce qu'il ne fallait pas trop prendre au sérieux. Malgré notre inquiétude, nous nous surprenions à l'imiter, et notre peur disparaissait. Nous étions persuadés qu'il faisait rire les dieux eux-mêmes, et que ceux-ci ne pouvaient que se montrer bien disposés à son égard. D'ailleurs, il n'éprouvait pas pour eux un respect très marqué, et ne les redoutait pas. Lorsque les éléments lui étaient contraires, il se moquait d'eux, ou leur hurlait de venir se mesurer directement à lui. Mais jamais aucun ne s'était montré, et nous n'étions pas loin de penser que les dieux le craignaient. De la part de ses hommes, il était l'objet d'une vénération que nombre de souverains lui auraient enviée.

Tandis que je rangeais les papyrus, Meren-Maât s'enveloppa dans sa peau d'ours et m'invita à le suivre, en compagnie de Hamel, le vieux savant crétois dont je conterai bientôt l'histoire. Nous sortîmes de la tente, retrouvant la pluie fine qui détrempait le paysage marin et estompait l'horizon derrière un voile de grisaille. Un air vif pénétra nos poumons.

À peu de distance se dressait la petite cité de Cooseatepe, frileusement abritée derrière ses murailles dominées par trois tours de guet. Parfois, des navires inconnus opéraient des razzias dans le pays. Les indigènes avaient appris à se tenir prêts à toute éventualité. Une route chaotique menait, en contrebas de notre campement, jusqu'à une petite baie qui offrait une protection naturelle aux navires. Deux jetées artificielles grossières facilitaient l'accostage. Des esclaves, eux aussi objets de négoce, assuraient le chargement.

Depuis des siècles s'était établi en ce lieu un trafic commercial. Des vaisseaux de toutes origines y abordaient pour troquer des marchandises diverses, matières premières contre outils et bijoux, pièces de tissus contre peaux et fourrures. Métara y trouvait son intérêt en prélevant sur elles une taxe. On avait bâti sur les hauteurs, hors des murs de la ville, une sorte d'auberge, point de rencontre pour les négociants et les marins. C'était un lieu surprenant qui résonnait des langages originaires d'innombrables pays, et où des filles peu farouches servaient de copieux repas et consolaient les âmes esseulées.

Cooseatepe était le seul port des Cassitérides capable d'accueillir des navires aussi grands que les nôtres. Meren-Maât les contempla avec fierté. Il les avait conçus lui-même. Pendant nos premiers voyages, nous naviguions à bord du navire à fond plat acquis à

Ouaset, le *Fils de Sobek*. Mais il ne nous permettait guère de nous éloigner des côtes. Comme tous les bateaux égyptiens, il avait tendance à chavirer et sa structure n'était guère adaptée à la navigation en haute mer. Ce qui n'empêcha pas Meren-Maât de se lancer dans des traversées audacieuses jusqu'en Crète.

Un jour, lors d'une expédition dans les îles du Vent, nous avons rencontré des Tjekerous, ces hommes blonds venus du Nord qui appartenaient aux Peuples de la Mer. Ils naviguaient sur des barques construites suivant un principe différent. Leur fond était constitué d'une grande pièce de bois, la quille, sur laquelle venait se fixer la coque. De plus, ces barques étaient lestées, ce qui leur assurait une meilleure stabilité sur l'eau. Meren-Maât eut alors l'idée de construire des navires plus grands, fondés sur ce principe. Nous retournâmes à Byblos. Les connaissances qu'il avait glanées au cours de ses bavardages avec les marins, lorsqu'il était enfant, lui étaient restées, et, après quelques mois de travail acharné avec les charpentiers de la cité, le *Cœur d'Isis* prenait la mer. Il se comporta bien mieux que notre vieux navire, et nous permit de voyager beaucoup plus loin. Au fil des années, trois autres vaisseaux furent construits sur le même modèle.

Longs d'une cinquantaine de coudées[1], ils étaient sans doute parmi les plus grands bateaux de l'époque. L'étrave, massive et solide, permettait d'affronter les lames furieuses de l'océan. Sur le *Cœur d'Isis*, le navire amiral que commandait personnellement Meren-Maât, la figure de proue, tournée vers l'intérieur selon la tradition égyptienne, représentait une femme d'une grande beauté, à la tête surmontée d'un trône de sycomore : Isis la Magicienne, pour laquelle Meren-Maât et moi éprouvions une grande affection. Le second navire, l'*Esprit de Maât*, était placé sous la protection de la déesse de la Vérité, de la Justice et de l'Harmonie. Le troisième, le *Ptah-Hotep*, revendiquait son attachement à Ptah, le *dieu au beau visage*, *neter*[2] de Mennof-Rê, l'ancienne capitale égyptienne. Enfin, le quatrième, le *Nefer-Bès*, arborait fièrement une sculpture représentant le visage grimaçant du nain Bès. Pour une raison inconnue, les guerriers,

1. Une coudée : 0,524 m.
2. Neter : nom donné aux dieux par les Égyptiens.

en majorité étrangers, avaient adopté cette divinité attachante, originaire du sud de l'Égypte. Dans le Double-Royaume, il était censé protéger les femmes qui accouchaient, mais les marins étaient persuadés qu'il écartait les démons de la Grande Verte.

Les coques renflées étaient conçues pour transporter un maximum de marchandises. Cependant, le rapport de la largeur à la longueur, de un à cinq, en faisait des vaisseaux rapides. La disposition ingénieuse des rameurs autorisait des accélérations efficaces, qui permettaient de s'extraire au plus vite d'un piège, ou encore d'attaquer efficacement un ennemi. À l'arrière se dressait une sorte de cabine longue, où logeaient les officiers.

Les équipages se composaient essentiellement de Cananéens, mais nous avions aussi quelques Asiates, des Hyksos, des Crétois, des Libyens, des Nubiens, des Égéens, ainsi qu'une vingtaine de Tjekerous. Meren-Maât les avait recrutés au début pour qu'ils l'aident à construire le *Cœur d'Isis*. Leur chef, Ragnar, s'était lié d'amitié avec lui, et avait décidé de le suivre dans ses voyages. Leur première rencontre avait commencé par une bagarre mémorable, sous le vague prétexte de la fille d'un aubergiste mycénien. En réalité, ils étaient presque de la même taille, et désiraient savoir qui des deux était le plus fort. Mon frère avait eu le dessus, mais il avait récolté de rudes coups, qui lui laissèrent le visage tuméfié pendant plusieurs jours. L'autre avait perdu quelques dents au cours du combat. Loin de lui en tenir rigueur, il lui avait alors voué une admiration sans bornes : il était le premier à lui avoir fait mordre la poussière. Pour cette raison, il avait proposé de lui transmettre ses connaissances maritimes et d'attacher sa vie à la sienne. Meren-Maât avait accepté avec joie ces turbulents compagnons, qui constituaient depuis sa garde personnelle. C'étaient, il faut bien l'avouer, des brutes sans cervelle, mais leur courage et leur fidélité nous fut à de nombreuses reprises d'un secours inestimable. Je n'étais pas fâché de les compter parmi nous lorsque nous abordions une côte inconnue. Leur aspect seul suffisait souvent à impressionner les populations locales.

Il n'était pas toujours facile de maintenir l'unité dans une troupe aussi cosmopolite, mais Meren-Maât possédait l'art de mener les hommes. Ils l'avaient surnommé « l'Ours courageux », car on l'avait vu un jour affronter l'un de ces redoutables carnassiers armé de sa seule hache et d'un bouclier. Au prix d'une belle cicatrice sur la cuisse, il avait terrassé le monstre. Dans sa fourrure, il s'était fait tailler un manteau épais qui ne le quittait jamais.

Nous avions choisi nous-mêmes les équipages de nos quatre navires, n'engageant que des hommes solides et fiables, sur lesquels nous pouvions nous appuyer. Le premier noyau de notre petite communauté était constitué des paysans de Denderah qui nous avaient suivis dès le premier jour. Plus tard s'y étaient joints nos compagnons de Byblos, des garnements turbulents et sans attache, avec lesquels nous jouions étant enfants. Tous étaient devenus des hommes solides. Ravis de nous retrouver, ils s'étaient bousculés pour s'engager. Avec le temps, d'autres marins étaient venus grossir les rangs. Ils étaient d'origines diverses, mais tous étaient prêts à donner leur vie pour Meren-Maât et l'auraient suivi sans sourciller jusqu'au royaume d'Osiris. Car, s'il était exigeant, il avait un sens aigu de la justice et partageait équitablement les gains. Comme son père, le seigneur Nefer-Kheret, son autorité n'était guère pesante. Chacun était libre d'agir à sa guise à partir du moment où il accomplissait correctement sa tâche. Meren-Maât possédait une qualité extrêmement rare : à l'inverse de ce qui se passait sur les autres navires, il traitait ses marins avec dignité.

– Tout homme a droit au respect, affirmait-il.

Outre les quelque deux cents guerriers qui faisaient aussi office de rameurs, la population des navires se complétait d'une cinquantaine de femmes. Il arrivait en effet que ces expéditions durent plus longtemps que prévu. Il fallait parfois faire escale à terre pendant plusieurs saisons, le temps de semer et de récolter des vivres en suffisance. La présence de femmes à bord constituait un garant de l'unité de la petite communauté, qui fonctionnait en autarcie. Elles s'occupaient des tâches ménagères, soulageaient la solitude des guerriers. Mais chacune d'elles savait se battre, et, plusieurs fois, elles avaient représenté un atout non négligeable dans les combats. Comme ses marins, Meren-Maât tenait à ce qu'elles jouissent de leur liberté, et elles touchaient leur part au même titre que les hommes.

Zangha était elle aussi toujours présente, silencieuse et solitaire. Meren-Maât aimait la sentir près de lui, comme un fantôme familier, car, bien qu'il pesât au moins deux fois plus lourd qu'elle, il n'aurait pu avoir meilleur garde du corps. Son regard perçant enregistrait le moindre danger, la plus suspecte anomalie. Un jour, lors de négociations difficiles avec des rois malhonnêtes et querelleurs, elle bondit à la gorge de l'un d'eux avant que quiconque ait pu réagir. Le glaive pointé sur son cou, elle l'obligea à jeter le poignard dont il s'apprêtait à se servir traîtreusement contre Meren-Maât. Ce jour-là, elle lui sauva sans doute la vie. Personne n'avait rien vu, sauf elle.

Nos relations étaient ambiguës. Il lui arrivait parfois de passer la nuit dans les bras de Meren-Maât, lorsqu'il était seul. Le plus souvent, elle dormait contre moi. J'aimais son corps à la souplesse de liane, ses dents blanches et sa voracité de bête sauvage. Pourtant, elle ne m'appartenait pas. En vérité, malgré sa condition d'esclave, il n'y avait pas de femme plus libre qu'elle. De temps à autre, elle s'offrait à un autre homme. Jamais elle n'eut d'enfant, et Meren-Maât était le seul à qui elle témoignait de la tendresse. Une image singulière me reste de leurs relations. Bien qu'il fût plus âgé et plus massif qu'elle, les très rares fois où il fit preuve de faiblesse parce qu'un chagrin terrible l'avait terrassé, ce fut contre elle qu'il se réfugia, comme dans le giron maternel.

Le chargement des vaisseaux se déroulait sans anicroche. Apporté par des esclaves dans de lourds couffins de corde, le minerai provenait de mines situées à l'intérieur du pays.

– Nous allons bientôt repartir, me dit Meren-Maât d'un ton joyeux.

Je partageais son exaltation. Cela faisait à présent plusieurs mois que nous avions jeté l'ancre dans cette baie balayée par les vents, et il avait hâte de reprendre la mer, pour sentir de nouveau son navire vibrer sous ses pieds.

Soudain, une agitation nouvelle attira notre attention. Derrière la tente apparut une douzaine de guerriers menés par Hirabaal, notre gros capitaine cananéen. Hirsute, les cheveux en bataille, dégoulinant de la fine pluie habituelle de cette île sauvage, il avait peine à respirer à force d'avoir couru. Les yeux luisants d'excitation, il se planta devant Meren-Maât.

– Seigneur ! Il faut que tu viennes à Gweirdynn. Il s'est produit là-bas un événement inimaginable.

4

Hirabaal s'expliqua :

– Ainsi que tu me l'avais demandé, Seigneur, je me suis rendu à Gweirdynn pour y négocier du poisson et de la viande fumés. Lorsque nous sommes arrivés, ça grouillait comme une fourmilière renversée. C'est à peine si l'on a répondu à nos salutations. Toute la population s'était rassemblée sur la plage, femmes, enfants et vieillards radotants y compris. Intrigué, je suis allé voir, et j'ai découvert un spectacle bien étrange. Il y avait là trois bateaux inconnus, dont venaient de débarquer une vingtaine d'hommes.

– Je ne vois rien là d'extraordinaire...

– Attends, Seigneur ! Ces hommes n'étaient pas comme nous. Leur peau était rouge, et des plumes leur poussaient sur la tête. J'ai cru avoir affaire à des démons.

– Des plumes sur la tête ? Mon pauvre Hirabaal, tu as dû abuser de l'alcool de miel.

– Je savais que tu ne me croirais pas, s'insurgea le Cananéen, mais c'est la vérité. Ces hommes parlent une langue inconnue. Nos marins viennent pourtant de pays bien différents. Plusieurs ont essayé de parler avec eux. Aucun n'a réussi.

– C'est bien ! Je vais les rencontrer.

– Il faut te hâter, Seigneur ! Les villageois de Gweirdynn pensent que ce sont de mauvais esprits, et ils veulent les tuer. J'ai laissé là-bas une douzaine de guerriers pour les protéger. J'ai dit que tu allais venir, mais je crains le pire.

Nous prîmes juste le temps de nous envelopper dans nos manteaux de fourrure, car le climat de ces îles est rude, de nous munir de nos armes, et nous empruntâmes le chemin qui reliait Gweirdynn à Cooseatepe. Ce n'était qu'une sente malcommode, dont les cailloux acérés écorchaient les pieds nus. C'est pourquoi, depuis que nous fréquentions ces contrées sauvages, nous avions pris l'habitude de porter des bottes en peau de mouton, à semelle de cuir. Cela nous changeait des sandales légères que nous utilisions à Kemit, mais elles nous protégeaient efficacement du froid.

Nous étions en plein dans cette saison qu'ils appellent là-bas l'automne, une saison qui n'existe pas en Égypte, et un vent violent balayait la côte. C'est une époque étrange, où les pluies incessantes et glaciales semblent vouloir engloutir les landes et les forêts. Le pays est alors noyé dans des brumes mouvantes qui masquent le paysage. Les bruits s'étouffent, l'air est humide et pénètre les vêtements. Il se produit aussi un phénomène que nous ignorons dans la Vallée sacrée : les feuilles des arbres tombent sur le sol, et ils restent ainsi, tout nus, pendant la saison suivante, qu'ils nomment l'hiver. Puis d'autres feuilles repoussent lorsque le soleil revient.

Lorsque nous arrivâmes sur la place du village, on s'écarta pour laisser passer Meren-Maât. Le roi Métara était déjà sur les lieux.

– Ah, mon ami, dit-il dans le sabir utilisé par les gens de mer, je suis bien content de te voir. Peut-être pourras-tu expliquer ce prodige...

Au milieu de la foule, une femme échevelée se mit à hurler d'une voix hystérique :

– Ce sont des trolls, Seigneur ! Ils vont te dévorer l'âme. Il faut les brûler !

– Oui ! Brûlons-les ! reprirent les villageois, excités par la mégère.

– Silence ! tonna Meren-Maât.

Métara ne réagit pas. Même s'il ne lui plaisait guère de voir son autorité remise en cause, il n'avait pas envie de s'opposer à son hôte, et ce pour plusieurs raisons. Tout d'abord, notre armée comportait deux cents guerriers redoutables, habitués au combat. Il n'aurait pu leur opposer que des pêcheurs et des paysans inhabiles à manier les armes. Et puis il ne voulait surtout pas risquer d'altérer les relations commerciales qu'il avait établies avec lui, et qui valaient bien quelques sacrifices d'amour-propre. Enfin, il avait de la sympathie pour Meren-Maât, et son peuple le vénérait. N'avait-il pas laissé son empreinte à Cooseatepe et à Gweirdynn, sous la forme de quelques enfants braillards qui promettaient d'être aussi vigoureux que leur père ?

On nous amena jusqu'à une grange en ruine où l'on avait parqué les inconnus, gardés par les guerriers du *Cœur d'Isis*. Meren-Maât les observa. Hirabaal n'avait pas menti. Leur peau présentait un aspect cuivré inhabituel. De même, chacun portait sur la tête ce qui ressemblait à des plumes d'aigle. Leurs vêtements étaient de cuir grossièrement tanné, doublé de fourrure et décoré de motifs colorés, mais délavés par le sel marin. Quelques-uns arboraient des sortes de pectoraux faits de rangées de perles dessinant des signes incompréhensibles. Des harpons de bois durci au feu, des poignards à lame de silex et des arcs rudimentaires constituaient leur seul armement. Leur attirail se complétait d'outils taillés dans le bois et l'os, de gourdes en vessies d'animaux, ainsi que de filets de pêche dont ils prenaient grand soin. Nous avions visiblement affaire à des pêcheurs égarés et à bout de forces. Cependant, malgré leur maigreur inquiétante, ils faisaient preuve de courage et de dignité. Ils méritaient le respect.

– Ces hommes ne représentent aucun danger, déclara Meren-Maât. Ce sont des marins d'un pays inconnu. Ils ont accompli un long voyage et ils meurent de faim et d'épuisement. Il faut leur donner des vêtements chauds et de la nourriture.

– Mais, Seigneur... riposta la meneuse, ce sont des démons. Il faut les tuer !

Il se planta devant elle et la fixa durement.

– Ton attitude est indigne, femme ! Qu'est-ce qui te permet de croire qu'ils sont des démons ?

– Ils ne sont pas comme nous ! Il leur pousse des plumes sur la tête !

– Moi non plus, je ne suis pas comme toi. Et pourtant, ton peuple et le mien ont noué des liens d'amitié. Voudrais-tu me tuer, moi aussi ?

– Non, Seigneur ! répondit-elle, mal à l'aise.

– Imagine qu'un jour, les pêcheurs de ton village s'égarent et débarquent sur une côte inconnue. Tu souhaiterais qu'ils soient recueillis et soignés, n'est-ce pas ?

– Oui !

– Que penserais-tu alors si on les brûlait vifs sous prétexte qu'ils sont différents ?

La femme ne répondit pas.

– Les indigènes qui se conduiraient ainsi seraient des sauvages et des criminels, précisa-t-il.

– Bien sûr ! acquiesça-t-elle mollement.

– Donc, tu es une sauvage et une criminelle.

– Mais il y en a peut-être d'autres, s'obstina-t-elle. Ils se préparent à nous envahir. Ils vont nous massacrer !

– Ne sois pas stupide ! Ces hommes sont perdus. Nous devons les aider, comme doivent le faire tous les marins dignes de ce nom.

La femme se retira en maugréant. Meren-Maât haussa les épaules et s'approcha des Hommes rouges. Le vieil homme qui semblait être leur chef leva la main droite pour le saluer. Meren-Maât lui rendit son salut et se frappa la poitrine.

– Meren-Maât, dit-il en détachant les syllabes.

Le vieillard hocha la tête, pointa le doigt sur lui et répéta :

– Me-ren-Ma-ât.

– Et toi ? répondit l'Égyptien en le désignant.

L'autre prononça un nom compliqué, quasiment impossible à retenir. Meren-Maât se gratta la tignasse.

– Il ne va pas être facile de se comprendre, grogna-t-il.

À ce moment, les villageois revinrent avec des couvertures et de la nourriture. Meren-Maât prit une pièce de viande séchée qu'il offrit au chef. Celui-ci avança une main dont il s'efforçait de maîtriser le tremblement, et saisit le morceau. Il y mordit à belles dents, puis le tendit à ses compagnons. Quelques instants plus tard, les naufragés mangeaient avec un appétit féroce. Pourtant, ils refusèrent l'alcool de miel, auquel ils préféraient visiblement l'eau douce.

– D'où peuvent-ils venir ? demanda Hamel, fasciné par les inconnus.

– Leur langage est incompréhensible, expliqua Métara en écartant les bras d'un geste d'impuissance. Ils ne cessent de montrer le couchant.

Les inconnus intriguaient beaucoup Meren-Maât, qui ne pensait plus du tout à repartir. Afin de les protéger, il les avait ramenés avec nous à Cooseatepe, où il leur avait fait dresser une seconde tente.

Reconnaissants, les Hommes rouges passaient de longues heures avec lui pour essayer de communiquer. Il fallut plus de vingt jours avant d'établir l'ébauche d'un langage commun. Meren-Maât, qui parlait à l'époque plus de vingt-cinq dialectes différents, ne parvenait pas à trouver la moindre similitude avec ce qu'il connaissait. Mais, comme je l'ai déjà dit, il possédait un don fantastique d'assimilation et une mémoire phénoménale. À force de patience, il finit par comprendre certains signes, certains mots, et reconstitua l'histoire de ces Hommes rouges.

Ils venaient d'un vaste pays situé bien loin vers l'ouest, à l'embouchure d'un grand fleuve. Ils appartenaient à une tribu qui pratiquait la pêche en mer. Un jour, une tempête les avait surpris, et les avait contraints à s'éloigner de leur route habituelle. Lorsqu'ils avaient voulu rejoindre la côte, celle-ci avait disparu. Alors avait commencé un voyage interminable, qui avait duré près de trois lunes. Ils avaient navigué sur leurs trois longs canots faits de peaux cousues et calfatées avec une sorte de bitume. Ces esquifs n'étaient pas de grande taille, mais leur armature de bois était solide et souple, et leurs dimensions permettaient de transporter chacun une douzaine d'hommes[1]. À l'origine, il y avait cinq canoës, mais deux d'entre eux avaient chaviré.

Le vieux chef, dont le nom étrange signifiait Celui-qui-parle-avec-la-Lune, expliqua qu'ils avaient tout d'abord survécu en se nourrissant du poisson qu'ils avaient pêché. Mais très vite celui-ci était devenu immangeable. Puis ils avaient épuisé leurs rations d'eau douce. Ils avaient alors bu l'eau de la mer. Ensuite, trois d'entre eux s'étaient sacrifiés afin que les autres pussent survivre. Impressionnés, nous écoutions Meren-Maât traduire le récit épouvantable que le vieux pêcheur narrait d'une voix triste et sourde. Nous imaginions les couteaux trancher les gorges d'un geste précis et impitoyable, et la chair humaine que les circonstances les avaient obligés à dévorer crue. Le pays de l'étain connaissait lui aussi des lois cruelles. Lorsque venaient les grands froids et que la famine sévissait, il

1. Cette anecdote est authentique. Au premier siècle de l'ère chrétienne, un voyageur romain relate en effet le débarquement d'hommes à la peau rouge et à la tête couverte de plumes. Il s'agissait vraisemblablement d'indigènes américains égarés et amenés sur les côtes européennes par le Gulf Stream.

fallait parfois se résoudre à sacrifier les plus faibles, enfants et vieillards, pour que les rations soient plus importantes et permettent aux plus résistants de subsister. Ils n'allaient toutefois pas jusqu'à dévorer leurs morts.

Pourtant, nous ne pouvions nous empêcher de respecter ces Hommes rouges, car ceux qui s'étaient sacrifiés l'avaient fait de leur plein gré, pour sauver leurs frères. Les survivants pensaient d'ailleurs qu'ils n'étaient pas tout à fait morts, puisqu'ils continuaient à vivre en eux, tandis que leur *bâ* était allé rejoindre un dieu qu'ils appelaient le Grand Esprit et qu'ils situaient dans les cieux.

Meren-Maât passait des heures à bavarder avec Celui-qui-parle-avec-la-Lune. Il apprit ainsi que le pays d'où ils venaient était recouvert de forêts immenses, qui regorgeaient de gibier. Le vieil homme évoqua les pistes de chasse, les animaux inconnus, dont il traçait sur le sol les silhouettes mystérieuses. On lui avait donné ce nom étrange parce qu'il avait le pouvoir de lire les présages dans les rides de l'astre de la nuit. Depuis qu'il avait repris des forces, il passait ses nuits assis face à la mer, interrogeant la lune sur la conduite à tenir. Mais elle ne lui fournissait jamais la réponse espérée.

– Nous ne devons pas reprendre la mer aujourd'hui, disait-il au matin. Les dieux du Grand Fleuve ne sont pas favorables.

Ainsi appelait-il le Grand Océan. Les Hommes rouges ignoraient l'usage des métaux. Seul Celui-qui-parle-avec-la-Lune portait un collier auquel étaient fixées des pépites d'or. Il raconta que les torrents charriaient parfois ces pierres curieuses et lourdes, dont une légende disait qu'elles étaient les larmes du soleil.

Le chargement du *Cœur d'Isis* était achevé depuis longtemps. Je commençais à trouver le temps long, car rien ne nous retenait plus dans cet endroit, et l'hiver approchait, qui nous contraindrait à demeurer sur place pendant plusieurs mois. Mais Meren-Maât ne pouvait se résoudre à abandonner ces hommes dont il était loin d'avoir percé tous les secrets.

Un jour, Celui-qui-parle-avec-la-Lune eut avec Meren-Maât une conversation étrange.

– Je sais que les noms de mes compagnons t'intriguent, Meren-Maât.

– C'est vrai, mon ami. Ils portent des noms d'animaux. L'un s'appelle Lynx-courageux, un autre Loup-qui-grogne, un troisième Renard-rusé.

– Chaque homme possède un animal totem. C'est un esprit supérieur qui vit en harmonie avec lui, et qui est le reflet de sa personnalité. Il nous protège et nous prévient des dangers. Il est notre lien avec le Grand Esprit.

Celui-qui-parle-avec-la-Lune laissa passer un long silence, puis poursuivit :

– Le Grand Esprit m'a parlé cette nuit. Il m'a dévoilé sur toi des secrets que je dois te révéler, car ils m'ont fort impressionné. Tu ne possèdes pas un animal totem, mais trois. C'est une chose extrêmement rare. Elle signifie que tu es une âme très ancienne, apparentée aux esprits. Tu as connu, dans d'autres vies, des mondes que tu as oubliés. Mais leurs souvenirs profonds restent ancrés en toi. Tout d'abord, j'ai vu un ours. Il représente la force et le courage.

– Mes guerriers m'ont surnommé « l'Ours courageux ».

– Leur cœur a su discerner la vérité. Le deuxième animal est le serpent, qui fertilise la terre. C'est un symbole remarquable, qui signifie que tu possèdes un pouvoir sur les plantes. Le troisième enfin est l'aigle, dont le regard perçant porte beaucoup plus loin que celui des autres. Il évoque la volonté de voyager, de dépasser des limites du monde.

– Il est vrai que je voyage beaucoup, répondit Meren-Maât avec un sourire.

– Un jour, tu iras bien plus loin qu'aucun des tiens n'est jamais allé.

Le soir venu, Hamel et mon frère eurent une discussion passionnée, et je crois bien que ce fut à ce moment que se joua notre destin. Nous étions réunis sous la tente. À l'extérieur brûlait un feu où grillait un mouton dont l'odeur nous mettait l'eau à la bouche. Zangha, comme à son habitude, était assise au pied du siège de Meren-Maât, le visage impénétrable. J'avais cru pendant longtemps qu'elle ne comprenait rien à ce que nous disions, mais c'était faux. Elle écoutait sans mot dire, car c'était dans sa nature. Mais, lorsqu'elle laissait échapper une parole, celle-ci était toujours empreinte d'une sagesse surprenante.

Mon frère nous rapporta ce que lui avait dit Celui-qui-parle-avec-la-Lune. Lorsqu'il eut terminé, Hamel lui demanda :

– As-tu remarqué les yeux de ces hommes, Seigneur ? Ils ressemblent à ceux des Asiates. Pourtant, ils affirment venir d'un pays situé très loin vers le couchant. Or, les Asiates viennent d'orient.

Meren-Maât resta un moment silencieux, puis je vis son visage s'empourprer. C'était chez lui le signe d'une vive émotion.

– Alors, cela voudrait-il dire... que tu avais raison ?

– Que *nous* avions raison, Seigneur. Car tu as eu toi aussi cette idée, n'est-ce pas ?

– C'est une idée extravagante, mon ami.

Je ne comprenais pas grand-chose. Meren-Maât se tourna vers moi.

– Mon frère, te souviens-tu de ce dont je t'ai parlé lorsque nous passions nos nuits sur la butte de Ouaset, à observer les étoiles ?

Je poussai un long soupir. Ses divagations le reprenaient.

– Tu as raison : c'est une idée extravagante.

– Mais je ne suis pas le seul à l'avoir eue.

Hamel me sourit et ajouta :

– Je partage aussi cette idée, Khenty. Et si nous nous trompons, comment expliquer d'où viennent ces Hommes rouges ?

Je n'ai pas encore parlé de Hamel. À l'époque, je ne le connaissais pas encore très bien, car Meren-Maât l'avait recueilli moins d'une année auparavant. Mais j'éprouvais déjà de la sympathie pour ce vieillard au regard pétillant de malice qui, malgré son grand âge, montrait l'enthousiasme que l'on voit aux jeunes hommes.

Originaire de Crète, il s'était toujours passionné pour l'astronomie, comme nombre de savants minoens. Avant ce qu'il appelait le Grand Cataclysme, on trouvait là-bas des observatoires où l'on pouvait étudier à loisir le ciel nocturne, se livrer à des calculs dont la fonction était surtout de prévoir les intentions des dieux. Il avait remarqué, lui aussi, les mouvements réguliers du soleil, de la lune et des étoiles. Il avait également repéré des astres différents, qui semblaient vagabonder dans le ciel et apparaissaient avant même les étoiles. On les avait appelés planètes [1].

1. Planète vient du grec *planêtês*, qui signifie « astre errant ».

Une nuit, il avait eu la révélation de cette hypothèse fabuleuse, selon laquelle la terre était une sphère suspendue dans l'espace, autour de laquelle tournaient les astres. Le lendemain, ses confrères s'étaient moqués de lui.

– Ton raisonnement est totalement absurde, Hamel ! Prétendre que la terre est une boule énorme plantée au centre du ciel... c'est de la folie. Chacun sait que le monde est un ensemble de grandes îles cernées par les eaux. Et si l'on tentait de franchir la limite de ces eaux, on tomberait dans un gouffre sans fond.

– Peut-être as-tu raison. Mais cela expliquerait la ronde sans cesse renouvelée des astres.

– Et toi, qui prétends être si savant, comment expliques-tu que les gens habitant de l'autre côté de ta grosse boule ne tombent pas dans le vide ?

– Pourquoi ne tombons-nous pas nous-mêmes dans le vide ? rétorqua-t-il.

– Pourquoi cela se produirait-il, puisque le monde est plat ? C'est même là une preuve irréfutable !

– Cela ne prouve rien, au contraire, insista Hamel.

Il prit une balle de cuir utilisée par les enfants.

– Regardez bien ! Une sphère n'a pas de côté. Pour les habitants qui vivent à l'opposé de l'endroit où nous sommes – il retourna la balle –, c'est nous qui vivons la tête en bas. Pourtant, nous ne tombons pas.

– C'est bien la preuve que ton raisonnement est complètement idiot. Rien ne peut tenir sur une boule.

– Sauf si elle est de très grande taille, comme c'est le cas pour le monde. Car elle exerce une force mystérieuse qui nous attire vers le sol.

– C'est absurde.

– Non ! Lorsque nous jetons une pierre en l'air, elle retombe toujours. Cela veut dire que « quelque chose » l'attire vers le sol. Et j'affirme que cette force inconnue vient du cœur du monde. Un monde sphérique ! Si elle n'existait pas, la pierre poursuivrait indéfiniment sa course vers le ciel, et nous flotterions comme des oiseaux. Et puis, si l'on admet l'existence de ce gouffre, comment expliquer que les océans ne s'y déversent pas ?

Ces arguments me laissaient perplexes. J'avais, moi aussi, étudié l'astronomie en compagnie de Meren-Maât, et j'étais forcé d'admettre que le raisonnement de Hamel était plausible, même s'il m'angoissait. Cette vision révolutionnaire remettait en cause ma conception rassurante du monde. Mais au fond, n'était-elle pas rassurante que parce que j'avais toujours imaginé le monde de cette manière ? À la réflexion, un monde rond ne serait pas plus inquiétant, car cela signifierait que le gouffre sans fond qui bordait les mers n'existait pas.

Ce point de vue mitigé fut sans doute celui des compagnons de Hamel, car ils lui permirent de poursuivre ses études, et son idée commença à se répandre dans le monde minoen. Il avait une trentaine d'années lorsqu'une terrible catastrophe engloutit toutes les cités situées sur la côte septentrionale de son île. Lui-même survécut parce qu'il se trouvait dans la montagne lorsque le cataclysme se produisit. Profitant de l'affaiblissement des insulaires, les peuples de Mycène avaient alors envahi la Crète et Hamel avait été capturé. Mais les Mycéniens, impressionnés par son savoir, l'avaient affranchi et lui avaient proposé de travailler avec leurs astronomes. Il avait accepté, puis, après quelques années, était parti. Il avait ainsi voyagé pendant plus de vingt ans, parcourant de nombreux pays. Un jour, il avait entendu dire que les plus grands astronomes vivaient à Babylone, et qu'ils utilisaient les astres pour prédire l'avenir. Il avait décidé de s'y rendre.

Malheureusement, lorsque après un périple hasardeux, il était arrivé dans la grande capitale mésopotamienne, il était tombé au cœur d'un chaos impensable, provoqué par une crise de mysticisme religieux. Une faction de prêtres fanatiques, partisans de divinités sanguinaires, s'était emparée du pouvoir en s'appuyant sur des phalanges armées. Le roi avait été contraint de se plier à la volonté de ces intégristes, dont l'objectif principal était la destruction systématique de tout ce qui s'opposait à leurs théories.

Ces zélateurs, à l'affût de toute résistance, avaient tendu à Hamel un piège dans lequel il avait plongé tête baissée. Reçu par un personnage qui passait pour l'un des plus grands astrologues babyloniens, il avait exposé son hypothèse avec enthousiasme, persuadé d'avoir enfin rencontré un homme capable de le comprendre. Il avait très vite déchanté. Lorsqu'il avait eu terminé de parler, son interlocuteur avait baissé le masque, et l'avait accusé d'être un démon dangereux qu'il fallait détruire.

Traîné avec brutalité devant un tribunal expéditif, il avait été condamné à la purification. Cela consistait à être jeté dans une fosse profonde où brûlait un grand feu, et ceci en présence du peuple, afin de dissuader les éventuels récalcitrants. Dans l'attente de l'exécution de la sentence, on l'avait enfermé dans une geôle bondée de monde. Là, des prisonniers terrorisés lui avaient appris que tous les astronomes, de même que nombre d'autres savants, avaient déjà été brûlés vifs pour hérésie. Il s'était résigné à mourir lorsque, le lendemain de sa condamnation, une révolte avait éclaté contre la tyrannie des prêtres fanatiques. Les portes de la prison avaient été arrachées. Profitant de la confusion, il s'était enfui dans le dédale de la bouillonnante capitale mésopotamienne. Poursuivi par les gardes, il avait trouvé refuge dans la cour de la demeure que nous occupions. Meren-Maât avait en effet décidé, exceptionnellement, de se rendre en Mésopotamie pour négocier lui-même un gros chargement de fine toile de lin. En tant qu'étrangers, nous n'étions pas directement mêlés aux événements sanglants de Babylone. De plus, nous étions des marchands égyptiens, et la puissance et la renommée du Double-Royaume étaient telles que les protagonistes préféraient éviter de nous importuner.

Un serviteur découvrit Hamel recroquevillé derrière des ballots de marchandises, et en proie à la panique. Meren-Maât comprit aussitôt qu'il avait affaire à l'un des malheureux prisonniers qui s'étaient enfuis dans la journée. Connaissant le sort qui leur était réservé, il avait dissimulé Hamel parmi ses domestiques.

Nous avions écouté son histoire. Tout d'abord méfiant, il n'avait pas osé révéler la raison de sa présence à Babylone. Puis un courant de sympathie était passé entre Meren-Maât et lui. Il avait senti qu'il pouvait accorder sa confiance à mon frère, et il lui avait raconté les origines de sa condamnation. Lorsqu'ils avaient découvert qu'ils avaient tous deux émis la même hypothèse, ils avaient compris que leur rencontre n'était pas fortuite : les dieux les avaient guidés l'un vers l'autre. Meren-Maât avait alors proposé à Hamel une place de conseiller près de lui. Depuis cette époque, le vieil homme nous suivait dans nos voyages, nous apportant la lumière de ses connaissances. Celles-ci ne se limitaient pas à l'astronomie. Il possédait également de sérieuses notions de médecine et de mathématiques. Combien de nuits avaient-ils passées à comparer leurs expériences respectives, leurs suppositions, les noms qu'ils avaient donnés aux constellations ! Malgré leur différence d'âge, on aurait dit deux étudiants enthousiastes. Au début, je fus jaloux de leur complicité. Mais Hamel était un très brave homme qui, comme mon frère bien-aimé, ignorait la méchanceté, et encore une fois je ravalai ce sentiment honteux.

Ce soir-là, au cœur de la nuit froide des Cassitérides, ils avaient enfin compris pourquoi les dieux avaient provoqué leur rencontre.

– La venue de ces hommes est un signe, Seigneur, déclara Hamel avec enthousiasme.

– Oui, mon vieil ami ! répondit Meren-Maât. Depuis que j'ai entendu ce récit, à Tyr, j'ai le désir de vérifier qu'il ne s'agit pas d'une légende. Amon veut que nous nous rendions dans ces îles.

Je sus tout de suite à quoi il faisait allusion. Un soir, dans le port de Tyr, un marin pris de boisson lui avait conté une histoire étrange, qu'il tenait lui-même d'un autre navigateur croisé dans un lointain comptoir de la Méditerranée occidentale. Ce mystérieux marin affirmait que après la catastrophe qui avait frappé la Crète, des survivants minoens avaient fui les invasions mycéniennes à bord de quelques navires de fortune. Poursuivis par l'ennemi, ils avaient été contraints de franchir les *Portes de Neith*, que les Crétois nommaient les *Bornes du Monde*. Les courants avaient emporté les navires loin vers le couchant, où les fuyards avaient découvert des îles merveilleuses, dignes du séjour des dieux. Ils s'y étaient installés, mais, au bout de quelques années, un conflit avait éclaté. Une minorité avait voulu regagner l'Ancien Monde, contre l'avis des autres. Ils s'étaient alors emparés d'un navire. Après des jours et des jours d'errance, ils avaient échoué sur les côtes africaines occidentales où des tribus hostiles les avaient presque tous massacrés. Seule une poignée était parvenue à s'enfuir. C'était par l'un des survivants que l'on connaissait ce récit. Rien ne prouvait qu'il fût exact, mais cette histoire tendait à confirmer l'hypothèse de mon frère. Depuis qu'il l'avait entendue, il rêvait de découvrir ces îles lointaines. Aujourd'hui, Amon lui faisait rencontrer ces hommes à peau rouge qui disaient venir d'une grande île située vers le couchant. Le doute n'était plus permis : ces îles existaient.

– Elles seront le but de notre prochaine expédition, conclut-il.

Toutefois, Hamel tempéra son exaltation.

– Il y a une chose que je ne m'explique pas, dit-il. D'après le récit du marin de Tyr, les îles découvertes par les Crétois seraient situées à l'ouest des côtes africaines, c'est-à-dire au sud par rapport à nous. Or, ces Hommes rouges nous montrent l'ouest.

– Peut-être se trompent-ils. Ce ne sont pas de très bons marins. Sans doute les courants les ont-ils déportés vers le nord. Nous ne commettrons pas la même erreur. Je pense que pour atteindre ces îles, il faut agir comme les Crétois : filer plein ouest à partir des Portes de Neith. Si ces îles existent réellement, nous les découvrirons.

– Ce voyage exigera que nous restions plusieurs jours en mer, sans escale. Comment vont réagir nos marins ?

– Je leur dirai la vérité. Ils ont confiance en moi, et je ne les tromperai pas. Seuls ceux qui le souhaiteront embarqueront. Mais ils savent que les Hommes rouges ont déjà accompli la traversée avec des bateaux de peaux et de bois. S'ils ont réussi, nous réussirons à plus forte raison. Nos navires sont plus puissants que leurs canoës. Ils affirment avoir voyagé pendant près de trois mois. Nous emporterons donc une grande quantité de vivres. Mais il faudra également d'autres vaisseaux, car nous ignorons comment nous allons être reçus par les peuples que nous allons rencontrer.

Un peu inquiet de sa décision, j'intervins.

– Mon frère, nous avons les moyens de faire construire un autre navire. Mais pas plusieurs. Ou il nous faudrait supprimer la part de nos marins.

– C'est hors de question ! Tout homme doit toucher une rétribution en fonction de son travail. Sinon, il n'est plus un homme libre.

– Alors, que comptes-tu faire ?

– Je ne sais pas, hélas. Je ne peux financer seul ce voyage.

Il se mit à marcher comme un lion en cage. Soudain, son visage s'illumina.

– Mais une personne acceptera de m'aider.

– Qui est-elle, mon frère ?

– La reine Hatchepsout.

5

Quelques mois plus tard, le *Cœur d'Isis* remontait lentement les eaux boueuses du Nil. Les autres navires étaient restés ancrés à Byblos, où nos marins goûtaient un peu de repos. Le vent du nord n'était qu'une brise légère et tendait à peine la haute voile. Nous étions à la fin de Chemou, la saison des moissons. Bientôt, le fleuve se gonflerait, transformant les Deux-Royaumes en un lac immense.

Sur les rives, des paysans intrigués regardaient passer notre vaisseau. Il ne ressemblait guère à ceux qu'ils avaient coutume de voir, avec sa quille, sa coque renflée et ses rangées de boucliers. Si nous n'avions pas arboré les couleurs égyptiennes, ils auraient pu penser qu'il s'agissait d'un navire hyksos.

Mon frère et moi étions installés à l'arrière. Contrairement à son habitude, Meren-Maât se montrait taciturne. Il contemplait en silence le paysage grandiose, mis en valeur par cette luminosité extraordinaire que l'on ne rencontrait nulle part ailleurs. Je devinais l'émotion qui le tenait. Nous n'étions pas revenus en Égypte depuis plus de onze ans. Pourtant, malgré notre éloignement, nous avions suivi ce qui s'y était passé. À notre départ, le grand roi Thoutmôsis Ier n'avait pas encore rejoint le *Champ des Roseaux*[1]. Il avait nommé Hatchepsout « prince héritier », car il avait perdu ses deux fils aînés, et n'accordait guère de confiance aux qualités de son troisième fils, Aâkheperenrê. Aussi avait-il préparé son enfant préférée, fille de son épouse Ahmès, à tenir les rênes du pouvoir.

Hatchepsout avait épousé son demi-frère, afin, selon la coutume,

---

1. Le Champ des Roseaux : l'empire des morts, aussi appelé le Royaume d'Osiris, la *Douât* ou l'*Ament*.

de conserver pur le sang du dieu. Puis Amon avait rappelé Thoutmôsis près de lui et, officiellement, Aâkheperenrê lui avait succédé sous la titulature royale de Thoutmôsis II. Dans la réalité, c'était Hatchepsout qui gouvernait. Rien ne se faisait sans son accord. Elle avait entrepris de grands travaux, et travaillait à consolider la paix avec les différents peuples du Levant. Dans sa grande sagesse, elle avait compris que de fructueuses relations commerciales enrichissaient bien mieux que n'importe quelle guerre de conquête. Elle était devenue l'équivalent féminin de Pharaon. On disait que, lors des cérémonies officielles, elle portait les insignes royaux, la Double Couronne rouge et blanche, la crosse et le fléau, et surtout la barbe postiche de cuir tressé. Avec son demi-frère, elle avait eu une fille nommée Neferourê.

Depuis notre départ, Meren-Maât avait envoyé régulièrement de l'argent à son intendant, Naga, afin qu'il fît fructifier le domaine de Denderah. En revanche, il n'avait donné aucune nouvelle à la reine. Aussi, à mesure que l'on approchait de Ouaset, la *ville du sceptre*, le doute l'envahissait.

– Mon frère, me dit-il, je suis le dernier des sots. J'ai eu tort d'entreprendre ce voyage. Comment Hatchepsout va-t-elle m'accueillir ? Depuis tout ce temps, il est probable qu'elle m'a oublié, à présent qu'elle est devenue une déesse vivante.

Je tentai de le réconforter.

– Elle se souviendra de toi, mon frère. Tu lui as sauvé la vie.

Il eut un sourire amer.

– Mais j'ai aussi couché avec elle. Peut-être n'appréciera-t-elle pas de me voir resurgir après toutes ces années d'absence. Et si elle me faisait arrêter...

– Et pour quelles raisons ? Tu n'as commis aucun crime !

– De toute façon, il est trop tard pour reculer. Et puis, j'ai trop envie de la revoir.

Je hochai la tête avec un sourire amusé. Malgré les années, il ne l'avait pas oubliée...

Enfin, nous arrivâmes à Ouaset. Selon une tradition millénaire, la rive occidentale était réservée à l'immense nécropole. Nous apprîmes plus tard que la reine y faisait agrandir le temple de son père, le dieu bon Thoutmôsis Ier, et construire sa propre demeure d'éternité. L'architecte Senenmout avait conçu un ensemble extraordinaire, à trois niveaux, qui s'imbriquait dans la montagne. Le vaste chantier occupait en permanence des milliers d'hommes, ce qui expliquait l'intense trafic fluvial.

Sur la rive orientale était installée la cité. Depuis onze ans, elle s'était encore étendue. Sur plusieurs milles[1], elle alternait des quais bouillonnant d'activité qui accueillaient les grands navires, des plages où s'échouaient les felouques des pêcheurs, et des berges bordées de bosquets de roseaux derrière lesquels s'abritaient les somptueuses demeures de riches seigneurs.

Dès notre arrivée nous découvrîmes tout d'abord le complexe religieux de Karnak, dédié à Amon. Un embarcadère le desservait. Il avait été commencé cinq siècles plus tôt par le grand roi Sésostris Ier. Puis le dieu bon Thoutmôsis l'avait restauré et développé. Visiblement, depuis notre départ, Hatchepsout y avait entrepris de nouveaux travaux.

Dépassant le temple, le *Cœur d'Isis* vint se ranger le long des quais. De grands et solides vaisseaux déchargeaient sans cesse de lourds blocs de pierre. Peu à peu, le grès remplaçait le calcaire utilisé jusqu'alors pour la construction. L'arrière des bateaux était spécialement conçu pour ce transport, avec son système de grues à bascule et de plans inclinés qui permettait de faire glisser les monolithes à terre. Là, un réseau de voies de rondins enduites d'argile les acheminaient vers différents lieux. Ces étranges routes de bois retentissaient des chants des hommes tirant sur les cordes en cadence. Parfois, le claquement sec d'un fouet s'abattait sur le cuir des bœufs ou des ânes utilisés pour la traction, ou bien sur la peau des ouvriers malchanceux. La main-d'œuvre se composait d'esclaves, de prisonniers de guerre, de paysans volontaires, rendus inoccupés par la fin de la saison des moissons, mais aussi par des malheureux n'ayant pu s'acquitter de leurs dettes. La ville entière semblait en travaux.

Les murs des demeures étaient peints de couleurs vives et chatoyantes, tout comme les statues des dieux, que l'on aurait pu croire vivantes tant leurs regards intenses semblaient percer les âmes. Les vastes artères grouillaient d'une foule affairée, de chars, de chevaux, de voitures tirées par des bœufs, transportant toutes sortes de mar-

1. Un mille égyptien = environ 2,5 kilomètres.

chandises. Une symphonie de parfums et d'odeurs pénétrait les narines. Dans les ruelles bruyantes s'étalaient les échoppes des artisans : tisserands, menuisiers, forgerons, boulangers... On vendait de tout, épices, fruits, légumes, viande, pains de toutes formes, fourrés aux dattes ou au miel, vêtements, bijoux, amulettes en os, bois, ivoire, or ou argent...

Une armée de scribes inquisiteurs surveillaient, contrôlaient tous les échanges, accompagnés de gardes monumentaux chargés de punir les récalcitrants. Au fond d'une impasse, nous vîmes un homme recevoir des coups de bâton sous le regard effrayé de ses voisins.

– Encore un malheureux qui n'a pas payé ses impôts à temps, murmurai-je en serrant les dents.

Je haïssais les scribes. Ma mère m'avait raconté les exactions dont ils se rendaient coupables en Nubie, « la misérable Koush », comme disaient les Égyptiens avec dédain. Mon père et elle avaient eu la chance d'entrer au service du seigneur Nefer-Kheret, mais elle se souvenait de la manière dont ses propres parents avaient été traités alors qu'ils n'avaient pas de quoi nourrir leur famille. Battus, ils avaient été contraints de céder trois de leurs enfants pour payer leurs dettes. Les collecteurs d'impôts faisaient preuve d'autant plus de zèle qu'ils se remplissaient les poches au passage. Tout le monde le savait, mais personne n'aurait osé porter plainte contre eux. En théorie, les paysans étaient des hommes libres. Dans la réalité, ils étaient considérés avec mépris, et n'avaient guère plus de droits que les esclaves. Et encore, ceux-ci, s'ils appartenaient à un bon maître, bénéficiaient de sa protection.

Partout on sentait la présence occulte des prêtres d'Amon, qui exerçaient une véritable domination sur la cité. Leurs longues silhouettes au crâne rasé observaient tout avec discrétion. Notre arrivée ne passa pas inaperçue. Mais, en onze années, nous avions changé suffisamment pour ne pas être reconnus.

La demeure de mon frère n'était qu'une grande maison sans étage, ornée d'un jardin, qu'il avait héritée de ses parents. Quelques serviteurs y menaient une vie douce et opulente, consistant à attendre un maître toujours absent. Ils ne recevaient de lui que des courriers et des marchandises, que Naga, l'intendant, se chargeait de négocier. Même s'il agissait pour le compte de Meren-Maât, il y trouvait largement son compte, ne manquant pas de prélever sa part au passage.

Mais, comme c'était un homme relativement honnête, il en faisait profiter ses compagnons, qui n'auraient changé leur place pour rien au monde. Il avait aussi la charge du petit domaine de Denderah, qu'il visitait seulement au moment des semailles et des récoltes. Lorsque nous nous présentâmes, il ne nous reconnut pas immédiatement. Puis son visage s'éclaira d'un grand sourire de stupéfaction.

– Seigneur ! s'exclama-t-il. Est-ce bien toi ?

Il se prosterna devant Meren-Maât, imité par la douzaine de domestiques qu'il dirigeait.

– Ton serviteur remercie les dieux de lui avoir conservé la vie, pour avoir le plaisir de te revoir. Sois le bienvenu dans ta demeure, ô mon maître. Nous nous réjouissons de ton retour, car bien souvent nous avons pleuré ton absence, et redouté que les dieux ne t'aient rappelé auprès d'eux.

Meren-Maât le releva et éclata de rire.

– Mais tu aurais presque l'air sincère, vieille canaille ! Alors, combien m'as-tu volé depuis tout ce temps ?

– Oh, Seigneur, répondit Naga sans sourciller, je ne t'ai dérobé que le nécessaire, et j'en ai fait bénéficier tes autres serviteurs. D'ailleurs, vois comme ta maison est belle. Le jardin a été entretenu, le bassin est couvert de lotus.

Six hommes et sept femmes se tenaient dans la grande salle, la bouche béant de curiosité et les yeux emplis de crainte. Avec les années, ils avaient un peu oublié ce maître lointain, dont l'allure inattendue les déconcertait. Avec cette barbe rousse et ces cheveux longs, retenus en arrière par une lanière de cuir, il ressemblait à ces pirates dont parlaient les mariniers... Ils se souvenaient vaguement d'un jeune homme très grand, aux cheveux rasés. S'il n'y avait eu ce regard surprenant, ils auraient cru à une imposture. Mais mon frère, lui, n'avait pas oublié ses serviteurs. Lorsqu'il les nomma tous, l'un après l'autre, ils surent que c'était bien lui. Complètement rassurés, ils nous entourèrent, nous assaillirent de questions, s'inquiétèrent pour notre santé, nous promirent des sacrifices au temple. On s'empressa de nous préparer un bain, que nous acceptâmes avec satisfaction.

Tandis que Zangha massait Meren-Maât – car elle ne laissait ce soin à personne d'autre –, deux jeunes esclaves que Naga était allé acheter pour l'occasion s'occupèrent de Hamel et de moi.

– Dis-moi, vieux pirate, demanda mon frère à l'intendant, je suis revenu à Ouaset pour y rencontrer la reine. Pourrais-tu m'obtenir un rendez-vous ?

Le vieux serviteur pâlit.

– Un rendez-vous avec... C'est que... cela va être difficile, Seigneur.

– Pourquoi ? Ne suis-je pas toujours prince de sang ?

– Sa Majesté... est très occupée. En fait, le roi Thoutmôsis – Vie, Force, Santé – n'est pas très vaillant. C'est elle qui assure le pouvoir. Elle porte les insignes de Pharaon.

– Je sais cela ! Mais j'ai été proche d'elle, lorsque nous étions jeunes. Elle ne peut m'avoir oublié ainsi.

– Tu es parti depuis si longtemps, Seigneur ! Ici, beaucoup pensent que tu es mort. Et s'il n'y avait ces marchandises que tu envoies régulièrement, et qui prouvent que tu vis toujours, ta demeure et tes pauvres serviteurs auraient déjà été vendus cent fois. Mon cœur saigne à te dire cela, mais tes frères et sœurs louchent sur tes biens. Ils ont intrigué plusieurs fois pour que l'on te déclare mort. Heureusement, j'ai pu prouver, grâce à tes lettres, que tu étais toujours en vie, Amon en soit mille et mille fois remercié !

– Cela ne m'étonne pas d'eux. Ils sont avides comme des chacals. Mais cela ne m'empêchera pas de rencontrer Hatchepsout.

– Il y aurait bien une solution, Seigneur. Ton frère, le seigneur Pen-Aser, est aujourd'hui directeur de la Marine. Il pourrait intercéder pour qu'elle te reçoive.

– Directeur de la Marine, dis-tu ? Voilà qui ne peut mieux tomber. Agis promptement, mon ami, et tu auras ta récompense.

Naga fit diligence. Dès le lendemain, Pen-Aser accordait un entretien à Meren-Maât. Il habitait une demeure opulente, une sorte de palais où grouillait une foule de serviteurs et d'esclaves. De vastes jardins agrémentés de bassins bordés de mosaïque entouraient trois grands corps de bâtiments, construits sur deux niveaux. Pen-Aser avait toujours eu le goût du luxe et, apparemment, il avait su faire fructifier la fortune léguée par ses parents. Malgré les relations orageuses qu'ils avaient entretenues pendant leur jeunesse, Meren-Maât se réjouissait de revoir son demi-frère. Il était certain que, en tant que directeur de la Marine, Pen-Aser ne pourrait manquer d'être intéressé par son projet.

Quant à moi, je restai circonspect. Je n'avais jamais aimé ce personnage calculateur, tortueux, uniquement préoccupé de lui-même. Je me doutais qu'il était impatient, lui aussi, de revoir Meren-Maât, mais seule la curiosité et le profit le motivaient. Il nous fit de grandes démonstrations d'amitié et d'affection. Je sentis immédiatement que ces embrassades avaient un côté forcé, surtout en ce qui me concernait, car il m'avait toujours traité avec le plus grand mépris. À ses yeux je n'étais qu'un misérable esclave nubien élevé bien à tort à un rang que je ne méritais pas. Meren-Maât, tout à la joie de revoir son demi-frère, n'y prêta même pas attention et accepta avec bonne humeur les phrases aussi vides que pompeuses dont l'abreuva Pen-Aser. Cependant, lorsqu'il exposa son idée, l'autre se montra incrédule.

– Tout cela est insensé, dit-il enfin. Comment croire qu'il existe d'autres îles vers le couchant ? Chacun sait que le Grand Océan se termine au bord d'un gouffre sans fond.

– Pourtant, les Hommes rouges affirmaient venir de ce monde inconnu.

– Ils se sont moqués de toi, tout simplement.

– Dans l'état où ils se trouvaient, cela m'étonnerait.

– Pourquoi ne les as-tu pas ramenés ? Nous aurions pu les faire parler.

– Ces pêcheurs étaient libres. Ils ont attendu que leurs dieux soient favorables, et ils sont repartis. Je leur ai donné des vivres en suffisance, afin de leur permettre de résister le plus longtemps possible.

Pen-Aser eut un sourire supérieur.

– Ton comportement est toujours aussi déconcertant, mon frère. Tu aurais pu en faire des esclaves.

– La mer m'a enseigné la liberté et la solidarité, Pen-Aser. Lorsqu'elle se met en colère, elle ne fait aucune différence entre les seigneurs et les simples marins.

– Tu t'embarrasses de principes stupides. Le monde appartient aux plus forts, à ceux qui ne montrent aucune pitié et font passer leurs intérêts – et ceux du roi, bien sûr – avant tout. Tu aurais dû en contraindre au moins un, pour apporter la preuve de ce que tu avances. Sinon, comment veux-tu que l'on te croie ?

– Ma parole doit suffire. J'ai voyagé plus loin que les plus audacieux des marins égyptiens, qui n'osent pas s'écarter des côtes.

– Je sais ! Mes serviteurs m'ont déjà parlé de tes navires. Il paraît que tu ne crains pas d'affronter la haute mer grâce à eux.

– C'est précisément la raison de ma présence. Pour entreprendre une telle expédition, il me faudrait cinq ou six navires de plus, construits sur le même principe. Ma fortune n'est pas suffisante. J'ai besoin de l'aide de la reine.

– De la reine ? Rien que ça ? Et tu penses qu'elle va te l'accorder ?

Meren-Maât éclata de rire.

– Pourquoi pas ? Je risque tout au plus de me voir opposer un refus. Dans ce cas, j'entreprendrai ce voyage avec mes seuls vaisseaux, et je garderai pour moi les îles que je découvrirai. Mais elle acceptera, crois-moi !

- Rien n'est moins sûr ! riposta sèchement Pen-Aser, agacé par la tranquille assurance de Meren-Maât. J'ai moi aussi entendu parler de cette légende. Mais justement, il ne s'agit que d'une légende. Pour moi, ces survivants crétois ont disparu, engloutis par quelque tempête. Et ces îles n'existent pas. Ton marin de Tyr a inventé cette histoire de toutes pièces, et tu l'as cru, parce que tu es prêt à croire tout ce qui pourrait confirmer ton hypothèse impie.

– Les dieux ne peuvent mentir, mon frère. Ils m'ont envoyé plusieurs signes. Ainsi, ce vieux savant, mon ami Hamel, pense, tout comme moi, que le monde est une sphère. Et ces hommes à la peau rouge ne pouvaient mentir. Pourquoi l'auraient-ils fait ? Je suis sûr qu'ils viennent de ces îles où sont arrivés les Crétois.

– Balivernes !

– Non ! Dans mes rêves, je vois parfois ces mondes inconnus. Ils existent, je le sais, je le sens profondément. Et je sais aujourd'hui pourquoi les dieux m'ont accordé la vie. Ce voyage, je dois le réaliser, pour la gloire de la reine Hatchepsout.

Pen-Aser soupira.

– Tu es complètement fou. Avec ce que coûte la construction de son sanctuaire de la rive occidentale, avec les travaux entrepris sur le temple de Karnak, comment pourrait-elle financer ton expédition ? Elle a d'autres soucis en tête. D'ailleurs, les prêtres d'Amon ne verraient pas d'un bon œil gaspiller une telle somme dans un projet aussi stupide.

– Donc, tu refuses de m'aider...

Pen-Aser ne répondit pas immédiatement. Enfin, il déclara :

– Je ne te promets rien. Mais je vois Pharaon tous les jours. Je vais lui demander de t'accorder une audience.

– Quand la verrai-je ?

– Holà ! Ne t'impatiente pas. Bientôt commence la fête d'Opet. Il va te falloir attendre.

Malheureusement, la patience n'était pas la vertu première de Meren-Maât. Chaque matin, il harcelait Pen-Aser de questions. Mais la reine semblait inaccessible. Un jour, elle s'était rendue sur la rive occidentale pour surveiller l'avancement des travaux de son temple ; le suivant, elle se consacrait à la préparation de la fête d'Opet, et ne recevait personne. À la longue, Meren-Maât s'irrita :

– Mais enfin, elle doit bien se souvenir de moi ! Nous avons passé notre adolescence ensemble. Je lui ai sauvé la vie, autrefois. C'est à elle que je dois cette cicatrice. N'a-t-elle rien dit lorsque tu as prononcé mon nom ?

– On voit bien que tu as quitté le Double-Royaume depuis longtemps, mon frère, rétorqua Pen-Aser. Tu ne parais pas conscient des énormes responsabilités qui pèsent sur ses épaules. Notre pauvre roi n'est plus guère en état de gouverner. Depuis toujours, c'est elle qui tient les rênes du pouvoir. Elle accomplit même les sacrifices rituels dans le naos, comme le faisait le dieu bon Thoutmôsis Ier. Elle est le véritable souverain d'Égypte. Nul ne peut disposer de son temps. Il te faudra sans doute attendre après les festivités.

Bouillonnant d'impatience, Meren-Maât trompait son ennui dans la cité en effervescence. Nous passions nos journées à errer dans les rues, flânant parmi les étals des marchands, ou près du temple de Karnak. Celui-ci s'était métamorphosé. Hatchepsout avait poursuivi l'œuvre de son père avec l'édification de salles entourant une chapelle-reposoir que l'on appelait la Chapelle rouge. Le vestibule menant au sanctuaire avait été décoré de deux obélisques atteignant chacun la hauteur de soixante coudées. On lui devait également un pylône magnifique, et surtout le creusement d'un lac consacré aux navigations rituelles. Tout autour s'étendaient des magasins, des habitations destinées aux prêtres, ainsi qu'une volière pour les ibis dédiés à Thôt, dieu de la Connaissance.

Le jour même de la fête d'Opet, la déesse hippopotame, que certains appelaient Thouéris, nous assistâmes à la gigantesque procession qui se forma à partir du temple. Plusieurs milliers de personnes s'étaient massées à proximité, non loin du pylône construit par Thoutmôsis Ier. Derrière, on apercevait les obélisques d'Hatchepsout. À pas lents, trois groupes de *ouab* – les « hommes purs » –, vêtus d'un pagne blanc, sortirent du large vestibule menant au sanctuaire. Sur leurs épaules pesaient trois litières sur lesquelles étaient dressées les statues des dieux principaux de Ouaset : Amon le mystérieux, représenté par une statue bleue ; derrière suivait son épouse, Mout, puis leur fils, Khonsou, *neter* de la Lune. Tandis que des jeunes filles jetaient des pétales de lotus, fleurs de la Haute-Égypte, sur le passage de la procession, on s'avança vers le Lac sacré. La foule, parquée derrière une haie de gardes, n'avait pas le droit d'approcher. Meren-Maât, Hamel et moi avions pris place un peu à l'écart, entourés par une poignée de nos guerriers.

Ce fut alors que nous vîmes la reine.

Un palanquin soutenu par une vingtaine d'esclaves nus sortit du vestibule derrière les trois statues. Hatchepsout, revêtue des attributs royaux, était assise sur un fauteuil recouvert de fleurs. Deux servantes asiates agitaient de larges éventails de plumes. Malgré la barbe de cuir, il se dégageait d'elle une féminité troublante. Je perçus l'émotion de Meren-Maât. Elle était encore plus belle que lorsqu'il était parti.

Une toux sèche retentit à nos côtés. Nous nous détournâmes. Devant nous se tenait un bonhomme au visage chafouin, sans âge, qui s'inclina profondément.

– Pardonne au serviteur que tu vois, Seigneur ! Mon nom est Houfar. J'appartiens à la Grande Maison, et j'ai un message à te transmettre de la part de Sa Majesté.

L'annonce prit Meren-Maât au dépourvu.

– De... Sa Majesté ?

– Elle a appris ton arrivée à Ouaset et elle désire te voir dès ce soir, sans attirer l'attention. Trouve-toi devant l'entrée sud du palais, à la dixième heure. Tu dois venir seul.

6

Mon intuition me soufflait que ce rendez-vous était un piège aussi gros que la pyramide du dieu bon Khéops. Il était tout de même étrange que la reine convoquât Meren-Maât de cette manière. Mais j'eus beau l'exhorter à la prudence, il balaya mes soupçons d'un geste agacé.

– Compte tenu de ce qui s'est passé entre elle et moi, il est normal qu'elle veuille rester discrète.

Comment faire entendre raison à une mule ? Son impatience de la revoir l'aveuglait. Malgré mes craintes, je dus accepter de le laisser partir seul à son rendez-vous. Il m'était interdit de l'accompagner, et je n'appris que plus tard à quel point mes craintes étaient fondées.

À l'heure dite, Meren-Maât attendait le serviteur avec impatience. Houfar ne tarda pas. Tel un conspirateur, il évita la grande salle du trône et les vastes chambres attenantes, où flânaient encore des courtisans et des esclaves, et entraîna mon frère à travers un dédale de couloirs sombres, éclairés par des lampes à huile parcimonieuses. Le palais était un véritable labyrinthe. Ils croisèrent quelques groupes de gardes bleus, chargés de la protection du roi et de la reine. Pourtant, pas une fois Houfar ne fut arrêté. Visiblement, les capitaines le connaissaient. Soudain, il s'arrêta à quelques pas d'une petite porte devant laquelle se tenaient deux soldats solidement armés. Houfar fit signe à Meren-Maât de patienter, puis alla parlementer avec eux. Lorsqu'il revint, il déclara :

– La reine t'attend, Seigneur. Tu me pardonneras si je ne peux te suivre : elle a exigé que tu sois seul !

Il se prosterna devant lui, puis, le laissant à son étonnement, disparut dans la pénombre. Intrigué, Meren-Maât ne sut quelle contenance adopter. Cette convocation lui sembla tout à coup bien étrange. Il avait mis sur le compte de leur relation passée le fait qu'Hatchepsout souhaitât le recevoir avec discrétion. Mais après tout, personne ne connaissait cette relation. Elle aurait pu le convoquer au palais sans éveiller les soupçons.

Méfiant, il s'avança vers la porte. Les gardes s'écartèrent sans un mot. Il tendit l'oreille. Des rires de femmes lui parvinrent. Un peu rassuré, il poussa la battant, entra... Une violente émotion s'empara de lui devant le spectacle qu'il découvrit. Hatchepsout était bien là, dans le plus simple appareil, entourée de ses servantes. Celles-ci se mirent à hurler de peur en apercevant ce grand escogriffe barbu. Il venait de pénétrer dans la salle de bains de la reine !

Un instant surprise, Hatchepsout reprit très vite le contrôle d'elle-même.

– Qui es-tu ? cingla-t-elle.

– Mais, je suis... Meren-Maât !

– Tu mens ! Meren-Maât est mort ! Et il ne portait pas cette affreuse barbe rousse !

Décontenancé, il répondit :

– Je ne suis pas mort, Hatchepsout ! Tu as envoyé l'un de tes serviteurs, Houfar, me chercher cet après-midi. Il m'a dit que tu désirais me rencontrer. C'est lui qui m'a amené jusqu'ici.

Soudain, un fracas épouvantable éclata. Tandis que les esclaves se plaçaient devant la reine, une escouade de gardes armés jusqu'aux dents fit son entrée par la petite porte qu'il venait d'emprunter. Il comprit qu'il était tombé dans un piège. Décontenancé, il se laissa capturer sans résistance. On le traîna brutalement devant Hatchepsout qui, à la hâte, avait revêtu une robe de lin. Mais la toile fine et blanche, collée à son corps mouillé, ne dissimulait rien de celui-ci. Une douzaine de lances pointées sur la poitrine, Meren-Maât releva les yeux sur la reine.

– Je ne comprends rien à ce qui arrive, Majesté. Ton serviteur Houfar...

– Je n'ai aucun serviteur de ce nom ! cracha Hatchepsout.

Puis elle l'observa longuement. Elle se tenait debout dans l'eau, sur la dernière marche menant dans la piscine d'eau tiède, au fond de mosaïque bleue et blanche. Son crâne était rasé, de même que toute la surface de son corps. Les rois, en tant que premiers religieux du Double-Pays, devaient présenter un corps dépourvu de la moindre pilosité. Hatchepsout sacrifiait à la tradition. Selon l'usage, on devait l'épiler entièrement tous les trois jours. Paradoxalement, cette surprenante allure androgyne accentuait sa féminité. Gravement, elle laissa tomber :

– Tu as osé surprendre Pharaon dans son bain. Tu as violé son intimité. Cela mérite un châtiment exemplaire.

– Eh bien tant pis pour moi ! s'exclama Meren-Maât tout en la fixant dans les yeux. Je suis un fieffé imbécile d'avoir cru ce Houfar. Mon frère Khenty avait raison : la joie que j'avais de te revoir m'a rendu aveugle à la prudence. Et je mourrai heureux d'avoir pu une dernière fois contempler ton visage si beau, ô ma reine !

Hatchepsout resta un moment silencieuse, puis ses traits s'adoucirent et elle secoua lentement la tête.

– Tu as toujours été un incorrigible flatteur, Meren-Maât. Lâchez-le ! ordonna-t-elle aux gardes.

– Mais, ô Taureau puissant... hasarda le capitaine.

– Tu as compris mon ordre, imbécile !

À regret, l'autre fit signe à ses guerriers de libérer le prisonnier. Soulagé, il se redressa. Ainsi, elle l'avait reconnu, et elle avait voulu s'amuser un peu à ses dépens.

– Suis-moi ! dit-elle.

Quelques instants plus tard, tous deux étaient installés dans une pièce de petites dimensions, mais meublée d'objets magnifiques : les appartements privés d'Hatchepsout. Tandis que ses servantes apportaient du vin et de la nourriture, elle s'installa confortablement sur des coussins. Meren-Maât prit place à ses pieds. La reine resta un moment silencieuse, puis éclata de rire devant la mine contrite de son ancien compagnon d'enfance.

– J'ai grand plaisir à te revoir, Meren-Maât. Mais ta façon de te présenter est pour le moins étrange. Pourquoi ne pas m'avoir demandé une audience officielle ?

– Ce maudit Houfar m'a dit que tu étais au courant de ma présence à Ouaset et que tu désirais me voir discrètement. Je l'ai cru.

– Il t'a menti. J'ignorais ton retour.

– Tu l'ignorais ? Mais comment est-ce possible ? Mon frère Pen-Aser ne t'en a-t-il pas fait part, comme je le lui avais demandé ?

– Je le vois tous les jours, mais il ne m'a rien dit. Et je ne serais pas étonnée qu'il soit derrière tout cela. Il escomptait sans doute que je m'irriterais contre toi et que je te ferais jeter en prison, ou pire encore. Sans doute lorgne-t-il sur tes biens.

– Oh non ! rétorqua Meren-Maât, embarrassé. Mon frère est déjà très riche. Il ne peut me vouloir de tort.

Hatchepsout le contempla, amusée et attendrie.

– Tu n'as pas changé, mon pauvre Meren-Maât ! Tu es incapable de voir le mal.

– Peut-être est-il plus sage de l'ignorer.

Hatchepsout ne répondit pas immédiatement.

– Sans doute as-tu raison, dit-elle enfin.

Elle aurait voulu rejeter l'émotion qui s'était emparée d'elle. N'était-elle pas la reine, et le véritable pharaon de l'Égypte, l'incarnation du dieu vivant Amon-Rê ? Elle aurait dû tenir rigueur à Meren-Maât de lui montrer ses faiblesses, le faire chasser du palais, peut-être le faire fouetter... Elle s'en sentait incapable. Il avait beau la dominer de deux têtes, avoir l'air d'un ours avec sa tignasse abondante et ses mains énormes, la douceur de son regard la troublait plus qu'elle ne l'aurait souhaité. Elle respira profondément pour reprendre son empire sur elle-même.

– Ainsi, tu es revenu à Ouaset. Et tu voulais me voir.

– Oui, ô ma reine.

– Pourquoi es-tu resté si longtemps absent ?

– J'avais mes raisons, répondit-il, laconique.

Elle n'osa insister. Il exerçait sur elle une sorte de fascination. Elle aurait pu l'obliger à parler, à avouer qu'il l'aimait encore. Mais c'était impossible : il émanait de lui une autorité naturelle contre laquelle elle ne pouvait lutter. Meren-Maât avait peine à la considérer comme la souveraine des Deux-Terres. Pour lui, elle resterait toujours la petite princesse héritière du trône avec laquelle il avait partagé tant de moments extraordinaires. Son retour inattendu procurait un réel plaisir à Hatchepsout, la joie émouvante et chargée de nostalgie d'une plongée dans le passé. Avec lui, elle pouvait se permettre d'oublier pour un soir ses énormes responsabilités.

– Raconte-moi ce que tu as fait depuis tout ce temps !

Meren-Maât possédait un talent inné de conteur, et la passion qui l'animait transparaissait dans ses paroles. Il évoqua les îles septentrionales d'où il rapportait l'étain et des fourrures de bêtes inconnues. Il lui narra le voyage étonnant qui l'avait amené à remonter un fleuve dangereux et puissant, situé loin vers le couchant, au-delà des Portes de Neith.

– Il y a là-bas des hommes bien étranges, dont le corps est entièrement couvert d'une épaisse fourrure, et que nos guides appelaient gorilles.

À travers ses paroles, Hatchepsout avait l'impression de voir se déployer sous ses yeux les incroyables paysages maritimes, les petites îles couvertes de pins, au nord de la Crète, les côtes désolées de la Libye, les tempêtes qui plusieurs fois avaient failli envoyer les navires de Meren-Maât par le fond. Il lui raconta les couleurs des arbres, des fleurs et du sol, les parfums particuliers à chaque contrée, à chaque port, les coutumes différentes de chaque peuplade. Il lui décrivit les animaux singuliers qu'il avait croisés.

Enfin, il en vint au sujet véritable de sa visite. Il lui expliqua la vision surprenante qu'il avait eue étant enfant, vision partagée par le vieux savant crétois, Hamel. Puis il lui raconta l'arrivée des mystérieux Hommes rouges.

– Ces hommes ne pouvaient mentir, ô ma reine. Ils ressemblaient trop à des Asiates. Or, ils venaient de l'ouest. Cela veut dire que les îles dont parle le récit de ce rescapé crétois existent bel et bien.

Il lui décrivit son projet avec enthousiasme. Captivée et amusée, Hatchepsout ne se lassait pas de l'écouter. Il lui semblait être revenue quinze ans en arrière, à l'époque de son adolescence, lorsque Meren-Maât savait distraire ses chagrins par mille anecdotes amusantes. Mais surtout, il flattait en elle le rêve qu'elle caressait depuis toujours : voyager. À la vérité, elle l'enviait. Depuis de nombreuses années, elle envisageait d'envoyer une flotte puissante vers le mystérieux pays de Pount, dont provenait l'encens. Malheureusement, elle ne pouvait se permettre de quitter Ouaset actuellement. Elle devait attendre que sa fille Neferourê fût assez âgée pour épouser le fils que Thoutmôsis avait eu avec sa concubine. Ainsi assoirait-elle sa légitimité en tant que pharaon. Car elle seule était capable de maintenir l'ordre dans un pays encore fragile. Le puissant clergé d'Amon la soutenait, mais elle devait lui faire tellement de concessions...

Meren-Maât ne cessait de la surprendre. Depuis qu'il avait disparu, elle l'avait parfois cru mort. Mais elle savait que son intendant continuait de recevoir des marchandises dont le négoce venait grossir la fortune de son maître. Elle s'était souvent étonnée qu'un Égyptien pût vivre ainsi hors du Double-Royaume, sans jamais y revenir. Mais elle n'ignorait pas que Meren-Maât était né à Byblos, et d'une mère étrangère. Au fond, il n'était de nulle part. Sans doute était-ce pour cette raison qu'il ne tenait pas en place. Il était presque sorti de sa vie, et voilà qu'il resurgissait, au beau milieu de sa salle de bains, tombé dans un piège où l'avait mené le désir qu'il avait de la revoir. À cause de cela, elle était prête à tout lui pardonner.

Son allure était celle d'un gros ours un peu pataud. Mais ce n'était qu'une apparence. Il y avait en lui une finesse et une élégance qu'elle n'avait jamais rencontrées chez un autre homme. Malgré son visage ingrat, il émanait de lui un charme étonnant, et elle devait s'avouer que, une fois de plus, elle se sentait attirée. Elle aimait pourtant profondément Senenmout, dont la force et l'intelligence lui étaient indispensables pour diriger le Double-Royaume. Il lui offrait aussi la fantaisie et la passion qu'il portait à son art, l'architecture. Ils se complétaient admirablement. Après tout, n'était-elle pas Pharaon ? Pourquoi n'aurait-elle pas le droit d'avoir plusieurs hommes, tout comme les rois avaient leur harem de femmes ?

Mais Meren-Maât n'appartenait à personne. S'il l'aimait encore, il aimait encore plus la mer. Et, à travers lui, elle se sentait attirée par cet océan mystérieux qu'il évoquait avec une telle passion. Il y avait en lui une chaleur, une force invincible qui ressemblait à la charge d'une horde de taureaux sauvages. Rien ne pouvait résister à sa fougue.

– Ces hommes à peau rouge m'ont parlé de forêts immenses, aux arbres si hauts qu'ils semblent toucher le ciel. La plupart du temps, les forêts sont couvertes de neige, et il fait très froid.

– De neige ?

– C'est une chose blanche, qui tombe du ciel en abondance, et qui recouvre tout. Lorsqu'elle fond, elle se transforme en eau. Mais parfois, elle forme sur les branches des arbres des sculptures merveilleuses, qui ressemblent à des diamants d'une pureté incomparable. Malheureusement, ces diamants fondent dès qu'il fait plus chaud. Lorsque la neige tombe, ils utilisent pour se déplacer des traîneaux tirés par des chiens qui filent comme le vent. Celui-qui-parle-avec-la-Lune portait au cou un collier de pépites d'or, qu'ils appellent *larmes de soleil*. Là-bas, ils les trouvent au fond des rivières, à la fonte des neiges. Cette saison s'appelle le printemps. Puis vient l'été. Il fait alors très chaud, aussi chaud qu'à Kemit. C'est le temps de la cueillette. Ils ramassent ce qu'ils trouvent, car les plantes poussent avec une telle abondance qu'ils n'ont pas besoin de les cultiver. Ensuite, les feuilles vertes deviennent rousses, et la forêt tout entière devient rouge, comme si un immense incendie la dévorait. C'est la période des grandes chasses. Il faut faire très vite, car l'hiver et le froid ont tôt fait de revenir. Ils emmagasinent de la viande et du poisson fumés, des légumes séchés et de la graisse de baleine.

– Qu'est-ce qu'une baleine ?

– Un animal très grand qui ressemble à un gigantesque dauphin. Sa longueur peut atteindre cinquante à soixante coudées. J'en ai croisé plusieurs fois dans les eaux du Grand Océan. Elles ne sont pas dangereuses, jamais l'une d'elles n'a attaqué mes navires. Mais je ne savais pas que l'on pouvait les chasser.

– Es-tu certain que l'île mystérieuse des Crétois et celle d'où venaient ces hommes à peau rouge soient la même ? dit soudain Hatchepsout.

Interloqué, Meren-Maât ne répondit pas immédiatement.

– C'est vrai, je n'y avais pas pensé, dit-il enfin. Peut-être existe-t-il d'autres îles que celles des Crétois.

– Et tu veux les découvrir...

– Le monde est bien plus vaste que ne le pensent nos savants. Il appartient à des navigateurs comme moi d'ouvrir de nouvelles routes. J'ai besoin de ton aide. Si tu me la refuses, je tenterai cette aventure seul. Mais je voudrais le faire pour ta gloire, ô ma reine !

– Comment comptes-tu t'y prendre ?

– D'après ce que je sais, les Crétois qui sont revenus de ces îles mystérieuses ont débarqué sur les côtes occidentales de la Libye[1]. Elles sont donc situées au-delà des Portes de Neith, certainement en direction du sud-ouest. En naviguant dans cette direction, je devrais

1. La Libye : l'Afrique, c'est-à-dire toutes les terres situées à l'ouest de l'Égypte.

les découvrir. Je saurai alors s'il s'agit du pays des Hommes rouges. Si ce n'est pas le cas, je poursuivrai mon voyage.

Son regard brillant troublait Hatchepsout. Peut-être était-ce l'effet du vin liquoreux de Dakhla, elle se sentait comme une gazelle face à un lion. Il y eut un court instant de silence, puis elle tapa dans ses mains et dit à ses servantes, qui somnolaient dans la pénombre :

– Partez à présent ! Je désire rester seule.

Les filles se levèrent en bâillant et se retirèrent. Hatchepsout s'adressa ensuite à Meren-Maât.

– Viens plus près, mon ami fidèle, et parle-moi de tes navires ! On dit qu'ils sont capables d'affronter la haute mer.

Meren-Maât s'installa à ses côtés. Il dut faire un effort immense pour résister à l'émotion qui s'empara de lui. Le souffle parfumé de la jeune femme lui emplissait les poumons, lui rappelant des souvenirs sensuels qu'il aurait voulu éviter.

– On t'a dit la vérité, ô ma reine, dit-il enfin. Ils peuvent s'aventurer sans crainte loin des côtes.

– Qu'ont-ils de si particulier ?

– Leur voile peut être orientée de manière à utiliser la puissance des vents de manière optimale. Ainsi, il est même possible de naviguer contre le vent. Et surtout, ils sont équipés d'une quille.

– Une quille ?

– C'est une grande pièce de bois sur laquelle viennent se fixer les armatures de la coque. Elle assure une plus grande stabilité sur l'eau, et augmente la rapidité. De même, les éléments de la coque sont longs, courbés au feu, à l'inverse des bateaux égyptiens, qui sont constitués de petites pièces juxtaposées et donc fragiles. Mes navires m'ont permis d'aller bien plus loin que tes vaisseaux de commerce. Ma flotte en comporte quatre, et un cinquième est en chantier. Mais cette flotte est insuffisante pour une telle expédition. Il en faudrait deux fois plus.

– Et c'est pour cette raison que tu es revenu me voir !

– Oui. Autrefois tu partageais mes rêves de voyage. Il n'y a que toi qui puisses m'aider, Hatchepsout. Lorsque, adolescent, j'ai raconté ma vision aux prêtres d'Amon, ils m'ont fouetté. Et pourtant, je suis sûr d'avoir raison : le monde n'est pas plat et ne se termine pas par un gouffre sans fond. Il est sphérique, et les astres, le soleil, la lune, les étoiles, les planètes tournent autour de nous dans une ronde sans fin.

– Ce que tu dis est effrayant.

– Non ! Écoute-moi, ô ma reine. Lorsque vient la nuit, le soleil ne disparaît pas. Il n'est pas avalé par la grande déesse Nout, comme le pensent les prêtres. Il passe simplement de l'autre côté. Alors se lèvent les étoiles.

Il saisit une lampe à huile, puis une orange qu'il planta sur la pointe d'un couteau.

– Regarde ! Imagine que cette lampe soit le soleil et l'orange, le monde.

Faisant lentement tourner la lampe autour du fruit, il expliqua :

– Lorsqu'il arrive au niveau de l'horizon, le jour se lève. C'est pourquoi nous voyons toujours le soleil se lever ici, à l'est.

Il plaça l'orange devant les yeux d'Hatchepsout de manière à ce qu'elle vît la lampe se lever.

– Ensuite, il passe au-dessus de Kemit, et devient Rê dans toute sa majesté. Puis il poursuit sa course... et va se coucher à l'ouest.

– Si tu dis vrai, pourquoi les gens situés à l'opposé ne tombent-ils pas dans le vide ?

– Parce que le monde exerce une force très puissante sur nous, et sur tout ce qui s'y trouve.

– Comment cela ?

Il lâcha l'orange, qui tomba sur les coussins avec un bruit mat.

– Tu vois ! Dès qu'on lâche un objet, il est attiré par le sol. Si cette force n'existait pas, l'orange resterait suspendue en l'air.

– Tu me fais peur, Meren-Maât !

– Bien au contraire, ô ma reine. Cette force veut dire que Geb, le dieu de la Terre, nous aime. C'est pourquoi j'appellerai mon prochain navire l'*Œil de Geb*.

Hatchepsout resta un moment silencieuse.

– Mais alors... un vaisseau qui partirait vers le couchant pourrait revenir... par le levant.

– C'est exact. Les Hommes rouges avaient les yeux bridés comme les Asiates. Je suis sûr qu'ils leur sont apparentés. Et pourtant, ils venaient de l'ouest.

– Ces îles immenses doivent être très éloignées.

– Il leur a fallu trois mois pour franchir le Grand Océan septentrional. Mais leurs canoës étaient petits et fragiles. Le récit du marin crétois parle d'une errance de plusieurs jours. De toute façon, j'emporterai des vivres en conséquence.

Il commença à lui expliquer comment il comptait s'organiser. Mais elle ne l'écoutait plus. Elle se laissait bercer par le son de sa voix. Elle se souvint de la délicatesse dont il avait fait preuve lors de la trop courte nuit qui les avait rapprochés, des années plus tôt. Une douceur qui dissimulait une force indomptable, à laquelle elle avait cédé, à laquelle elle avait pris un plaisir pervers à se soumettre. Le temps avait développé la musculature de son compagnon, et ses vêtements de lin ne parvenaient pas à la dissimuler. Sa barbe rousse, qu'il avait pris soin de faire tailler et de parfumer, la troublait. Aucun Égyptien n'aurait osé arborer un tel ornement pileux. Mais Meren-Maât n'avait jamais su faire les choses comme tout le monde. Soudain, elle ne put résister. Elle posa les doigts sur la bouche de son compagnon et souffla :

– Tais-toi !

Puis elle glissa sa main fine derrière son cou et l'attira sur elle.

Bien plus tard, la reine s'éveilla de sa douce somnolence. Émue, elle regarda le corps de Meren-Maât endormi contre elle. Où ce démon avait-il appris les secrets du corps de la femme ? Rarement elle avait connu une telle jouissance. Elle s'étira, puis le secoua.

– Qui t'a enseigné la science de l'amour, Meren-Maât ?

Il cligna des yeux, puis, ayant enfin compris où il se trouvait et entendu la question, il déclara :

– Un jour, j'ai abordé dans une île située à l'ouest de l'Anatolie. Cette île est peuplée en majorité de femmes. Elles passent une grande partie du temps à faire l'amour entre elles, mais parfois, elles acceptent aussi les hommes. C'est un lieu enchanteur. Elles m'ont enseigné beaucoup de choses sur l'art du plaisir.

Il eut un sourire amusé et ajouta :

– Il existe aussi des îles où ce sont les hommes qui s'aiment entre eux.

– Et tu t'y es rendu ?

– Certains de mes marins goûtent ce genre de divertissement. Personnellement, je préfère les femmes.

Hatchepsout éclata de rire devant sa mimique. Puis elle se redressa, et étira ses bras dans un geste félin. Sa silhouette fine se découpa dans la lumière chaude des lampes à huile déclinantes. Elle était nue. Le cambré de ses reins, la courbure fière de ses seins offraient un contraste saisissant avec sa tête dépourvue de chevelure. Meren-Maât dut se faire violence pour ne pas la prendre de nouveau contre lui. Jamais il n'aurait pensé en la retrouvant qu'elle se donnerait à lui. Elle ravivait la blessure qu'elle avait ouverte des années auparavant, mais cette souffrance était aussi source de plaisir.

Enfin, elle se tourna vivement vers lui.

– Je crois qu'il vaut mieux que tu repartes, Meren-Maât. Ma situation n'est déjà pas simple avec Senenmout. Les prêtres d'Amon ne cessent de me harceler, et je dois user d'autorité et de diplomatie pour les maintenir en respect. Mais sois rassuré : je vais t'apporter mon aide.

7

Le lendemain, en notre présence, Hatchepsout convoqua Pen-Aser.

– Pharaon est furieux contre toi, Pen-Aser. Pourquoi m'as-tu caché le retour de ton frère ?

– Je ne voulais pas t'importuner avec cela, Majesté, répondit-il, l'échine courbe. Il avance des idées absurdes. Il croit que le monde est rond et que Amon-Rê tourne autour. J'estime qu'il est fou.

– Ce n'est pas à toi d'en décider, rétorqua-t-elle sèchement. Ici même, certains astronomes ont émis une idée semblable.

– Mais il veut que tu lui offres des navires pour tenter son expédition insensée. Tout cela est faux. La vérité, c'est qu'il a partie liée avec les Peuples de la Mer, qui rançonnent nos navires !

– C'est faux ! s'exclama Meren-Maât, stupéfait et furieux.

– Ta mère appartenait à ce peuple ! riposta Pen-Aser avec un sursaut de haine. Tu n'es qu'à moitié égyptien ! Regarde-le, ô Taureau puissant ! A-t-il l'allure d'un fils de Kemit, avec cette barbe et ces cheveux rouges ? Il ressemble plutôt à l'un de ces maudits Hyksos que tes ancêtres chassèrent du Double-Royaume !

Dans la salle, plusieurs conseillers approuvèrent. Écœuré par une telle bassesse, Meren-Maât eut un mouvement pour bondir à la gorge de son demi-frère. Je le retins par le bras.

– Ta jalousie me dégoûte, Pen-Aser, gronda-t-il. J'avais placé ma confiance en toi...

– Tu ne la mérites pas. Et je refuse que tu trompes Sa Majesté.

– Silence ! cingla Hatchepsout en toisant le Conseil. C'est à moi seule de juger qui me trompe ou non.

Dans la salle, les nez baissèrent, les regards se détournèrent. La reine apostropha durement Pen-Aser.

– Toi, tu as dupé ton propre frère en l'envoyant dans un traquenard par l'intermédiaire de ton serviteur. Je me suis renseignée sur ce Houfar. C'est l'un de ces espions qui rôdent dans la Grande Maison pour le compte de grands seigneurs comme toi, soucieux de leurs seuls intérêts. Tu as acheté deux de mes gardes. Tous seront punis. Quant à toi, tu escomptais sans doute te débarrasser de Meren-Maât en le faisant jeter en prison. Malheureusement, tu ignorais qu'il était l'*Ami unique* de Pharaon, ce que tu n'es plus à partir d'aujourd'hui. Réjouis-toi seulement que ton frère, qui décidément est bien naïf, ait intercédé pour que tu conserves ton titre de directeur de la Marine. Maintenant, retire-toi ! Pharaon n'a plus le désir de te voir !

Pen-Aser demeura un instant pétrifié. Un sentiment de haine pure lui déformait le visage. Il n'éprouvait aucune reconnaissance envers Meren-Maât pour sa magnanimité. Au contraire, elle renforçait son humiliation. Jamais il ne pardonnerait cet affront. Je connaissais bien le personnage. Depuis toujours il était parvenu à manipuler son entourage, séduisant les puissants par la flatterie, écrasant les plus faibles de son mépris. Totalement dépourvu de scrupules, il avait réussi à se constituer un rang et une fortune qu'on lui enviait. On ne l'aimait pas, mais on le redoutait. Malheureusement pour lui, la clairvoyance d'Hatchepsout avait percé à jour sa véritable personnalité. Elle ne lui conservait son titre que parce qu'il entretenait des liens privilégiés avec le clergé d'Amon. Il haïssait Meren-Maât, mais il haïssait encore plus Hatchepsout, parce qu'elle était trop forte pour lui. Il n'avait même pas la ressource de se faire un allié du roi Thoutmôsis II, qui n'était qu'un pantin.

À l'inverse de Meren-Maât, Pen-Aser possédait des trésors de patience, ainsi qu'il l'avait montré en tendant un piège à ce frère qu'il avait toujours détesté. Ravalant sa colère, il s'inclina profondément devant la reine, puis s'éclipsa. Son départ penaud aurait dû me réjouir, mais il me laissait une impression de malaise. Je le savais capable de ruminer sa vengeance pendant de nombreuses années.

Hatchepsout fit signe à Meren-Maât de s'approcher.

– Comprends-tu à présent ?

– Mon cœur est triste, ô ma reine. J'aurais tellement voulu que ce retour soit l'occasion d'une joie pour ma famille. J'avais oublié que la cour est une jungle impitoyable.

– Ton retour réjouit Pharaon, mon ami. Cela ne compte-t-il pas davantage ?

Il s'inclina devant elle, les yeux brillants.

– Si, ô ma reine ! L'affection que tu me portes adoucit mon chagrin.

Je souris intérieurement. Je savais pourquoi mon frère bien-aimé était capable de séduire des femmes aussi puissantes qu'Hatchepsout elle-même. Derrière sa force surhumaine, ses mains de géant et ses allures de brute, il cachait une sensibilité enfantine. Sa tristesse était sincère, et la reine ne s'y trompa pas.

– Je comprends pourquoi tu es parti, mon fidèle ami, ajouta-t-elle. Tu étais trop franc pour rester dans l'univers hypocrite et destructeur de la cour.

Elle vint près de lui et lui prit la main. Meren-Maât ne m'en avait pas touché mot, mais je sus dès ce moment qu'il s'était passé quelque chose entre eux durant la nuit.

– Je t'envie, ajouta-t-elle. Je voudrais pouvoir tout abandonner et te suivre dans ton aventure insensée. Malheureusement, je ne le puis.

Elle laissa passer un court silence, et poursuivit :

– Tu auras tes cinq navires. Où les feras-tu construire ?

– À Byblos. Il n'y a que là-bas que l'on trouve des arbres suffisamment grands et solides. J'y recruterai aussi une partie de mes hommes.

– Pourquoi ne pas prendre que des Égyptiens ? s'étonna-t-elle.

– Les Égyptiens naviguent surtout sur le Nil. Ils connaissent mal la mer et redoutent de s'éloigner des côtes. Les Cananéens sont moins puissants que nous, mais ils sont les meilleurs marins du monde.

LE VOYAGE

8

Malgré les récriminations des prêtres d'Amon, qui ne voyaient pas cette opération d'un bon œil, Hatchepsout respecta son engagement. Le retour de Senenmout lui fut d'un grand secours pour tenir tête à nos détracteurs. Celui-ci usa de toute son influence pour nous faire verser au plus vite les fonds nécessaires. J'aimerais pouvoir dire qu'il le fit parce qu'il croyait lui aussi à la théorie de Meren-Maât. Mais c'était un homme très intuitif, qui avait deviné la qualité des relations unissant mon frère et la reine. Sa position délicate ne lui permettait pas de se montrer jaloux, aussi agit-il dans le but de se débarrasser d'un rival dangereux.

Un matin, le directeur du Trésor royal vint en personne nous porter des coffres contenant de l'or, de l'argent, des pierres précieuses, des lots de tissus fins comme seuls les Égyptiens savent les tisser, de quoi faire construire sept ou huit navires et de leur recruter des équipages. Deux jours plus tard, nous quittions Ouaset. Si Meren-Maât ressentait une vague nostalgie, pour ma part, j'étais soulagé de bientôt retrouver nos compagnons. Je n'étais pas amoureux d'une reine, et l'ambiance sournoise de la cour m'était devenue insupportable.

Dès notre retour à Byblos, Meren-Maât engagea tous les charpentiers disponibles. Il dut même faire appel à des ouvriers d'autres cités. Très vite, son projet fut sur toutes les lèvres. La Méditerranée était une mer fermée où les navigateurs se connaissaient. Attirés par sa réputation, des marins de toutes origines se présentèrent à lui, Crétois, Libyens, Hyksos, Mycéniens, Égyptiens, Chypriotes. Certains venaient même de la lointaine Étrurie. Nous pûmes bientôt former les premiers équipages.

Les réserves de bois de Byblos étant limitées, nous organisâmes une expédition en direction du pays d'Aram, où poussaient les plus beaux cèdres de tout le Levant. Horagaad, le roi d'Ebla, reçut Meren-Maât comme s'il avait été Pharaon en personne. Depuis toujours, sa cité avait entretenu de fructueuses relations commerciales avec le Double-Royaume, et le bois exigé par la construction de sept navires représentait une somme non négligeable. Nous nous rendîmes sur place afin de sélectionner les meilleurs arbres. À notre retour, il organisa des festivités au cours desquelles, satisfait du marché, il offrit à mon frère une esclave magnifique.

– Cette fille vient du nord de l'Anatolie, dit-il. Elle s'appelle Edna.

Au regard que Meren-Maât porta sur elle, je compris aussitôt que le présent lui convenait parfaitement. Mais je ne me doutais pas encore que c'était plus qu'une simple esclave qui venait d'entrer dans notre vie.

Les nouveaux vaisseaux furent construits sur le modèle du *Cœur d'Isis*. Orientés vers l'arrière, les rameurs bénéficiaient d'une plus grande puissance pour manœuvrer les lourdes rames à pale asymétrique. Cependant, l'essentiel de la propulsion était assuré par la voile, large et carrée, montée sur deux vergues que l'on orientait en fonction de la direction du vent. Un ingénieux système de cordages permettait de modifier le creux et le guindant de la voilure, de manière à optimiser l'allure. Le mât pouvait être abattu sur le pont en cas de tempête. De solides rames de gouverne, situées à l'arrière, assuraient la direction [1].

À l'avant de chaque navire, un éperon prolongeait la quille. Recouvert d'un blindage de bronze, il conférait un net avantage en cas de combat. Les figures de proue, tournées vers le pont, représentaient des divinités égyptiennes, Amon-Rê, le nain Bès, Thôt à tête d'ibis, Hathor, l'épouse d'Horus, représentée par une femme à la tête surmontée de deux cornes de vache enserrant un disque solaire, Sobek, le dieu crocodile, l'inquiétant fils de Neith. On rencontrait aussi des déités cananéennes, comme Baâl et Achera, adorés à Byblos et dans

1. Le gouvernail ne fut inventé qu'à l'ère chrétienne.

la petite bourgade de Tyr. L'une d'elles était une femme nue baptisée Cypris, parce qu'elle venait de l'île de Chypre, et représentait la déesse de l'Amour. Sur l'un des bateaux, les marins avaient préféré sculpter une tête de cheval, animal mythique apprivoisé depuis peu.

Chaque vaisseau emportait une quarantaine de guerriers, auxquels il fallait ajouter une douzaine de femmes. Une rangée de boucliers protégeait chaque bord. Un homme était préposé à l'entretien des armes. Même si une escadre de cette puissance risquait peu d'être attaquée par les flottilles pirates, il valait mieux se tenir prêt à toute éventualité. Lorsque Meren-Maât me proposa de prendre le commandement de l'un des navires, je refusai.

– Ma place est à tes côtés, mon frère. Si nous devons périr, que ce soit ensemble.

Il n'insista pas. Même s'il ne l'avouait pas, il était ravi que je reste près de lui.

Nous recrutâmes également un médecin. Parmi les nombreux domaines de la connaissance où Hamel exerçait ses talents, la médecine figurait en bonne place. Ayant étudié avec les plus grands maîtres égyptiens, il avait pris en charge nos problèmes de santé. Mais il lui était difficile de faire face au surcroît de travail engendré par l'augmentation de nos effectifs. Aussi Meren-Maât engagea-t-il Daraan, un médecin babylonien rescapé des massacres engendrés par les fanatiques.

Je ne m'étais pas trompé. Bien que la fidélité ne fût pas sa plus grande qualité, Meren-Maât s'était attaché à la petite Edna. Âgée d'une vingtaine d'années, elle était jolie et affectueuse. Bien sûr, elle ne possédait pas la beauté surnaturelle de la reine Hatchepsout, mais, comme mon frère, elle aimait la vie et savait le faire rire. Il avait fait d'elle sa nouvelle maîtresse et, fait exceptionnel, ne prit aucune autre femme pendant la durée du chantier. La construction des navires ne lui laissait guère le temps de batifoler de l'une à l'autre, et Edna, dotée d'un solide tempérament, suffisait à l'épuiser.

Ses cheveux blonds trahissaient une origine septentrionale. Curieusement, certains mots de sa langue rappelaient ceux qu'utilisaient les habitants des Cassitérides. Nous apprîmes qu'elle était déjà esclave du peuple au sein duquel elle avait été capturée. Son véritable clan venait de beaucoup plus loin vers le nord. Il était arrivé par bateau avant sa naissance et s'était installé sur les côtes d'Anatolie. Meren-Maât en conclut qu'elle appartenait, comme sa propre mère, Serenout, à cette frange de population mouvante que l'on appelait les Peuples de la Mer.

Alors qu'elles auraient pu se jalouser, Edna et Zangha s'accordaient à merveille. La première était aussi bavarde et enthousiaste que la seconde était taciturne. Plusieurs fois, je surpris notre farouche Nubienne à rire aux plaisanteries de sa compagne. Il était difficile de résister à son charme et à sa gentillesse. Adoptée comme favorite du seigneur Meren-Maât, elle avait usé de ses charmes pour obtenir de lui qu'il acceptât près d'elle la présence d'une autre esclave, Rîany, qu'elle avait prise sous sa protection. Mon frère, qui ne savait rien lui refuser, accéda à sa demande.

Si la construction des navires avançait sans problème, le recrutement, en revanche, nous occasionna quelques difficultés. La perspective d'affronter le Grand Océan décourageait nombre de marins. Nous avions de plus en plus de mal à engager des volontaires. Il y eut même des défections parmi ceux qui nous avaient rejoints dès le début. Cependant, Meren-Maât préférait ne rien cacher de ce qui nous attendait.

– Le voyage sera long et pénible, disait-il. Celui-qui-parle-avec-la-Lune et ses hommes ont mis trois mois pour traverser le Grand Océan du Nord. Nos navires sont plus puissants et mieux équipés, et notre traversée sera moins longue, mais nous devons nous attendre à ne plus faire escale pendant plusieurs décades, six, peut-être sept.

Seuls nos plus anciens compagnons affichaient un enthousiasme sans faille. Ils avaient vu les Hommes rouges, et avaient une confiance absolue en leur chef. Tous étaient persuadés désormais que le monde était une sphère. Meren-Maât l'avait dit, et il était à leurs yeux bien plus savant que les prêtres de Babylone ou de Ouaset. Il suffisait de regarder les navires qu'il avait imaginés.

Ils effectuaient un travail remarquable pour convaincre les sceptiques et les inquiets, appâtés par les gains substantiels promis par Meren-Maât, mais freinés par une terreur superstitieuse. Les marins ne redoutaient pas la mort, elle était leur compagne quotidienne. Mais la perspective de mourir très loin de leur pays, peut-être dans ce gouffre sans fond dont parlaient les légendes, les effrayait. Ils n'étaient pas sûrs que leurs dieux des morts sauraient les retrouver, et ils n'avaient aucune envie de devenir des âmes errantes jusqu'à la fin des temps.

Malgré tous ces efforts, seuls huit équipages sur douze étaient au complet. Il nous manquait encore plus de cent cinquante guerriers. Meren-Maât proposa à Horagaad de lui racheter le lot d'esclaves dont Edna faisait partie. C'étaient des individus robustes, pour lesquels le travail du bois n'avait pas de secret, et qui adoraient un dieu obscur du nom de Huwawa, un démon grimaçant évoqué dans la légende du grand roi sumérien Gilgamesh. Horagaad accéda à sa demande. Meren-Maât prévint les captifs :

– Si vous acceptez de me suivre, vous y gagnerez votre liberté. Mais sachez que le voyage que j'entreprends nous mènera bien plus loin qu'aucun navire ne l'a jamais tenté. Les îles lointaines découvertes par les survivants crétois ne sont peut-être qu'une légende. Nous resterons un mois, peut-être deux, sans voir la moindre côte. Nul ne peut prédire les dangers que nous allons devoir affronter.

Contrairement à ce qu'il espérait, seuls vingt d'entre eux consentirent à quitter les geôles d'Ebla. Il s'en étonna auprès d'Edna.

– Ils connaissent ton projet, ô Seigneur, mais ils ont peur. Ils préfèrent périr sous les coups de fouet des Eblites que de tomber dans le Gouffre.

Paradoxalement, le recrutement des femmes fut plus aisé. Comme pour les guerriers, Meren-Maât ne voulait que des volontaires. Nous fîmes la tournée des bas-fonds des petites cités portuaires du Levant et achetâmes à leurs souteneurs les plus belles et les plus vigoureuses des prostituées. Celles-ci, enchantées de quitter leur misérable condition, ne s'embarrassèrent pas de questions métaphysiques sur la véritable nature du monde. Elles connaissaient mon frère de réputation. À bord de ses navires, chacun jouissait de la même liberté et de la même dignité, les femmes comme les hommes.

Peu de temps avant l'achèvement du dernier navire, il manquait encore une centaine de marins. Malgré les annonces qui circulaient dans tous les ports connus, les candidats se faisaient rares. Meren-Maât commençait à envisager de réduire sa flotte à dix navires lorsque des vaisseaux égyptiens arrivèrent à Byblos. Une petite armée en débarqua, dont le commandant se présenta à Meren-Maât.

– Seigneur, mon nom est Dereb, dit-il. Je suis ton serviteur et les hommes qui m'accompagnent sont envoyés par Pharaon – Vie, Force, Santé. Sa Majesté désire que tu nous acceptes parmi tes équipages.

Mon frère avait régulièrement tenu la reine informée de l'avancement de l'expédition. Dereb lui tendit une lettre portant le cartouche d'Hatchepsout. Meren-Maât la déroula et lut :

Sa Majesté
Horus d'or, âme des dieux, riche d'années, grand par ses victoires,
Roi de la Haute et de la Basse-Égypte,
Les Deux Maîtresses qui protègent l'Égypte et domptent les pays étrangers,
Fils de Rê,
Aimé d'Amon,
le roi Hatchepsout[1]
fait ordre à son ami unique Meren-Maât d'accepter pour le servir et le seconder le commandant Dereb et ses guerriers, qui le suivront avec grande obéissance dans les terres lointaines qu'il veut conquérir pour la gloire d'Amon.

Meren-Maât laissa éclater son enthousiasme. L'arrivée de Dereb et de ses hommes apportait la solution à notre problème d'effectifs. La reine connaissait nos difficultés de recrutement et, une fois de plus, elle nous était venue en aide. Mon frère adressa un large sourire à l'arrivant.

– Sois le bienvenu, Dereb ! Tes hommes ne seront pas de trop.

L'autre s'inclina, mais ne répondit pas à son sourire. Son visage resta rigide, strictement militaire, et ne laissa transparaître aucune émotion. Il présenta son second, Amonisfet, puis, sur un ordre bref, fit défiler ses guerriers. Tous étaient des hommes bien bâtis et solidement armés. Leur tenue se complétait d'un bouclier en cuir d'hippopotame, d'une fourrure de guépard dont la tête servait de couvre-chef. Il s'agissait là de soldats d'élite de la Maison des Armes.

1. Cette titulature royale, inspirée des lettres rédigées par les scribes du Nouvel Empire, est relativement courte. Emportés par leur zèle, les scribes pouvaient ainsi composer de véritables hymnes en guise d'en-tête. Ces poèmes dithyrambiques étaient bien souvent plus longs que le message lui-même.

– Notre reine est la digne fille du dieu bon Thoutmôsis, s'exclama Meren-Maât. Elle ne m'a pas oublié. Dis-moi, ami Dereb, comment se porte-t-elle ? Que t'a-t-elle dit ?

– Elle jouit d'une belle santé, répondit-il sobrement. Elle m'a parlé de toi en termes élogieux. Elle te considère comme le meilleur marin de la Grande Verte. Elle envisage très sérieusement d'organiser une expédition jusqu'au pays de Pount, qu'elle commandera en personne. Elle espère que tu seras revenu de ton expédition afin d'y prendre part.

– Je l'accompagnerai volontiers. Mais je ne sais combien de temps durera notre voyage. Il nous faudra deux mois pour gagner les Portes de Neith, puis sans doute deux pour traverser le Grand Océan jusqu'aux îles lointaines. Je compte rester une année sur place, afin d'étudier le pays des Hommes rouges. En tout, nous devrions être absents environ deux années ou trois années. À moins que les dieux n'en décident autrement...

Un mois plus tard, les douze navires quittaient le port de Byblos, cinglant droit sur la pleine mer, en direction de Chypre. Les cales étaient remplies de vivres et d'animaux vivants, oies, canards, cochons, moutons et chèvres. Il y avait également du poisson et de la viande séchée. Mais on emportait aussi des jarres de blé et d'orge que l'on ferait germer au besoin. Il arrivait souvent que les marins souffrent d'un mal étrange, qu'ils appelaient « la maladie de la terre[1] ». Dans un premier temps, il faisait saigner les gencives ; puis les dents se déchaussaient et tombaient ; dans le pire des cas, il entraînait la mort. Les navigateurs savaient s'en préserver en mangeant des fruits et des légumes verts. Malheureusement, il n'était pas toujours possible de s'en procurer. En prévision d'une longue traversée, nous avions embarqué différentes graines et de la terre à semence. Cette précaution, apprise auprès des marins du Grand Nord, nous avait déjà sauvés lors d'un hivernage dans les Cassitérides, quatre ans plus tôt.

Il était hors de question d'effectuer le voyage jusqu'aux Bornes du Monde d'une seule traite. Respectant les coutumes de navigation

1. Le scorbut, provoqué par une carence en vitamines.

méditerranéennes, nous fîmes escale tous les trois jours. Comme si les dieux avaient voulu encourager l'expédition, ils se montrèrent cléments en nous envoyant des vents favorables. D'un vaisseau à l'autre, on communiquait à l'aide de signaux optiques exécutés par des miroirs de bronze captant la lumière du soleil, ou encore, la nuit, par des fanaux munis d'obturateurs. Des gnomons[1] permettaient de calculer la longueur des ombres, et ainsi le déplacement de la flotte. La nuit, on déterminait la position par rapport aux étoiles.

Nous utilisions également des *guides de navigation*, des livres de bord constitués de notes prises lors de précédents voyages. Ils recelaient quantité d'indications concernant la topographie des côtes, leurs particularités, les dangers potentiels, les repères, basés sur la forme de certains rochers, certaines falaises. Nous tenions ces renseignements secrets. Mon frère était peu désireux de partager son savoir avec d'autres marins. C'était d'ailleurs une pratique courante chez les capitaines marchands. Certains avaient même pris l'habitude de chiffrer leurs informations, espérant ainsi conserver pour leur seul bénéfice l'emplacement des meilleurs comptoirs et la nature des produits que l'on pouvait y négocier.

Parfois, lors d'échanges commerciaux de grande valeur, l'expéditeur et le destinataire communiquaient à l'aide d'un scytale. Il s'agissait d'un message codé, composé d'une suite de lettres incompréhensible, inscrite sur un ruban. Pour le déchiffrer, il fallait enrouler le ruban autour d'un bâton de dimensions précises. Les correspondants possédaient le même, et pouvaient donc seuls lire les messages[2].

Nous abordâmes ainsi à Chypre, en Crète, en Étrurie, puis sur les côtes nord-africaines. Depuis des siècles avaient été établis des comptoirs où régnait une paix relative. Dans les premiers temps, les navigateurs s'adonnaient volontiers au pillage. Sans s'embarrasser de scrupules, ils s'emparaient des richesses du pays abordé, et enlevaient au passage des jeunes hommes et des jeunes femmes qu'ils revendaient comme esclaves ou intégraient de force dans leurs rangs. Mais cette pratique douteuse comportait un inconvénient majeur :

1. Sorte de cadrans solaires.

2. Ce système sera largement utilisé par les Phéniciens pour les correspondances commerciales secrètes. En règle générale, ils ont développé l'art du chiffrage des messages.

le butin était maigre et hasardeux par rapport aux risques encourus, d'autant plus que les indigènes, méfiants et rancuniers, attendaient ensuite les pillards de pied ferme. On s'aperçut alors qu'il était plus rentable de nouer des liens commerciaux avec les peuplades contactées.

Le commerce se déroulait selon des règles très particulières, qui exigeaient une grande confiance des deux côtés. Les voyageurs débarquaient leurs produits et les disposaient en évidence sur la plage. Puis ils remontaient à bord et attendaient. Les autochtones venaient alors examiner la marchandise, puis entassaient à proximité ce qu'ils proposaient en échange. Ensuite, ils se retiraient et les marins redescendaient à terre. Si le troc leur semblait convenable, ils emportaient les produits indigènes. Dans le cas contraire, ils remontaient à bord et attendaient de nouveau, jusqu'à ce que la proposition leur convînt. Cette pratique s'appelait le négoce muet, car aucune parole n'était échangée.

Dans les comptoirs commerciaux, on respectait une trêve tacite pour permettre le négoce. Il n'était pas rare d'y croiser des individus appartenant à des peuples en guerre. Si parfois des bagarres éclataient dans les tavernes, elles ne duraient jamais. Ces ports à la population cosmopolite étaient rarement attaqués. On savait qu'un pillage en règle amènerait les navigateurs à chercher ailleurs un nouveau point de contact, et le commerce avait tout à perdre de ce genre de razzias. Des pirates les rançonnaient de temps à autre, mais, la plupart du temps, ils se contentaient de venir y écouler le produit de leurs rapines.

Meren-Maât profita de chaque escale pour échanger des marchandises. Parce qu'il entreprenait un très long voyage, il était intéressé, outre les vivres qui se conservaient longtemps, par les produits de grande valeur, comme les pierres précieuses, les objets en verre transparent ou coloré, les bijoux, les fines étoffes, la pourpre d'Ugarit, l'encens, la myrrhe, les baumes et onguents qui soignent, les huiles rares, toutes choses dont les souverains des royaumes rencontrés étaient friands.

Un jour enfin, nous parvînmes en vue des Portes de Neith. Peu de navigateurs osaient s'aventurer au-delà de ce passage grondant, qui séparait deux mers radicalement différentes l'une de l'autre. En

Méditerranée, les côtes demeuraient immuables. Au contraire, deux fois par jour, les eaux du Grand Océan se retiraient très loin, dévoilant des plages immenses ou des étendues de rochers battus par les flots. Cependant, pour avoir pratiqué les deux, nous avions appris que la Méditerranée était plus dangereuse, avec ses tempêtes soudaines et ses vagues courtes et capricieuses.

Larges d'environ six milles, les Portes de Neith étaient le siège d'un phénomène étrange que seuls les marins expérimentés pouvaient maîtriser. En raison des marées, il se produisait des courants violents et des tourbillons qui entravaient la navigation. Il fallait attendre que les courants s'inversent pour tenter le passage. Dans l'attente du moment favorable, l'escadre s'était immobilisée à distance d'une longue plage de sable. Les eaux étaient tellement claires que l'on distinguait le fond, parsemé d'algues et d'anémones de mer. Les ombres bleues des navires ondoyaient sur le sable, et l'on aurait pu croire qu'ils étaient suspendus au-dessus d'un sol nimbé d'une mouvance irréelle.

Droit devant nous se dressait un promontoire immense, haut de plus de huit cents coudées. Le fracas des vagues se brisant à ses pieds nous parvenait, étouffé par la distance. Une multitude de petites silhouettes agiles rappelant vaguement des formes humaines escaladaient vivement ses flancs abrupts, disparaissaient dans des bouquets de végétation pour resurgir plus loin. Pour avoir déjà abordé sur ces côtes sauvages, je savais qu'il s'agissait de petits singes curieux. Au loin, vers le sud, une autre montagne s'élevait, couronnée de nuages, gardienne de la terre africaine. C'était ces deux rochers que l'on appelait les Portes de Neith, ou les Bornes du Monde.

Tous les capitaines avaient les yeux tournés vers le vaisseau amiral, attendant le signal de mon frère. Sur les navires, personne n'était rassuré, hormis nos plus anciens compagnons, qui avaient déjà effectué la traversée plusieurs fois et plastronnaient devant les autres.

– N'ayez crainte, disaient-ils. Le seigneur Meren-Maât est l'ami des divinités.

Certains d'entre eux avaient même fini par se convaincre qu'il était lui-même un dieu marin et, parfois, je n'étais pas éloigné de le croire. Nul comme lui ne savait déceler les changements d'humeur de la mer. Ainsi se forgent les légendes. Je le revois encore, debout dans le soleil, à l'avant du *Cœur d'Isis*. Je n'ai jamais compris comment il faisait. Il percevait des signes invisibles dont je n'avais aucune idée. La crête des vagues, leur aspect, leur couleur, leur manière de rouler, la direction des vents, le vol des oiseaux, des odeurs particulières le renseignaient. Il « parlait avec la mer », il ressentait son humeur. Il savait si elle se montrerait favorable ou non. Il lui était arrivé plusieurs fois de renoncer à partir le jour prévu, simplement parce que son intuition lui soufflait qu'une tempête allait éclater. Jamais il ne s'était trompé. Mais plusieurs capitaines avaient perdu leurs navires pour n'avoir pas tenu compte de ses avertissements.

Au regard joyeux qu'il m'adressa, je compris que les eaux des Portes de Neith se montraient propices. Il fallait seulement attendre que le phénomène du mascaret s'inversât.

– Si nous tentons le passage à présent, les courants nous repousserons vers la Grande Verte, me dit-il. Notre brave capitaine Dereb, qui n'a navigué que sur le Nil, risquerait de se laisser emporter par un tourbillon. Il faut patienter.

J'acquiesçai mollement. En vérité, je n'aurais vu aucun inconvénient à ce que Dereb fût englouti par les eaux. Je n'aimais pas cet homme au regard froid. Quelque chose sonnait faux en lui. Lors des escales, il demeurait à l'écart, avec ses soldats. Je m'étais aperçu à maintes reprises qu'il observait Meren-Maât avec curiosité, comme s'il l'espionnait. J'avais pensé un moment qu'il appartenait à une grande famille, et n'appréciait guère d'avoir été nommé sous les ordres d'un prince qui avait renié son rang. À ses yeux, mon frère n'était qu'un pirate, qui avait sans doute partie liée avec les Peuples de la Mer. En réalité, ce n'était pas tout à fait faux, car nous connaissions nombre de leurs chefs. Mais j'avais abandonné cette idée. Dereb était un soldat, parvenu au rang de capitaine par sa seule valeur. Au cours d'une escale en Étrurie, nous nous étions heurtés à une tribu locale vindicative et j'avais eu l'occasion de me rendre compte que sa réputation de courage n'était pas usurpée. Lui et son second, Amonisfet, avaient combattu avec bravoure.

Tout à coup, sans que l'on sût pourquoi, Meren-Maât donna l'ordre de lever l'ancre. Tandis que la vigie transmettait le message à l'aide des miroirs, on releva les ancres, qui étaient de lourdes pierres attachées à des cordes. Manœuvrant lui-même les écoutes, mon frère huma le vent et plaça la voile de façon idéale. Notre *Cœur d'Isis* sembla s'ébrouer, puis, sous l'impact de la houle, et propulsé par ses quarante rameurs, il se glissa dans le courant, filant plein ouest, parallèlement à la côte. L'un derrière l'autre, les onze autres vaisseaux suivirent. Le colosse de pierre se rapprocha, nous dominant de toute sa masse. On eût dit quelque géant assoupi. Superstitieux, quelques marins tripotaient nerveusement des amulettes de toutes sortes, redoutant inconsciemment de voir le titan se réveiller et marcher sur les navires.

Étant enfants, à Byblos, nous avions écouté les marins raconter leurs histoires étranges. Meren-Maât pensait alors qu'ils les inventaient pour épouvanter ceux qui restaient à terre. Avec le temps, nous avions appris qu'ils étaient parfaitement sincères. Mais ces récits, transmis de bouche à oreille, étaient déformés, amplifiés. Chaque narrateur rajoutait un détail effrayant de son cru. L'imagination faisait le reste. À la fin, une simple escarmouche avec des pirates devenait une sanglante bataille navale, un animal inconnu, terrestre ou marin, se transformait en une créature terrifiante, la moindre tempête prenait des allures d'apocalypse. Le soir, à la veillée, il se racontait des histoires à faire frémir. Ainsi, la plupart des matelots étaient persuadés que des monstres effrayants se terraient au fond des gouffres ténébreux des falaises. Et ils donnaient des détails précis : des yeux immenses et lumineux, des écailles dont même le feu ne pouvait venir à bout, des tentacules innombrables qui emprisonnaient leurs victimes, des gueules béantes ouvertes sur des rangées de crocs acérés. Ils pensaient dur comme fer que des oiseaux à tête de femme tentaient de les attirer par des chants mélodieux. Il était impossible de lutter contre le sortilège, et les navires étaient irrésistiblement entraînés vers les récifs affleurants où les malheureux étaient dévorés par ces créatures abominables. Certains affirmaient les avoir vues, et n'avoir dû la vie qu'à une fuite désespérée [1].

Les monstruosités qui hantaient les profondeurs marines étaient légion. Le Crabe géant broyait les navires dans ses pinces énormes, capables de sectionner un homme en deux. Les Harpies fondaient du ciel sur les marins dont elles crevaient les yeux avant de leur dévorer la cervelle, les mains et le cœur. Si l'on naviguait trop près

1. Il s'agit des Sirènes. Leur forme originale n'était pas une femme à queue de poisson, mais un oiseau à tête de femme.

des côtes, il arrivait que les rochers soient en vérité les mâchoires de quelque divinité maudite, qui rampait vers les navires et les broyait comme un chien broie un os. Mais le plus redouté de toutes ces abominations restait le Kraken, le serpent de mer gigantesque dont la gueule était assez grande pour engloutir un bateau de la taille du *Cœur d'Isis*.

Cependant, malgré les préventions des marins, et malgré les eaux bouillonnantes, le passage fut franchi sans incident. Le soir même, nous trouvâmes refuge dans une baie abritée appelée Gadeth[1]. Meren-Maât avait tout lieu d'être satisfait. La flotte avait quitté Byblos depuis à peine plus de deux mois, et aucun incident n'avait marqué le voyage. Le négoce avait permis de maintenir le stock de vivres et de racheter des animaux.

Les tribus voisines de Gadeth se réjouirent de notre arrivée. Nous ne manquions jamais d'y faire halte lors de nos voyages jusqu'aux Cassitérides. Dès que l'on eut reconnu nos couleurs, des hommes à la peau burinée par le soleil et le sel descendirent des collines voisines, apportant des présents de bienvenue. Nous demeurâmes trois jours sur place, le temps de renouveler les réserves d'eau douce.

La veille du départ, Meren-Maât et moi effectuâmes une promenade sur la plage. Un soleil rouge et accourci descendait lentement vers l'horizon. Mon frère d'ordinaire si loquace restait silencieux. La véritable aventure allait commencer. Jusqu'à présent, nous n'avions fait que traverser une mer connue, où les seules mauvaises surprises étaient les tempêtes soudaines qui pouvaient surgir d'un ciel sans nuages. Pour gagner les Cassitérides, nous ne nous éloignions jamais beaucoup des côtes.

Il huma les odeurs du crépuscule, marcha dans les vagues mourantes.

– Cette fois, dit-il enfin, nous allons nous lancer dans l'inconnu. J'ai l'impression de sentir le monde vibrer sous mes pieds comme

1. Gadeth : Cadix. Elle fut vraisemblablement fondée au XIIe siècle avant J.-C. par les Phéniciens. Mais rien n'interdit de penser qu'un comptoir existait déjà là trois siècles auparavant. Les partisans des voyages transatlantiques avant J.-C. pensent que cette cité aurait été le point de départ des flottes phéniciennes pour l'Amérique.

une boule gigantesque. C'est ainsi que mon esprit le voit aujourd'hui. Et pourtant...

Il se tourna vers moi.

– Khenty, mon frère bien-aimé, si je commettais une erreur ? Si les prêtres d'Amon disaient la vérité ? Cela signifierait que je vais emmener tous ces hommes vers un gouffre béant dans lequel ils tomberont sans fin. Ai-je le droit d'agir ainsi ?

– Tu en as non seulement le droit, mais aussi le devoir, Meren-Maât. Si les dieux ont créé un monde si vaste et si beau pour les hommes, ce n'est pas pour qu'ils restent frileusement dans leur demeure en attendant la mort. Ils veulent te faire découvrir des îles inconnues, pour que tu établisses des relations entre elles et nos pays, des relations dont bénéficieront nos descendants. Et je suis sûr que l'on prononcera ton nom à haute voix bien des années après que tu auras rejoint les étoiles. Tu vivras éternellement, comme nos rois divins.

Il fixa de nouveau l'énorme boule rouge qui se posait doucement sur la ligne océanique.

– Tu as raison, lorsque l'on doute des dieux, ils nous abandonnent. Ils ne m'ont pas envoyé cette vision pour rien. Il existe d'autres îles en direction du couchant et nous les découvrirons.

9

Cela faisait douze jours que nous avions quitté Gadeth. Dans toutes les directions, il n'y avait plus que l'horizon bleu sombre de l'océan, dominé par un ciel sans nuages. Les vents nous étaient favorables et les vagues idéales. Mais, peu à peu, un climat d'inquiétude s'installait sur certains navires, dont nous faisaient part les capitaines.

Au matin du treizième jour, comme à l'accoutumée, Meren-Maât abandonna les bras chauds d'Edna juste avant l'aube. Il aimait voir le soleil se lever sur la mer. Tout à coup, des signaux lumineux nous parvinrent du vaisseau de Dereb. Il désirait nous rendre visite. Un canot de liaison l'amena à bord du *Cœur d'Isis*.

– Nous n'avons pas encore sombré dans le gouffre qui marque la fin de l'océan, mais nous n'avons trouvé aucune trace d'îles nouvelles, dit-il. Sais-tu vraiment où nous allons, Seigneur ?

– Je ne peux être totalement sûr de la route à suivre, répondit doucement Meren-Maât. Personne ne l'a encore empruntée, si l'on excepte ces navigateurs crétois dont nous ne pouvons affirmer qu'il existent.

– Et si ces îles n'étaient qu'une légende, si la mer était sans fin...

Meren-Maât lui posa la main sur l'épaule.

– Je comprends tes craintes, mon compagnon. Mais les Hommes rouges ont mis trois mois pour arriver sur les côtes des Cassitérides. Or, nous ne sommes partis que depuis treize jours. Nous sommes donc encore très loin.

Son second, Amonisfet, répliqua d'un ton agressif :

– Les hommes commencent à se plaindre. Ils disent que tu ne sais même pas toi-même où tu vas !

– Je ne leur ai jamais menti. Ils savaient que ce voyage serait long, et exigerait de rester de nombreux jours sans escale. Mais il ne s'est rien passé d'anormal jusqu'à présent.

– Rien ne dit qu'une créature monstrueuse ne nous guette pas, insista l'autre.

Agacé par sa voix menaçante, Meren-Maât répondit sèchement :

– La créature monstrueuse, c'est l'esprit de discorde dont tu fais preuve, Amonisfet. Si tu n'es pas capable de garder ton calme et de rassurer tes hommes, je te relève de ton commandement.

Dereb s'interposa :

– Amonisfet ne dépend que de moi, Seigneur ! Ainsi en a voulu Pharaon. Elle n'avait qu'une confiance limitée dans ton succès. Aussi, mes hommes resteront sous mon seul commandement tant que nous ne serons pas arrivés à destination. Et si j'estime que ce voyage devient trop dangereux ou sans objet, la reine m'a donné la liberté de rebrousser chemin, et je n'hésiterai pas à en user.

Furieux de l'arrogance des deux hommes, je m'apprêtais à répliquer vertement, mais Meren-Maât refréna ma colère en posant sa main sur mon bras.

– Je sais tout cela, répondit-il à Dereb d'une voix égale. J'ai lu la lettre qu'elle m'a adressée avant le départ. Elle t'a confié une très grande responsabilité, ce qui prouve que tu as sa confiance. Elle pense que tu es un homme courageux, assez solide pour affronter les dangers inconnus que peut receler un voyage comme celui-là. Et je suis persuadé qu'elle ne s'est pas trompée dans son choix.

L'autre, calmé par le ton amical, mais conscient qu'il ne pouvait plus continuer à se plaindre sans se dévaloriser, hocha la tête.

– C'est bien, grogna-t-il, je vais regagner mon navire et tenter de leur expliquer.

Les deux hommes saluèrent Meren-Maât et regagnèrent la barque qui les avait amenés. Dès que l'esquif se fut éloigné, je grommelai :

– Ces imbéciles m'énervent. On dirait qu'ils font tout pour te provoquer. Ne trouves-tu pas étonnant que la reine Hatchepsout t'ait envoyé pour te seconder des hommes qui visiblement ne t'aiment pas ?

– Je ne peux leur tenir rigueur de s'inquiéter pour leurs hommes. Mais ce sont de bons marins. Ils se sont très vite adaptés aux manœuvres particulières de nos navires.

– Ce n'est pas une raison pour te harceler.

– Calme-toi, mon frère ! s'exclama Meren-Maât en riant. Tout cela n'est pas bien grave.

Comme d'habitude, il ne prenait pas mes avertissements au sérieux. Il me passa le bras autour des épaules et m'entraîna vers la proue. Je ne pouvais lui en vouloir de faire preuve d'optimisme. Depuis le départ, l'océan s'était montré clément. Des vents favorables poussaient les vaisseaux, dispensant les rameurs de leur corvée. C'était la première fois que nous restions plus de trois nuits en mer, mais ils s'y étaient habitués. Les vivres et l'eau douce étaient loin d'être épuisés, et l'on n'avait encore aperçu aucun gouffre sans fond marquant les limites du monde.

À présent, le disque lumineux s'élevait dans un ciel balayé par de longues traînées nuageuses colorées de sang et d'or rose. Les rayons solaires irisaient la crête des vagues de franges scintillantes que franchissaient les flèches argentées des exocets.

Les yeux encore gonflés de sommeil, Edna vint nous rejoindre en frissonnant et se blottit contre Meren-Maât. À la manière dont il la serra jalousement contre lui, je compris qu'il tenait beaucoup à elle. Derrière elle suivait Rîany. C'était une gamine d'une grande gentillesse. Sa position de servante d'Edna l'avait mise à l'abri des prédateurs de toutes sortes. Son rôle consistait à prévenir les moindres désirs de sa maîtresse, qui la traitait comme une sœur. Elle jouissait donc d'une situation privilégiée. Mais, loin d'en profiter pour ne rien faire, elle cherchait sans cesse à se rendre utile, et possédait un don étrange pour soigner les malades. Elle connaissait les herbes médicinales, et, malgré son jeune âge, son savoir, hérité de sa mère, n'avait rien à envier à celui de nos deux médecins, Hamel et Daraan. Ceux-ci la respectaient et sollicitaient souvent son avis. D'humeur toujours égale, elle était aimée de tous, et surtout des marins qu'elle avait guéris.

– Pourquoi t'obstines-tu à suivre la direction du sud-ouest ? demandai-je soudain à Meren-Maât.

– J'ai essayé de comprendre comment les Crétois avaient pu découvrir ces îles. Ce sont d'excellents marins. Ils ne redoutaient pas de s'aventurer en haute mer. Mais ils savaient que les Mycéniens étaient capables de les pourchasser. Ils devaient donc fuir très loin et semer leurs poursuivants. C'est pourquoi ils ont navigué vers l'ouest et franchi les Portes de Neith. Ils estimaient que leurs ennemis n'oseraient pas se risquer sur le Grand Océan. Mais ils ont sans doute évité de s'approcher trop près des côtes. Peut-être avaient-ils l'intention d'aborder sur les rivages de Libye, très loin vers le sud, et de fonder une nouvelle colonie. Ou peut-être ignoraient-ils où ils allaient, et ils s'en sont remis aux dieux.

Il m'adressa un sourire ravi et ajouta :

– Et les dieux leur sont venus en aide.

– Comment ça ?

– Depuis que nous avons franchi les Bornes du Monde, nous sommes portés par des courants. Les Crétois ont dû les rencontrer, eux aussi, et les ont suivis.

– Mais... est-ce que ces courants ne nous entraînent pas vers la fin de l'océan, vers le Gouffre sans fond ? intervint Edna, effrayée.

– Non ! Il ne faut pas redouter les courants. Ils sont comme des fleuves dans la mer. Ils sont nombreux en Méditerranée, et ils ne mènent pas vers des gouffres.

– La Méditerranée est entourée de terre, répliqua-t-elle. Ici, il n'y a rien, rien que l'eau, à perte de vue, depuis des jours. J'ai peur, Seigneur.

À vrai dire, je n'étais pas loin de partager sa frayeur.

Nos craintes furent de courte durée. Le lendemain, dans la matinée, un cri tomba du mât.

– Terre ! Terre ! clama la vigie.

Nous nous précipitâmes sur la lisse pour regarder dans la direction indiquée : le sud-ouest.

Mon frère explosa de joie.

– Par Isis ! Je ne m'étais pas trompé !

Au loin se dessinait une masse noire couronnée de nuages que les vents étiraient vers le couchant.

– Ce n'est qu'un gros rocher ! dis-je, pessimiste.

– Non ! C'est une montagne ! Une très haute montagne[1] !

---

1. Le pic de Teide, point culminant de l'île de Ténériffe, atteint 3 718 m d'altitude, ce qui fait de lui le point culminant... de l'Espagne, à laquelle appartiennent les Canaries.

Sur les autres navires, on avait aussi aperçu le relief. Des hurlements de joie retentirent. À mesure que les navires approchaient, sa silhouette se précisa.

– Ce mont est quatre à cinq fois plus haut que les Portes de Neith, murmura Hamel.

– Et si c'était... la demeure des dieux ? s'inquiéta soudain Edna. Regardez !

Elle indiqua le manteau nuageux qui recouvrait le colosse.

– On dirait un géant qui porte le ciel sur ses épaules. Peut-être s'irritera-t-il de notre visite.

– Rassure-toi, petite ! dit doucement Meren-Maât. Cela fait plus de dix ans que je navigue. J'ai rencontré des animaux étranges et des peuplades surprenantes, mais jamais je n'ai croisé d'êtres titanesques ni de démons.

Il fallut presque une journée pour approcher de l'île. Peu à peu, les marins oublièrent leur anxiété.

– Par les dieux ! Je n'ai jamais rien vu d'aussi beau, s'exclama Hamel.

– Je vais finir par croire que tu avais raison, murmura Meren-Maât à l'oreille d'Edna. Peut-être s'agit-il d'une île habitée par les dieux.

Lentement, la côte se dévoila dans toute sa splendeur. Au pied de la montagne immense s'étendait une terre verdoyante, bordée de plages noires. Vers l'est, les pentes présentaient des abrupts impressionnants qui plongeaient à pic dans l'océan en falaises vertigineuses au pied desquelles venaient battre les flots tumultueux. De loin, on apercevait de vastes dépressions, des cratères volcaniques aux flancs creusés par de profonds ravins dus à l'érosion. Le noir des cendres alternait avec l'ocre d'étendues de sables. Parfois le flanc de la montagne s'embellissait de la tache de verdure d'une vallée luxuriante.

À mi-chemin du sommet, la forêt s'éclaircissait pour laisser place à une végétation rase. Puis celle-ci disparaissait au profit de champs de neige immaculés, étincelant au soleil de la fin d'après-midi. Les cimes, noyées dans la brume, ne se devinaient que par instants fugitifs, semblables à des rêves inaccessibles.

Nous n'eûmes guère de peine à trouver un endroit où accoster. Une crique bordée d'une plage de sable sombre offrit un refuge à nos navires. Brûlant d'impatience, nous descendîmes à terre, heureux de sentir le sol ferme sous nos pieds.

– On dirait que l'île est inhabitée ! déclara Ragnar, le chef tjekerou, un peu déçu de ne pas rencontrer d'autochtones belliqueux auxquels se frotter.

– Si des Crétois se sont réellement installés sur cette île, ils ont dû construire leur village à l'intérieur des terres, afin de ne pas attirer l'attention d'un éventuel envahisseur. C'est une pratique courante en Méditerranée.

– C'est possible, Seigneur, mais les Crétois sont de hardis navigateurs, et cette anse ferait un port remarquable. Or, je ne vois aucun bateau, pas même la plus petite barque.

Meren-Maât évita de répondre. Il était trop tard pour organiser une expédition de reconnaissance. Mais le lendemain nous apporta la confirmation qu'il avait vu juste. Un éclaireur repéra très vite un sentier menant vers l'intérieur, et visiblement foulé par des pieds humains. En compagnie de Ragnar, de Hamel et d'une trentaine de guerriers, nous partîmes en reconnaissance. L'île semblait gigantesque. Très vite, le relief, plat près de la côte, s'éleva, se modelant en une succession chaotique de collines couvertes de pins, de cèdres, de palmiers et d'eucalyptus. Lauriers et bougainvillées abondaient, alternant avec des étendues surprenantes de géraniums et d'iris à la couleur bleutée. Il ne nous fallut pas longtemps avant de découvrir la trace d'une présence humaine, sous la forme de ceps de vigne travaillés à la manière crétoise. Plus loin s'étendaient des champs de blé, et des alignements d'arbres fruitiers : abricotiers, bananiers, orangers. Enfin, nous découvrîmes un village aux demeures sombres, dont la pierre avait été taillée dans la roche volcanique. Elles avaient été abandonnées à la hâte.

– Ils doivent avoir peur de nous, dis-je.

– S'ils nous prennent pour des Mycéniens, cela n'a rien d'étonnant.

Nous faisant signe de rester en arrière, Meren-Maât s'avança sur la place principale du village et déposa son glaive à terre. Puis il mit ses mains en porte-voix et hurla, en crétois :

– Montrez-vous ! Nous ne vous voulons aucun mal !

Hamel le rejoignit et ajouta :

– Je suis Hamel, de Cnossos. Mon maître est le seigneur Meren-Maât, du royaume d'Égypte.

Soudain, une voix d'homme âgé répondit :

– Tu prétends être Hamel ? Tu mens ! Hamel est mort depuis bien longtemps.

Le vieux savant sentit son cœur battre plus fort.

– Thalos ? Est-ce bien toi ?

Il y eut une certaine agitation dans les fourrés proches, puis un vieil homme se montra, entouré par une douzaine de gaillards vigoureux, aux cheveux blonds et aux yeux bleus, vêtus de peaux de chèvres.

– C'est moi ! Mais sans doute suis-je le jouet de quelque méchante divinité...

Hamel s'avança, pour observer l'arrivant.

– Non, mon vieil ami. Tes yeux ne te trompent pas ! dit-il d'une voix chargée d'émotion.

Les deux hommes tombèrent dans les bras l'un de l'autre, riant et pleurant à la fois.

Ayant compris que nous ne venions pas en ennemis, la population regagna le village. Elle se composait de deux ethnies bien distinctes. La première était constituée par des Crétois, reconnaissables à leurs cheveux noirs et à leur teint bistre. L'autre était formée par des individus à chevelure blonde, au langage incompréhensible.

– Ils étaient là avant nous, expliqua Thalos. Lorsque nous sommes arrivés, ils nous ont accueillis amicalement, et nos deux peuples se sont mêlés. Ils vivent de chasse et de cueillette. Nous leur avons enseigné l'agriculture et l'élevage. Ils adorent un dieu qu'ils appellent *Achahuaran*. D'après eux, c'est un être terriblement grand, qui règne sur le monde.

– Ils ressemblent aux tribus qui vivent dans les Cassitérides, remarqua Meren-Maât. Peut-être sont-ils venus de là-bas, il y a bien longtemps.

– Ils l'ignorent. Ils ne connaissent pas l'histoire de leurs ancêtres. Ils disent simplement qu'ils ont fui pour ne pas être esclaves. Mais ils ne savent même pas construire une pirogue. Pour la pêche, ils se contentent de rester près du rivage. Ce qui est étrange, c'est qu'ils momifient leurs morts, comme ton peuple. S'ils n'avaient pas ces cheveux blonds, je penserais qu'ils sont apparentés aux Égyptiens. Mais ce n'est pas le cas. Leur langue rappelle plutôt celle que l'on parle dans les hautes montagnes de Libye [1].

– Mais vous-mêmes, comment êtes-vous arrivés ici ?

Thalos raconta alors l'étrange odyssée de son peuple.

– Jamais nous n'aurions cru être un jour contraints de quitter la Crète, Seigneur. C'était le plus beau pays du monde. Notre civilisation avait atteint un raffinement que nous enviaient les peuples du Nord, et surtout les Mycéniens. Ils ne cessaient de nous harceler, pillant nos cités, enlevant nos jeunes. Nos ancêtres les avaient dominés autrefois, mais nous n'étions pas un peuple guerrier. Plutôt des marins et des commerçants. Et puis un jour, il y eut le Grand Cataclysme. Sans doute notre vie trop facile avait-elle mécontenté les dieux...

Les yeux du vieil homme se mirent à briller.

– Hamel, quelques compagnons d'enfance et moi-même avons été épargnés, parce que nous étions dans la montagne au moment où il se produisit. Loin vers le nord se trouvait une île appelée Théra. Ses habitants l'avaient fuie, à cause du volcan qui occupait la partie occidentale. Ils connaissaient ses colères depuis l'aube des temps et ne les redoutaient pas. Mais, depuis quelques années, ses éruptions devenaient plus fréquentes, et ils redoutaient un tremblement de terre bien plus grave que les autres. Nombre d'entre eux avaient trouvé refuge dans nos ports. Nous appréciions leur présence, car ils savaient admirablement travailler les métaux.

« Ce jour-là, il faisait un temps magnifique. Hamel et moi, avec quelques amis passionnés d'astronomie, avions décidé d'étudier les étoiles. Les oracles avaient en effet prédit qu'une terrible catastrophe se préparait à engloutir notre monde. Nous refusions d'y croire, bien sûr. Nous étions certains qu'ils s'étaient trompés, et nous voulions à notre tour interroger les cieux, comme le font les Babyloniens. Il fallait pour cela nous rendre en un lieu élevé, dans un temple spécialement construit pour observer les astres. Nous y sommes parvenus vers le milieu de l'après-midi. En attendant la nuit, nous avons patienté en marchant, pour dégager notre esprit.

1. Ce peuple, les Guanches, constitue un mystère que d'aucuns rapprochent de l'énigme de l'Atlantide. On se perd en conjecture sur leur origine. Ils furent décimés par les Espagnols lorsqu'ils s'emparèrent des Canaries, mais certains de leurs descendants vivent encore aujourd'hui.

L'endroit s'y prêtait à merveille. Nous avions une vue magnifique sur la mer et la ville de Dia, située en contrebas. Dans les rues, les gens avaient l'air de fourmis. Les quais connaissaient leur activité habituelle, avec leurs bateaux qui, vus d'où nous nous trouvions, semblaient des jouets. Une vague rumeur montait de la cité, couverte par les chants des oiseaux et le bruissement du vent dans les feuilles. C'était une journée ordinaire, où chacun s'était réveillé de bonne humeur le matin, indifférent à la menace révélée par les prêtres. Mais comment croire à une telle prédiction dans un pays où la vie était si douce et si agréable, si l'on excepte les attaques des Mycéniens ? Et pourtant...

La voix de Thalos se mit à trembler.

– Mon ami Hamel était près de moi lorsque s'est produit... Ah ! Comment décrire une telle abomination ? Nous n'avons pas compris ce qui s'est passé. Il y eut tout d'abord, très loin vers le nord, au-delà de l'horizon, un phénomène incompréhensible. C'était une colonne monstrueuse qui s'élevait lentement vers le ciel, telle une flèche immense qui aurait voulu le transpercer. Elle semblait faite de pierre et de feu, mais elle était si loin, si loin qu'elle paraissait presque transparente. On aurait dit un rêve, comme si ce phénomène avait lieu dans un autre monde. Mais nous avons tout de suite compris qu'une catastrophe épouvantable était en train de se produire. Nos cœurs se sont mis à cogner. Il y avait autour de nous un silence effrayant. La nature, les oiseaux, les animaux, plus rien ne bougeait, plus rien ne semblait vivre. Le vent lui-même ne soufflait plus, le monde attendait quelque chose. Nous avons observé la colonne, persuadés qu'il s'agissait là de la manifestation de colère d'un dieu terrifiant. Nous n'osions parler de ce qui se passait là-bas, de l'autre côté de la mer. Nous ne voulions même pas l'imaginer. Et ce silence profond qui nous enveloppait rendait le phénomène encore plus angoissant. Alors, Hamel a dit :

« – C'est Théra qui explose !

« Nous connaissions cette île, et particulièrement son volcan, dont l'altitude dépassait les quatre mille coudées. Si nous apercevions le phénomène apocalyptique depuis la Crète, cela voulait dire qu'il dépassait en puissance tout ce que nous pouvions imaginer. Nous aurions voulu penser que nous étions trop loin, hors de portée du cataclysme. Mais il y avait la prophétie des prêtres. Avant même que le mal ne nous frappât, nous savions qu'ils ne s'étaient pas trompés, que le fléau allait nous atteindre. Les yeux braqués sur l'infernale colonne silencieuse, nous nous mîmes à trembler. Et soudain, l'air se déforma. L'horizon ondoyait comme s'il devenait liquide. L'instant d'après, la folie s'empara du monde. Un grondement formidable explosa, plus fort encore que mille fracas de tonnerre. Mon corps vibrait comme la peau d'un tambour. J'ai cru que ma tête et mes poumons allaient éclater. Simultanément, un vent effroyable se leva, un ouragan d'une force extraordinaire, qui balayait tout sur son passage. Nous fûmes projetés sur le sol. Au loin, la colonne maudite se transformait en un gigantesque champignon, qui commençait à dévorer le ciel, le recouvrant d'une nappe sombre s'étendant dans toutes les directions. Cette couche liquide de cendre et de feu semblait vouloir avaler le soleil. J'ai eu si peur que je me suis mis à pleurer comme un enfant. Je ne comprenais pas ce qui se passait, et je ne pouvais imaginer comment cette horreur allait s'arrêter. Cela allait à la fois très vite et très lentement, comme si le temps ne s'écoulait plus de la même manière. Et nous nous sentions si faibles, si impuissants contre cette abomination...

« Il s'est passé ensuite quelque chose d'inimaginable. L'un de nous, je ne sais plus qui, a crié :

« – La mer ! Regardez, la mer disparaît !

« Nous avons tourné les yeux vers le port de Dia. Et là, nous avons cru devenir fous : la mer reculait à la vitesse d'un cheval au galop vers le large, dévoilant des étendues d'algues et de rochers, des carcasses de navires coulés. Dans le port, le long des digues, les bateaux se couchaient sur le flanc, des hommes tombaient par-dessus bord. Les quais et les rues étaient pleines de petites silhouettes qui couraient en tous sens, qui se bousculaient, se piétinaient. Nous étions trop loin pour entendre leurs cris de panique, mais nous les devinions, et nous tremblions pour eux. Un cavalier a traversé la porte du sud, qui menait vers la montagne.

« Tout à coup, le grondement s'est amplifié. Nous avons vu l'horizon enfler d'une manière incompréhensible. Une vague s'est formée, une vague haute comme une montagne. Elle dépassait sans doute les quatre cents coudées et progressait à une vitesse inimaginable, plus vite encore que le vent. Les habitants de Dia virent qu'elle se dirigeait vers la côte, vers la ville. Alors, une clameur épouvantable monta de la cité, couvrant presque le bruit du vent et de l'explosion lointaine. Jamais je ne pourrai oublier ce spectacle et ces hurlements de terreur. Aujourd'hui encore, je me demande comment j'ai pu échapper à la mort. À ce moment-là, j'étais sûr de mourir. J'ai constaté avec étonnement que la peur m'avait quitté. La résignation l'avait remplacée. Je pensais que les dieux voulaient faire disparaître les hommes de la surface de la terre, et je ne pouvais rien faire pour lutter contre leur décision. Je sentais que mes compagnons éprouvaient le même sentiment. Je me disais :

« – Après tout, la mort nous frappera tellement vite que nous n'aurons pas le temps de souffrir.

« Alors, nous nous sommes assis, face à la mer, et nous avons observé le raz de marée, comme si nous n'étions déjà plus concernés, comme si tout cela n'était qu'un mauvais rêve, dont nous n'allions pas tarder à nous éveiller. Nous l'avons vu fondre sur l'île, sur la cité. En quelques instants, la mer s'est remplie de nouveau. Le vacarme était tellement fort que j'avais l'impression de devenir sourd. Je n'entendais même plus le son de ma propre voix. L'air est devenu étouffant, chargé d'une chaleur incompréhensible. Tout s'est passé très vite. La lame gigantesque a percuté Dia. Personne n'a eu le temps de s'enfuir. Les bateaux, le port, la ville et ses habitants ont disparu en à peine une seconde. Le cavalier qui tentait de fuir a été rattrapé lui aussi, et englouti avec son cheval. La vague monstrueuse a heurté la côte de biais, provoquant des geysers géants qui s'élevaient plus haut que le temple qui se dressait près de nous. Nous avons vu les falaises exploser, s'émietter, s'écrouler dans les flots. Dia submergée, les eaux, emportées par leur puissance, montèrent à l'assaut de la montagne. Des arbres millénaires, des forêts entières furent avalées comme des brindilles. Il y avait dans l'air une odeur incroyable, faite de terre, de feu et de cendres, de sang, de végétaux en décomposition, de relents de marée et de vase.

« Le vacarme de cette monstrueuse mort liquide s'était modifié. Ce n'était plus un rugissement uni et formidable, mais une cacophonie infernale de grondements, d'explosions, de sifflement suraigus, d'éclatements, de hurlements, de craquements qui montaient des vallons situés en contrebas. Un peu au-dessous de l'endroit où nous étions, un pic s'est effondré. L'instant d'après, une incroyable masse de boue a surgi, au détour d'une gorge, soulevant les rochers comme des bouchons de liège. Le flot, d'une couleur indéfinissable, charriait des arbres, des animaux morts et des cadavres humains. Quelques-uns de nos compagnons ont tenté de fuir. Hamel, moi et les autres, nous sommes restés, regardant cette monstrueuse vague de mort se ruer à l'assaut de notre refuge. Mais elle avait perdu de sa puissance. Sans trop y croire, nous nous sommes pris à espérer. Et le miracle s'est produit : elle est venue battre la montagne à quelques pas au-dessous de nous. Pendant quelques secondes, elle est restée immobile, et l'on aurait pu penser être au bord de la côte. Puis le mouvement s'est inversé, et les eaux se sont retirées dans un fracas infernal, emportant avec elles les arbres, les rochers et les cadavres. Éberlués, nous avons contemplé leur retrait, les centaines de cascades de boue et de roche qui naissaient de leur reflux.

« Nous n'avons pas pris conscience immédiatement que les dieux nous avaient épargnés. Et puis, l'idée a fait son chemin dans notre esprit, et nous nous sommes mis à pleurer et à rire, heureux d'être encore vivants. Égoïstes que nous étions, nous ne pensions même pas aux milliers de nos frères qui venaient de périr sous nos yeux, à nos parents, nos amis, à tous les habitants de Dia emportés par la fureur des flots. Nous étions vivants, et cela seul nous importait.

Des larmes coulèrent des yeux du vieil homme.

– Lorsque la mer a retrouvé son niveau normal, il ne restait plus rien de la cité. Tout, les palais, les demeures, les digues, les navires, les habitants, tout avait été emporté, broyé, anéanti. Les forêts n'existaient plus, les arbres avaient été arrachés. Il ne restait que la roche à nu, comme labourée par des milliers de griffes géantes. Des torrents de boue s'écoulaient un peu partout, transformant les ruines de notre belle cité en une gigantesque fondrière.

« La nuit qui a suivi, nous nous sommes abrités dans le temple. Celui-ci avait résisté à la violence de l'ouragan, mais une partie de son toit avait été emportée. Incapables de réagir, nous nous sommes blottis les uns contre les autres, sans proférer un mot. À quoi cela aurait-il servi ? Nous tentions de trouver une explication en nous-mêmes, sans pouvoir le faire. Le lendemain, nous avons cru que le jour ne se lèverait pas. Le ciel était bas et sombre, et le soleil ne parvenait pas à percer la couche de cendre qui s'était étendue dans toutes les directions. Une pluie diluvienne se mit à tomber, une pluie de boue qui recouvrit tout autour de nous. Notre peau avait pris la couleur de la cendre. Hébétés, nous avons erré dans la montagne, sous ce déluge infernal, à la recherche de nourriture, de survivants. Les yeux nous brûlaient, à cause de la poussière charriée par la pluie.

« Finalement, après quelques jours d'errance, nous fûmes recueillis par les habitants d'une petite cité du Sud. La côte méridionale, protégée par l'île, avait été épargnée. Cette pluie maudite est tombée pendant près d'un mois. Un grand froid s'était abattu sur le monde. Il s'ensuivit une période de famine qui dura trois années. Les récoltes étaient insignifiantes, et beaucoup de troupeaux furent détruits.

Le vieil homme laissa passer un silence.

– Et puis la vie a repris le dessus, poursuivit-il enfin. Peu à peu, les champs sont redevenus verts, de nouveaux arbres ont poussé. Avec eux, l'espoir est revenu. Nous avons cru que nous pourrions reconstruire notre belle civilisation. Toutes les cités du nord de l'île avaient été détruites, mais, dans l'ouest et le sud, il y avait des survivants. Nous les avons rejoints, et nous avons commencé à rebâtir. Malheureusement, les Mycéniens ont profité de notre faiblesse pour nous attaquer. Décimés, affaiblis, nous avons été incapables de nous défendre. Ils nous ont pillés, rançonnés. Nombre d'entre nous ont été tués lors des combats, mais la plupart ont été capturés et emmenés en esclavage.

– C'est ce qui m'est arrivé, dit doucement Hamel.

– Et je t'ai cru mort, mon vieil ami.

– Tu ne m'as jamais raconté tout cela, dit Meren-Maât à son compagnon.

– Non, Seigneur. Je parlais seulement d'une catastrophe, sans précision. J'avais peur de l'évoquer, de crainte de réveiller la fureur des dieux.

– Que s'est-il passé ensuite ? demanda Meren-Maât à Thalos.

– Nous ne pouvions plus rester sur les côtes. Tôt ou tard, les Mycéniens allaient se lancer dans la conquête de la Crète. Nous n'étions plus assez puissants pour nous défendre efficacement. C'est moi qui eut l'idée de partir. Beaucoup de jeunes, qui étaient les plus menacés par les razzias, m'ont approuvé. Nous avons alors gagné la côte sud, où les attaques étaient plus rares, et nous avons construit des navires. Plus de quarante au total. Et nous sommes partis vers le couchant. Nous voulions aller très loin, pour échapper aux flottes ennemies. Après plusieurs jours de navigation, nous avons franchi les Bornes du Monde. Nous avons tenté de suivre la côte de la Libye, mais nous avons été pris par des courants. Et ils nous ont menés ici, dans ces îles bénies des dieux.

– Ces îles ? Il y en a d'autres ?

– Sept grandes îles, plus une multitude de petits îlots déserts. Nous les avons baptisées les îles de la Fortune, car la nourriture y est abondante et les forêts sont giboyeuses. Le climat est doux toute l'année. Que pouvons-nous désirer de plus ? Jamais les Mycéniens ne nous retrouveront ici. Nous n'avons plus l'intention de repartir.

– Certains d'entre vous l'ont fait...

– Ils ont agi contre mon gré. Nous voulions que l'existence de ces îles reste un secret. Nous avions peur de devoir affronter de nouveaux conquérants. Mais quelques dizaines d'entre nous n'acceptaient pas de rester. Ils se sont rebellés et ont volé un navire. Nous ignorons ce qu'ils sont devenus.

– Ils ont échoué sur les côtes libyennes. C'est par eux que nous avons appris l'existence de ces îles, répondit Meren-Maât. Mais sois rassuré : la plupart des marins pensent qu'elles sont une légende.

– Pourtant, toi, tu n'as pas cru à cette légende !

– Non ! Car je me doutais qu'elles existaient.

Il expliqua alors les raisons de son expédition, depuis la rencontre avec Celui-qui-parle-avec-la-Lune.

– Mais je suis étonné. Je pensais rencontrer ici ces hommes à peau rouge. Ils vivent peut-être sur une autre île...

– Des hommes à peau rouge ? C'est impossible. J'ai visité l'archipel, et je n'ai croisé aucune peuplade correspondant à ta description. De même, il n'existe ici aucun fleuve assez large pour abriter des baleines. Quant à la neige, tu ne la rencontreras que sur la montagne. Sur la côte, il ne gèle jamais, même en hiver. Ces Hommes rouges venaient d'ailleurs, Meren-Maât.

Mon frère poussa un soupir de déception et resta un long moment silencieux.

– Tu as raison, dit-il enfin, je suis un fieffé imbécile. J'aurais dû penser à la neige. Ici, il fait trop chaud. Leur île doit se trouver vers le nord. Et puis, leur voyage a duré beaucoup plus longtemps que le nôtre. En vérité, les côtes de la Libye ne sont certainement pas très éloignées, en tout cas pas assez pour qu'ils aient mis trois mois à atteindre les Cassitérides.

Un peu plus tard, Meren-Maât m'entraîna à l'écart.

– Je me suis trompé, mon frère. Je me suis fié stupidement au récit de ce marin, et je me suis persuadé que ces îles étaient aussi celles des Hommes rouges. Mais elles sont situées trop au sud.

– Qu'allons-nous faire ?

– Repartir, bien sûr ! Nous resterons quelques jours dans les îles de la Fortune, afin de refaire le plein de vivres et d'eau douce. Et puis nous nous dirigerons vers le nord-ouest. Et si ce pays existe, nous le trouverons.

Quelques jours plus tard, la flotte reprenait la mer. Meren-Maât avait prévenu ses hommes : cette fois, le voyage serait sans doute bien plus long.

10

Cinquième jour...

– Je n'y comprends rien, dit Hamel en reposant son calame. Cela fait quatre nuits que je passe à observer les étoiles. Si je ne me trompe pas, il semble que nous soyons emportés vers l'ouest par un courant mystérieux. Les vents ne nous poussent pas vers le nord, et je doute qu'à ce rythme-là nous puissions rejoindre les îles septentrionales...

J'intervins.

– Nous pouvons ordonner aux hommes de ramer pour tenter de nous extraire de ce courant.

Meren-Maât secoua la tête.

– Ce n'est pas forcément la solution. Nous ignorons quelle est sa largeur. Si nous voulons remonter vers le nord, il va nous falloir lutter contre lui, et les hommes s'épuiseront. Nous devons laisser faire les dieux. Ils nous ont menés déjà aux îles de la Fortune, ils nous guideront jusqu'à celles des Hommes rouges.

Hamel replia ses papyrus à gestes lents. Plus tard, je restai près de lui. Il me confia ses craintes.

– Je ne sais pas si le seigneur Meren-Maât a pris la bonne décision.

– Redoutes-tu toujours que nous nous dirigions vers le Gouffre ? m'inquiétai-je.

Il sourit.

– Oh non ! Plus j'étudie les astres, et plus je suis persuadé que nous avons raison. Mais il y a un autre danger. Nous ignorons la taille de l'île des Hommes rouges. Même si elle est très vaste, nous ne connaissons pas son emplacement exact. Rien ne prouve que ce courant mystérieux va nous guider vers elle. Au contraire, il pourrait amener la flotte à la dépasser.

Il prit une orange, et, à l'aide d'un couteau, découpa dans l'écorce des îles et des mers. Situant l'île des Hommes rouges au nord, il traça avec la pointe du couteau le chemin hypothétique suivi par le courant. Un courant qui contournait ces îles par le sud.

– Le problème, c'est que nous naviguons à l'aveuglette. Nous ne savons pas où nous allons, ni même s'il existe des îles devant nous. Si le courant nous emporte trop loin, nous serons contraints d'effectuer un tour complet de la sphère du monde. Mais nous ignorons combien de temps peut prendre un tel voyage, parce que nous ne connaissons pas ses dimensions.

Je rétorquai :

– Les Hommes rouges ressemblent aux Asiates, mis à part la couleur plus sombre de leur peau. Pour moi, ils sont les habitants de l'extrême est des grandes terres orientales. Or, nous savons que celles-ci sont immenses. Nous finirons bien par arriver quelque part. Et il ne nous faudra pas plus de temps qu'eux.

Hamel médita un moment mes paroles.

– Puisses-tu dire vrai ! murmura-t-il.

Quarantième jour...

Edna posa une main anxieuse sur le bras de Meren-Maât.

– Où allons-nous, Seigneur ? Cela fait plus d'un mois à présent que nous avons quitté les îles de la Fortune. Combien de temps va durer ce voyage ?

– Je l'ignore, petite, mais les Hommes rouges ont navigué pendant trois mois. Nous avons encore des vivres et de l'eau.

– Et si ces hommes étaient des démons qui te sont apparus pour t'attirer dans un piège...

– Ce n'étaient pas des démons.

Debout à l'avant du *Cœur d'Isis*, j'écoutais les paroles de mon frère. Je savais qu'il avait raison. Cela ne faisait que quarante jours de voyage jusqu'à présent, et nous ne pouvions encore avoir atteint les îles des Hommes rouges. Mais il fallait toute la sérénité et la foi de Meren-Maât pour continuer notre expédition. Jusqu'à présent, rien ne s'était produit qui ne correspondît à ses prédictions. Les jours se succédaient aux jours, monotones. Afin d'occuper les marins, Meren-Maât leur ordonnait de ramer plusieurs heures. Il espérait ainsi gagner du temps. Mais, insidieusement, une angoisse s'installait. L'océan nous entraînait loin de notre monde, vers des îles inconnues dont nous n'étions même pas sûrs qu'elles existaient. Chaque jour rendait un hypothétique retour plus difficile.

Et pourtant, les Hommes rouges avaient accompli cet exploit. Nos navires étaient plus rapides. La traversée devait donc durer moins longtemps. Il n'y avait pas encore lieu de s'inquiéter.

Cinquante-septième jour...

Une fois de plus, Dereb avait rejoint le *Cœur d'Isis* pour faire part de ses doléances à Meren-Maât. Son visage était creusé et ses joues se couvraient de barbe. Mais c'était le cas de tous les hommes à bord. Nous n'avions pas vraiment le courage de sacrifier aux soins de la toilette comme nous avions coutume de le faire en Égypte. La lassitude nous tenait, et nous rendait négligents.

– Seigneur, les hommes grognent, dit-il. Ils sont épuisés. Ils ont été obligés de rationner leur nourriture et leur eau. Ils ne pourront pas tenir encore longtemps.

– Tu dois les rassurer. Nous n'avons subi aucune tempête, nous n'avons perdu aucun navire. C'est le signe que les dieux nous protègent et qu'ils désirent que nous poursuivions.

– Mais cela va faire deux mois que nous sommes partis. Et nous n'avons encore découvert aucune terre.

– Les Hommes rouges ont résisté trois mois, et ils ne possédaient pas des navires aussi gros que les nôtres.

Soudain, Dereb s'énerva. Pour lui, le mot discipline était sacré. Il obéissait aveuglément aux ordres et en exigeait autant de chacun de ses guerriers. Mais il avait atteint ses limites. Il éclata :

– Seigneur, pardonne-moi, mais je crois que tu es fou. Il n'y a rien au-delà de l'océan ! Rien que le vide ! Peut-être le Gouffre infernal n'existe-t-il pas, mais tu ne sais même pas où nous allons. Tu te contentes de faire aveuglément confiance aux dieux. Nous ne pouvons même plus tenter de revenir en arrière. Nous n'avons plus assez de vivres. Tu nous a condamnés à périr au milieu de la mer.

Il s'attendait à une réaction violente de la part de Meren-Maât. Au moins, il aurait eu plaisir à se battre, afin de passer ses nerfs dans un combat féroce. Il n'en fut rien. Mon frère le laissa parler, vider sa rancœur. C'était l'une des raisons pour lesquelles je l'admirais tant. En toute circonstance, il conservait son calme. À sa place, n'importe quel homme eût fait arrêter et fouetter Dereb pour insubordination. Meren-Maât agissait différemment. Il estimait qu'il ne fallait jamais opposer la colère à la colère. Emporté par sa hargne, Dereb poursuivit :

– Nous n'arriverons jamais nulle part. Nous allons errer indéfiniment, jusqu'à ce que nous crevions les uns après les autres. J'ai parlé avec l'un de tes hommes, il m'a raconté que les Hommes rouges ont été contraints de se dévorer entre eux. Est-ce là le sort que tu nous réserves ?

Il leva les bras au ciel dans un geste rageur.

– Mais pourquoi ai-je accepté de te suivre dans ce voyage insensé ? Mes guerriers vont tous périr ! Ils m'ont toujours accordé leur loyauté, et voilà où je les ai menés, par ta faute !

Pour la première fois, j'éprouvais de la sympathie pour Dereb. Il s'inquiétait pour ses hommes, et non pour lui. Cette attitude inspirait le respect.

– Nous n'allons pas périr, mon ami, répondit Meren-Maât d'une voix sereine. Je sais que cette épreuve est difficile. Mais tes hommes n'ignoraient pas ce qui les attendaient. Je ne leur ai jamais rien caché, et ils étaient volontaires. Depuis notre départ, tout se déroule comme je l'avais prévu, et nous n'avons subi aucun dommage. Alors, qu'ils cessent de se plaindre.

Il le prit par les épaules.

– Je fais confiance à la mer. Elle ne m'a jamais trahi. Je sais qu'elle nous réserve sa plus belle récompense. Mais encore faut-il la mériter, et pour cela faire preuve de patience, et garder foi en nos dieux.

Stupéfait par le ton impassible de Meren-Maât, Dereb, embarrassé, se radoucit. Sa colère était retombée d'elle-même. Ne restait que l'inquiétude.

– Parfois, continua-t-il, les vagues deviennent si hautes que nous

nous perdons de vue les uns les autres. On dirait que nous franchissons de véritables collines liquides. Si au moins il y avait quelques oiseaux...

– Nous sommes encore trop loin des côtes. Mais nous en approchons. Je le sais, je le sens.

Soudain, le visage de Dereb se décomposa. Son regard demeurait fixé sur un point situé vers l'ouest.

– Là, Seigneur ! Regarde !

Il désignait, loin devant le vaisseau, plusieurs formes sombres qui se mouvaient lentement en suivant des directions parallèles.

– Tu as menti ! cria-t-il d'une voix tremblant de rage. On dit que le bord du monde est gardé par des monstres gigantesques ! Celui-là est énorme ! Son corps est au moins vingt fois plus long que nos navires ! Cela veut dire que les prêtres avaient raison, et que le Gouffre sans fond n'est plus très loin.

Impressionnés, Edna et quelques autres se rapprochèrent pour observer le phénomène. Dereb poursuivit :

– Nous nous dirigeons droit sur lui. Cette fois, c'est la fin !

Soudain, il entendit Meren-Maât éclater de rire, aussitôt imité par ses guerriers. Dereb le contempla avec un mélange de fureur et de panique.

– Et cela te fait rire ?

– Pardonne-moi, mon compagnon, mais il n'y a aucun danger. Ce que tu vois, ce sont des baleines qui nagent de concert. Mais il est vrai que tu n'en a jamais vu. Alors, emplis tes yeux et ton esprit de ce spectacle digne des dieux ! Tu ne le verras pas tous les jours.

Au loin, plusieurs jets de vapeur jaillirent presque simultanément. Une queue gigantesque battit violemment les flots, faisant naître de superbes geysers d'écume. Deux jeunes bondirent hors de l'eau pour s'y laisser retomber à grand fracas. Leur taille atteignait tout de même la moitié de celle du *Cœur d'Isis*.

– Ces animaux sont magnifiques, mon ami ! Ils sont les véritables habitants du Grand Océan. Leur territoire est tellement plus vaste que le nôtre.

– Un seul coup de leur queue suffirait à nous envoyer par le fond !

– Mais ils ne nous attaqueront pas. Cesse donc de ne voir que l'aspect effrayant des choses ! Les Hommes rouges m'ont dit qu'il était possible de les chasser.

– Il n'existe pas d'hommes assez courageux pour approcher des monstres de cette taille. Ils t'ont menti.

– Nous le saurons lorsque nous aurons atteint leurs îles.

– Si nous les atteignons un jour, grommela Dereb.

Il était furieux de s'être ainsi donné en spectacle. Plus tard, il se confia à moi. En fait, il avait surtout besoin de parler pour conjurer sa peur.

– Comment fait-il pour rester aussi calme ? dit-il. Je ne le comprends pas. Malgré le danger, malgré l'incertitude de ce voyage, j'ai l'impression qu'il pourrait naviguer ainsi pendant des mois sans jamais se soucier d'une quelconque escale. Serait-il apparenté avec les poissons ou les baleines ?

Il laissa passer un long silence.

– Je devrais lui en vouloir. Mais je ne peux m'empêcher de l'envier et de l'admirer. Ses marins restent calmes. Il suffit qu'il parle pour les rassurer.

– Tu dois lui garder ta confiance, répondis-je. Il est béni des dieux.

Il eut une moue sceptique.

– Mais peut-être sont-ils furieux qu'il les ait défiés. Et ils se vengent en nous entraînant dans une errance sans fin.

– Ne sois donc pas si pessimiste. Crois-tu qu'ils lui auraient adressé ces visions pour ensuite se jouer de lui ? Un homme agirait ainsi pour le simple plaisir de faire le mal. Mais les dieux ignorent la mesquinerie.

Je lui montrai le troupeau de baleines qui disparaissait vers le sud.

– Peut-être leur présence signifie-t-elle que nous sommes proches du but.

11

Soixante-sixième jour...

Cela faisait désormais plus de deux mois que la flotte avait quitté les îles de la Fortune. Le courant nous emmenait toujours plus loin vers l'ouest, vers l'endroit où Rê disparaît dans les eaux bleues du Grand Océan. Soixante-six fois déjà, le même spectacle s'était répété. Le soleil s'enfonçait sous l'horizon à une vitesse surprenante, et l'on passait presque sans transition du jour à la nuit. Nous prenions la précaution d'allumer les feux de position des navires afin de rester groupés. À la fin du premier mois, deux navires s'étaient ainsi égarés. Nous les avions perdus de vue pendant trois jours. Puis le courant les avait ramenés vers nous. Depuis, les rameurs veillaient par roulement, afin de corriger la route de leur bateau lorsque les caprices du courant tendaient à l'écarter. Malgré la longueur du voyage, je persistais à penser que les dieux nous étaient favorables. Depuis notre départ, le temps s'était montré d'une clémence extraordinaire. Parfois, une zone de nuages nous rattrapait, et nous profitions des averses pour renouveler notre provision d'eau douce. Puis les nuages nous dépassaient et filaient vers l'ouest. Le quarante-huitième jour, nous avions observé une tempête naissante en direction du sud. Mais elle s'était éloignée. Jamais la Méditerranée ne nous avait réservé une période de calme aussi longue.

Chaque soir, Meren-Maât et moi adressions des prières à Isis, Ptah et Amon-Rê, afin qu'ils fissent apparaître au plus vite les îles des Hommes rouges. Nous avions dépassé le seuil des deux mois, et Dereb était revenu à la charge. Parmi nos compagnons les plus fidèles, certains commençaient à renâcler. Malgré les averses providentielles, l'eau douce n'allait pas tarder à manquer. Il ne restait presque plus d'animaux de boucherie, et les vivres s'épuisaient tragiquement. Afin de calmer les esprits, Meren-Maât avait distribué quelques jarres de vin de Dakhla. Au soir du soixante-sixième jour, Meren-Maât offrit un mouton en sacrifice aux dieux marins.

Nous manquions surtout de légumes et de fruits frais. Bien sûr, à l'imitation des navigateurs du Nord, nous avions cultivé quelques germes de blé et d'orge, dans les bacs de terre cuite prévus à cet usage. Mais ils poussaient en quantité limitée, et, depuis le début, nous avions été contraints de les rationner. De nombreux hommes se plaignaient que leur bouche saignait. Quelques-uns avaient déjà perdu des dents. Moi-même, j'éprouvais de grandes difficultés à mâcher la viande.

Au soir du soixante-sixième jour, alors que la nuit était tombée, nous nous installâmes à l'avant du *Cœur d'Isis*. Khonsou éclairait le Grand Océan de sa lumière argentée. Un vent nouveau s'était levé, qui gonflait la grande voile. Il ne restait qu'un minimum de rameurs. Au loin, nous devinions les feux des autres vaisseaux, qui composaient comme une constellation mouvante posée sur les eaux.

Edna, épuisée, s'était endormie dans les bras de Meren-Maât. À la lueur blafarde de la lune, je vis que son visage s'était émacié. Elle ne mangeait pas à sa faim. Tout comme mon frère, je m'étais attaché à la jeune esclave. Malgré l'angoisse de ce voyage au bout de nulle part, malgré les privations, elle conservait sa bonne humeur. Peu lui importait l'endroit où elle se trouvait, puisque Meren-Maât était là. Je l'avais vue plusieurs fois soutenir un marin défaillant. Je dois aussi avouer que les femmes se comportaient avec plus de courage que les hommes, supportant stoïquement les restrictions et assurant leurs tâches sans faiblir.

De crainte de l'éveiller, Meren-Maât parlait à voix basse.

– Mon frère, je ne sais plus ce que je dois faire. Il ne nous reste plus, en nous rationnant sévèrement, que douze à quinze jours de vivres. Que se passera-t-il si nous ne découvrons pas très vite ces îles lointaines ? Serons-nous obligés de sacrifier certains d'entre nous pour survivre, comme l'ont fait les Hommes rouges ? Ne crois-tu pas que les dieux veulent me punir de mon orgueil ? J'ai cru être assez fort pour percer leurs mystères, et je les ai défiés. Ne m'ont-ils pas condamné à errer sans fin sur l'océan ?

Je posai ma main sur la sienne.

– Chasse le doute de ton esprit, Meren-Maât. Les dieux sont incapables d'une telle perversité. Mais je crois qu'ils ne nous aident que si nous croyons en eux de toute notre âme.

Je laissai passer un moment de silence. Une foule de pensées se bousculait en moi.

– C'est étrange, dis-je enfin. Au cours de nos voyages, nous avons croisé quantité de dieux, tous différents les uns des autres. Chaque peuple a les siens. Mais au fond, je pense qu'une partie de l'homme est de nature divine. Une partie que nous comprenons mal, parce que nous sommes aveuglés par notre corps matériel, qui nous empêche de voir au-delà de la réalité. Cette partie est en relation directe avec le monde des dieux, elle est notre véritable racine, le prolongement de notre esprit dans le monde invisible. Et peut-être est-elle une divinité elle-même, comme un gardien qui veille sur nous et qui nous guide. C'est à travers elle que se manifeste notre volonté ; elle agit sur les dieux, et ils provoquent des événements en rapport avec ce que nous exprimons. Selon notre nature, ils se montrent favorables ou défavorables. Ainsi, si nous laissons les mauvaises pensées nous dominer, nous attirons sur nous des incidents néfastes. Mais si, au contraire, nous aimons la vie et le monde, si nous aimons les autres, si nous sommes intimement, foncièrement persuadés que les dieux ne peuvent que se montrer bienveillants envers nous, ils répondront à nos désirs. Si nous souhaitons très fort quelque chose, cette chose arrive. Demande de toutes tes forces aux dieux de faire apparaître les îles, et elles apparaîtront. Si tu ne le fais pas, si tu baisses les bras, ils se détourneront de nous, ils nous abandonneront, et nous mourrons tous.

Il me regarda longuement, puis déclara :

– Tu as raison, mon frère bien-aimé. Nous allons de nouveau prier les dieux pour qu'ils fassent apparaître les îles Lointaines.

Nous passâmes la nuit à observer les étoiles, à parler avec les dieux, de toute la force de notre âme. Peu à peu – mais peut-être était-ce un effet de la fatigue –, il nous semblait ressentir comme des réponses, des parfums inhabituels, un changement subtil dans le roulement des vagues. Ce fut une nuit magique, presque surnaturelle. Parfois, je ne savais plus si je dormais ou si je veillais. Des visions m'assaillaient, dans lesquelles je voyais un grand fleuve peuplé de baleines, bordé d'un pays de neige. Mais, étrangement, celui-ci se diluait pour laisser place à un monde différent, noyé de soleil, des îles couvertes de palmiers et de plantes multicolores, où apparaissaient des animaux inconnus.

Au matin, la lumière bleue de Khonsou s'effaça en quelques instants devant le lever triomphal de Rê. Il me sembla que le temps n'avait jamais été aussi beau. Avec le jour revenu, les parfums légers et nouveaux ne s'étaient pas estompés. Meren-Maât se leva, s'étira, et m'adressa un large sourire.

– Les îles sont là, mon frère. Je le sens. Les dieux ont répondu à nos prières.

Il avait à peine prononcé ces mots qu'un cri retentit derrière nous. La vigie.

– Seigneur ! Regarde !

Vers l'ouest, à une distance impossible à évaluer, une masse sombre semblait stagner au-dessus de l'horizon. Elle se mouvait lentement, telle une draperie qui se déployait sous l'action d'un souffle impalpable.

– Des oiseaux, murmura Meren-Maât.

Il se tourna vers son équipage et se mit à hurler :

– Des oiseaux ! Des oiseaux ! Cela veut dire qu'il y a des îles ! Nous ne sommes pas loin de la terre !

À bord des autres navires, on avait déjà aperçu le nuage de volatiles. Des exclamations de joie et de soulagement retentirent, mêlées à des rires. Edna exultait :

– Tu as réussi, mon beau Seigneur. Tu as découvert les îles Lointaines ! Tu es... l'égal des dieux !

Fou de bonheur, Meren-Maât prit un Hamel éberlué dans ses bras et le fit tournoyer sur le pont.

– Nous avions raison, mon vieux compagnon ! Le monde n'est pas plat. Il est rond et tourne sur lui-même. Ces îles en sont la preuve !

Il n'était plus question de révolte. Il nous fallut encore une journée pour approcher de la côte. Peu à peu, un monde inconnu se précisa devant nous. Nous nous aperçûmes alors qu'il s'agissait d'un archipel composé de petits îlots entourés de récifs. Naviguant avec prudence, nous recherchâmes un endroit où aborder. Cela ne se révéla pas une entreprise aisée, car une étrange barrière rocheuse rendait la navigation délicate. C'était un lieu surprenant, à la fois magnifique et dangereux, composé de rochers affleurants et couverts d'anémones de mer. Par chance, la pureté de l'eau permettait de voir le fond avec une netteté extraordinaire. De grands poissons évoluaient avec grâce, suspendus entre deux eaux ; leurs ombres, reflétant leurs mouvements sur le fond de sable blanc, offraient un spectacle d'une merveilleuse beauté. Edna, Rîany et Zangha s'étaient installées à l'avant du *Cœur d'Isis*, afin de mieux observer le ballet incessant des myriades d'espèces, illuminées par la lumière bleue de la mer. Je les rejoignis. Un parfum d'iode et d'algue pénétrait nos poumons. Après l'angoisse de la longue traversée, nous avions l'impression d'être arrivés dans le royaume des dieux.

– Peut-être allons-nous voir surgir une divinité marine dont parlent les légendes, dit soudain Edna.

Elle ne se trompait pas. Tandis que nous suivions des yeux un banc de poissons multicolores, une silhouette énorme surgit soudain des profondeurs ténébreuses et fonça sur la nuée grouillante. Les filles poussèrent un hurlement de terreur. Quant à moi, je restai muet de stupeur. Comment imaginer un monstre aussi épouvantable ? C'était un poisson gigantesque, tout blanc, dont la taille devait dépasser les vingt coudées. Sa gueule aurait contenu un homme entier. Il ouvrit une mâchoire effrayante, ornée de rangées de dents acérées, et avala d'un coup plusieurs dizaines de poissons. Un nuage sanglant souilla instantanément les eaux cristallines. Pendant un court instant, nous entrevîmes le regard de la bête immonde : un œil rond, noir, petit, sans âme, le regard de la mort elle-même. Tremblant de peur, les filles se redressèrent. Meren-Maât survint aussitôt, attiré par leurs cris.

– Qu'est-ce que c'est, Seigneur ? demanda Rîany en grelottant.

– Je suppose qu'il s'agit d'un requin, comme il y en a en Méditerranée. Seulement, celui-ci est très grand.

– Va-t-il nous attaquer ?

– J'espère que non.

Mais l'animal, après avoir rôdé autour des bateaux pendant quelque temps, décida sans doute qu'il avait épuisé tout l'intérêt d'une chose qui ne s'annonçait pas comestible, et s'éloigna.

Vers la fin de la journée enfin, une île de grande taille se dessina. Franchissant avec prudence la barrière rocheuse, la flotte trouva refuge dans une crique bordée d'une plage dont le sable blanc et fin étincelait au soleil. L'un après l'autre, les navires vinrent s'échouer sur les hauts-fonds. L'océan avait une couleur turquoise, cristalline, reflétant un ciel immuablement bleu. Une forêt exubérante de palmiers et de cocotiers commençait à quelque distance de la plage. Nous débarquâmes, heureux de sentir la terre ferme sous nos pieds après un si long voyage. Des crabes affolés s'enfuirent vers les arbres.

Nos marins, pour se convaincre qu'ils ne rêvaient pas, se roulèrent dans le sable avec de grands rires. Après avoir vérifié que le grand requin blanc ne nous avait pas suivis, nous ôtâmes nos vêtements et plongeâmes avec délices dans les vagues d'azur. Nous n'avions guère eu l'occasion de nous laver depuis le départ, l'eau douce étant exclusivement réservée à la consommation.

Ruisselants d'eau, nus comme au premier jour du monde, nous gagnâmes la lisière de la forêt proche, où nous fûmes accueillis par un concert de protestations de la part des myriades d'oiseaux multicolores qui occupaient les lieux. Des odeurs surprenantes nous pénétraient les narines, faites de senteurs marines, de parfums de fruits inconnus, d'effluves forestiers inhabituels. La température était d'une douceur surprenante. Une profonde exaltation envahit Meren-Maât.

– Ce pays est magnifique, s'exclama-t-il.

– Peut-être, mais je ne vois pas de fleuve large peuplé de baleines, et encore moins de neige, remarqua Dereb.

– Cesse de jouer les rabat-joie, mon ami. Sans doute existe-t-il d'autres îles plus importantes vers le nord. Mais la durée de notre voyage correspond à celui des Hommes rouges. Nous sommes certainement dans leur pays.

– Il n'y a pas trace humaine.

– Les habitants ont dû se cacher.

– Et s'ils étaient plus nombreux que nous ? Peut-être se préparent-ils à nous attaquer... Je vais ordonner à mes guerriers de se tenir en alerte.

Au loin vers l'ouest, dans le prolongement de la plage blanche, le soleil se coucha avec une rapidité stupéfiante. Nous connaissions bien ce phénomène en Égypte, mais il était encore plus impressionnant dans ce pays. En quelques instants, le jour devint la nuit. Heureusement, la lune pleine inondait le paysage d'une lumière bleue un peu irréelle.

– Il est trop tard pour aujourd'hui, déclara Meren-Maât. Mais dès demain, nous renouvellerons nos provisions d'eau douce. Il faudra également cueillir des fruits et chasser quelques animaux, si toutefois il y en a sur cette île. Elle ne me semble pas très grande.

Le lendemain, dès l'aube, Meren-Maât et moi pénétrâmes dans la forêt, suivi par Hamel, Dereb et une cinquantaine de soldats. Le monde avait changé de couleur. Après le bleu de l'océan, la forêt nous enveloppa de sa lumière verte, où éclataient çà et là les taches polychromes de fleurs géantes.

Il était visible que cette île ignorait toute présence humaine régulière. Il n'y avait même aucun sentier tracé par des animaux. En fait, elle ne semblait habitée que par les oiseaux, et ne présentait aucun relief élevé, sinon une faible colline couverte de flamboyants, de bougainvillées, de palmiers et d'arbustes. On croisa aussi quelques cèdres et acajous. Des nuées de perroquets au plumage multicolore nous regardaient passer, intrigués.

Nous marchâmes ainsi pendant des heures. Au bout d'un certain temps, nous fûmes obligés de nous rendre à l'évidence : les points d'eau étaient très rares. Nous finîmes par découvrir, sur les pentes de la colline, une petite source au débit parcimonieux. Il nous fallut une grande patience pour remplir nos jarres.

De même, les espoirs des chasseurs furent déçus. Le seul gibier potentiel était les oiseaux, perroquets ou sternes. Nous en capturâmes quelques-uns, mais ils ne se révélèrent pas très comestibles. En revanche, les fruits abondaient.

De retour à la plage, Meren-Maât organisa une grande partie de pêche au filet dans le lagon. Tandis que des rabatteurs frappaient l'eau en cadence, on tendit une large nasse afin d'enfermer le poisson effrayé. Cette pratique, utilisée sur les côtes libyennes, donna un résultat dépassant toutes nos espérances. La pêche miraculeuse se transforma le soir en un festin pantagruélique.

Rassasiés, nos marins envisageaient désormais l'avenir avec beaucoup plus d'optimisme. Cependant, il était évident que l'île ne pourrait fournir tout ce dont nous avions besoin. Au bout de trois jours, Meren-Maât réunit son état-major et déclara :

– Je suis monté aujourd'hui au sommet de la colline. Cette île n'est pas assez grande. Il nous faut découvrir une terre plus vaste. Nous allons donc reprendre la mer.

– Où allons-nous ? demanda Amonisfet, le regard suspicieux. Peut-être ce monde n'est-il composé que d'îlots de ce genre, parmi lesquels nous errerons sans fin.

– Tu es trop pessimiste, compagnon, répondit Meren-Maât avec bonne humeur. Je crois au contraire que ce monde est plus grand que le nôtre, et que nous n'aurons jamais assez de notre vie pour l'explorer. Nous nous dirigerons vers le nord, afin de rechercher le pays des Hommes rouges, pour la gloire d'Amon et de notre bien-aimée reine Hatchepsout.

Le lendemain, la flotte quittait l'île. Mais, sitôt après avoir franchi la barrière rocheuse, le courant nous emporta de nouveau vers l'ouest. Un instant contrarié, Meren-Maât décida de modifier ses plans et de laisser faire les dieux. Ils devaient avoir leurs raisons.

Deux jours plus tard, une terre nouvelle se dessina vers le sud. Si elle ne ressemblait pas à la terre des Hommes rouges, ses rivages s'étendaient à perte de vue. Des chenaux menaient à des lagons de grandes dimensions. Meren-Maât décida d'y abriter la flotte. Nous découvrîmes ainsi un endroit protégé où il serait possible de bâtir un port.

Nous commençâmes à nous installer. L'île offrait un relief montagneux, couvert d'épaisses forêts. À l'inverse du premier îlot, les sources étaient nombreuses et le gibier abondant. Au cours d'une partie de chasse à laquelle participèrent la plupart des marins, nous capturâmes quelques dizaines de cochons et de chèvres sauvages. Tous ne furent pas sacrifiés pour le festin qui suivit. Il était temps de reconstituer notre cheptel.

– Par les dieux, m'exclamai-je, le ventre plein, tu avais raison, mon frère, ce pays est bien celui des dieux !

Un soir, Dereb demanda à parler à Meren-Maât seul à seul. Lorsqu'il pénétra sous la tente que nous avions dressée en attendant d'avoir construit une demeure plus résistante, son visage reflétait l'embarras. Il se prosterna devant mon frère et déclara :

– Pardonne à ton serviteur, Seigneur, dit-il. J'ai douté de toi et tu m'as apporté la preuve que tu avais raison, et que j'étais dans l'erreur.

Meren-Maât voulut le relever, mais le capitaine le retint.

– Attends, Seigneur, tu ne sais pas tout. J'implore aujourd'hui ton pardon, car je t'ai trompé.

– Parle, dit doucement Meren-Maât.

– Ce n'est pas Pharaon qui m'a envoyé auprès de toi, mais ton frère, le seigneur Pen-Aser. Il voulait faire la preuve que tu n'avais extorqué une fortune à la reine Hatchepsout – Vie, Force, Santé – que pour mieux te livrer à des actes de piratage. Il était directeur de la Marine, je lui devais obéissance, et je n'avais aucune raison de mettre sa parole en doute. Il t'a présenté comme un homme orgueilleux, avide de pouvoir et de richesses. Il estimait que tu avais menti, et que tu avais trouvé ce moyen pour te constituer une flotte plus puissante aux frais de l'Égypte.

– Mais c'est faux ! m'exclamai-je.

– Il avait aussi envisagé le cas où tu découvrirais réellement ces îles. Il prétendait que tu n'avais pas livré toutes tes informations, afin de garder ta découverte pour ton seul bénéfice. Je l'ai cru, et j'étais prêt à exécuter ses ordres.

– Quels étaient-ils ? demanda Meren-Maât.

Dereb hésita, puis poursuivit :

– Il exigeait que je te supprime et que je prenne le commandement de la flotte.

– Mais c'est un crime ! m'insurgeai-je.

– Ainsi, m'a-t-il dit, je serai assuré que notre bien-aimée reine tirera vraiment profit de son investissement. Il m'a fait valoir que la gloire de la découverte rejaillirait sur moi, et que je ne resterais sans doute pas simple soldat.

Je grommelai :

– Ce dévouement envers Hatchepsout est bien étrange dans la bouche d'un homme qu'elle a éloigné du trône. Il n'a conservé son titre que grâce à la mansuétude de Meren-Maât.

– Je le sais, Seigneur Khenty ! Un jour, tu as parlé devant moi du piège que Pen-Aser lui avait tendu, et de la manière dont avait réagi notre bien-aimée reine. J'ai alors compris pourquoi il m'avait ordonné de te tuer. Il ne t'a pas pardonné l'affront qu'il a subi à cause de toi, et il voulait se venger, à travers moi. Mais, depuis plusieurs mois que je navigue à tes côtés, j'ai appris à te connaître, et je sais que tu n'es pas ce bandit qu'il m'a décrit. Tu es au contraire un homme bon et généreux, qui sert loyalement Pharaon, et je m'estime honoré de te servir. C'est pourquoi je suis venu t'avouer la vérité.

Il se prosterna de nouveau.

– Puisses-tu pardonner à ton serviteur, Seigneur.

Meren-Maât le releva.

– Je n'ai rien à te pardonner, mon compagnon. Tu ne m'as causé aucun tort. Pen-Aser t'a trompé, comme il m'a trompé moi-même. Mais cela n'a aucune importance. Il est loin, et sa méchanceté ne peut nous atteindre. Nous allons explorer ces îles pour la gloire de notre bien-aimée Hatchepsout. Et, à mon retour, j'aurai une explication avec mon charmant frère, dont la félonie ne m'étonne pas vraiment.

Soulagé par la mansuétude de Meren-Maât, Dereb se redressa et lui prit les mains.

– Sois remercié, Seigneur ! À partir d'aujourd'hui, tu n'auras pas de serviteur plus dévoué que moi.

Nous effectuâmes plusieurs reconnaissances à l'intérieur du pays, afin de déceler d'éventuelles traces humaines. Un jour, un marin releva ce qui ressemblait vaguement à des empreintes de pieds nus. Afin d'en avoir le cœur net, Meren-Maât décida d'explorer méthodiquement la région.

Très vite, la plaine s'élevait pour se transformer en un relief chaotique. Les grands arbres ne laissaient pénétrer qu'une lumière verte jusqu'au sol. De petits singes effrontés et curieux s'aventuraient dans les branches basses pour contempler ces drôles d'animaux qui troublaient leur royaume, puis remontaient jusqu'à la canopée pour raconter à leurs congénères plus prudents ce qu'ils avaient vu. Un concert de cris d'oiseaux se mêlait au sifflement du vent chargé de parfums tièdes.

– Cela fait des heures que nous marchons ainsi, grommela soudain Ragnar. Il serait temps de retourner au campement. À mon avis, il n'y a pas d'hommes sur cette île.

Dissimulant sa déception, Meren-Maât acquiesça. En effet, ces îles paraissaient totalement inhabitées. Sans doute l'empreinte était-elle celle d'un grand singe. Devant nous se dressait un massif rocheux au relief tourmenté. Le lagon se trouvait de l'autre côté. Mon frère décida de le contourner par l'est, afin de ne pas repasser au même endroit. Suivant les sentiers des animaux sauvages, nous atteignîmes bientôt l'extrémité orientale du massif, qui se terminait par une plate-forme depuis laquelle on dominait la mer.

Soudain, Meren-Maât s'arrêta et huma l'air. Sa vue réduite avait provoqué, en compensation, un développement de ses autres sens, et notamment celui de l'odorat. Il s'adressa à Ragnar avec un sourire de triomphe.

– Pas de trace humaine, disais-tu ? Alors, explique-moi d'où vient cette odeur de cendre. Les singes sauraient-ils faire du feu dans ce monde ?

– Par les dieux, tu as raison, convint son compagnon.

Dereb ordonna aux guerriers d'armer leurs arcs et d'avancer avec prudence. Un peu plus loin s'ouvrait une vaste clairière, au centre de laquelle s'étalaient les vestiges d'un grand feu, visiblement éteint depuis plusieurs jours. Des os brisés témoignaient du festin qui s'était déroulé là. Aux alentours, nous relevâmes de nombreuses traces de pieds, qui montraient que les inconnus avaient quitté les lieux en se dirigeant vers l'est. Recherchant de nouveaux indices, quelques guerriers s'aventurèrent dans les sous-bois. Soudain, un cri déchira le calme de la forêt. Nous nous précipitâmes. Appuyé le long d'un palmier, un guerrier était en train de vomir. D'un doigt tremblant, il désigna, à quelques pas, la pénombre d'un fourré. Nous dûmes serrer les dents pour ne pas céder à la nausée qui s'empara de nous.

Sous nos yeux gisait le tronc sans bras d'une jeune femme à demi dévorée.

12

– Cet endroit est maudit, mon frère ! grondai-je. Les habitants de cette île sont anthropophages.

Surmontant notre répulsion, nous examinâmes la sinistre dépouille. Seuls la tête et un sein marqué par des morsures humaines permettaient d'identifier une femme. À la place des yeux se trouvaient deux orbites vides cernées de sang noir coagulé. Les oiseaux avaient parachevé l'horrible besogne des hommes. La couleur cuivrée de la peau confirmait qu'elle était de la même race que les Hommes rouges.

– Ce pays n'est pas le royaume des dieux, grogna Dereb, la voix vibrant de haine. Ma carrière de soldat m'a amené à découvrir bien des abominations, mais jamais encore je n'avais rencontré de cannibales.

Un peu plus loin, nous découvrîmes d'autres restes macabres, des os rongés, brisés pour en extraire la moelle, bras, jambes, parfois même des doigts. Des têtes coupées s'amoncelaient au pied d'un grand arbre, sans yeux, les joues dévorées. Une puanteur insoutenable se dégageait du charnier. Les victimes étaient toutes jeunes. Il y avait même des ossements assez petits pour avoir appartenu à des enfants. Visiblement, certaines personnes avaient été torturées avant d'être mangées, peut-être encore vivantes. Impressionnés, les guerriers scrutaient les sous-bois avec méfiance.

– Ne craignez rien ! dis-je. Ce feu remonte à plusieurs jours. Les auteurs de ces crimes sont certainement loin.

– C'est possible, répondit Meren-Maât. Mais nous allons prendre des dispositions pour organiser la défense du campement en prévision d'une possible attaque.

Dès le lendemain, il répartit les tâches. Afin de parer à toute éventualité, des sentinelles furent postées le long du littoral et à l'intérieur des terres. Elles prirent place au sommet des palmiers, communiquant avec le village à l'aide de miroirs. Au sol, des groupes de six guerriers patrouillaient en permanence.

Nous avions trouvé un emplacement idéal pour bâtir le village. C'était une plate-forme rocheuse bordée par une falaise plantée d'arbres, et à laquelle on ne pouvait accéder que par une rampe naturelle facilement défendable. Dans un premier temps, il fallait consolider l'établissement. Les charpentiers abattirent les arbres qui peuplaient le talus, ne conservant que ceux situés à la limite de la falaise, afin de nous dissimuler à un éventuel envahisseur maritime. Les demeures étaient rudimentaires ; les troncs, noués avec des lianes, constituaient des murs solides, que l'on recouvrait d'un toit de palmes. On dressa ensuite une enceinte autour du village, qui fut protégée par une double rangée de pieux durcis au feu, solidement plantés et dirigés vers l'extérieur. Le seul accès était un portail flanqué de deux petites tours où des archers veillaient jour et nuit. On parqua les animaux dans un enclos défendu par une douzaine de soldats.

Sous les ordres de Dereb, une seconde équipe, puissamment armée, se chargea de la chasse et de la cueillette. Une troisième me fut confiée pour la pêche dans le lagon, qui se révéla aussi poissonneux que celui de l'îlot.

En quelques jours, le village prit l'allure d'un camp fortifié. Faute de métal, on avait fabriqué des casse-tête avec les pierres du pays. Les archers avaient également confectionné des lots de flèches, déposées en différents endroits, prêtes à l'emploi en cas d'attaque soudaine. Cependant, aucun ennemi ne se manifesta. Peut-être notre nombre et la puissance de nos armes l'avaient-ils dissuadé, mais il était plus probable que celui-ci ignorait notre présence.

La première manifestation humaine n'eut lieu qu'au bout d'un mois. Un matin, un gardien, perché au sommet d'un arbre situé à l'intérieur des terres, repéra une troupe furtive d'une dizaine d'individus qui rampaient dans les sous-bois pour tenter de se rapprocher du village. À l'aide de son miroir, il donna aussitôt l'alarme.

Le guetteur nous avait indiqué la position des intrus. Opérant un mouvement d'encerclement, nos guerriers eurent tôt fait de leur couper toute retraite. Se sentant pris au piège, les indigènes tentèrent de s'échapper, sans succès. On les traîna, gémissant et pleurant, devant Meren-Maât. Ils ne portaient aucun vêtement, sinon, pour certains, un étui de cuir enserrant le pénis. Leur taille n'était pas très grande. En revanche, leurs yeux bridés prouvaient bien qu'ils appartenaient au peuple des Hommes rouges, même si leur peau offrait une couleur plus brune. Leurs armes n'étaient que des propulseurs et des lances rudimentaires. Pris de panique, l'un d'eux se mit à uriner sur lui. Devant leurs regards terrifiés, nous nous demandâmes comment ces hommes pouvaient se livrer au cannibalisme. Peut-être pensaient-ils que nous allions les dévorer à leur tour. Ils parlaient très vite, d'une manière saccadée et incompréhensible. On aurait dit des animaux pris au piège. Meren-Maât entreprit de leur parler avec douceur, afin de les mettre en confiance. S'il existait un moyen d'éviter un affrontement entre nos deux peuples, il fallait l'employer.

– N'ayez pas peur ! Nous ne vous voulons aucun mal.

Mais les prisonniers ne cessaient de trembler. Leur attitude affolée m'intriguait. Nous les emmenâmes dans la clairière maudite. Ils montrèrent une terreur proche de l'hystérie. Je posai alors la main sur le bras de Meren-Maât.

– Ce ne sont pas eux qui ont pratiqué cette horreur, dis-je. Ils l'ont subie au contraire.

– Je le pense aussi. Il doit exister une autre peuplade.

– Les traces des anthropophages mènent vers l'est. Peut-être y a-t-il un autre village dans cette direction.

– Nos éclaireurs n'ont pourtant rien signalé.

Nous revînmes au village. Les prisonniers finirent par se calmer. L'un d'eux semblait moins peureux que les autres. Meren-Maât s'adressa à lui. Posant la main sur sa poitrine, il se présenta, comme il l'avait fait avec Celui-qui-parle-avec-la-Lune :

– Meren-Maât, dit-il en détachant ses syllabes.

L'autre le regarda, interloqué, puis répondit en se désignant :

– Kambélé-Huota !

Afin de gagner leur confiance, Meren-Maât fit préparer de la nourriture et choisit un pectoral de cuivre et de bronze, serti de pierres, qu'il passa au cou de Kambélé-Huota. Celui-ci, stupéfait, ne sut quelle attitude adopter.

– À présent, nos peuples sont alliés. Toi et les tiens êtes libres de repartir.

Il montra les guerriers qui s'écartaient pour leur laisser le passage. Alors, Kambélé-Huota revint vers Meren-Maât et, posant les mains sur son visage, le toucha avec délicatesse. Il montra le ciel, puis la mer et écarta les bras avec un sourire ravi.

– *Huakan, Huakan*, dit-il.

– Que veut-il dire ? demanda Dereb.

Mais personne n'avait compris. Kambélé-Huota s'inclina profondément devant Meren-Maât, puis ses compagnons prirent les sacs de victuailles et ils s'éloignèrent à pas mesurés, redoutant visiblement un changement d'humeur de la part du maître des lieux. Dès qu'ils eurent atteint la sortie du village, ils détalèrent à toutes jambes et disparurent dans la forêt.

– Je doute que nous les retrouvions, grommela Ragnar. Nous aurions au moins dû en garder un, afin qu'il nous dise où se trouve son village.

– Ils reviendront, répondit Meren-Maât.

– Crois-tu que leurs intentions soient pacifiques ?

– Ils n'ont rien de guerriers sanguinaires. Je pense que nous les intriguons, parce que nous sommes différents de leurs ennemis. Nous leur avons prouvé que nous ne leur voulions pas de mal. Leur curiosité sera la plus forte.

Il ne se trompait pas. Dès le lendemain, Kambélé-Huota revint, avec une troupe nombreuse qui apportait des présents : quatre cochons sauvages, et des fruits inconnus à la chair délicieuse et légèrement acide, qu'ils appelaient *ananas*. Après quelques palabres laborieuses, Meren-Maât comprit qu'il était convié à visiter le village des autochtones.

Nous nous y rendîmes deux jours plus tard. Il était situé à quelques heures de marche vers l'ouest, non loin de la côte, mais à l'intérieur des terres. C'était un ensemble de masures rudimentaires, de forme circulaire. Une palissade grossière en défendait l'accès, visiblement insuffisante pour les protéger de l'attaque d'une armée décidée. La tribu comptait quelques centaines de personnes, qui nous attendaient avec une extrême curiosité.

On nous amena devant un vieil homme aux cheveux d'un blanc de neige, dont les yeux n'étaient plus que deux fentes où brillait une acuité surprenante. Il était assis sur un siège de bois recouvert de peaux de singe. Son nom était Akhena-Huato. Il était le père de Kambélé, et le chef du village. Il posa un long regard sur Meren-Maât, puis se dressa en montrant le pectoral de cuivre, qu'il s'était approprié. Le regard fervent, il descendit de son estrade et s'inclina devant mon frère en prononçant le même mot que son fils :

– *Huakan ! Huakan !*

Puis, répétant les gestes de Kambélé, il posa ses mains sur le visage de Meren-Maât et le caressa doucement, comme s'il cherchait une réponse à une question incompréhensible. Ensuite, il se tourna vers son peuple et se lança dans un discours volubile qui sembla réjouir l'assistance. La foule se mit à hurler de joie, puis s'agenouilla devant nous. Meren-Maât, étonné, nous fit signe de ne pas réagir.

Enfin, Akhena fit apporter un second siège et, par gestes, l'invita à prendre place à ses côtés. Meren-Maât s'assit. J'observai la foule. Ni les adultes ni les enfants ne portaient de vêtements, hormis pour certains hommes cet étrange tube de cuir enserrant le sexe. J'appris plus tard qu'il s'agissait là du signe distinctif des guerriers valeureux. Les bijoux en os ou en bois, bracelets, colliers, anneaux d'oreilles, étaient nombreux. Des lignes blanches ou rouges soulignaient les traits du visage, la poitrine, les bras et les jambes. Dans les chevelures noires, relevées en chignons, se dressaient des plumes multicolores.

Ils pratiquaient un élevage rudimentaire : quelques cochons, chèvres et chiens erraient dans le village, tous destinés à la nourriture. En revanche, ils ignoraient l'agriculture et se contentaient de cueillette.

Nos vêtements intriguaient fort ces indigènes nus. Une fois le premier contact établi, les enfants, après avoir vaincu leurs craintes, s'enhardirent. Affichant des bouilles hilares, ils touchèrent le lin de la tunique des guerriers, les peaux de guépard, le cuir des ceintures, des sandales. Certains, plus audacieux, écartèrent les pagnes pour vérifier si nous étions bien faits comme tout le monde. Les femmes, de loin, les rappelaient à l'ordre, sans grand succès. Nos armes les étonnèrent, notamment les arcs, dont ils ne comprenaient pas bien l'usage. Mais c'était surtout les lames de bronze des épées, lances et glaives qui les stupéfiaient. Ils ignoraient ce qu'était le métal.

Jamais encore ils n'avaient touché une matière aussi étrange, froide et dure au contact. Autour d'eux n'existaient que le bois et la pierre. Je finis par comprendre que le mot *huakan* signifiait « dieu ». Pour eux, nous étions des divinités inconnues venues de la mer.

Afin de sceller l'alliance entre les deux peuples, Akhena avait organisé un festin. En voyant arriver la viande bouillie, nous redoutâmes qu'il ne s'agît de chair humaine. Mais nous reconnûmes très vite le goût du cochon sauvage et de la chèvre, que les indigènes avaient relevé avec des herbes locales et une dose confortable de piment. Ils avaient une manière bien particulière de cuire leur nourriture. Ils remplissaient d'eau des marmites naturelles creusées dans des troncs d'arbres, puis y jetaient la viande et les légumes. À l'écart, ils allumaient un feu dans lequel ils faisaient chauffer de grosses pierres. Lorsque celles-ci étaient brûlantes, ils les plongeaient dans les marmites. L'eau se mettait instantanément à bouillir, et cuisait les aliments. On nous offrit également des ananas, et des morceaux de canne qu'il fallait mâcher afin d'en extraire le sucre.

Ainsi se noua l'alliance avec les indigènes. Meren-Maât avait convié Kambélé à séjourner au village, afin d'apprendre son langage. J'ignore comment il s'y prit, mais, au bout de douze jours, les deux hommes parvenaient à se comprendre.

– Ils se nomment les *Ciboneys*, me dit-il ensuite. Ils vivent sur cette île depuis des temps immémoriaux, répartis en différentes petites tribus. Ils ne sont pas belliqueux, et leurs tribus ne sont jamais en guerre. Ils vivent de chasse, de cueillette, et élèvent quelques chèvres et porcs.

– Et les cadavres de la clairière ?

– Cela, j'ai eu du mal à le savoir. Il n'en parle qu'à voix basse, comme s'il craignait d'être entendu. Il dit que les victimes sont des membres de leur tribu. Ils ont été enlevés par des démons, les Arawaks, ou esprits infernaux. Ils ignorent d'où ils viennent, mais ils arrivent toujours par la mer. C'est pour cette raison que leurs villages ne sont plus installés sur la côte. Les Arawaks sont apparus voici quelques générations. Ils envahissent l'île peu avant un... phénomène auquel je n'ai pas compris grand-chose. Si j'ai su traduire, cela peut vouloir dire « la Colère des dieux ». Dès qu'apparaissent les Arawaks, les Ciboneys abandonnent leurs villages et se réfugient dans la montagne. Mais les démons les pourchassent sans relâche pour capturer les jeunes et les enfants.

– Ils n'ont jamais tenté de les combattre ?

– Une tribu a essayé de résister. Elle a été exterminée. Apparemment, les Arawaks sont plus nombreux que les Ciboneys. Je doute d'ailleurs que ceux-ci sachent se battre. Ils vivaient en paix depuis toujours lorsque les envahisseurs sont arrivés. Mais ce n'est pas là le plus surprenant. Pour eux, les Arawaks sont des guerriers invincibles, comme ceux qui affrontèrent autrefois les dieux mauvais. Non seulement ils ne semblent pas les haïr, mais ils leur vouent au contraire une admiration incompréhensible. On dirait des oiseaux fascinés par des serpents. Ils sont convaincus que les Arawaks les ont vaincus parce qu'ils sont d'une essence supérieure.

– Avec un tel fatalisme, il n'est pas étonnant qu'ils se fassent dévorer. S'ils ne réagissent pas, ils finiront tous dans l'estomac de ces Arawaks. Nous devrions leur apprendre à se battre.

– Je l'ai proposé à Kambélé. Il m'a répondu que nul ne peut lutter contre les Arawaks. Leurs dents sont pointues comme ceux du grand Dévoreur blanc qui hante le lagon. Comme lui, ils mangent tout ce qu'ils attrapent : les insectes, les oiseaux, les cochons, les poissons... et les Ciboneys. Il paraît aussi que leur regard jette des éclairs et que leur corps est bleu !

– Bleu ?

– Kambélé dit qu'ils sont couverts de signes magiques qui leur donnent une force surnaturelle.

– Prévoit-il une attaque prochaine des Arawaks ?

– Oui, ils sont déjà venus il y a deux lunes. Mais ils reviendront avant la Colère des dieux.

– As-tu une idée de ce que cela signifie ?

– Il m'a conté une histoire selon laquelle le monde aurait été créé par une tortue géante. De sa gueule jaillirent toutes les îles qui peuplent la mer. Puis elle donna naissance à un premier homme et à une première femme. Ils se multiplièrent, mais leurs descendants se conduisirent tellement mal que le dieu tortue leur envoya un être terrifiant pour les punir. Ils l'appellent *Hurakaan*. C'est tout ce que j'ai compris, mais j'ai l'impression qu'ils le redoutent autant que les Arawaks.

Le lendemain, parce que l'ennemi risquait de venir par la mer, Meren-Maât décida de protéger les navires. Ceux-ci furent halés jusqu'à la lisière de la forêt. Puis nous engageâmes les Ciboneys pour qu'ils récoltent une grande quantité de feuilles de palmiers. Les bateaux furent ainsi dissimulés à la vue sous une épaisse couche de feuillage. Il était inutile d'attirer l'attention des Arawaks.

Le travail fourni par les Ciboneys favorisa le contact entre nos deux communautés. Les indigènes, persuadés que nous étions des dieux, cherchaient par tous les moyens à nous satisfaire. Ils vouaient une admiration béate à Meren-Maât. Lorsque l'ouvrage fut terminé, celui-ci dit à Kambélé :

– Il est temps que ton peuple apprenne à se défendre contre ses ennemis. Je vais t'enseigner l'art de fabriquer des armes semblables aux nôtres. Ainsi, lorsque les Arawaks attaqueront, en unissant les forces de nos deux tribus, nous les combattrons, et nous les vaincrons. Va prévenir ton père Akhena que je veux voir tous les hommes valides ici dès demain.

Kambélé le regarda d'un air atterré, mais obéit.

Par peur de provoquer la colère de « Huakan », Akhena accéda à sa demande. En compagnie de Ragnar et d'une douzaine de guerriers, je tentai d'enseigner aux Ciboneys l'art du combat. Mais ceux-ci, malgré leur bonne volonté, faisaient de piètres combattants. Ils se mettaient à trembler dès qu'ils devaient lutter contre leur entraîneur, pourtant bien disposé à leur égard. Au bout de deux jours, je me serais arraché les cheveux, si j'en avais eu.

– Nous n'arriverons jamais à rien ! dis-je à Meren-Maât. Ces gens sont trop pacifiques. Comment expliques-tu cela ?

– Leur île les a toujours protégés du monde extérieur. Ils ont perdu l'habitude de se défendre parce qu'ils n'avaient plus d'ennemis depuis longtemps. Les peuples puissants sont ceux qui doivent livrer bataille souvent. Nous-mêmes savons nous battre parce que nous avons été contraints de riposter aux attaques des pirates.

Cependant, à force de patience, je parvins à inculquer les rudiments du tir à l'arc à une trentaine de Ciboneys qui n'étaient pas peu fiers de leur performance.

Pour conclure l'alliance, Akhena nous invita à participer à une cérémonie insolite, qui eut lieu dans son village. Dès que la nuit fut tombée, on apporta un instrument étrange, dont nous ne comprîmes pas immédiatement l'usage. Il comportait un long tuyau terminé par un petit fourneau de bois de forme conique. Akhena bourra le fourneau de curieuses feuilles séchées dont émanait un parfum âcre. Puis il plaça l'extrémité du tuyau dans sa bouche, approcha une brindille enflammée des feuilles et tira longuement sur le foyer afin de les embraser. Lorsque le calumet fut parfaitement allumé, il inhala une longue bouffée et conserva la fumée dans ses poumons. Son regard se mit à briller. Puis, avec des gestes lents, il invita Meren-Maât à l'imiter. Par signes, il lui fit comprendre que c'était là le moyen utilisé par les Ciboneys pour entrer en communication avec les esprits. Mon frère, un peu inquiet, approcha le tuyau de sa bouche et répéta l'opération. Le moment d'après, je le vis tousser de belle manière tandis que ses yeux ruisselaient de larmes. Inquiet, je me rapprochai de lui.

– Par les tripes puantes d'Apophis, jura-t-il, ce maudit sauvage veut m'étouffer.

Il respira profondément, toussa encore, puis me regarda, étonné.

– C'est étrange, on dirait que la sensation désagréable s'efface. Tu devrais essayer.

Il me tendit le calumet. Pas très rassuré, je tirai à mon tour sur le foyer. Le résultat ne se fit pas attendre. J'eus soudain l'impression qu'un feu acide pénétrait mes poumons. Puis tout s'estompa, et je ressentis un étrange bien-être. Il me semblait flotter sur un nuage. Le parfum de ces herbes n'était pas déplaisant. Akhena conta alors une étrange légende : le *tabac* était la plante sacrée de l'île ; elle avait été offerte aux hommes par les dieux afin de permettre aux sages d'entrer en communion avec leur royaume. Parfois, lors de grandes cérémonies rituelles, on se réunissait dans une case au centre de laquelle on laissait les feuilles se consumer. Les sages, assis autour, inhalaient la fumée épaisse et les dieux leur envoyaient des visions.

Ravis de constater que « Huakan » prenait goût au tabac, Akhena fit apporter d'autres calumets, qu'il offrit à chacun de ses hôtes. Il nous expliqua comment le préparer et l'allumer, et l'on se remit à fumer de plus belle.

À mesure que la nuit avançait, une sorte de brume m'envahit le cerveau. Mon corps me semblait plus léger, comme engourdi. Le vieil homme n'avait pas menti. Meren-Maât était parfaitement immobile, les yeux perdus dans le vague.

– C'est étrange, me confia-t-il plus tard. J'ignore s'il s'agit d'un effet du tabac, mais il m'a semblé percevoir une autre réalité, une vision qui a effacé mes incertitudes et mes doutes. Te souviens-tu de ce que m'avait dit Celui-qui-parle-avec-la-Lune à propos de mes animaux totems ?

– L'ours, le serpent et l'aigle.

– Je les ai vus clairement. L'ours combattait un être effrayant, mi-dieu, mi-animal. Sans doute s'agit-il d'une bataille que je dois livrer bientôt. Mais ce n'est pas le plus étonnant. Nous ne resterons pas sur cette île. Bientôt, nous devrons repartir plus loin vers l'ouest. Notre destin s'accomplira dans un autre pays. J'ai vu l'aigle survoler les eaux, et se poser sur une terre étrange, une forêt qui poussait sur la mer, entourée de hautes montagnes couvertes de neige. Au milieu de la jungle s'élevait un promontoire lumineux, où sommeillait un serpent. L'aigle s'est posé sur le serpent, et tous deux se sont mêlés pour former un être mystérieux, une sorte de reptile pourvu d'ailes. J'ignore ce que cela signifie, mais je suis sûr à présent que ce voyage a été voulu par les dieux. Je sais aussi qu'il sera beaucoup plus long que nous ne l'avions envisagé à l'origine. Il nous faudra plus d'une année pour connaître ce monde mystérieux.

Il tira une nouvelle bouffée de son calumet et ajouta :

– Il faudra que nous ramenions des graines de cette plante lors de notre voyage de retour. Ce tabac est surprenant[1].

Le lendemain, je remarquai que le ventre de la petite Edna s'arrondissait.

– J'ai l'impression que tu vas être de nouveau père, dis-je à mon frère.

– Par les dieux, tu as raison !

Préoccupé par les travaux du village, il ne s'en était pas encore rendu compte. Il fut alors fou de joie. Jamais je ne l'avais vu d'aussi

1. On a retrouvé, dans des momies anciennes authentifiées, des traces de nicotine. Seul le tabac peut expliquer la présence de cette substance. Or, il n'existait pas en Égypte à l'époque pharaonique. À moins d'admettre l'existence à l'époque d'une plante cousine possédant les mêmes propriétés, mais aujourd'hui disparue, il est donc probable que des navigateurs de l'Antiquité en aient rapporté d'Amérique.

bonne humeur. Et pourtant, il avait laissé des enfants un peu partout. Mais celui-là serait le premier qu'il pourrait regarder grandir.

– J'en ferai un grand navigateur, déclara-t-il en soulevant la jeune femme dans ses bras.

Un soir, alors que nous effectuions une reconnaissance sur la côte, je demandai à Meren-Maât :

– Mon frère serait-il tombé amoureux d'Edna ?

Meren-Maât sourit.

– C'est vrai, je l'aime, et je compte l'épouser. Elle porte mon fils. Mais pourquoi cette question ? N'aurais-je pas le droit d'aimer une femme ?

– J'en suis très heureux, au contraire. Je l'aime beaucoup, moi aussi. Mais c'est la première fois que je te vois aussi fidèle. Même Zangha ne partage plus ta couche. Et je m'étonne que tu n'aies pas encore séduit quelques-unes de ces petites indigènes. Elles sont plutôt jolies.

Meren-Maât médita quelques instants avant de répondre.

– Il est vrai qu'elles sont belles, mais je ne souhaite pas laisser derrière moi des enfants dont je sais qu'ils finiront un jour ou l'autre dans le ventre de leurs ennemis. Les Ciboneys sont condamnés à disparaître. Mon cœur saigne à cette idée, car ce sont des gens doux et pacifiques, qui aiment rire et s'amuser. Mais je doute qu'il leur soit encore temps de réagir. Dans le combat qui se prépare contre les Arawaks, malgré les efforts que tu as faits pour leur enseigner l'art du combat, je crains que nous ne soyons seuls.

13

Comme il me l'avait dit, Meren-Maât épousa Edna, l'arrachant ainsi définitivement à son statut d'esclave. Leurs épousailles furent l'occasion de grandes réjouissances, auxquelles les Ciboneys furent conviés, un peu éberlués. Les trois quarts de nos réserves de vins égyptiens disparurent dans les agapes, et une vingtaine de chèvres et de moutons furent sacrifiés. Rarement j'avais vu mon frère bien-aimé aussi heureux. Edna avait remplacé dans son cœur le douloureux souvenir d'Hatchepsout. Il régnait entre eux une complicité surprenante, telle qu'on voit aux enfants. Alors qu'il commandait une escadre de douze navires et présidait aux destinées de plusieurs centaines de personnes, il lui arrivait de chahuter avec elle comme un gamin. Cela ne l'empêchait pas de mener les siens avec clairvoyance. J'en arrivais parfois à me dire que c'était d'avoir su conserver l'âme d'un enfant qui lui permettait de gouverner avec lucidité et sagesse.

L'attaque des Arawaks eut lieu à peine dix jours après le mariage.

Un matin, un guetteur crut être l'objet d'une hallucination : au loin, dans le soleil levant, une multitude de points noirs envahissaient l'océan. Il comprit que l'ennemi était là. Peu désireux de demeurer seul en première ligne, il dégringola de son perchoir et courut vers le village pour nous avertir.

Le tertre sur lequel nous l'avions bâti se terminait par un éperon rocheux depuis lequel on bénéficiait d'une vue imprenable sur la mer. Meren-Maât y avait fait installer une tour qui permettait de guetter sur une vaste distance. Nous nous y rendîmes. Au-delà de la barrière rocheuse, une centaine de pirogues grossières, taillées dans des troncs d'arbres évidés, longeaient la côte en provenance de l'orient.

Chacune d'elles transportant au moins douze hommes, cela représentait plus de mille deux cents guerriers. Nous ne pouvions leur opposer que six cent quatre-vingts combattants, dont cent quatre-vingt-six femmes.

– Ils sont deux fois plus nombreux que nous, dis-je à Meren-Maât.

– Trois fois, rectifia-t-il. Une centaine des nôtres sont partis chasser avant l'aube. Il faut les faire revenir.

Les vents venus de la mer nous apportaient des chants gutturaux. L'étrange mélange d'angoisse et d'exaltation qui précède les combats m'envahit. Je ne pouvais m'empêcher de penser que nombre des nôtres allaient mourir. Je n'avais jamais fui devant l'adversaire, et j'avoue même que, autrefois, je prenais du plaisir à combattre et à tuer. Et pourtant, aujourd'hui, tandis que je trace les signes sacrés qui narrent cette histoire, l'absurdité et la cruauté de ces affrontements entre humains m'apparaît dans toute son horreur.

Il ne s'agissait pas cette fois d'une petite expédition de chasse comme celle dont nous avions retrouvé les restes macabres. Visiblement, les Arawaks avaient décidé d'envahir le pays des Ciboneys. Sans notre aide, ceux-ci étaient condamnés à brève échéance. Mais étions-nous assez puissants pour arrêter la boucherie qui se préparait ?

Nous espérâmes un instant que l'ennemi se contenterait de longer la côte et aborderait plus loin. Cet espoir fut vite déçu. Avec un bel ensemble, les pirogues s'engagèrent dans la passe menant au lagon.

– Ils nous ont repérés, dis-je.

Meren-Maât observa longuement les manœuvres de l'ennemi.

– Je ne crois pas, dit-il enfin. Ce lagon est d'un abord facile pour une flotte importante. C'est pourquoi ils l'ont choisi.

Impuissants, nous vîmes les pirogues toucher la rive les unes après les autres. L'affrontement était désormais inévitable. Heureusement, nous avions eu le temps de nous organiser. Une première ligne d'archers se mit discrètement en position à la lisière de la forêt. Nous avions construit des panneaux de bois recouverts de feuilles de palmier simulant des fourrés. L'agresseur ne pourrait soupçonner la présence des défenseurs. Au cas où cette première ligne céderait, une seconde prendrait le relais. Ensuite, il faudrait se retrancher dans le village, protégé par sa double rangée d'épieux.

Nous envoyâmes un messager au village ciboney pour leur

demander de respecter l'alliance, un autre pour prévenir les chasseurs, puis nous rejoignîmes les archers. Dereb admit qu'il n'aurait pas élaboré de meilleure tactique.

– Où as-tu ainsi appris à placer tes défenses ? demanda-t-il à Meren-Maât.

– Lorsque le temps t'oblige à hiverner dans un lieu inconnu, il vaut mieux se préparer à combattre. On devient très vite imaginatif.

La stratégie des Arawaks n'offrait aucune originalité. Forts de leur nombre, ils poussaient des hurlements stridents, sans doute destinés à terroriser leurs futures victimes. Nous eûmes le temps de les étudier. Ils étaient très proches des Ciboneys. Ils ne portaient aucun vêtement, hormis une sorte de coquille de cuir protégeant les parties génitales. Comme l'avait dit Kambélé, leur peau était recouverte de dessins bleus. Leurs cheveux, noués en tresses relevées sur le crâne, étaient retenus par des os. Cependant, leurs armes ne pouvaient se comparer aux nôtres : des lances, et des casse-tête de pierre. Nous remarquâmes çà et là quelques propulseurs. Mais ils ignoraient l'usage du bouclier et de l'arc.

Nos guerriers étaient tous rompus au combat. Pourtant, pour la première fois, je ressentis chez certains quelque chose qui ressemblait à de la peur. Moi-même, je ne parvenais pas à chasser mon angoisse. Ces Arawaks n'avaient rien d'humain. Ils ne cessaient de hurler en brandissant leurs armes en direction de la forêt. Une fureur bestiale les animait. D'après ce que nous avions vu dans la clairière, il était vain d'imaginer pouvoir négocier avec eux. Pour eux, les autres tribus n'étaient que du gibier.

Meren-Maât avait vu juste : ils ne nous avaient pas encore repérés. Certains de ne rencontrer aucun obstacle, les premiers Arawaks débarqués traversèrent la plage au pas de course et se dirigèrent vers la forêt. Dissimulés derrière les panneaux, nous attendîmes qu'ils approchassent au plus près. Puis, sur un ordre bref de Meren-Maât, les archers tirèrent. Avant que les assaillants n'aient pu comprendre, des traits précis et mortels jaillirent des fourrés. Dans les premiers rangs, ce fut l'hécatombe. Les démons grimaçants s'écroulaient les uns après les autres. Le sort de ceux situés à l'arrière n'était pas plus enviable, car Meren-Maât avait ordonné à la seconde ligne d'archers de tirer ses flèches en hauteur. Celles-ci retombaient en pluie sur l'ennemi, incapable de se protéger. Stupéfaits, les Arawaks marquèrent un temps de recul. Habitués à investir l'intérieur de l'île sans encombre avant d'attaquer les villages ciboneys, ils ne s'attendaient pas à un tel accueil. Décontenancés, ils refluèrent vers la plage, abandonnant leurs morts et leurs blessés.

– Nous les avons repoussés ! s'exclama Dereb. Et sans perdre un seul homme !

– Ne te réjouis pas trop vite ! tempéra Meren-Maât. Nous n'avons fait qu'arrêter la première vague d'assaut. Mais la moitié des pirogues est encore en mer. Ils vont attaquer de nouveau lorsqu'ils auront tous débarqué.

Les Arawaks n'avaient perdu qu'une centaine de combattants, et l'effet de surprise ne jouait plus. Ils se regroupèrent sur la plage. Tout à coup, leurs cris cessèrent, et un silence étrange s'installa, seulement troublé par le fracas des vagues. Après le vacarme du combat qui avait précédé, ce silence avait quelque chose d'angoissant, comme le calme trompeur avant la tempête. Peu à peu, il s'effaça, remplacé par un grondement mystérieux, une sorte de feulement guttural et rythmé, repris par des centaines de poitrines. Simultanément, les Arawaks se mirent à sauter d'un pied sur l'autre, simulant une course immobile.

– Que font-ils ? gémit un jeune guerrier égyptien, la voix altérée par l'inquiétude.

– Cela doit faire partie de leur tactique de guerre, répondit Meren-Maât. Tenter d'effrayer l'ennemi en poussant des cris est une très vieille ruse. Ne te laisse pas impressionner.

En vérité, les assaillants ne brillaient guère par leur intelligence. La plus élémentaire stratégie aurait voulu qu'ils tentassent de contourner les lieux. Mais la fureur d'avoir été surpris devait les aveugler. Tout à coup, un hurlement retentit, sans doute poussé par leur chef. Le grondement s'amplifia encore, puis, avec un ensemble stupéfiant, ils se ruèrent de nouveau à l'assaut de la forêt en poussant leur cri de guerre scandé.

– Ils sont fous ! hurlé-je pour me faire entendre. Ils ne possèdent même pas de boucliers. Nous allons les exterminer.

– Ils comptent sur leur nombre pour vaincre. Ils ignorent combien nous sommes, mais ils attaquent quand même, sans se soucier de leur propre vie. Ce sont des monstres, mais on ne peut nier leur courage. Je comprends pourquoi ils fascinent tant les Ciboneys.

– Ce n'est pas du courage, c'est de l'inconscience !

Une nouvelle fois, la vague humaine fut accueillie par les flèches. Plusieurs dizaines d'Arawaks s'écroulèrent. Mais mon frère avait raison. Si sa tactique fit des ravages, le nombre parlait en faveur de l'assaillant. Malgré leurs armes rudimentaires, les Arawaks arrivèrent bientôt au contact des premiers défenseurs. Nous leur opposâmes une résistance acharnée, mais nous fûmes très vite contraints de lâcher pied. Meren-Maât ordonna un repli stratégique au-delà de la deuxième ligne d'archers, commandée par Ragnar. Obéissant instantanément à son ordre, les défenseurs rompirent le combat. Décontenancés par notre fuite soudaine, les Arawaks marquèrent un instant d'arrêt pour hurler leur victoire, puis se lancèrent à notre poursuite. Cette nouvelle hésitation, qui nous laissa le temps de nous mettre à l'abri derrière les seconds panneaux, leur fut néfaste. Dès que le premier groupe fut hors de danger derrière la deuxième ligne, celle-ci cueillit les premiers attaquants. Des nuées de flèches taillèrent des coupes claires dans les rangs ennemis. Une nouvelle fois, l'élan des Arawaks fut brisé par notre résistance implacable. Mais toujours de nouveaux attaquants arrivaient, remplaçant ceux qui tombaient. L'ennemi avait perdu au moins trois cents combattants lorsque Meren-Maât se rendit compte que la seconde ligne allait céder à son tour. Il donna l'ordre de gagner l'enceinte fortifiée. Tandis que les lanciers maintenaient l'agresseur à distance, les archers se précipitèrent à l'abri. Lorsqu'ils eurent pris leur position derrière la double rangée de pieux acérées et recommencé à tirer, les lanciers rompirent le terrible corps à corps et se replièrent à leur tour. Meren-Maât, armé de sa lourde hache de bronze, tenait à lui seul l'entrée du village, fendant crânes et membres avec une farouche détermination. Galvanisés par son courage, nos guerriers avaient à cœur de l'imiter. Cependant, malheur à celui qui tombait entre les griffes des assaillants. Tels des fauves, ils se jetaient sur le malheureux pour lui arracher des lambeaux de chair à l'aide de leurs dents taillées en pointe pour effrayer l'ennemi. Des hurlements d'agonie stridents nous glaçaient le sang, mais exacerbaient aussi notre haine. Toute crainte m'avait déserté. Armé de mon glaive de bronze, je frappais sans relâche. Devant moi, des crânes s'ouvraient, des ventres éclataient. À mon tour, je hurlais mon cri de guerre. Je constatai très vite que mes adversaires perdaient leurs moyens devant moi. Je pensai un moment qu'ils redoutaient la puissance de mon arme, dont ils n'avaient jamais vu l'équivalent. Puis je me rendis compte qu'ils me regardaient avec effroi. Ils n'avaient jamais vu d'hommes à peau noire. Je n'étais pas le seul Nubien, et tous mes compagnons bénéficièrent du même avantage.

La stratégie de Meren-Maât se révéla payante. La double rangée d'épieux tenait bon. Emportés par la colère, les agresseurs s'y empalèrent par dizaines, poussés par ceux qui les suivaient et qui ne comprenaient pas pourquoi on ne parvenait pas à passer cette enceinte ridiculement basse. Il flottait dans l'air une épouvantable odeur de chair. Le sol ruisselait de rigoles écarlates, mêlant indifféremment le sang des Arawaks et le nôtre. Les cris d'agonie et de douleur remplaçaient de plus en plus les hurlements guerriers.

Peu à peu, les Arawaks comprirent qu'ils avaient affaire à un adversaire inconnu bien plus coriace que les Ciboneys. La vue de leurs compagnons, gisant le ventre ouvert sur les pieux, finit par les désemparer. Leur hargne commença à faiblir. Meren-Maât profita de leur désarroi pour utiliser une nouvelle tactique. Pendant le combat, les femmes, abritées dans le village, avaient préparé de la poix. Bientôt, des flèches enflammées tombèrent sur les Arawaks. Cette nouvelle stratégie acheva de les dérouter. Abandonnant plusieurs centaines des leurs sur le champ de bataille, ils se replièrent.

– Il ne faut pas leur laisser le temps de se reprendre, clama Meren-Maât. Nous devons les chasser une fois pour toutes.

Au même instant, les chasseurs arrivèrent en vue du village. Hirabaal, qui les commandait, comprit que la bataille était presque gagnée. Leur apparition sema la panique parmi les assaillants. N'ayant pas participé aux premiers combats, les chasseurs étaient frais, et bien décidés à ne pas faire de quartier. Recrus de fatigue, les Arawaks ne purent leur opposer de résistance efficace. La panique s'installa dans leurs rangs. Obéissant à l'ordre de Meren-Maât, nous nous lançâmes à leur poursuite, massacrant sans pitié tous ceux qui tombaient entre nos mains. Chaque ventre étripé, chaque membre tranché, chaque tête éclatée était une petite victoire. Mon corps était poisseux de leur sang, mon esprit ivre de leurs hurlements de détresse et de peur. Je me sentais invincible, aussi fort que les dieux...

Lorsque je repense aujourd'hui à ces scènes atroces, je ne peux m'empêcher de frémir. Avec l'âge qui m'a peut-être apporté la sagesse, j'ai peine à accepter d'avoir pu me réjouir de la douleur que j'infligeais, me repaître du sang répandu, prendre un plaisir bestial aux coups que je portais. Bien sûr, je défendais ma vie et celle de mes compagnons, mais je formule des prières afin que, en raison de tous ces morts, mon cœur ne pèse pas plus lourd que la plume de Maât lorsque je comparaîtrai au tribunal d'Osiris.

La contre-attaque fut dévastatrice. Les Arawaks, pris au dépourvu, démoralisés par les nombreux cadavres des leurs qui jonchaient le sol, ne savaient plus comment réagir. Très vite, leur désarroi se mua en frayeur. Peut-être crurent-ils qu'ils avaient attaqué des démons ou des dieux. Bientôt, leur retraite désordonnée se transforma en une déroute totale, marquée par la panique. Ils refluèrent en débandade vers la plage, poursuivis par nos guerriers surexcités. Plusieurs dizaines de nos compagnons étaient tombés sous leurs coups, et ils étaient bien décidés à les venger. Terrorisés par leur propre imagination, les Arawaks bondirent dans leurs pirogues et s'enfuirent, abandonnant morts et blessés derrière eux. Lorsque les derniers eurent disparu, un long cri de victoire jaillit de la poitrine des vainqueurs.

– Nous avons vaincu, mon frère ! exultai-je. Ils ne reviendront pas de sitôt.

– Oui, nous sommes victorieux. Mais j'aurais préféré que cette bataille fût évitée. Aucune victoire ne justifie cette boucherie immonde.

Il ne partageait pas l'allégresse générale. La victoire était totale, mais à quel prix ! Si les Arawaks avaient perdu plus de cinq cents des leurs, une cinquantaine de nos marins avaient trouvé la mort, parmi lesquels quatre de ses fidèles Tjekerous. Partout gisaient des tués, des blessés, des agonisants, amis ou ennemis, unis dans l'abominable fraternité qui suit les combats. Là, un Arawak gémissait de douleur en fixant son ventre ouvert ; un autre tentait, avec des yeux fous, de remettre en place sa main tranchée par un glaive ; ailleurs, un Cananéen aux yeux vitreux vomissait du sang, le regard ouvert sur la certitude de la mort.

Je suivis mon frère, qui parcourait le champ de bataille, les yeux brouillés. Ayant lui-même recruté chaque membre de nos équipages, il savait le nom de chaque guerrier, connaissait son histoire, ses rêves et ses angoisses. C'était pour cette raison que nos marins l'aimaient. Chacun d'eux avait l'impression d'être son ami. Et les larmes qu'il versait sur les morts n'étaient pas feintes. Avec chaque disparu, c'étaient des souvenirs qui s'effaçaient à jamais. Au cœur d'un bosquet où la bataille avait fait rage, nous trouvâmes ainsi Amonisfet, le visage ravagé par le chagrin, penché sur le corps de Dereb.

– Que ne suis-je resté près de lui, Seigneur ?

Le malheureux capitaine avait eu le crâne défoncé par un casse-tête. Son visage ruisselant de sang restait figé sur une effrayante expression de stupeur.

Ce combat était sans doute le plus terrible qu'il nous avait été donné de livrer. Nous avions vaincu, mais mon frère refusait de tirer gloire d'un triomphe qui s'était nourri du sang de ses compagnons. Au long de ces années de navigation, l'expérience lui avait appris qu'il était toujours possible de s'entendre avec un peuple considéré *a priori* comme ennemi. Il suffisait d'un peu de patience et de compréhension pour nouer avec lui des liens d'amitié. Bien souvent, disait-il, les conflits naissent de malentendus.

Il n'avait pourtant pas atteint le comble de l'écœurement. Après avoir constaté que les Arawaks survivants avaient rembarqué jusqu'au dernier, nous revînmes vers le village. Avec ses chasseurs, Hirabaal avait ramené une trentaine de Ciboneys. Sur plus de trois cents guerriers potentiels, ils étaient les seuls à avoir répondu à notre appel ! Kambélé, qui les commandait, se prosterna devant lui.

– La victoire t'appartient, ô Huakan. Tu es le plus puissant des guerriers, car tu es un dieu.

Meren-Maât répondit sèchement.

– Comment se fait-il que tu n'aies amené qu'une poignée des tiens ? Ton père aurait-il oublié notre alliance ?

– Non, Huakan. Il a ordonné aux hommes de la tribu de venir combattre à tes côtés. Mais ils ont eu peur. Ils se sont enfuis dans la forêt avec les femmes, les enfants et les vieillards. Je les ai traités de lâches. Mais ils ne m'ont pas écouté. À part ceux qui sont avec moi.

Meren-Maât soupira. Il ne s'était pas trompé : les Ciboneys ne seraient jamais un peuple de combattants. Grâce à nous, ils avaient échappé aujourd'hui à un massacre. Mais, au fil du temps, les Arawaks finiraient par les anéantir.

Peut-être la certitude de leur destin exacerba-t-elle la haine des autochtones. Les Arawaks blessés regrettèrent de ne pas être morts au cours des combats. Les Ciboneys parcoururent le champ de bataille pour capturer les survivants incapables de s'enfuir. Ils les emportèrent dans leur village, où ils furent livrés à la foule ivre de haine. La vengeance fut à la mesure de la terreur qu'ils avaient inspirée. Les quelques chasseurs égyptiens qui se trouvaient sur place préférèrent quitter les lieux devant la cruauté manifestée par les indigènes. Lorsqu'ils revinrent, ils nous contèrent avec horreur que les Ciboneys étaient, eux aussi, capables de se livrer à l'anthropophagie.

Meren-Maât en éprouva un profond sentiment de dégoût.

– Je ne peux leur en vouloir d'avoir voulu venger ceux qui ont été dévorés, me dit-il. À leur place, peut-être aurais-je agi de même. Mais ce qu'ils ont fait subir à leurs prisonniers les rabaisse au même rang qu'eux. Pourquoi les hommes se montrent-ils si abjects ?

Il nous fallut quatre jours pour donner une sépulture à nos morts et redonner au village un aspect habitable. Mais il était dit que les dieux ne souhaitaient pas nous accorder de trêve.

14

Dans la maison que je partageais avec Meren-Maât et Edna, j'essayais en vain de trouver le sommeil. Je ne pouvais chasser les visions terrifiantes qui m'assaillaient, les crânes fendus, les ventres ouverts, le sang que j'avais moi-même versé et dont je sentais encore l'odeur sur ma peau, malgré les bains de mer pris après la bataille. Combien de vies avais-je ôtées ? Cinq ? Dix ? Tout comme mon frère, je n'en tirais pas gloire.

Parfois, je sombrais dans un sommeil agité, entrecoupé de cauchemars ; j'étouffais ; des visages monstrueux, aux gueules ouvertes sur des dents taillées en pointe, surgissaient devant moi, des armes s'abattaient sur moi sans que je pusse les parer. Les Arawaks se métamorphosaient en ce Dévoreur blanc entrevu du bateau. Des mâchoires géantes s'ouvraient, se refermaient sur moi... et je m'éveillais, trempé de sueur.

Près de moi, Zangha dormait paisiblement. Il lui arrivait souvent de partager ma couche depuis l'arrivée d'Edna. Outre le réconfort de sa peau tiède et de ses seins accueillants, elle était née en Nubie, le pays de mes ancêtres, un pays que je ne connaissais pas et dont j'aimais l'entendre parler.

Elle aussi avait tué aujourd'hui, mais cela ne troublait pas sa conscience. J'enviais sa sérénité. Elle était esclave, tout comme moi, mais elle avait conservé son rang et n'avait d'autre souci que d'obéir sans poser de question. Rester près de Meren-Maât suffisait à son bonheur, et, paradoxalement, elle était très fière de cette soumission heureuse.

Quant à moi, je n'étais esclave qu'en théorie, parce que mes parents l'étaient eux-mêmes. Mais, si j'avais fait l'objet d'un mépris voilé de la part de nos condisciples de la Maison de Vie, depuis notre départ d'Égypte plus personne ne me traitait comme un serviteur. J'étais le second de Meren-Maât, et, en son absence, tous les capitaines m'obéissaient. D'ailleurs, peu d'entre eux connaissaient mon véritable statut. Je touchais ma part sur les bénéfices de nos tractations commerciales, au même titre que tous les hommes libres qui composaient nos équipages.

Soudain, Zangha se raidit. Tout paraissait calme, mais je la connaissais assez pour me fier à son extrême sensibilité.

– Qu'y a-t-il ? lui demandai-je tout bas.

Elle regarda autour d'elle d'un air inquiet.

– Il se passe quelque chose.

– Les Arawaks ? Ils reviennent ?

Elle secoua la tête et se leva. Je l'imitai et nous sortîmes de la cabane. À l'extérieur régnait une nuit épaisse. Les astres avaient disparu. Une angoisse sourde m'envahit. La veille, le ciel nocturne était constellé d'étoiles, et la lune était presque pleine.

– Écoute ! chuchota-t-elle.

Elle avait perçu avant moi la rumeur confuse et croissante qui résonnait au-delà de la forêt, à l'orient. Elle frissonna et resserra ses bras autour d'elle. Pourtant, l'air restait tiède. Tout à coup, les feuillages émirent un long bruissement.

– Ce n'est que le vent, dis-je.

– Ce n'est pas le vent, répondit-elle.

Un malaise insidieux me noua les entrailles. Le récit de Thalos, l'ami de Hamel, me revint en mémoire. Je scrutai la nuit, redoutant de découvrir au loin quelque monstrueux phénomène. Il n'y avait rien. J'éprouvai un brusque sentiment de colère envers Zangha. Ses craintes étaient stupides. Le ciel était couvert, un vent frais se levait. C'était seulement une tempête qui se préparait. Nous en avions surmonté d'autres. Mais, dans les frondaisons, le bruit s'amplifiait d'instant en instant. Zangha se serra instinctivement contre moi. Sa panique commença à me gagner.

Éveillé à son tour, Meren-Maât nous rejoignit. Au loin, vers l'est, des lueurs fugitives zébraient les ténèbres. Peu à peu, nos compagnons sortirent de leurs cabanes, intrigués par le vacarme inhabituel. Je commençai à penser qu'une créature effroyable rampait vers nous inexorablement, que rien ne pourrait arrêter. Autour de nous naissaient des tourbillons de sable qui dansaient tels des spectres indistincts. Malgré les ténèbres environnantes, nous devinions les formes tourmentées des arbres qui pliaient sous la puissance des éléments. Des millions d'aiguilles nous criblaient la peau. Des femmes en proie à la panique retournèrent se réfugier à l'intérieur des cabanes. Tout à coup, une bourrasque d'une violence extrême me déséquilibra, et je faillis m'écrouler.

– Que se passe-t-il ? hurlai-je à Meren-Maât dont je ne devinais les traits qu'à la lueur des éclairs.

– Hurakaan ! répondit-il de même. La Colère des dieux !

Un grand froid m'envahit. Nous ne savions rien de cette déité maudite qui, chaque année après la saison chaude, frappait l'île. Emporté par mon imagination, je m'attendis à voir surgir, au-dessus des arbres, un monstre gigantesque dont la gueule démesurée avalerait le village d'un coup. Nous nous réfugiâmes dans les maisons. Bientôt, des trombes d'eau s'abattirent sur le village, détrempant tout en quelques instants. Des ruisseaux boueux se formèrent, se rassemblèrent, pénétrèrent dans les cabanes. Les toits de palmes, solidement arrimés aux montants de bois, résistaient tant bien que mal. Mais rien ne pouvait s'opposer à la force démentielle des vents. De temps à autre, des craquements s'inscrivaient dans le vacarme, suivis de cris de terreur. Un panneau de feuilles était arraché et emporté au loin par la fureur de la tempête. Un homme qui tentait de fixer un toit fut enlevé avec lui.

Le monde semblait en proie à la folie. Le village n'était plus qu'un concert de cris de détresse. La lueur verdâtre des éclairs déchirait la nuit terrifiante. Les poteaux de bois des cabanes, derniers remparts contre la tornade, craquaient et grinçaient sous la pression des rafales. Des gifles d'eau nous tordaient la respiration dans les poumons. Tout était détrempé, fangeux, malmené. Zangha s'était blottie contre moi et tremblait de tous ses membres. Jamais je ne l'avais vue ainsi. Elle était capable d'affronter plusieurs hommes à elle seule, mais elle mourait de peur devant la fureur des dieux.

Un instant, je songeai aux Arawaks. Ils provenaient certainement d'une autre île située plus loin vers l'est. S'ils n'avaient pas eu le temps de regagner leur pays, Hurakaan les avait certainement tous déjà anéantis.

Je ne me rendis pas vraiment compte du moment où le jour se

leva. Les ténèbres avaient laissé place à une demi-nuit d'un gris-vert opaque. Bravant la tempête, Meren-Maât et moi sortîmes de la maison. Un spectacle de chaos nous attendait. Plus de la moitié des toits avait été emportée. Certaines cabanes s'étaient écroulées, contraignant leurs occupants à trouver refuge chez leurs voisins. Les ruelles du village n'étaient plus que des torrents boueux qui s'engouffraient dans les demeures. Des vagues de pluie continuaient à s'abattre sur nous, crépitant sur les toits subsistants, nous criblant la peau. Autour du village, la forêt semblait animée d'une vie monstrueuse, les arbres se courbaient, dansaient de façon désordonnée.

C'était à n'y rien comprendre. La veille, hormis une barre lointaine à l'orient, le ciel était parfaitement bleu. À peine la houle avait-elle fraîchi dans la soirée, peu avant le coucher du soleil. Rien ne pouvait laisser soupçonner une telle apocalypse. L'air était si épais que l'on avait l'impression de respirer du sable.

Tout à coup, alors que nous tentions péniblement d'atteindre le portail du village, des craquements sinistres se firent entendre, puis une ombre gigantesque s'abattit au loin, à la lisière de la forêt. Un arbre avait été arraché. Un instant porté par le vent, il vint se planter dans une maison encore protégée par son toit et la creva comme un œuf. Des hurlements de terreur éclatèrent. Nous courûmes jusqu'à la cabane martyre. Déjà une petite troupe se formait, qui tentait de dégager les décombres. Les gémissements s'étaient tus lorsque nous réussîmes à ôter l'arbre. Avec horreur, nous découvrîmes l'un de nos compagnons égyptiens des premiers temps, le thorax enfoncé, les yeux vitreux. Les trombes d'eau qui tombaient du ciel teintaient la boue d'écarlate.

La tempête dura quatre jours pleins. Par moments, elle s'apaisait quelque peu, puis reprenait de plus belle. Nous profitions des périodes d'accalmie pour soigner les blessés, pour nous nourrir et réparer tant bien que mal les dégâts causés par les vents. La nuit, le vacarme infernal nous interdisait de fermer l'œil. La peur m'avait quitté. Hurakaan était sur nous, et frappait sans relâche, mais il était possible de lui survivre. Il suffisait d'attendre que sa colère se calmât.

Parfois, on nous prévenait qu'un homme ou une femme avaient été emportés par la tempête. Nous organisions alors une expédition de sauvetage qui se risquait dans la forêt à la recherche du disparu. Sur les cinq qui furent ainsi enlevés, nous n'en retrouvâmes que deux, dont un seul survécut. C'était une Cananéenne, qui avait eu la chance de tomber au sommet d'un palmier et de s'accrocher aux feuilles résistantes. Elle en fut quitte pour la peur. L'autre, un Chypriote, avait eu moins de chance : l'ouragan l'avait projeté contre le tronc d'un arbre où il s'était brisé les reins. Quant aux trois derniers, nous ne les revîmes jamais. Je suppose qu'ils étaient retombés dans la mer déchaînée où rôdait le grand Dévoreur blanc.

Au matin du troisième jour, Meren-Maât, inquiet pour les navires, décida de tenter une expédition jusqu'à la plage où nous les avions abrités. Suivis par Hirabaal et Ragnar, nous nous mîmes en route. Le moindre pas exigeait un effort considérable. Au prix de mille douleurs, nous parvînmes sur place. Un spectacle terrible nous y attendait. Là où, d'ordinaire, les eaux étaient bleues et calmes, des cohortes de vagues furieuses se déchaînaient et venaient exploser sur la barrière rocheuse, produisant des geysers d'écume de plus de vingt coudées de haut. Les feuillages qui dissimulaient les navires avaient été emportés. Cinq vaisseaux avaient été soulevés et déplacés. Deux d'entre eux s'étaient heurtés. La proue blindée du premier s'était enfoncée dans la coque du second, dont la carcasse éventrée et broyée ne naviguerait plus jamais. Par chance, on avait pris la précaution de coucher les mâts, leur évitant ainsi d'être arrachés.

Il s'avéra impossible de protéger les autres bateaux. Nous pouvions seulement prier les dieux pour qu'il n'y ait pas d'autres catastrophes de ce genre. Abasourdis, nous revînmes au village sans un mot. À notre retour, nous prîmes conscience de la gravité de la situation : un à un, les toits s'envolaient et se brisaient. Au début, nous avions lutté pour les consolider. Puis la résignation avait pris le dessus. Il était vain de vouloir lutter contre la colère des divinités.

– Les dieux de ce pays nous rejettent, Seigneur, dit Ragnar d'une voix lugubre.

– Ne crois pas cela. Les Ciboneys habitent ce pays depuis bien plus longtemps que nous, or, ils sont frappés également. Donc, ces dieux maudits sont aveugles, ou bien ils n'existent pas. Je crois qu'en réalité ces cyclones font partie de la vie de cette île. En Égypte, les crues fertilisent régulièrement la vallée. Parfois, elles sont trop fortes et provoquent des inondations meurtrières. Pensons-nous alors qu'Amon nous rejette ?

– Mais plusieurs dizaines des nôtres sont morts. D'abord, il y a eu les Arawaks, ensuite cette tempête infernale...

– Nous avons vaincu les Arawaks. Et je suis sûr que des demeures bâties en pierre selon les principes du grand Imhotep seraient capables de résister à Hurakaan. Mais je ne suis pas architecte.

Il se tut un instant, puis ajouta :

– Et puis, nous ne resterons pas sur cette île.

Le cyclone faiblit deux jours plus tard, laissant derrière lui un spectacle de désolation. Aucune maison n'avait résisté. Une pluie résiduelle tomba encore pendant une journée et une nuit, puis, le matin suivant, un soleil resplendissant illumina le village détruit. Je me souviens de ce retour miraculeux de la lumière après cinq jours de ténèbres. Des silhouettes hagardes erraient dans les ruines, les membres endoloris, les yeux rougis par la fatigue et l'insomnie. Pourtant, il fallait lutter, se nourrir, redresser ce qui pouvait l'être.

Le bilan était lourd. Cinquante et une personnes avaient péri : quarante-sept avaient été tuées par les Arawaks, et quatre autres par Hurakaan. De nombreux animaux avaient été emportés. Les vaisseaux avaient tous subi des dommages importants, et celui dont la coque avait été crevée par l'éperon de bronze était irrémédiablement perdu. Dans le village, plus une demeure ne tenait debout. La Colère des dieux portait bien son nom. Nous nous rendîmes au village des Ciboneys. Il n'avait pas été épargné, lui non plus. Toutes les masures étaient détruites, et une dizaine d'indigènes avaient disparu. Meren-Maât s'étonna que l'on n'ait pas organisé de recherches, mais Kambélé lui répondit que c'était inutile.

– Leurs vies ont apaisé les dieux. Tu vois, le soleil est revenu, et Hurakaan ne crache plus sa fureur.

Nous renonçâmes à comprendre. La puissance des éléments avait rendu ces gens fatalistes. Quelques jours plus tard, au cours d'une partie de chasse, nous retrouvâmes les corps de quatre des Ciboneys disparus. Ils avaient été emportés par un torrent de boue, et à moitié dévorés par les animaux.

Ce qui nous était apparu les premiers temps comme un pays digne des dieux s'était révélé en réalité une île très dangereuse. Nous n'avions pas découvert le royaume des Hommes rouges, et, hormis le tabac, nous n'avions pas décelé de richesses de nature à nous intéresser. De même, nous ne pouvions rien attendre des habitants de cette île. Ils n'avaient guère respecté notre alliance lors de l'attaque.

– Je ne tiens pas à affronter une nouvelle fois les Arawaks, me dit Meren-Maât. S'ils reviennent encore plus nombreux, nous ne pourrons leur résister. Notre but est de nouer des relations amicales et commerciales avec les peuples de ces îles, non de les combattre.

– Qu'allons-nous faire ? demandai-je.

– Repartir. J'en ai eu le pressentiment le soir où Akhena nous a fait découvrir le tabac. D'autres mondes nous attendent ailleurs.

15

Malgré notre désir de quitter cette île inhospitalière, il nous fallut patienter, le temps de réparer les bateaux. Nous ne revîmes jamais les Arawaks, mais trois tempêtes s'abattirent sur nous, heureusement moins féroces que la première. Conscients qu'ils devaient se faire pardonner leur lâcheté, les Ciboneys nous aidèrent à reconstruire nos maisons et à fixer les toits plus solidement. Nous parvînmes ainsi à donner au village un semblant de confort. Mais l'humidité s'infiltrait partout, nos rouleaux de lin fin moisissaient, et nous fûmes contraints d'en sacrifier les deux tiers.

À cette période sombre succédèrent des journées douces et ensoleillées. Nous concentrâmes nos efforts sur la remise en état de nos navires. Nous utilisâmes les pièces du bateau détruit pour réparer les autres. Mais il nous fallut aussi trouver des arbres capables de fournir des pièces de bois solides destinées aux coques. Les palmiers n'étaient pas assez résistants pour cela. Une expédition s'enfonça assez loin à l'intérieur des terres, où poussaient des acajous dont le bois rouge correspondait à ce que nous souhaitions.

Deux mois après la fin de la Colère des dieux, la flotte était de nouveau opérationnelle, quoique diminuée d'une unité. Ce n'était pas gênant en soi, puisque nous avions perdu plus de l'équivalent d'un équipage. Nous emportions avec nous un cheptel renouvelé de chèvres et de porcs, du tabac en quantité et des graines minuscules qui, selon les Ciboneys, permettraient d'en faire pousser d'autre. Avec le temps, nous avions pris goût à cette plante aux vertus si singulières. Chaque homme possédait désormais son calumet, et même les femmes ne dédaignaient pas d'y goûter. Meren-Maât couvait Edna avec des soins jaloux. Sa maternité prochaine la rendait resplendissante.

Au moment du départ, une polémique naquit entre Meren-Maât et Amonisfet. Ce dernier voulait retourner en Égypte. Il estimait que le voyage était un succès, et que nous devions trouver le moyen de rentrer pour faire part de nos découvertes à la reine Hatchepsout. Il fut soutenu en cela par ses guerriers.

– Tu as prouvé que les îles lointaines existaient, Seigneur, argumenta-t-il. Pour quelles raisons devrions-nous poursuivre ? Nous risquons de rencontrer des peuplades encore plus sanguinaires que les Arawaks. Si nous sommes tous massacrés, à quoi aura servi ce voyage, puisque personne n'en entendra jamais parler ? Tes détracteurs auront alors beau jeu de prétendre que tu te trompais et que le monde est vraiment plat. Ils affirmeront même que tu auras payé ton erreur en tombant dans le Gouffre.

Son raisonnement n'était pas dénué de sens, et Meren-Maât l'écouta avec attention. Mais il n'était pas question pour lui de quitter ce nouveau monde aussi vite.

– Je comprends tes raisons, Amonisfet, mais qu'aurons-nous à proposer à notre reine bien-aimée à notre retour ? Le tabac ? Crois-tu qu'elle acceptera de financer une nouvelle expédition si nous ne lui rapportons que cela ? Nous devons aller plus loin, découvrir de nouvelles richesses qui justifieront de futures traversées du Grand Océan. Nous ne savons presque rien de ces îles, mais je suis sûr qu'elles recèlent des trésors fabuleux. C'est pour cette raison que les dieux nous ont conduits jusqu'ici. Je ne veux pas provoquer leur déception en refusant d'achever ma tâche. Nous ne pouvons construire des relations commerciales solides avec les Ciboneys, et encore moins les Arawaks. Nous devons donc découvrir un grand peuple et établir avec lui des contacts durables.

Amonisfet menaça alors de reprendre son indépendance, et de rechercher par lui-même la route du retour. Ayant remplacé Dereb à la tête du contingent de soldats égyptiens, il estimait bénéficier des mêmes prérogatives.

– Notre bien-aimée reine Hatchepsout – Vie, Force, Santé – risque de ne pas apprécier ton obstination, déclara-t-il d'un ton agressif. Tu mets en danger la vie des guerriers qu'elle t'a confiés.

Meren-Maât se planta devant lui.

– La reine n'y est pour rien, Amonisfet, cingla-t-il. Dereb m'a avoué que ce n'est pas elle, mais mon frère Pen-Aser qui vous a envoyés vers moi. Il a précisé que mon cher frère avait ordonné mon élimination.

L'autre blêmit.

– Ton... élimination ? Mais... j'ignorais tout cela, Seigneur !

– Tu l'ignorais ? C'est bien surprenant !

– J'appartiens à la Maison des Armes. Dereb ne m'avait rien dit.

Meren-Maât le fixa longuement, puis se radoucit.

– Pen-Aser, poursuivit-il, m'a rendu responsable de son échec. Il a voulu me faire passer pour un pirate aux yeux de Pharaon. Mais je ne suis pas un pirate. J'ai traversé le Grand Océan pour sa gloire et celle d'Amon. C'est pour eux que j'irai au bout de ma mission, avec ou sans toi.

Il lui posa la main sur l'épaule.

– Dereb avait renié son allégeance à Pen-Aser. Il s'était librement rallié à moi et m'avait avoué la félonie de mon frère. Quant à toi, tu es libre de repartir en Égypte ou de rester. Que décides-tu ?

Vaincu, Amonisfet baissa le nez.

– Je te suivrai, Seigneur, dit-il enfin.

Quelques jours plus tard, les navires furent poussés à l'eau, et nous abandonnâmes les Ciboneys à leur sort. L'un derrière l'autre, les vaisseaux franchirent la passe du lagon et cinglèrent vers la pleine mer. Il ne nous fallut pas plus d'une demi-journée pour retrouver le courant. Celui-ci nous poussa de nouveau vers l'ouest. Encore une fois, Meren-Maât décida de laisser faire les dieux. Pendant plusieurs jours, nous longeâmes les côtes de l'île des Ciboneys. Nous constatâmes alors qu'elle était très grande. Le deuxième jour, nous croisâmes une myriade d'îlots trop petits pour nous accueillir. Le lendemain, la côte avait disparu.

Inquiet de me retrouver en pleine mer, je pris Meren-Maât à part.

– Mon frère, as-tu bien réfléchi ? Amonisfet n'a peut-être pas tort. Nous ne pouvons nous permettre une nouvelle traversée de deux mois. Il est encore temps de faire demi-tour et d'essayer de trouver un courant inverse qui nous ramènera vers la Méditerranée.

– Je te promets que nous ne resterons pas en mer plus de quelques jours, mon Khenty. Il se passe quelque chose d'étrange depuis que nous avons quitté l'île des Ciboneys : le courant faiblit. Cela signifie sans doute que nous ne sommes plus très loin d'une côte.

Le surlendemain, une falaise de nuages sombres envahit lentement le ciel par le nord-ouest, progressant dans notre direction. Curieusement, le courant s'orienta vers le sud et nous permit d'échapper de justesse à la fureur des divinités marines. Quatre jours plus tard, une nouvelle terre apparut.

C'est ainsi que nous découvrîmes le Pays du Caoutchouc.

Ce pays étrange correspondait à la vision de Meren-Maât. On ne savait pas où finissait la mer et où commençait la terre. Il n'existait ni plage ni côte rocheuse, seulement un littoral monotone couvert d'une mangrove inextricable. Au-delà, très loin, nous distinguions ce qui ressemblait à des montagnes, mais, en raison des hauts fonds, il nous était impossible d'approcher. Cette jungle impénétrable s'étendait sur des dizaines de milles. Meren-Maât avait décidé de suivre la rive vers l'ouest jusqu'à ce que nous trouvions une terre différente, où nous pourrions aborder. Mais le paysage semblait interminable.

Enfin, vers le milieu du troisième jour, une côte plus hospitalière se dessina. À la lisière de la mangrove s'ouvrait une grande baie où nous pûmes abriter nos navires. Une forêt luxuriante bordait une plage de sable clair. Vers le sud et l'ouest s'étendaient des plaines fertiles menant au pied de hautes montagnes. Après dix-sept jours passés en mer, nous n'étions pas fâchés de retrouver la terre ferme. Meren-Maât organisa une expédition vers l'intérieur, afin de déterminer les dangers éventuels. Après plusieurs jours d'exploration, nous fûmes à la fois rassurés et déçus : le pays paraissait inhabité. Cette constatation ne découragea pas mon frère.

– Cela ne prouve rien, déclara-t-il. Ce pays semble très vaste. Il est possible que des villages soient installés plus loin.

En revanche, les environs abondaient en gibier. Outre des cerfs, des cochons sauvages [1] et des singes, nous rencontrâmes également un animal bizarre, une sorte de rongeur haut sur pattes, de la taille d'un lièvre, qui se déplaçait surtout la nuit [2]. De même, la baie se révéla très poissonneuse. Nos guerriers égyptiens, qui considéraient le poisson comme une nourriture indigne d'eux, avaient fini par y

1. Des pécaris.
2. L'agouti.

prendre goût. Il faut dire que les Tjekerous possédaient l'art de les cuisiner et partageaient volontiers leurs recettes.

Dès notre arrivée, nous nous mîmes en quête d'un endroit sûr où construire notre nouvel établissement. Forts de nos expériences précédentes, nous résolûmes de prendre certaines précautions. Ce pays pouvait, lui aussi, receler une tribu hostile. Tandis que Meren-Maât et moi explorions la côte vers le nord-ouest, Ragnar eut l'idée de pénétrer dans la mangrove. Utilisant des pirogues à balancier fabriquées sur le modèle de celles des Arawaks, il s'enfonça dans la jungle épaisse en compagnie de ses Tjekerous. Le soir, il revint avec un visage triomphal.

– Seigneur, j'ai trouvé où construire le village.

Le lendemain, nous nous rendîmes sur place. Je me montrai un peu réticent, car cette forêt épaisse ne m'inspirait guère confiance. Elle ne ressemblait à rien de ce que je connaissais. Certains arbres plongeaient leurs branches dans un sol fangeux, d'où rejaillissaient de nouveaux arbres. D'autres étaient encore plus surprenants. Leurs racines géantes emprisonnaient le tronc d'un grand arbre, qui pourrissait, étouffé lentement. Cet arbre étrangleur ne se contentait pas d'une seule victime. Sitôt son crime commis, ses racines rampaient vers une nouvelle proie. Parfois le tueur était si vieux que l'arbre qui lui avait servi de tuteur à l'origine avait disparu. Il ressemblait alors à une araignée gigantesque, aux pattes démesurément hautes. Des fleurs multicolores poussaient sur les branches, laissant glisser des filaments jusqu'à terre. Certaines attiraient les petits oiseaux à l'aide d'un liquide visqueux. Lorsqu'il s'était posé, il ne pouvait plus s'envoler, et les feuilles se refermaient sur lui.

Nous nous déplacions en pirogues. La mer pénétrait intimement cet univers glauque. Son niveau montait deux fois par jour, au gré des marées. Les eaux saumâtres dissimulaient des dangers effrayants, sous la forme d'animaux ressemblant à s'y méprendre aux fils de Sobek [1]. Nous croisâmes même d'étranges poissons rampants, dont la tête était surmontée de deux yeux globuleux. Ils étaient capables de rester immobiles pendant des heures, mais disparaissaient promptement à la moindre alerte [2].

---

1. Des caïmans.

2. Il s'agit de l'amblystome ou urodèle du Mexique, dont la larve est appelée axolotl.

Plus nous avancions dans ce monde mystérieux, plus j'étais persuadé qu'il était le repaire d'une divinité terrifiante. Pourtant, au cœur de cette forêt cauchemardesque apparut soudain un lieu inattendu. Depuis un moment, nous avions rejoint un fleuve assez large. À l'endroit où l'un de ses affluents venait s'y jeter s'élevait une sorte de promontoire.

Nous débarquâmes. Le sol était ferme, couvert d'herbes et de buissons aux fleurs éclatantes. Suivant Ragnar, nous nous enfonçâmes dans la jungle. Curieusement, mon impression s'était modifiée. J'avais la sensation de me trouver dans un havre de paix au milieu de l'enfer. Le lieu produisait sur moi un effet identique à celui des lieux sacrés de Kemit, comme ces plateaux de Mennof-Rê où se dressent les immenses pyramides des premiers rois. Si un démon hantait les eaux troubles de la forêt, cet endroit était habité par un dieu bénéfique.

Après un demi-mille de marche apparut un tertre aux pentes douces. Ravi de sa découverte, le chef tjekerou nous mena au sommet. Nous constatâmes alors que nous nous trouvions dans une île située au confluent de deux cours d'eau. Elle serait facilement défendable en cas d'attaque. Le regard portait loin, et quelques tours placées aux points stratégiques suffiraient pour surveiller la région. De plus, qui pourrait avoir l'idée de nous chercher au cœur de cette jungle impénétrable ? Le fleuve et ses affluents constituaient les seuls accès possibles. La mer, distante de quelques milles, remontait à l'intérieur deux fois par jour, sans toutefois inonder les basses terres de l'île. Une longue grève de galets permettrait même d'accueillir les navires.

– Tu avais raison, Ragnar : cet endroit est idéal, dit Meren-Maât. Dès demain, nous nous installerons sur ce plateau.

La journée étant déjà trop avancée, nous restâmes sur place la nuit qui suivit. Une houle violente venue de la mer battait le rivage. Cependant, le rideau de végétation nous protégea efficacement de la brise. Au matin, Meren-Maât déclara :

– Les dieux m'ont parlé cette nuit. Notre village s'appellera la Cité des Vents.

Dès le lendemain, profitant de la marée haute, nous engageâmes les bateaux dans le fleuve. Le mascaret nous amena doucement jusqu'à l'île. Les navires furent échoués sur la grève et laissés sous la garde d'une dizaine de guerriers. Puis nous commençâmes la construction du village. En quelques jours, le tertre fut transformé en une vaste clairière au milieu de laquelle se dressaient des maisons de bois. Cette fois, nous prîmes la précaution de fixer beaucoup plus solidement les toits de feuillages, en prévision d'un éventuel cyclone. Une demeure plus importante fut construite pour Meren-Maât, Edna et moi. Elle fut dotée d'une grande salle qui servirait de salle du conseil. Mon frère et moi disposions chacun d'une chambre. Mettant en pratique une coutume rencontrée dans les Cassitérides, nous fîmes brûler du bois sur le sol de chaque maison. Cette tradition avait pour objet d'éloigner les mauvais esprits et, accessoirement, le sol de terre battue et de cendre ainsi obtenu offrait un certain confort. Les charpentiers et ébénistes se mirent en devoir de fabriquer des meubles, tables, sièges, coffres. Les maçons construisirent des silos destinés à stocker nos récoltes. Nous avions aménagé le sud du tertre en un grand champ où furent semées des graines de blé et d'orge... ainsi que de tabac. Malheureusement, si ce dernier poussa sans problème, le blé et l'orge se révélèrent impossible à cultiver : les jeunes pousses pourrissaient sur pied en raison de la trop grande humidité. Dans les premiers temps, nous dûmes nous contenter de cueillette et de chasse.

Bientôt, la cité prit tournure, avec des ruelles bien dessinées, et une enceinte protégée par une palissade solide doublée de deux rangées de pieux durcis au feu. Quatre tours d'observation permettaient de surveiller les alentours. Malgré les pluies abondantes, le pays offrait un climat doux et tiède. Les chasseurs s'aventuraient de plus en plus loin. Certains gagnaient les forêts au sol ferme qui bordaient la baie au sud-ouest, d'autres exploraient la jungle épaisse qui entourait la Cité des Vents. Les expéditions étaient menées en pirogue ou à pied. Agoutis, pécaris et cerfs constituaient notre ordinaire, ainsi que toutes sortes de fruits juteux et sucrés qui poussaient en abondance.

Tout se serait déroulé pour le mieux si plusieurs éléments n'étaient venus troubler cette sérénité. Tout d'abord, le caractère d'Edna s'était modifié, sans raison apparente. Son ventre s'arrondissait de plus en plus, et elle était désormais proche de son terme. Pourtant, elle avait perdu sa joyeuse humeur coutumière. Elle riait encore, mais il y avait derrière ce rire quelque chose de forcé. Je m'en ouvris à Meren-

Maât, qui ne comprenait pas non plus. Il n'avait pas changé son attitude vis-à-vis d'elle. Lui qui n'avait jamais été fidèle à aucune femme ne regardait plus les autres. Il la comblait de présents et d'attentions. Malgré cela, Edna semblait en proie à une tristesse que je ne lui connaissais pas. Je décidai de lui parler. Elle se montra réticente au début, prétendant qu'elle était toujours la même. Puis le masque craqua et elle se mit à pleurer.

– J'ai peur, Khenty. Peut-être vas-tu te moquer de moi, mais je crois que cette jungle est hantée par quelque chose d'effrayant.

– Nous n'avons trouvé trace d'aucun peuple belliqueux. Les Arawaks sont très loin à présent. Ils ne viendront jamais jusqu'ici.

– Il ne s'agit pas d'un peuple. C'est plutôt... un esprit maléfique. Il ne nous a pas encore attaqués, mais il est là. Il n'accepte pas que nous nous soyons installés sur son territoire. Je l'ai senti quand nous avons traversé la forêt. Malgré la chaleur, j'ai éprouvé une horrible sensation de froid, qui m'a pénétrée jusqu'aux os. J'avais l'impression d'être observée, jusqu'au fond de mon âme.

Elle se tut un instant, puis ajouta d'une voix sourde :

– Ce n'est pas tout. Au début de notre installation, un rêve m'a visitée. J'ai vu une femme mourir. Je n'ai pas vu son visage, mais j'ai peur que ce soit moi.

Elle leva vers moi des yeux tristes.

– Je n'en ai pas parlé à Meren-Maât. Il a tellement à faire. Et puis, je crois qu'il aime ce pays. Si je lui avoue mes craintes, il est capable de décider de repartir une nouvelle fois. Je... je ne sais plus que faire.

Je la pris contre moi.

– Ne crains rien ! Nous sommes là pour te protéger. Je vais veiller sur toi.

Par prudence, j'affectai deux guerriers à sa protection permanente. D'ordinaire, je ne prêtais guère attention aux gémissements des femmes. Mais Edna n'avait pas pour coutume de se plaindre sans raison. C'était une fille solide et joyeuse. Pour réagir ainsi, il fallait qu'elle fût réellement effrayée.

16

Dès le lendemain, les chasseurs firent d'étranges constatations. Un groupe qui avait exploré la forêt de la baie assez loin vers le sud en revint avec des nouvelles inquiétantes. Hoppi, son chef, raconta :

– Nous pourchassions une harde de cerfs lorsque nous avons éprouvé l'impression d'être observés. Nous n'avons pas oublié les Arawaks, et nous n'étions pas très rassurés. Parfois, nous entendions comme d'étranges bruits de pas. Mais personne ne s'est montré.

Un autre renchérit :

– Moi, j'ai aperçu quelque chose qui ressemblait à un homme, mais cela a disparu dans les fourrés.

– Et puis, il y a eu le grondement, ajouta un troisième.

– Quel grondement ?

– Nous longions un bras de rivière en pataugeant dans la vase. Il était impossible de pénétrer la jungle tant la végétation était dense. Je fermais la marche. Tout à coup, j'ai eu l'impression que la forêt elle-même se mettait à rugir. Je ne pouvais même pas savoir d'où venait ce bruit. J'ai cru sentir un souffle chaud sur ma nuque. Alors, j'ai hurlé, et je me suis mis à courir pour rattraper mes compagnons.

– Je l'ai entendu aussi, précisa Hoppi. Seigneur, tu connais notre courage. Nous n'avons jamais faibli devant l'ennemi. Mais là, il s'agissait de quelque chose d'abominable.

– Peut-être les habitants de ce pays ont-ils voulu vous effrayer...

– Ce que nous avons entendu n'avait rien d'humain, Seigneur. C'était un esprit, un esprit mauvais qui hante la forêt.

Le récit des chasseurs m'impressionna. Tous étaient de valeureux combattants, et ils n'avaient pu éprouver une telle peur sans une bonne raison. Plus tard j'entraînai Meren-Maât à l'écart et lui racontai ma conversation avec sa compagne. Il pâlit à l'idée qu'elle pouvait être tuée.

– Les femmes perçoivent des choses que nous sommes incapables de ressentir, dit-il. Tout cela ne me dit rien de bon. Nous allons renforcer la défense du village et des équipes de chasseurs.

– Crois-tu que les habitants de ce pays soient aussi hostiles que les Arawaks ? demandai-je.

Il médita un instant.

– Non, répondit-il enfin. Si tel était le cas, ils nous auraient déjà attaqués. Ils se méfient, et c'est compréhensible. Ils n'ont jamais vu d'hommes comme nous. Alors, ils nous observent. Pour nouer des contacts avec eux, nous devons leur montrer que nous ne leur voulons aucun mal.

– Peut-être utilisent-ils la magie pour nous effrayer et nous inciter à repartir. Comme ce rugissement...

– C'est possible, mais je pense qu'il signifie autre chose.

Il regarda longuement la jungle qui s'étirait autour de l'île, dans toutes les directions.

– Edna a raison, mon frère, il y a dans cette forêt un monstre mystérieux et inconnu. Et nous allons bientôt devoir l'affronter.

Les jours suivants, aucun indigène ne se manifesta. En revanche, la désagréable sensation d'être surveillés toucha tous ceux qui s'aventuraient à l'intérieur des terres, dans des territoires pourtant éloignés les uns des autres. Un jour, du haut de sa tour, une sentinelle entrevit une dizaine de silhouettes se déplaçant dans la jungle. Mais elles disparurent très vite. Nous avions la preuve que le pays était habité. Mais par qui ? Ou par quoi ?

Ce fut le surlendemain qu'eut lieu la première disparition, à la lisière de la mangrove et de la forêt, là où la mer vient mourir dans des marais mornes et ténébreux. À cet endroit, les arbres sont si élevés que la lumière du soleil n'atteint pas le sol. Un groupe de chasseurs était parti le matin, armé de lances, d'arcs et de lourdes haches de bronze. Flèches et javelots étaient destinés au gibier, les haches à une éventuelle mauvaise rencontre. Le soir, lorsqu'ils regagnèrent le village, l'un d'eux, Balik, un jeune Cananéen, n'était plus là. Mais, lorsque nous les interrogeâmes, aucun des chasseurs ne put fournir une explication cohérente.

– Il faisait très sombre, Seigneur, dit leur chef. Nous avions tué trois pécaris et nous nous apprêtions à rentrer pour ne pas être surpris par la nuit. Nous étions sur nos gardes, à cause de l'histoire de Hoppi. Tout à coup, nous avons entendu le grondement. Par Isis, je crois que je n'ai jamais eu aussi peur de ma vie. Cela ressemblait au rugissement d'un lion, mais en plus sourd. Il semblait venir de partout à la fois. Et puis, les fourrés se sont mis à bouger. Aussitôt après, Balik a hurlé, et il s'est écroulé. Nous ne le voyions plus. Il y a eu un terrible bruit de lutte, et puis plus rien. Nous étions très rapprochés les uns des autres, et pourtant, nous n'avons rien vu. Lorsque nous avons voulu lui porter secours, il était déjà trop tard. Nous n'avons retrouvé que son poignard. Il a dû vouloir se défendre. Il y avait des branches cassées et une longue traînée de sang. On avait tiré son corps sur le sol. Les traces nous ont menés jusqu'à un bras d'eau. Mais là, tout était calme, comme s'il ne s'était rien passé. Balik s'était volatilisé.

– Avez-vous trouvé des empreintes de pieds ?

– Non, Seigneur ! Par contre, nous avons relevé les traces d'un animal énorme.

– Il s'agirait donc d'un animal...

– Non, Seigneur ! conclut le chasseur en tremblant. C'est un démon qui a pris la forme d'une bête.

Une seconde disparition eut lieu quatre jours plus tard, dans des circonstances analogues, plus près du village, à la limite du fleuve. Meren-Maât fut pris d'une épouvantable colère, provoquée surtout par son impuissance à réagir. L'Esprit tueur de la forêt occupait toutes les pensées, monopolisait les conversations.

– Ce pays nous rejette, déclara Amonisfet d'un ton lugubre. Le dieu de cette jungle nous envoie un démon invisible. Il nous tuera tous, l'un après l'autre.

– Je ne crois pas à ce dieu, rétorqua Meren-Maât. S'il le faut, j'irai le combattre moi-même.

– Et comment feras-tu, si tu ne peux le voir ?

– Tout ennemi a toujours une faiblesse. Je la trouverai. J'ai tué un lion autrefois ! C'est lui qui m'a valu cette balafre. Je ne crains pas de combattre ce dieu maudit, s'il a le courage de se mesurer à moi.

On retrouva les restes du deuxième disparu le lendemain, perchés dans un arbre. On ne le reconnut qu'aux lambeaux de ses vêtements et à un bracelet de métal. Meren-Maât et moi nous rendîmes sur place. Par terreur superstitieuse, les guerriers n'avaient pas osé le descendre. Nous examinâmes le cadavre. Les chairs avaient été en grande partie dévorées, les os broyés. La tête avait disparu.

– Il a été tué par un animal, dit Meren-Maât. Les traces de morsures sont beaucoup trop grosses pour être celles d'un homme.

– Ce n'est pas un animal, Seigneur ! intervint Hoppi, le visage blême. C'est l'esprit de la forêt.

– Esprit ou pas, je n'ai pas l'intention de me laisser faire, gronda soudain mon frère, en proie à la colère.

Il se tourna vers la forêt et se mit à crier :

– Tu m'entends, espèce de lâche ? Tu sais te rendre invisible et attaquer par surprise, mais est-ce que tu auras le courage de t'attaquer à moi, de face, en pleine lumière ? Je t'attends ! Montre-toi !

Ce disant, il brandit sa lourde hache de bronze et son bouclier de cuir d'hippopotame en direction de la forêt.

– Montre-toi ! hurla-t-il de nouveau.

Mais sa voix puissante se perdit sous les frondaisons épaisses et glauques. Je me souvins de la première impression de malaise éprouvée lorsque nous avions pénétré la mangrove. Peut-être Amonisfet avait-il raison : le pays nous rejetait. Nous en eûmes la confirmation un instant plus tard, lorsque Meren-Maât cria pour la troisième fois.

– Espèce de couard ! Aurais-tu peur de moi ?

La réponse ne tarda pas. Un rugissement sourd retentit. Ainsi que l'avaient dit les chasseurs, il était impossible de localiser son origine. Meren-Maât se tut, tendit l'oreille. Mais le grondement ne se renouvela pas.

– Je l'ai défié, et il n'ose pas me combattre ! clama Meren-Maât. Ce n'est pas un dieu. C'est un animal.

– Ou un dieu qui a pris cette forme, répliquai-je. Quel animal oserait s'attaquer à un groupe de guerriers armés ? Même un lion ne se risquerait pas à le faire.

Sur le chemin du retour, j'éprouvais plus que jamais la désagréable sensation d'être épié. Mais je ne saurais dire si je redoutais le mystérieux esprit animal inconnu, ou bien les invisibles habitants du pays. À tout moment, nous nous attendions à voir surgir une créature épouvantable, à la gueule hérissée de crocs démesurés.

Nous avions presque regagné le tertre lorsque Meren-Maât s'écria :

– Regardez !

Il fallait avoir son sens aigu de la chasse pour découvrir, légèrement imprimée sur le sol, la trace d'un pied nu. Un pied humain.

– Ce n'est peut-être pas un dieu, dis-je. Il y a une autre explication. Les gens de ce pays ont apprivoisé des monstres, et ils les envoient pour nous combattre. La mise en scène macabre de l'arbre est destinée à nous effrayer. Peut-être sont-ils peu nombreux...

– C'est possible, en effet, pesta-t-il. Mais comment leur faire comprendre que nous ne sommes pas des ennemis ?

Nous tentâmes d'attirer les inconnus avec des présents. Dans une clairière, nous disposâmes des bijoux, des pièces de tissus, des jouets, des vêtements. Ils restèrent plusieurs jours sur place. Un matin, nous repérâmes des traces de pieds nus sur le sol. Les autochtones étaient venus contempler les objets pendant la nuit, mais n'y avaient pas touché. Peut-être redoutaient-ils une influence maléfique, ou bien ils ne comprenaient pas la signification de notre offrande.

Quelques jours plus tard, le monstre attaqua un nouveau groupe. Il bondit sur un guerrier, mais celui-ci, parfaitement sur ses gardes, eut le temps de se protéger avec son bouclier. Mérée, le chasseur crétois qui avait survécu à cette attaque, nous conta l'aventure :

– C'était comme si la forêt elle-même avait poussé un rugissement. Nous nous sommes mis en cercle, les armes tournées vers l'extérieur. Et soudain – ah, par les dieux, je n'oublierai jamais cela ! – on aurait dit que le monstre prenait vie à partir des arbres. Je n'avais jamais rien vu de tel.

– À quoi ressemble-t-il ?

– Je ne sais pas vraiment, Seigneur. Cela s'est passé trop vite. J'ai entrevu un pelage jaune, des taches noires. On aurait dit un léopard, mais plus gros, plus puissant. Il devait être là depuis un moment, pourtant, on ne le voyait pas, parce qu'il se confondait avec les fourrés. Son regard est celui de la mort elle-même. Je ne pouvais pas crier, j'étais pétrifié. L'espace d'un instant, il est resté immobile, les yeux fixés sur moi. Je crois bien que j'ai mouillé mon pagne. Et puis il a bondi sur moi. J'ai eu le réflexe de m'abriter derrière mon bouclier. J'ai eu l'impression d'être percuté par un éléphant, et je suis tombé. Heureusement, mes compagnons ont réagi tout de suite et l'ont frappé de leurs lances. Il a disparu dans la jungle. Mais je tremble à l'idée que ma peau ait pu se trouver à la place de mon bouclier. Regardez !

Le cuir d'hippopotame, pourtant épais et solide, était marqué par de profondes traces de griffes.

– Un lion n'aurait pu faire des marques aussi profondes, dis-je.

– Il s'agit sans doute d'une espèce de panthère locale, précisa Meren-Maât.

– Il est plus gros qu'une panthère, Seigneur, poursuivit Mérée. Et puis, ce n'est pas un animal ordinaire. Il est habité par un esprit mauvais.

Cependant, les chasseurs exultaient. Le démon avait fui. Pour eux, c'était presque une victoire. Je tempérai leur enthousiasme.

– Ne vous réjouissez pas trop vite. Cela prouve qu'il est très prudent. Il savait qu'il n'aurait pas le dessus face à une vingtaine de guerriers armés.

Un élément autre m'inquiétait : les attaques se rapprochaient du village.

– Ce monstre nous considère comme du gibier, dis-je à Meren-Maât. S'il parvient à s'introduire dans la Cité des Vents, il risque de faire un carnage. Les femmes ne sauront pas se défendre contre lui. Il faudrait augmenter la garde.

– Une panthère n'oserait jamais s'aventurer jusqu'ici, intervint Hirabaal. Nous sommes trop nombreux.

– Le monstre est rusé, patient et silencieux, rétorqué-je. Il attaque toujours là où on l'attend le moins.

Mon frère n'avait pas oublié la menace pesant sur Edna.

– Nous allons doubler les sentinelles sur les tours et à la porte du village.

Malheureusement, mes craintes étaient fondées : le fauve ne nous redoutait pas. La nuit suivante, une chèvre fut emportée.

– Que l'on établisse un cordon de gardes autour de l'enclos ! rugit Meren-Maât.

Puis il décida qu'il était temps d'en finir. Désireux d'affronter lui-même le fauve, il prit le commandement du groupe de veilleurs. Je proposai de l'accompagner. S'il devait combattre cette créature, je préférais être près de lui. Ensemble, nous serions invincibles.

Hélas, aujourd'hui encore, je m'en veux de cette décision. Si j'étais resté dans la demeure, peut-être aurais-je pu intervenir, et éviter le terrible drame qui se déroula la nuit suivante.

En compagnie d'une douzaine de guerriers, Meren-Maât et moi scrutions les alentours sombres en espérant la venue du monstre. Les lames des lances et des haches avaient été affûtées, de lourds casse-tête étaient posés sur le sol, prêts à servir. Tout à coup, vers le milieu de la nuit, les chèvres et les porcs montrèrent des signes d'affolement.

– Il est là, me souffla Meren-Maât.

Je regrettais que nous n'ayons pas abattu plus d'arbres autour du village. Dans les ténèbres, un guerrier habile pouvait se faufiler jusqu'à l'enceinte. Mais nous n'avions pas affaire à un homme. Nous estimions que notre troupeau l'attirerait, et nous avions renforcé les défenses autour de l'enclos. Dans la Vallée sacrée, les lions s'attaquaient plus volontiers aux animaux domestiques qu'aux hommes eux-mêmes. Malheureusement, le monstre n'était ni un lion, ni même un léopard. La créature à laquelle nous avions affaire était bien plus dangereuse.

Écarquillant les yeux pour repérer la Bête, nous nous emparâmes fébrilement de nos armes. Mais, malgré la pâle clarté de la lune, nous ne vîmes rien. Peu à peu, le troupeau s'apaisa.

– C'était une fausse alerte, déclara Hoppi à mes côtés. Il n'osera pas attaquer tant que nous serons là.

– Il nous faudrait des chiens, dis-je.

Le calme était revenu. Peut-être le monstre s'était-il rendu compte que nous l'attendions de pied ferme et il s'était enfui.

Mais il ne s'était pas enfui...

Soudain, un hurlement terrifiant retentit à l'intérieur du village, qui nous glaça le sang dans les veines.

– Edna ! gémit mon frère, affolé.

Il se rua vers le village. Je crois bien n'avoir jamais couru aussi vite. Lorsque nous arrivâmes, un attroupement se formait devant notre demeure, tandis que des guerriers brandissaient des torches en tous sens pour tenter de percer les ténèbres. Nous écartâmes la foule sans ménagement et entrâmes dans la maison.

Edna gisait sur le sol, couverte de sang.

17

Meren-Maât poussa un cri d'animal blessé et s'agenouilla près d'elle. Il constata alors avec stupéfaction qu'elle respirait et ne portait aucune blessure. Ce sang n'était pas le sien. Elle était seulement évanouie.

Je me précipitai dans leur chambre. Rîany, la servante d'Edna, était écroulée dans une position bizarre. Adossée au mur de bois, Zangha, tremblant de tous ses membres, tenait une torche dont la lueur falote éclairait le corps nu et ensanglanté de taches de lumières mouvantes. Une flaque sombre s'agrandissait sous le ventre de Rîany. Des ombres indistinctes entrèrent dans la pièce. Je m'accroupis à ses côtés et la retournai délicatement. Elle vivait encore, mais un coup de griffe lui avait déchiré la gorge, et je savais déjà qu'elle ne survivrait pas. Un flot écarlate s'écoulait sur sa poitrine. Elle respirait avec peine, à petits coups saccadés. Maladroitement, je posai ma main sur la plaie, pour tenter d'arrêter l'hémorragie. Mais il n'y avait rien à faire. Jamais je ne pourrai oublier son regard affolé, qui s'agrippait désespérément au mien. Elle refusait de mourir, elle était trop jeune, elle avait encore tant de choses à faire. Elle avait réussi à quitter sa condition d'esclave, elle avait acquis le respect de tous, des guerriers qu'elle soignait, et aussi de nos médecins, Hamel et Daraan. Il y avait dans ses yeux un profond sentiment d'injustice, une révolte, et la peur de partir vers un monde qu'elle redoutait, dont elle ignorait tout. Mais qui peut savoir ce qu'est réellement le royaume d'Osiris ?

Elle ne poussa qu'un cri léger, puis sa tête retomba dans mes bras. La gorge nouée pour retenir mes larmes, je la soulevai pour la déposer sur une table. Meren-Maât revint, soutenant Edna qui avait repris ses esprits. La chambre était à présent pleine de spectres désemparés, que je ne voyais pas. Mon regard s'était fixé sur la fenêtre par laquelle le monstre s'était introduit dans la maison.

Zangha se jeta dans mes bras et, d'une voix hachée, nous conta ce qui était arrivé.

– Nous n'arrivions pas à dormir. Edna m'avait demandé de passer la nuit avec Rîany et elle, car elle avait très peur. J'essayai de la rassurer du mieux que je pouvais. Tout à coup, il y a eu un bruit étouffé au-dehors. Et la Bête est apparue à la fenêtre. Je n'ai vu que sa silhouette. Elle était plus grande qu'un homme, et ses crocs luisaient à la lumière de la lune. J'ai cru que je faisais un cauchemar, parce qu'elle ne faisait aucun bruit. Les guerriers qui veillaient devant l'entrée n'avaient rien entendu. Tout s'est passé très vite. Le monstre a bondi sur nous avant que nous n'ayons pu franchir la porte. J'ai été projetée sur le sol. On n'y voyait presque rien, et j'entendais les rugissements de la Bête. Je tremblais de peur, je ne savais pas quoi faire. Et j'ai vu la torche sur le mur. Je l'ai prise, et j'ai hurlé, de toutes mes forces, pour chasser ma terreur. Le fauve s'acharnait sur Rîany, qui s'était interposée pour protéger Edna. Alors, j'ai sauté sur lui et je lui ai enfoncé la torche dans la gueule. Il a poussé un grondement terrible, il a lâché prise et s'est enfui par la fenêtre. Rîany était gravement blessée. Edna a voulu chercher du secours. Mais je l'ai entendue s'écrouler dans la grande pièce. Et... tout le monde est arrivé.

Elle éclata en sanglots. Son intervention avait été très courageuse. Malheureusement, elle n'avait pas suffi pour sauver Rîany.

Tout à coup, Meren-Maât abandonna Edna à la garde de Ragnar et sortit, mû par un terrible sentiment de colère. Inquiet, je le suivis. Il quitta le village, marcha vers la jungle et hurla :

– Je te tuerai ! Tu m'entends, qui que tu sois, je te tuerai !

Il dégaina son glaive et s'entailla l'avant-bras. Un filet écarlate coula sur le sol.

– Sur mon sang, je jure devant Amon, Horus et Ptah que je ne prendrai aucun repos avant de t'avoir tué de mes propres mains !

Le lendemain, nous transportâmes le corps de Rîany sur la place du village, où avait été dressé un bûcher. Comme je m'étonnais, Meren-Maât m'expliqua :

– Elle n'était pas égyptienne. Je respecte la coutume de son peuple qui exige que les corps des défunts soient purifiés par les flammes, et non momifiés.

Les yeux rouges, Edna s'appuyait sur son bras. Son ventre gonflé accentuait son aspect fragile. Bientôt de hautes flammes s'élevèrent. Nous restâmes devant le bûcher jusqu'à ce que tout ne fût plus que braises. Malgré sa fatigue et sa peine, Edna demeura près de nous, silencieuse.

Si elle n'avait pu sauver Rîany, la riposte courageuse de Zangha nous avait apporté une information précieuse : la Bête redoutait le feu. Avant de nous mettre en chasse, nous fîmes donc installer des foyers autour du village. Ils se révélèrent efficaces, car, pendant les jours qui suivirent, la créature ne se manifesta plus.

Profitant de ce répit, nous préparâmes nos armes. Mon frère affûta lui-même sa lourde hache de bronze et ses lances. Les chasseurs ne quittaient plus le village. Ils avaient désormais pour tâche de patrouiller dans les environs immédiats, afin de repérer une éventuelle approche du monstre. On ne pouvait organiser de nouvelles expéditions tant qu'il n'aurait pas été mis hors d'état de nuire.

À la demande de mon frère, je sélectionnai les douze meilleurs guerriers. Ragnar, le chef tjekerou, s'imposa naturellement. C'était un chasseur émérite. De plus, Rîany était de sa race, et il l'aimait beaucoup. Lui aussi désirait la venger. Mérée accepta aussi de se joindre à nous, mais à contrecœur. La peur ne l'avait pas quitté. Il soupira d'une voix lugubre :

– Je ne sais pas si nous serons assez forts pour le vaincre, Seigneur. Tu crois qu'il s'agit d'un animal, mais moi, je suis sûr que c'est un être démoniaque qui a le pouvoir de changer d'apparence. Il s'approche sous la forme d'un buisson, afin d'endormir notre méfiance. Quand il rugit, on ne le voit pas, et on a l'impression que c'est la jungle elle-même qui a poussé ce rugissement. On a peur, on se met à trembler. Alors, il se métamorphose en fauve et là, on ne peut rien faire. Ce démon est invincible, Seigneur !

– Pourtant, tu t'en es sorti, remarqua Meren-Maât.

– J'ai eu de la chance, Seigneur.

Il baissa la tête, puis ajouta d'un air penaud :

– Seigneur, je n'ai jamais reculé devant nos ennemis, et tu sais que je ne suis pas lâche, mais cette fois... j'ai peur. Je redoute d'affronter ce... cette chose à nouveau.

J'aiguisai mon glaive avec grand soin. Les paroles de Mérée ne m'avaient pas rassuré. Meren-Maât persistait à voir dans ce monstre un fauve d'une habileté et d'une force inhabituelles. Je pensais quant à moi qu'il y avait une part de vérité dans ce qu'avait dit le Crétois. Le combat que nous allions livrer serait une lutte à mort. Cette divinité malfaisante symbolisait l'esprit du pays. Si nous parvenions à triompher, les dieux reconnaîtraient notre valeur et nous permettraient d'y séjourner. Si nous échouions, les forces invisibles se ligueraient contre nous et nous serions impitoyablement éliminés. Il n'y avait pas de moyen terme : nous devions vaincre ou mourir.

Le lendemain, nous nous mîmes en route, en compagnie des douze chasseurs. Nous emportions des vivres en quantité, car nous nous doutions que la traque serait longue et difficile. L'un des guerriers tenait en laisse une chèvre destinée à servir d'appât. Il était difficile d'établir un plan précis. Le monstre attaquait toujours au moment et à l'endroit où on l'attendait le moins. Son territoire devait couvrir une très grande étendue. Il lui était facile de s'échapper, car il était aussi à l'aise dans l'eau que sur terre. Nous savions de plus qu'il était assez puissant pour hisser le corps d'un homme dans un arbre.

Les patrouilles n'ayant rien repéré depuis l'attaque du village, Meren-Maât décida de se rendre sur les lieux de la dernière disparition, pour rechercher d'éventuelles traces. Comme il fallait s'y attendre, nous ne trouvâmes aucun indice. Il s'était écoulé plusieurs jours, et les pluies avaient tout effacé. Le premier soir, nous installâmes notre campement dans une sorte de clairière où il serait plus facile de prévenir une attaque. Nous avions emporté de quoi allumer un feu destiné à éloigner le monstre. La moitié d'entre nous resta éveillée pendant que l'autre prenait du repos. Mais la nuit fut calme.

Le deuxième jour, nous dûmes affronter un caïman vindicatif, auquel Meren-Maât fendit le crâne d'un imparable coup de hache. Le soir, nous mangeâmes sa chair. Le troisième jour, nous découvrîmes le cadavre d'un saurien dans un marigot. Tout indiquait qu'il avait été tué récemment. Intrigués, nous éloignâmes les nuées de charognards qui s'acharnaient sur la carcasse.

– Par les dieux, regardez ! dit Ragnar.

Il désignait la gorge du reptile, proprement sectionnée par une mâchoire puissante.

– Ce n'est pas un autre caïman qui a pu faire ça, dis-je.

Un terrible combat s'était déroulé là. Dans le sol restaient imprimées des traces inquiétantes, plus larges que celles d'un taureau. Sans aucun doute, cette bête avait été tuée par la Créature. Le quatrième jour, nous découvrîmes plusieurs charognes de pécaris qui prouvaient que nous n'étions plus très loin de son repaire. Nous avancions en scrutant les profondeurs de la jungle, nous attendant d'un moment à l'autre à la voir surgir. Tout à coup, Ragnar s'écria ·

– Regardez !

Devant nous se dressait un arbre au tronc torturé, recouvert d'orchidées. Et là, au creux d'un embranchement, gisait ce qui restait d'un homme. Nous pensâmes tout d'abord qu'il s'agissait de l'un des nôtres. Mais la couleur des lambeaux de peau rappelait celle des Ciboneys.

– Ce malheureux a été tué par la Bête. Il y a donc bien des hommes dans ce pays ! murmura Meren-Maât. Et ils n'ont pas passé d'alliance avec elle.

Redoutant et espérant à la fois la venue du démon, nous poursuivîmes notre exploration. Mais rien ne se passait. Peut-être nous observait-il, attendant une défaillance de notre part.

Vers le soir, un gémissement attira notre attention. Redoublant de prudence, nous nous dirigeâmes vers la source du bruit. Au creux d'un buisson, deux hommes en veillaient un troisième, horriblement blessé. La Créature lui avait ouvert le ventre. Maladroitement, ses compagnons tentaient de comprimer son abdomen, en vain. Cet homme était condamné, une telle blessure ne pardonnait pas. La mort survenait généralement en quelques heures, après une agonie atroce.

Dès qu'ils nous aperçurent, les indigènes eurent un mouvement pour s'enfuir, mais ils ne pouvaient abandonner ainsi leur compagnon. Courageusement, l'un d'eux fit face. Meren-Maât leva la main en signe de paix. Ils nous laissèrent approcher. Nous constatâmes qu'ils portaient eux aussi des blessures, toutefois moins graves.

Meren-Maât se pencha sur le mourant. Celui-ci le regarda, lui adressa un sourire ressemblant à une grimace, puis prononça quelques mots. Ses compagnons, étonnés, se tournèrent vers Meren-Maât, puis s'inclinèrent devant lui. L'agonisant tendit la main vers mon frère. Celui-ci s'agenouilla et la saisit. L'autre s'y agrippa avec l'énergie du désespoir. L'échange ne dura que quelques instants, pendant lesquels le malheureux parla dans son langage énigmatique. Puis, il céda d'un coup à la mort, et sa tête retomba sur sa poitrine.

Pour une raison incompréhensible, les deux indigènes manifestèrent alors un grand respect envers Meren-Maât. Afin de les apprivoiser, il leur proposa un peu de nourriture, qu'ils acceptèrent. Par gestes, il tenta de leur expliquer qu'il était là pour tuer la Bête. Ils hochèrent la tête, visiblement impressionnés. Lorsqu'il leur tendit la main en signe d'alliance, ils la serrèrent sans hésitation. Peut-être allions-nous enfin pouvoir établir un contact avec les autochtones.

Mais il fallait avant tout éliminer le monstre. L'attaque était récente. Nous n'étions donc plus très loin de lui. Tout à coup, la chèvre affolée se mit à bêler de terreur. L'instant d'après, un grondement sourd retentit.

– Il est là, soufflé-je.

Je n'aurais su dire s'il était proche ou éloigné, ni dans quelle direction il se trouvait. Nous affermîmes nos prises sur les armes et scrutâmes les alentours, imités par les deux indigènes. Notre ennemi était commun. Un second rugissement éclata. Je poussai un juron de dépit. Impossible de localiser le monstre.

– Il a senti notre odeur, dit Meren-Maât. La chèvre l'attire, mais il a peur de nous. Il sait que nous sommes décidés à le tuer.

Il marqua un court silence, puis ajouta :

– Nous allons l'affronter avec ses propres armes !

– Comment ça ?

Il m'adressa un sourire complice et ouvrit le sac de cuir qu'il portait en bandoulière. Étonné, je reconnus de la poudre de malachite.

– Que comptes-tu faire avec ça ? demandé-je.

– Il sait se cacher dans la jungle. Nous allons faire comme lui.

Il nous invita alors à enduire nos corps de boue, afin d'atténuer notre odeur. Puis, à l'aide de la malachite, il dessina des marques vertes sur notre peau. Ainsi, il serait plus facile de nous dissimuler. Intrigués, les indigènes nous observaient. Lorsque Meren-Maât leur proposa la pâte verte, ils acceptèrent, et bientôt, il fut impossible de les distinguer de nous, sinon par leur longue chevelure noire retenue par des os.

Après avoir attaché la chèvre à un piquet, nous nous fondîmes dans la forêt. Les bêlements du pauvre animal ne tardèrent pas à produire leur effet. Un bruit léger retentit non loin de nous. Puis un énorme rugissement éclata, et le monstre apparut. Dissimulé par un entrelacs de lianes, j'eus le loisir de le contempler. Par Isis la Magicienne, jamais je n'avais vu de panthère aussi belle et aussi effrayante. C'était un grand mâle, à la robe jaune parsemée de taches noires annelées. Il devait peser deux fois le poids d'un homme. Sa démarche était souple et gracieuse, son poitrail puissant, sa gueule inquiétante. Sans doute se doutait-il de quelque chose, car il hésita. Pourquoi sa future victime ne s'enfuyait-elle pas ? La longe sur laquelle tirait la chèvre l'intriguait. Je crus qu'il allait se retirer lorsque Meren-Maât donna le signal de l'assaut. Avec un ensemble parfait, nous bondîmes de nos cachettes, les lances en avant. Le fauve voulut s'enfuir, mais le cercle se referma sur lui. Furieux de s'être laissé prendre au piège, il rugit de plus belle, découvrant une mâchoire armée de crocs effrayants. Je dus avoir ce jour-là l'une des plus grandes peurs de ma vie. J'étais prêt à lui percer le flanc de ma lance, mais j'avais conscience que celle-ci ne constituait qu'une piètre défense devant la largeur et la puissance de ses pattes.

En revanche, Meren-Maât ne paraissait nullement impressionné. Il nous intima l'ordre de ne pas intervenir. Cet animal avait tué Rîany et deux de ses guerriers, et il désirait le combattre seul à seul. Le fauve comprit très vite qu'il était son véritable adversaire, et qu'une lutte à mort allait les opposer. Le regard dur, les mâchoires serrées, mon frère brandit sa lourde hache de bronze et s'avança vers le monstre. Celui-ci poussa un nouveau rugissement qui nous pétrifia. Il était plus lourd que Meren-Maât et semblait bien décidé à vendre chèrement sa peau. Pendant un long moment, qui me parut une éternité, l'homme et l'animal s'affrontèrent du regard, comme pour se lancer un ultime défi. Puis ils tournèrent l'un autour de l'autre, cherchant la faille, le défaut dans la défense. Meren-Maât faisait tournoyer sa hache avec habileté. Ce geste parut énerver la Bête.

Soudain, tout se déroula très vite. Le fauve bondit. J'aurais été terrassé par l'attaque foudroyante. Mais Meren-Maât l'attendait. Personne n'était capable de manipuler une arme aussi lourde avec une telle dextérité. Vive comme l'éclair, la hache s'abattit sur le crâne de l'animal. Simultanément, Meren-Maât esquiva l'attaque. Entraîné par son poids, le fauve retomba lourdement sur le sol. Un tel coup aurait tué un lion. Mais, malgré le sang qui jaillissait de sa blessure, il n'était même pas assommé. Il se releva en chancelant et poussa un nouveau rugissement. Meren-Maât ne lui laissa pas le temps de se reprendre. Un second coup lui broya la nuque. Puis, dégainant son glaive, il le lui enfonça profondément dans le poitrail. Le monstre eut un dernier sursaut, puis retomba, inerte. Lorsqu'il fut certain qu'il était mort, Meren-Maât ôta la lame sanglante et l'éleva au-dessus de lui en poussant un long cri de victoire. Impressionnés, nous l'imitâmes tous.

L'un des deux indigènes se lança dans un discours volubile, qui voulait certainement dire qu'il admirait le courage de mon frère. Un mot revenait régulièrement dans ses paroles : *jaguar*. Nous comprîmes qu'il s'agissait du nom qu'il donnait au fauve. Ensuite, il sortit un poignard d'obsidienne et le plongea dans le ventre de la bête. D'un geste vif, il détacha le cœur et le tendit à Meren-Maât, l'invitant à le mordre. Ce geste rituel était aussi pratiqué par certains chasseurs nubiens lorsqu'ils tuaient un lion. Étonné, Meren-Maât prit l'organe dégoulinant de sang et en arracha un morceau avec les dents. Ce geste eut l'air de réjouir les autochtones.

Le lendemain, nous étions de retour à la Cité des Vents. Les deux indigènes, conviés par mon frère, nous avaient suivis. Meren-Maât était bien décidé à apprendre leur langue. Il ne lui fallut que quelques jours pour la comprendre.

– Certains mots ressemblent à ceux des Ciboneys, me confia-t-il. Cela prouve que ces peuples ont eu des contacts par le passé, ou bien qu'ils ont des ancêtres communs.

Sa mémoire phénoménale enregistrait chaque nouveau vocable avec une facilité déconcertante. Au bout d'une décade, il était parfaitement capable de soutenir une conversation avec les indigènes. Nous apprîmes qu'ils appartenaient au peuple des Olmèques, ce qui voulait dire : « habitants du Pays du Caoutchouc ». Ainsi appelaient-ils la sève d'un certain arbre, l'hévéa ; en séchant, elle acquérait d'étranges propriétés élastiques.

Nos invités ne manifestaient guère l'envie de repartir. Leurs bavardages avec Meren-Maât les passionnaient. Ils se mêlaient à nous avec une curiosité enfantine, touchant à tout avec de grands rires. Visiblement, ils appartenaient à un peuple très gai. Mon frère les invita à fumer le calumet en notre compagnie. Mais, contrairement à nous, ils connaissaient déjà le tabac et ne toussèrent pas.

Ils avaient nom Hualco et Mineesakea. Nous avions rapporté la dépouille du jaguar. Hualco, le plus âgé, insista pour la découper lui-même. Travaillant d'arrache-pied, il la tailla de manière à en faire une sorte de tunique qu'il offrit à Meren-Maât avec des gestes cérémonieux. Il désignait mon frère sous le terme *atl*. J'appris plus tard qu'il avait une signification très importante pour eux, équivalente à *huakan* chez les Ciboneys. À leurs yeux, Meren-Maât était un élu des dieux. Il avait vaincu à lui seul le dieu jaguar, qui était pour eux le symbole de la mort. Une de leurs légendes racontait qu'autrefois le dieu souterrain, le terrible Kisin, avait envoyé des créatures abominables, mi-humains, mi-jaguars, pour anéantir les hommes. Ceux-ci leur avaient opposé de redoutables guerriers qui avaient réussi à repousser les démons. Les hommes avaient survécu, mais la légende disait aussi qu'un jour ces démons resurgiraient des profondeurs infernales, lorsque viendrait la fin du monde.

Souvent, ils accompagnaient nos chasseurs. Depuis que nous avions tué le jaguar, les expéditions se révélaient moins périlleuses. Il fallait toutefois se méfier des caïmans qui rôdaient dans les eaux boueuses des marigots. Nos deux amis nous firent découvrir des territoires inconnus, au nord-ouest, qui abondaient en gibier.

Un jour, Meren-Maât leur montra nos infructueuses tentatives pour cultiver le blé et l'orge. Ils secouèrent la tête et expliquèrent que la terre ne pouvait accepter de plantes venues d'ailleurs. Le soir, ils eurent une longue discussion tous les deux, et le lendemain, ils nous saluèrent profondément et quittèrent le village. Nous fûmes très étonnés par ce départ soudain.

– Aurions-nous dit quelque chose qui ne leur a pas plu ? s'inquiéta Hamel.

– Je ne sais pas, répondit Meren-Maât. Il semble que cela ait un rapport avec nos cultures malheureuses. Peut-être n'apprécient-ils pas que nous semions nos propres plantes sur leur terre.

La réponse à cette énigme était cependant différente, et nous fut donnée un mois plus tard. Depuis quelques jours, les pluies avaient cessé et un soleil resplendissant inondait la jungle. Un matin, une sentinelle signala l'arrivée d'une délégation importante. Hualco et Mineesakea en tête, une centaine d'Olmèques se dirigeaient vers le village.

18

Meren-Maât, entouré de l'état-major, sortit du village pour accueillir les arrivants. Un homme âgé au regard hautain dirigeait la délégation. Conscients d'être à l'origine de cette rencontre historique, Hualco et Mineesakea entamèrent un discours volubile à l'adresse du vieil homme, nous désignant avec de grands gestes. Meren-Maât, seul à comprendre leurs paroles, nous traduisit d'un air amusé ce qu'ils disaient.

– Ils sont très fiers de présenter à leur souverain l'homme à peau blanche qui a terrassé le dieu jaguar, le grand dévoreur d'humains. Ils vantent mon courage exemplaire, ma force invincible, mon arme redoutable, « capable de défier les divinités elles-mêmes ». Je suppose qu'ils veulent parler de la hache.

Lorsqu'ils eurent terminé, le chef leva la main pour saluer Meren-Maât, qui lui répondit de même. Je remarquai alors qu'un œil était dessiné à l'intérieur de sa paume. Plus tard, j'apprendrai qu'il symbolisait la faculté de voir au-delà des apparences. Il s'agissait là d'un signe de grande sagesse.

Les traits des Olmèques rappelaient ceux des Asiates. Leurs joues rondes encadraient un nez légèrement aplati. Leurs cheveux lisses et noirs se relevaient en chignons retenus par des barrettes en os ou en bois. Le roi et les personnages importants arboraient des bijoux magnifiques : colliers et bracelets martelés dans l'or, l'argent ou le cuivre, et agrémentés de pierres précieuses ou de jade. La couleur de leur peau allait du brun clair au brun foncé. Cependant, si leurs coiffures s'ornaient de plumes, ils ne ressemblaient guère aux Hommes rouges recueillis dans les Cassitérides. Ils étaient trapus, un peu plus petits que nous. Leur visage large était lié au tronc par un cou massif. Leur regard fier témoignait de leur totale indépendance.

Le vieux chef avait nom Topohatloc. Il entama une étonnante allocution, que mon frère eut peine à traduire en raison des images alambiquées dont il émaillait ses propos. De son discours, il ressortait que lui, roi du peuple du Pays du Caoutchouc, fils de K'in, le Soleil et de Tlaloc, la Pluie, maître des Terres, de l'eau salée comme des hautes montagnes, se réjouissait de souhaiter la bienvenue à l'homme blanc et barbu venu des mers orientales. Cet homme ne pouvait être que le fils d'une divinité puissante, ou peut-être un dieu lui-même, puisqu'il avait vaincu, en combat singulier, le plus terrible des démons qui hantaient la jungle, Tezcatlipoca, l'esprit du jaguar, le dieu de la Destruction. Le roi désirait que se nouât une alliance solide et durable entre les deux peuples, et, afin de sceller cette alliance, il tenait à offrir un présent.

Sur un geste de sa part, des porteurs déposèrent cérémonieusement six sacs devant Meren-Maât. Hualco les ouvrit. Deux d'entre eux contenaient des haricots noirs, qu'il appela des *frijol*. Les autres renfermaient des graines jaunes inconnues, que Topohatloc baptisa *maïs*.

Après l'avoir remercié, Meren-Maât l'invita à pénétrer dans le village avec sa suite. Je notai que celle-ci ne comprenait aucune femme. Les nôtres, un peu inquiètes, s'étaient réfugiées dans les demeures, hormis Zangha qui s'était plantée non loin de mon frère, prête à bondir au moindre geste suspect.

Topohatloc était un personnage jovial, prompt à s'amuser de tout et de rien. Meren-Maât s'aperçut très vite que ce qu'il avait traduit par le titre de roi correspondait plus précisément à un rôle de juge suprême. Il n'exerçait sur son peuple aucune autorité despotique. Chaque homme restait libre d'agir à sa guise pourvu que ses actes n'allassent pas contre l'intérêt général.

Nous étions pour eux un fantastique sujet de curiosité. Les nouveaux venus s'étaient répandus dans le camp, examinant nos demeures avec un grand intérêt. Pénétrant sans vergogne dans les maisons, ils affolèrent les femmes, ce qui provoqua chez eux une franche gaieté. Ils examinèrent nos couches, nos coffres, nos pièces de vaisselle, nos animaux. L'un d'eux reçut une gifle magistrale de la part de Zangha parce qu'il avait voulu toucher de plus près sa peau noire.

Cette couleur les intriguait au plus haut point. J'étais moi-même l'objet de leur attention. Ils me caressaient les bras, les joues, le crâne, comme pour vérifier que je n'étais pas teint. Cette inquisition aurait pu être tout à fait pénible si elle n'avait été accompagnée de visages hilares, reflet non de moquerie, mais d'étonnement. Tout était pour eux sujet à rire et à s'émerveiller. Je n'avais pas le cœur de les éconduire. Je constatai d'ailleurs avec amusement que ce sentiment était partagé par beaucoup de nos guerriers qui, à l'aide de gestes et de mots maladroits, tentaient d'expliquer l'usage de différents objets. Les Olmèques écoutaient, ravis, posaient d'incessantes questions auxquelles nous étions bien embarrassés de répondre.

Comme chez les Ciboneys, la cérémonie du tabac revêtait une grande importance. Elle nous révéla aussi une autre manière de consommer cette plante surprenante. Lorsque Meren-Maât proposa un calumet à Topohatloc, celui-ci refusa, puis tapa dans ses mains. Un jeune homme lui présenta alors des cylindres de feuilles de tabac roulées, de la longueur d'une main. Le vieil homme saisit l'un d'eux, mordit vigoureusement dans l'une des extrémités, cracha, puis alluma l'autre à l'aide d'une brindille. Il en tira une bouffée longue et voluptueuse, puis le tendit à Meren-Maât. Celui-ci, intéressé, demanda au roi comment étaient fabriqués ces cigares. Topohatloc entra alors dans des explications compliquées, que Meren-Maât eut de la peine à suivre, mais dont il ressortait que les feuilles étaient choisies avec grand soin, puis roulées d'une manière ancestrale très particulière. Le roi promit de laisser au village l'un de ses artisans spécialisés pour enseigner ce savoir à Meren-*atl*. Ainsi avait-il baptisé mon frère, parce qu'il le considérait comme un envoyé des dieux.

Les Olmèques dégageaient une odeur entêtante, à la fois âcre et citronnée. Je compris qu'ils s'enduisaient le corps d'une huile inconnue, destinée à éloigner les moustiques. Je me promis de leur demander le secret de cette huile, car, depuis notre arrivée, nous étions la proie d'insectes voraces qui perturbaient sans vergogne notre sommeil.

Tandis que Meren-Maât et Topohatloc conversaient, assis à même le sol, dans les vapeurs de tabac, je donnai des ordres pour que l'on organisât un repas. Des pécaris et des agoutis furent mis à rôtir. Ne voulant pas être en reste, les Olmèques sortirent de leurs sacs une pâte semblable à celle dont on fabriquait les gâteaux en Égypte. Ils en façonnèrent des galettes qu'ils firent cuire sur des pierres plates préalablement chauffées au feu. Ils farcissaient ensuite ces galettes de viande et de légumes bouillis relevés avec du piment. Topohatloc en confectionna une lui-même.

– *Wa* ! dit-il en la tendant à Meren-Maât.

Mon frère, intrigué, goûta.

– C'est excellent ! dit-il sincèrement.

Il me fit goûter l'aliment inconnu. Je confirmai son appréciation avec étonnement. Les galettes avaient été confectionnées avec du maïs. Nous apprîmes que celui-ci constituait la base de l'alimentation des Olmèques. Il existait toutes sortes de manières de l'accommoder. Ainsi, on nous présenta une boisson baptisée *k'ayem*, constituée d'une bouillie de maïs délayée dans de l'eau fraîche.

En revanche, lorsque nous fîmes goûter au roi le vin de Dakhla, il le recracha. Puis, par crainte de mécontenter son nouvel allié, il se força à finir son gobelet, non sans faire la grimace. Leur boisson favorite était le *pulque*. Hualco nous expliqua qu'il provenait du *maguew*, une plante dont la base contenait une grande quantité d'un liquide doux qu'on laissait fermenter.

Le lendemain, Topohatloc proposa à Meren-Maât d'héberger quelques-uns de ses hommes dans la Cité des Vents. Leur rôle serait d'enseigner au seigneur blanc l'art de cultiver le maïs. Meren-Maât accepta. Bien entendu, Hualco et Mineesakea se présentèrent pour commander le groupe. Après le départ de Topohatloc, ils se rendirent à l'extrémité du plateau, et entreprirent d'abattre les arbres sur une grande surface. Le travail dura plusieurs jours. Lorsqu'ils eurent terminé, Hualco expliqua :

– À présent, K'in, le Soleil, va t'aider.

Ils répartirent les branches coupées sur le sol. Il ne restait plus qu'une étendue hérissée de troncs d'arbres dépouillés. Meren-Maât se demanda comment il serait possible de faire pousser maïs ou haricots dans ce fouillis végétal, mais il décida de faire confiance aux indigènes. Pendant plusieurs jours, Hualco, Mineesakea et leurs compagnons abandonnèrent la friche. On aurait pu croire qu'ils avaient oublié le projet. Déconcertés, nous les vîmes s'adonner à de joyeuses parties de chasse en compagnie de nos guerriers. Peu à peu s'ébauchait une sorte de langage commun.

Hamel s'était mis lui aussi très vite au langage olmèque. Ce qui lui permit d'avoir de longues conversations avec Hualco. Celui-ci nous apprit qu'il occupait une fonction de grand prêtre au sein de la population olmèque.

– C'est incroyable, nous déclara un soir Hamel avec enthousiasme. Ces gens ont une grande connaissance des astres et des constellations. Ils ont établi un calendrier qui présente des ressemblances étonnantes avec le calendrier de Kemit. Ainsi, le mot *K'in*, qui symbolise le dieu du Soleil, correspond aussi à un jour. Ils ont deux manières de découper le temps. Leur année normale compte dix-huit mois de vingt jours, auxquels ils rajoutent, comme les Égyptiens, cinq jours. Mais ils ont aussi une année comportant vingt-six mois de treize jours. C'est le calendrier sacré, employé par les prêtres pour prédire l'avenir. Le plus surprenant, c'est qu'il existe aussi chez eux des jours fastes et des jours funestes.

Une autre fois, le même Hualco, venu me rendre une visite tandis que j'étais occupé à prendre en note nos réserves de vivres, se montra fort intéressé par ma tablette et mon calame. Je lui montrai mes écrits. Pour les comptes, j'utilisais l'écriture cursive rapide[1], mais je connaissais aussi très bien les *medouneter*, les signes avec lesquels s'écrivaient les textes sacrés. Je lui expliquai que l'écriture nous était indispensable pour garder certaines choses en mémoire, et pour transmettre des informations. Il hocha la tête avec stupéfaction, puis me demanda mon calame et une feuille de papyrus. Quelle ne fut pas alors ma stupéfaction de le voir inscrire sur la feuille des signes incompréhensibles, mais qui, dans sa langue, correspondaient à des mots ! Les Olmèques eux aussi connaissaient l'écriture. Mais elle était réservée aux prêtres, pour communiquer avec les dieux.

Dès ce jour, Hualco me considéra comme un homme très important, chargé de fonctions religieuses. Je découvris de même que les Olmèques utilisaient des nombres, composés de points et bâtons. Un

1. L'écriture hiératique. Elle apparut sous l'Ancien Empire pour permettre une notation plus rapide des rapports écrits. Les hiéroglyphes restaient réservés aux textes officiels. Pendant vingt siècles, elle évolua, se complexifia. Après la chute du Nouvel Empire, elle fut peu à peu remplacée par le démotique.

point correspondait à l'unité, et une barre à cinq unités. Ainsi, quatorze s'écrivait avec deux barres et quatre points. Mais ils utilisaient aussi un autre signe, dont je ne compris pas très bien la signification. Il correspondait à « rien », à « pas d'unité ». Je me demandai pourquoi noter ainsi ce qui n'existait pas, et je dois avouer que, aujourd'hui encore, j'ai quelque peine à comprendre ce concept du zéro [1].

Hualco et moi passions de longues heures à échanger des idées. Souvent, nos avis divergeaient. Pourtant, j'appréciais le respect qu'il montrait pour mes opinions. Peu à peu, je compris l'intelligence de cet homme. Peu lui importait que nous fussions d'avis différents. Il ne cherchait jamais à me convaincre de modifier mon jugement. Il écoutait avec attention, méditait mes paroles, puis me remerciait. Au début, je m'interrogeais sur la raison de ce remerciement. Puis il m'expliqua qu'il me savait gré d'avoir partagé mes connaissances avec lui, et d'avoir ainsi enrichi son esprit.

En échange, il enrichissait le mien, et je découvrais son univers, qui ne laissait pas de me surprendre. Ainsi, les Olmèques pensaient que le monde suivait une série de cycles. À chaque fin de cycle survenait un cataclysme, et le monde des hommes était anéanti par les dieux. Des hordes de créatures monstrueuses, mi-hommes, mi-jaguars surgissaient des profondeurs du royaume de Kisin et massacraient les humains. Ils appelaient ces cycles des *soleils*. Quatre soleils s'étaient ainsi succédé depuis la création du monde. Nous vivions dans la période du cinquième soleil, et il ne faisait aucun doute à leurs yeux que cette ère elle-même s'achèverait par une nouvelle destruction. Cela expliquait peut-être pourquoi, en attendant ce jour inéluctable, les Olmèques jouissaient pleinement de la vie.

Un jour, Hualco nous proposa de retourner au champ. Nous étions dans une période sèche, et il n'avait pas plu depuis la venue de Topohatloc. Comme l'avait prédit notre ami, K'in nous avait apporté son aide. Les branches coupées avaient séché sous son ardeur. Les Olmèques entreprirent alors de les entasser autour des troncs. Puis Hualco sortit de son sac un objet étrange et brillant, un miroir

1. En réalité, le calendrier et les nombres décrits ici correspondent à ceux de la civilisation maya. Mais il est probable que ce peuple les a hérités lui-même des Olmèques, qui constituèrent la première grande civilisation américaine.

qui reflétait nos visages à l'envers. Nous eûmes alors la confirmation qu'il jouait un rôle religieux. Tendant les bras vers le soleil, il entama une longue litanie. Puis il présenta le miroir en direction de l'astre et demeura parfaitement immobile. Tout à coup, nous fûmes témoins d'un phénomène de magie extraordinaire : un point de lumière intense apparut sur les broussailles près desquelles il avait positionné le miroir. De la fumée s'en échappa, puis une flamme apparut.

– *K'ak* ! s'exclama Hualco. Le dieu du Feu va vous aider à son tour ! dit-il.

Ravis de notre étonnement, les Olmèques soufflèrent sur les flammes, qui se développèrent rapidement. Très vite, un incendie embrasa la surface défrichée, parfaitement contrôlé par nos compagnons. Ils attisaient le feu autour des troncs d'arbres, allumaient d'autres foyers. Une fumée épaisse, à la senteur à la fois piquante et agréable, s'éleva, que les vents emportèrent vers l'intérieur des terres. Je redoutai un instant que l'incendie ne se propageât jusqu'au village. Mais nous en étions éloignés, et le brasier s'éteignait de lui-même lorsqu'il atteignait la bordure du champ. Les Olmèques avaient pris soin d'arroser abondamment les alentours. Peu à peu, les troncs survivants se consumèrent, laissant la place à une étendue de cendres fumantes. Il suffirait d'attendre qu'elles soient refroidies pour y semer nos graines.

Le soir, Hualco nous conta une légende mystérieuse qui, par certains aspects, nous rappela le cycle de Rê. Les Olmèques pensaient que K'in, le soleil, disparaissait chaque soir pour rejoindre le royaume de Kisin, le dieu des Ténèbres. Kisin était une divinité néfaste, qui cherchait à tuer K'in afin que le jour ne revînt jamais. Il y avait là une ressemblance troublante avec Seth et le serpent Apophis. Mais Kisin était aussi responsable des tremblements de terre et de nombre de tourments dont souffraient les hommes. Son royaume était traversé par des fleuves qui charriaient parfois du feu, parfois de la glace. Chaque nuit, K'in devait les franchir, et surmonter les obstacles que Kisin dressait sur son chemin. Mais il était aidé en cela par celui que l'on appelait « le Vénérable Frère aîné du soleil ». C'était un dieu bénéfique nommé *Usukun-kyum*. À eux deux, ils triomphaient toujours du sinistre Kisin.

Il fallut attendre plusieurs jours avant que l'incendie soit parfaitement éteint. On apporta alors sur place les sacs de maïs et de haricots noirs. Les Olmèques nous montrèrent comment creuser des trous dans le sol à l'aide de bâtons à fouir. Bizarrement, ils mélangeaient les graines noires et jaunes. L'un de nos compagnons des premiers jours, un paysan de Denderah, me fit discrètement remarquer que nous aurions gagné du temps avec une araire, mais je lui fis signe de garder sa remarque pour lui, afin de ne pas désobliger nos alliés.

Peu à peu, la vie de la Cité des Vents s'organisait. Nous avions fait notre deuil du blé et de l'orge, renonçant ainsi à la bière qui nous est si chère, à nous Égyptiens. Nos réserves de vin étaient pratiquement épuisées, et nulle part nous n'avions découvert de plants de vigne. Mais le pays offrait par ailleurs tellement de richesses que nous ne songions même pas à nous en plaindre. En échange de gibier, les Olmèques nous fournissaient du maïs, qui constitua bientôt, pour nous aussi, la nourriture de base. Hualco et Mineesakea nous avaient enseigné l'art de le moudre et de le faire cuire pour en réaliser les *was*, ces fameuses galettes. Elles remplacèrent très vite le pain de froment.

Un jour, le roi Topohatloc nous adressa un message dans lequel il invitait Meren-Maât et sa suite à se rendre à Lo-Ren, la capitale du peuple olmèque.

19

À l'ouest de la Cité des Vents, la mangrove faisait place à une grande plaine inondable en partie forestière. On avait fabriqué une litière pour transporter Edna, qui approchait de son terme. Malgré l'incertitude du voyage, mon frère refusait de la laisser derrière lui. Parce qu'elle était l'épouse de « *Meren-atl* », comme ils le nommaient, nos compagnons olmèques vouaient à la jeune femme une dévotion particulière et se chamaillaient pour transporter la litière. Trois jours plus tard, nous arrivâmes au bord d'un fleuve, le Coatzal, qui menait à Lo-Ren. Une vingtaine de canoës nous y attendaient. Il nous fallut encore deux jours pour atteindre la capitale.

Je n'oublierai jamais la première impression que je ressentis en découvrant les lieux. Je pensais trouver un grand village et il s'agissait d'une véritable ville. Sur les rives du Coatzal était installée une première agglomération, dont la population comptait certainement plusieurs milliers de personnes. Les maisons aux murs de bois et aux toits de palmes se répartissaient sur la berge et le long d'une large artère menant vers l'intérieur. Elles étaient toutes construites sur des socles de pierre, sans doute afin de les protéger des crues. De nombreuses barques de pêche attestaient d'une intense activité. Des canaux partant du fleuve découpaient des îles artificielles. Leur présence nous étonna, car nous savions le pays suffisamment pluvieux pour éviter, comme en Égypte, d'avoir à amener de l'eau dans les champs. Mais Hualco nous expliqua que leur fonction consistait au contraire, lors des crues, à drainer l'eau de pluie trop abondante vers le fleuve, et non à la retenir. En temps normal, ils permettaient de circuler dans la cité basse, et délimitaient les différents quartiers des artisans, des paysans et des pêcheurs. L'axe principal menait, à une distance d'environ un mille, à un vaste plateau en partie artificiel, haut d'une centaine de coudées.

Nous fûmes accueillis par une foule nombreuse et bavarde, qui resta malgré tout à l'écart, impressionnée par nos allures inhabituelles. Les enfants se montraient les plus audacieux, qui osaient parfois nous approcher. Mais ils s'enfuyaient en hurlant si nous tendions la main vers eux. Mineesakea et Hualco nous invitèrent à emprunter l'artère principale, qu'ils appelaient allée Royale. Tracée depuis bien longtemps par des milliers de pieds, elle se bordait de petites fermes au-delà desquelles s'étendaient des champs de maïs et de haricots noirs.

Passionnés par l'événement, les gens avaient abandonné leur tâche, et une foule joyeuse nous suivait. Une nouvelle fois, mes compagnons nubiens et moi remportâmes un vif succès en raison de notre couleur de peau. Parfois, des gamins peu farouches s'enhardissaient à nous toucher, puis repartaient en courant, ravis de leur effronterie. En revanche, Meren-Maât inspirait une crainte respectueuse, et on s'écartait sur son passage. Il avait revêtu la peau du jaguar, dont la tête lui couvrait le chef. Les larges pattes pourvues de leurs griffes impressionnantes descendaient sur sa poitrine, encadrant un pectoral d'or à l'effigie d'Horus, symbolisé par le faucon couronné du soleil. Cette image étincelante paraissait intimider nos hôtes. À son flanc pendait sa lourde hache de bronze.

À son imitation, nos marins avaient conservé la barbe. Même les Égyptiens avaient oublié les préceptes des *ouab*, les hommes purs qui se faisaient épiler entièrement tous les trois jours. Cet ornement intriguait les Olmèques. En effet, j'avais constaté que Hualco et Mineesakea ne bénéficiaient pas d'un système pileux très fourni. Ils se contentaient d'arracher les poils rares qui leur poussaient sur le menton. Notre particularité stupéfiait surtout les femmes, et j'en vis plusieurs rire en se tapotant les joues. J'appris plus tard que la barbe était considérée comme une obscénité, parce qu'ils la rapprochaient de la toison pubienne[1].

Arrivée au pied de la ville haute, la foule s'arrêta. Les paysans et artisans n'avaient pas le droit d'y pénétrer, car elle était réservée

1. Bien plus tard, et en d'autres lieux, des missionnaires chrétiens furent torturés et mis à mort par les Iroquois pour cette raison.

au monarque, aux prêtres et aux notables. Suivant nos guides, nous empruntâmes la large rampe menant au sommet.

Là, nous découvrîmes une ville surprenante, étirée en longueur. Comme les maisons des paysans, les demeures des nobles étaient bâties sur des soubassements de pierre. Mais leurs murs de bois et de schiste se rehaussaient de couleurs vives et de dessins représentant des animaux stylisés. Des jardins joliment décorés les entouraient, parfois ornés de plans d'eau. Les pièces étaient spacieuses, éclairées par des fenêtres larges. Je ne dénombrai pas moins de deux cents maisons. Même si son architecture restait plus rudimentaire que celle des cités égyptiennes, Lo-Ren n'avait pas grand-chose à leur envier. On y jouissait d'une vue magnifique sur la plaine. À l'horizon occidental se dressait une imposante chaîne montagneuse, et l'on apercevait le ruban argenté du fleuve Coatzal.

Ragnar me fit remarquer qu'aucune muraille ne défendait les abords de la cité, ce qui tendait à prouver qu'elle n'avait guère à redouter l'attaque d'un ennemi. De même, les gardes étaient peu nombreux, et leur rôle consistait surtout à composer l'escorte de Topohatloc.

Celui-ci nous attendait au milieu de la place principale. Il s'avança au-devant de nous avec un sourire bienveillant. Il avait mis un point d'honneur à apprendre quelques mots de notre sabir de marin, déjà passablement chaotique, et son discours de bienvenue provoqua quelques sourires chez nos guerriers, malgré la solennité de l'instant.

– Ô, Meren-atl, toi qui as vaincu le terrible jaguar, sois le bienvenu à Lo-Ren, belle capitale d'Anahuac [1], pays des Olmèques. Moi, Topohatloc, je me réjouis de te recevoir ici, et mes yeux se réjouissent de voir la peau de ton ennemi sur la tienne. Ici, tu es chez toi, et les hommes et les femmes se réjouissent, car tu es leur allié.

En bref, tout le monde se réjouissait de nous voir. Heureux de sa performance, il éclata d'un grand rire et leva les bras au ciel pour accueillir celui qu'il considérait déjà comme son ami. Meren-Maât lui prit les mains chaleureusement, puis se tourna vers moi. Il m'avait chargé de sélectionner des présents pour Topohatloc. Mes porteurs déposèrent devant le roi toutes sortes d'objets méditerranéens de

1. Anahuac : Il s'agit là de l'ancien nom du Mexique. C'est aujourd'hui un plateau des environs de Mexico.

toutes origines, colliers, bijoux, petits meubles de bois incrustés de nacre ainsi que les deux derniers rouleaux de lin blanc qui nous restaient. Satisfait, Topohatloc tripota tout comme un gamin ravi, passant les colliers, enfilant les bracelets et les bagues, se drapant avec un visage hilare dans une pièce de lin fin.

Autour de lui, on se bousculait pour admirer les présents. Chacun s'ingéniait à toucher les objets, surtout ceux qui contenaient du métal. J'avais en effet constaté que les Olmèques n'utilisaient les métaux que sous forme de minerai ou de pépites rencontrées à l'état naturel. Apparemment, ils ignoraient l'art de la fonderie. Les prêtres eux-mêmes, reconnaissables au symbole du jaguar sur leurs vêtements, abandonnèrent leur méfiance pour palper les présents.

Au début de nos relations avec les Olmèques, leur attitude spontanée nous avait semblé quelque peu suspecte. Nos démêlés avec les différents peuples des rives méditerranéennes nous avaient rendus méfiants. Mais cette méfiance s'était peu à peu estompée. Nous avions appris, au contact de Hualco et de Mineesakea, que les Olmèques étaient de bons vivants, qui ne manquaient jamais une occasion de faire la fête. Ils étaient sincèrement heureux de nous accueillir. Nous n'avions manifesté aucune hostilité à leur encontre. Bien plus, nous avions recueilli et soigné deux des leurs, blessés. Cela suffisait pour gagner leur confiance et leur amitié.

Au centre du plateau se dressait une demeure plus importante que les autres, dans laquelle Topohatloc nous invita à pénétrer. Le bois se mêlait à une pierre noire, le basalte, qu'ils amenaient des montagnes occidentales. Tout comme nous l'avions fait pour lui, Topohatloc avait organisé un repas pour sceller notre alliance. Nous retrouvâmes les *was*, les galettes de maïs farcies de viande grillée et de légumes variés, dont certains nous étaient totalement inconnus. Ainsi, je goûtai pour la première fois à la tomate, un fruit très juteux, de couleur rouge ou verte. Les Olmèques avaient l'habitude de relever leur cuisine avec du piment, cela afin, disaient-ils, de tuer les mauvais esprits qui hantaient la nourriture et qui rendaient malade. Amusé, je songeai une fois de plus à la similitude de leurs croyances avec les nôtres. Pour les médecins égyptiens, en effet, les maladies étaient provoquées par des êtres minuscules qui rongeaient le corps, les *oukhedou*.

Les haricots noirs, très épicés, accompagnaient la viande et le poisson. La viande était essentiellement celle du porc sauvage, le *k'ek'en*. Les Olmèques faisaient une grande consommation de poisson, qu'ils allaient pêcher jusqu'à la grande mer de l'est. La nourriture était très variée. Outre une quantité impressionnante de fruits tous plus succulents les uns que les autres, nous mangeâmes aussi un tubercule bouilli qui, paraît-il, venait de très loin, d'un pays situé au-delà des montagnes du Sud. Certains voyageurs en apportaient, car elles étaient capables de supporter un long voyage. Il y avait aussi de l'avocat, un fruit à la chair tendre et pâteuse, très parfumée. En revanche, les Olmèques ignoraient l'alcool. Ils se contentaient de *k'ayem*, la boisson fraîche à base de maïs à laquelle nous commencions à prendre goût.

Le seul bon souvenir que nous conservions de la cour égyptienne était la qualité de sa table. Les cuisiniers royaux rivalisaient d'imagination pour inventer des plats délicieux, et recherchaient sans cesse des saveurs nouvelles. Meren-Maât, grand amoureux de la vie, estimait que les repas constituaient des moments privilégiés et adorait les mets raffinés. Parmi nos premiers compagnons figuraient deux cuisiniers attachés à sa maison de Denderah, qui nous avaient suivis lorsque nous avions quitté le Double-Royaume. Grâce à eux, nous avions appris à apprécier les plaisirs délicats d'une bonne préparation culinaire. Malheureusement, dans les nombreux pays que nous avions visités, la cuisine était inexistante. On mangeait pour vivre et la nourriture n'était jamais très soignée. Et voici qu'à l'autre bout du monde, nous découvrions un peuple qui accordait lui aussi une grande importance aux joies du palais.

Il régnait une ambiance joyeuse et insouciante. Je crus tout d'abord que les Olmèques n'avaient pas l'habitude de recevoir des étrangers et que notre venue leur offrait l'occasion d'une distraction trop rare. Mais j'appris au cours de ce repas qu'ils entretenaient des relations commerciales régulières avec d'autres peuples. Leur île était certainement aussi grande que la Libye et l'Égypte réunies, car les distances que nous indiqua Topohatloc étaient très grandes. Ainsi, ils commerçaient avec des nations situées au-delà des montagnes, à plusieurs dizaines de jours de marche. De là venaient les tubercules à chair jaune [1].

1. Il s'agit de la pomme de terre, originaire des Andes.

Le royaume des Olmèques comprenait d'autres cités, de moindre importance, réparties sur un grand territoire qui allait de la mangrove orientale aux plateaux montagneux du nord-ouest, et s'étendait vers le sud au-delà des montagnes. La ville la plus importante, après Lo-Ren, s'appelait Cerros. Elle était située au nord, au pied du massif d'où provenait le basalte.

Je m'étonnai auprès de Hualco qu'il n'y ait pas de fortifications pour protéger la ville. Il hésita un instant, puis répondit :

– Les Olmèques n'ont pas d'ennemis. Leur nation est la plus puissante de toutes.

Je sentais en lui une gêne obscure, qui m'intriguait. J'insistai :

– Pourtant, je ne vois guère de soldats. Si un ennemi se manifestait, qui défendrait Lo-Ren ?

– Les Olmèques seraient prompts à se transformer en féroces guerriers, affirma-t-il. Mais les conflits sont stériles, car ils engendrent trop de morts inutiles. Nous préférons établir avec nos voisins des relations de courtoisie, fondées sur des échanges commerciaux. Ainsi, nous pouvons nous procurer des produits introuvables sur notre territoire, comme les tubercules jaunes, le jade, la serpentine, ou encore l'obsidienne, qui provient d'au-delà de la montagne du Nord-Ouest.

Son ton manquait de conviction. Je soupçonnai qu'il existait une autre raison, dont il ne souhaitait pas parler.

Après le repas, Topohatloc nous convia à une cérémonie religieuse à laquelle il avait l'air de tenir particulièrement. Il nous entraîna à l'autre extrémité du plateau. Derrière le palais, à distance de la ville, s'érigeaient d'autres bâtiments de grande taille, construits eux aussi sur des socles de pierre : les temples. Ils s'alignaient de part et d'autre d'une longue esplanade herbue. En son centre se dressait un portique singulier, taillé dans la pierre, au sommet duquel était fixé un grand anneau.

Au-delà de l'esplanade s'étiraient des bassins reliés entre eux par des déversoirs et un réseau de canalisations en basalte. Dotées de couvercles, ces canalisations étaient sans doute alimentées par l'eau de pluie. C'était dans ces bassins que les prêtres pratiquaient leurs ablutions rituelles. Enfin, à l'autre extrémité du plateau s'élevait un monument impressionnant, qui rappelait les immenses pyramides construites par les premiers souverains de Kemit.

Nous prîmes place sur une tribune installée spécialement en notre honneur, à l'entrée de l'esplanade. Les prêtres, dont Hualco faisait partie, s'installèrent sur le côté, sur une petite estrade prévue à leur intention. Un individu aux traits taillés à la dague semblait les diriger.

À mes côtés, Mineesakea me précisa :

– Son nom est Pezcatl. Il est le grand prêtre de Lo-Ren. Il va diriger le jeu de la balle sacrée, le *Tlachti*.

Le visage des prêtres était dissimulé par des masques rituels. Certains arboraient des têtes d'oiseaux, ornées de plumes, mais la plupart portaient le masque du jaguar. Lorsqu'ils eurent pris place, deux équipes pénétrèrent dans l'arène et se disposèrent de part et d'autre de l'anneau. Il y avait six hommes de chaque côté, vêtus de pagnes verts ou bleus. Chacun portait des protections de cuir aux jambes et aux bras, tandis qu'une large ceinture faite de plaques de bois leur serrait la taille. Un prêtre apporta une énorme balle de cuir. Le jeu consistait à la lancer à travers l'anneau, selon des règles qui nous échappaient. Ils n'utilisaient ni les mains ni les pieds, mais les avant-bras et les hanches, ce qui accentuait la difficulté. Tous les coups étaient permis pour s'emparer de la balle et, très vite, les participants se couvrirent de sang. Cela n'entama pas pour autant leur enthousiasme. Jamais je n'avais assisté à un jeu aussi violent. Trois des joueurs s'écroulèrent, et l'on dut les emporter hors du terrain. L'un d'eux avait le bras brisé. Les prêtres tenaient un compte rigoureux des passages de la balle dans l'anneau, et de la manière dont elle avait été lancée.

Ce jour-là, l'équipe bleue, forte encore de cinq participants, remporta la compétition. Nous comprîmes que ce jeu avait une signification religieuse lorsque, la partie achevée, Pezcatl, le grand prêtre, vint s'incliner devant Topohatloc pour lui transmettre son jugement. Celui-ci eut l'air d'être tout à fait bénéfique, car Topohatloc se tourna vers Meren-Maât avec un sourire satisfait et respectueux. Hualco prit alors la parole pour faire connaître l'avis du roi.

– Le jeu de l'Anneau a vu la victoire de l'équipe qui représentait notre allié venu d'au-delà des mers. Les dieux ont montré par là qu'ils lui étaient favorables. Ils lui sont reconnaissants d'avoir vaincu Kisin, le dieu jaguar. Notre roi bien-aimé souhaite que notre alliance dure longtemps. Meren-atl, sois le bienvenu à Lo-Ren. Désormais, toutes nos demeures seront les tiennes.

Puis il se prosterna devant mon frère. Je remarquai cependant que Pezcatl, le grand prêtre, faisait grise mine. Visiblement, il n'appréciait pas ce geste spectaculaire. Les yeux noirs et perçants de cet homme trop maigre me mettaient mal à l'aise. D'un signe bref, il fit signe à Hualco de se redresser. Puis il s'avança et s'inclina devant Topohatloc.

– Noble esprit du jaguar, dit-il, il faut plus qu'un jeu de Tlachti pour déchiffrer les énigmes que nous posent les dieux. Cette victoire montre seulement qu'ils ne sont pas hostiles à l'installation des étrangers venus d'au-delà de la Grande Mer orientale. Mais tu dois en apprendre plus avant de les considérer comme des alliés.

Derrière lui, quelques prêtres approuvèrent vigoureusement.

– Tu es trop méfiant, Pezcatl ! Meren-atl a vaincu le dieu-jaguar. Ses présents sont magnifiques, et le Tlachti s'est montré favorable. Que te faut-il de plus ?

– Nous ne savons rien de lui ! Nous ne connaissons pas le pays d'où il vient. Aucune légende ne parle d'un grand pays situé très loin vers l'est. Rien ne nous dit que les siens ne s'apprêtent pas à nous envahir.

Topohatloc eut un geste d'agacement, mais Meren-Maât lui posa la main sur le bras.

– Pezcatl n'a pas tort, mon ami, dit-il. Sa méfiance traduit sa prudence. Il veut seulement protéger son peuple contre un inconnu dont il ne sait rien. Je comprends son attitude et la respecte, car j'aurais la même dans des circonstances identiques. Sa position est le reflet de la sagesse.

Il se dressa et fit le signe de paix au grand prêtre.

– Je ne suis pas venu en ennemi, Pezcatl. Je n'ai d'autre désir que de devenir l'ami des Olmèques, et de nouer des relations commerciales entre nos deux peuples. Mais je n'ai aucun moyen de te le prouver sinon en respectant notre alliance. Quant à une invasion, mon pays est bien trop éloigné, et la reine qui règne actuellement sur lui déteste la guerre. Elle fait construire des temples, développe le commerce et envoie des expéditions au-delà des mers pour lier des relations d'amitié avec des peuples inconnus.

Soudain, Pezcatl l'arrêta.

– Tu mens ! Ta langue est aussi fourchue que celle du serpent.

Je vis mon frère blêmir devant l'affront, mais il parvint à se contenir.

– Qu’est-ce qui te permet d’affirmer que je mens ? gronda-t-il d’une voix sourde.

– Un pays ne peut pas être dirigé par une femme !

Nous nous attendions à tout, sauf à cela. Meren-Maât eut une seconde de stupéfaction, puis éclata de rire, aussitôt imité par tous nos compagnons. Topohatloc nous regarda, interloqué. Meren-Maât reprit la parole.

– Je n’ai pas menti ! Je jure par tous les dieux que c’est la vérité ! La reine Hatchepsout est le plus grand souverain qui ait jamais régné sur le Double-Royaume. C’est aussi la plus belle femme du monde, et je suis fier d’être ici en son nom et de pouvoir dire que je suis son serviteur fidèle et son ami.

La flamme qui brillait dans ses yeux acheva de désarçonner Topohatloc et Pezcatl, ainsi que tous les dignitaires olmèques. Amonisfet renchérit :

– Je donnerais ma vie avec plaisir pour elle. Qu’elle commande, et j’obéis comme le plus dévoué de ses esclaves !

J’intervins à mon tour.

– Nous te disons la vérité, Pezcatl. Nous aimons tous la reine Hatchepsout – que les dieux lui accordent un million de vies ! Même les étrangers qui ont eu le grand honneur de la rencontrer en parlent comme du plus grand souverain du monde oriental. Elle est bien plus courageuse que beaucoup d’hommes. Sais-tu qu’elle chasse le lion ?

– Le lion ?

– C’est un fauve encore plus gros que le jaguar ! affirmai-je sans véritable exagération. Hatchepsout dirige le Double-Pays, et les plus puissants des seigneurs se prosternent devant elle.

– Votre pays ne doit pas être très grand, dans ce cas, persifla-t-il.

– Il est le plus puissant pays d’Orient, et comporte au moins vingt cités plus importantes que Lo-Ren, reprit Meren-Maât.

– C’est impossible. Il ne peut exister autant de villes.

– Nous te disons la vérité. Tu pourras le vérifier par toi-même si tu souhaites nous accompagner lors de notre voyage de retour. Tu verras là-bas des temples dix fois plus grands que les tiens. Nos anciens rois ont fait construire des pyramides trois fois plus hautes que celle que je vois là-bas.

Pezcatl leva les bras.

– Que le roi Topohatloc me pardonne, mais je ne peux croire ce que dit cet homme. Je désire interroger les dieux.

Topohatloc hocha la tête imperceptiblement, médita quelques instants, et annonça :

– Nous en ferons ainsi que tu le veux, Pezcatl.

Quelques instants plus tard, Topohatloc, visiblement contrarié, nous invita à le suivre. Meren-Maât, Hamel et moi fûmes conviés à pénétrer dans un temple situé à l'écart. À l'intérieur régnait une pénombre opaque et jaune, seulement troublée par les lueurs fumeuses de torches fixées dans les murs de bois. Une douzaine de prêtres firent leur entrée. Leurs visages étaient recouverts de masques d'oiseaux. Leurs cheveux s'ornaient de longues plumes multicolores. Ils s'installèrent en cercle autour d'une sorte d'arène de terre battue. Sur les murs étaient représentées des effigies de divinités bizarrement stylisées.

Après les religieux, un vieil homme édenté, seulement vêtu d'un pagne usagé, fit son apparition. Ses yeux luisaient d'une lueur étrange et inquiétante. On pouvait douter qu'il eût toute sa raison. Sa démarche elle-même semblait bizarre. Elle ressemblait un peu à celle de ces hommes couverts de fourrure rencontrés en Libye, est appelés gorilles. Il pénétra à l'intérieur du cercle formé par les prêtres et s'assit en tailleur. Puis, à gestes précautionneux, il déplia devant lui un carré de toile contenant des feuilles inconnues. Lorsque tout fut placé selon ses désirs, il entama une étrange mélopée scandée, reprise inlassablement par les autres. Dans un coin du temple s'éleva une musique à la fois aigre et puissante, tirée d'un tambourin et d'une flûte taillée dans l'os. Le vieux sorcier se mit alors à psalmodier les mêmes paroles. Puis il enfourna quelques feuilles. L'instant d'après, il ruminait comme une vache de Kemit.

Autour de lui, les prêtres avaient disposé des feuilles de tabac en quatre petits tas. Puis l'un d'eux saisit deux longues pièces de bois dont l'une comportait deux encoches. Il la cala sous ses deux pieds et plaça un morceau d'étoupe très sèche dans une encoche. Puis il cracha dans ses mains et fit tourner rapidement l'autre pièce de bois dans la seconde encoche. Une phrase rituelle saccadée accompagnait ses gestes. Bientôt, un point rouge apparut, puis de la fumée. Alors, il embrasa l'un après l'autre les tas de tabac. Je me demandai pourquoi il n'utilisait pas les foyers permanents qui brûlaient à l'extérieur, mais sans doute ce rite faisait-il partie de la cérémonie.

Au centre du cercle, le vieux sorcier continuait à mâcher ses feuilles. Puis, tout en restant assis, il commença à écarter les bras de manière brutale, comme s'il donnait des coups de coude. Simultanément, il émettait des grondements rauques et agressifs. Lentement, ce mouvement insolite se propagea à tout son corps. On aurait dit qu'il tentait de forcer un obstacle invisible. Ses yeux fous tournaient sans cesse dans leurs orbites et sa respiration s'accélérait. Fasciné, je ne pouvais plus détacher mon regard de cette danse à la fois grotesque et douloureuse. Parfois, le vieil homme poussait un cri guttural, aussitôt repris par les autres prêtres. Devant mon étonnement, Hualco me souffla.

– Mahatlazol possède le don de parler directement avec les dieux. Mais pour cela, il doit passer à travers les murailles invisibles qui séparent leur monde de celui des hommes.

Une fumée âcre et épaisse baignait les lieux. La gorge et les yeux me piquaient, mais je faisais des efforts pour ne pas tousser. La tête me tourna et je sentis mon corps devenir léger. Un vieux réflexe de défense m'incita à rester sur mes gardes. Peut-être étions-nous tombés dans un piège. Mais personne n'avait le moindre geste hostile envers nous. Je supposai que l'on avait mélangé des herbes hallucinogènes inconnues au tabac, car jamais je n'avais ressenti un effet aussi intense. Par moments, il me semblait que j'allais sortir de mon corps. Pris par le rythme lancinant du tambourin, je me mis à me balancer à mon tour. Les yeux de tous les participants avaient pris une teinte rouge. Peu à peu, je perdis la notion du temps et de l'espace. Les murs de bois du temple semblaient s'être éloignés à l'infini. Parfois, ils se rapprochaient et j'avais l'impression qu'ils allaient m'écraser.

Enfin, dans une sorte de délire, je vis le vieux sorcier se contorsionner en tous sens, puis se figer en une position surprenante, telle une statue. Enfin, sa voix sépulcrale se mit à gronder des mots incompréhensibles.

Une silhouette ondoyante se détacha du mur, tenant dans les mains un bouquet multicolore. Le cercle des prêtres s'ouvrit. Topohatloc se dressa et prit le bouquet des mains de la silhouette, qui se dilua dans le néant.

– Les dieux ont parlé à l'esprit de Mahatlazol, dit le roi d'une voix vibrante.

Puis il se tourna vers mon frère.

– Voici les plumes de l'oiseau quetzal, le gardien de la sagesse. Dès ce jour, elles t'appartiennent, car Mahatlazol a vu que ton destin était lié à Anahuac, le Pays du Caoutchouc. Tu y deviendras plus qu'un souverain, et je suis honoré par les dieux d'avoir été celui qui t'a accueilli. Pourtant, Mahatlazol recommande de te méfier, car un ennemi invisible rôde autour de toi, qui a juré ton anéantissement.

Je compris alors que l'oracle s'était révélé très bénéfique. Avant qu'il n'ait pu réagir, Meren-Maât était entouré par les prêtres, qui fixèrent avec soin chacune des plumes dans sa chevelure rousse.

Lorsque nous ressortîmes du temple, un violent mal de tête me broyait le crâne. Mais il nous fallut encore subir l'assaut de la population enthousiaste. Un seul homme ne participait pas à l'allégresse. Je me rendis compte que, de loin, Pezcatl nous considérait d'un œil sombre.

Enfin, on nous installa dans une demeure spacieuse, construite spécialement pour notre venue. Hualco nous avertit que le lendemain était prévue une autre cérémonie importante. En attendant, il nous invitait à visiter la cité.

Après avoir pris un peu de repos, nous redescendîmes vers la cité basse. Le résultat de l'oracle s'était déjà répandu et la foule se montra très hospitalière. Chaque artisan tint à nous présenter son activité. Nous découvrîmes ainsi que leur habileté n'avait rien à envier à celle des artisans de Kemit. Le travail du tissage, réalisé par les femmes, était considéré comme sacré. Les étoffes étaient fabriquées à partir de deux plantes. L'une d'elles, le coton, était importée du Sud. Mais la plus utilisée s'appelait le *sisal*. On la tirait d'une plante locale, l'*agave*, dont on broyait les feuilles épaisses et charnues. Elle fournissait des fibres très solides dont les plus fines servaient à confectionner les toiles des pagnes. Les plus robustes entraient dans la fabrication des cordages et des filets de pêche.

Les vêtements des Olmèques se composaient d'un pagne long, fixé sous la poitrine, et d'une cape recouvrant les épaules. Les plus jeunes femmes portaient des jupes ou des blouses que l'on appelait *keshmetowna*, qui laissaient les seins nus, afin de leur permettre d'allaiter leurs bébés. Nous pûmes constater qu'elles étaient belles. Quant aux enfants, comme les petits Égyptiens, ils ne portaient rien. Les coiffures étaient très élaborées, pour les hommes comme pour les femmes. La vêture se complétait de sandales en cuir de pécari ou de tapir, et de bijoux de toutes sortes. Mais elle comportait un autre élément surprenant que nous avions déjà rencontré chez les Arawaks : le tatouage. Les Olmèques, hommes et femmes, portaient sur la peau toutes sortes de symboles. À l'origine, ils étaient censés les protéger contre les mauvais esprits. Les plus superstitieux en étaient couverts de la tête aux pieds, et dans les endroits les plus inattendus. Mais, avec le temps, ces tatouages étaient devenus une mode, et les dessins, à dominante bleue, représentaient les événements importants de la vie de l'individu. Ils étaient considérés comme un signe de suprême élégance.

Des motifs vivement colorés ornaient les habits, obéissant à des règles très précises. Leurs dessins aux entrelacs compliqués permettaient de déterminer l'appartenance à un clan. De même, ils indiquaient si une femme était libre ou mariée. Les femmes olmèques étaient très jolies. Leurs poitrines fermes et leurs longues chevelures ornées de fleurs eurent tôt fait d'émoustiller nos marins, qui avaient très vite compris comment distinguer les filles libres. Celles-ci leur adressaient des œillades sans équivoque, et je dus avertir mes gaillards de ne pas répondre à leurs avances. Il eût été inconvenant de mécontenter nos hôtes avant de connaître leurs intentions sur ce plan. Leurs femmes avaient-elles le droit de s'unir avec les étrangers que nous étions ?

L'une des îles artificielles n'abritait que des joailliers. Ils fabriquaient des bijoux magnifiques, en bois, en os, dans lesquels ils incrustaient de la serpentine, de l'améthyste, du jade. Les métaux, or, argent et cuivre, étaient travaillés par martelage. Comme je l'avais déjà pressenti, ils ne savaient pas les fondre. On en confectionnait des bracelets, des colliers, des anneaux d'oreilles, des statuettes et des objets pour les tombeaux.

Sur une autre île travaillaient les menuisiers et les maçons. Un élément me surprit. Tout comme ils ignoraient la fonderie, les Olmèques ne connaissaient pas les outils métalliques. Les artisans utilisaient de rudimentaires haches de pierre, des meules et des boules de dolérite destinées à aplanir les surfaces des dalles. La scie était inconnue. De même, ils ignoraient l'usage de la roue. Il n'existait ici ni chariot ni animaux de trait, hormis quelques gros chiens qui tiraient des charges légères sur des travois.

En dehors des chiens, les animaux apprivoisés étaient peu nombreux. Les Olmèques ne pratiquaient quasiment aucun élevage. Ils construisaient des ruches pour des abeilles à demi sauvages qui leur fournissaient le miel. Il y avait aussi quelques gros volatiles qu'ils appelaient dindons, des faisans, des oiseaux quetzals qu'ils élevaient pour la longue plume colorée qui ornait leur queue. Les marchandises étaient transportées sur le dos d'animaux étranges, les lamas, qui ressemblaient à de grands moutons à long cou, très hauts sur pattes, et au caractère ombrageux. Mais l'essentiel de la viande était fournie par la chasse et la pêche.

Les coloristes fabriquaient des teintures utilisées pour enduire les murs des maisons de couleurs vives. Ils les décoraient ensuite d'images représentant les divinités, et particulièrement le dieu jaguar. Ces dessins chatoyants et stylisés étaient censés écarter les démons.

Sur le port, nous rencontrâmes le peuple des pêcheurs. J'appris alors que les Olmèques étaient divisés en deux grandes nations. L'une d'elles, la plus importante, vivait ici, à Lo-Ren. Elle constituait le peuple des plaines. Hualco nous expliqua que sa tribu était arrivée voilà bien longtemps des grands pays du Nord. Elle avait conquis le pays, et soumis le peuple qui l'habitait. Mais, avec le temps, ces vaincus s'étaient assimilés au peuple olmèque, dont ils portaient aujourd'hui le nom. Ce second peuple vivait surtout dans la jungle. On les reconnaissait à leurs vêtements plus pauvres, sans ornement. Si les habitants de Lo-Ren étaient joyeux et spontanés, en revanche, les autres parlaient peu. Ils savaient se fondre dans la forêt à la manière du jaguar. C'était ce peuple qui nous avait espionnés discrètement au début, donnant à nos chasseurs la désagréable impression d'être constamment surveillés. Leur alimentation elle-même était différente. Ils se nourrissaient de serpents, de grenouilles, de larves et d'insectes. Lorsque nous visitâmes la partie de la ville basse où ils vivaient regroupés, l'atmosphère se modifia. Le peuple des plaines nous avait accueillis avec curiosité et enthousiasme. Ici, les regards se faisaient méfiants et suspicieux, voire hostiles. Soudain, Edna poussa un cri d'horreur.

– Seigneur, regarde ! Ils font cuire des bébés !

Je ne pus retenir un haut-le-cœur devant le spectacle épouvantable qu'elle nous montrait. Embroché au-dessus d'un feu rôtissait ce qui ressemblait à s'y méprendre à un petit enfant. Rendue sensible par sa grossesse, Edna éclata en sanglots et se serra dans les bras de Meren-Maât. Hualco, qui n'avait pas compris, se fit traduire la raison de sa frayeur. Meren-Maât lui montra le sinistre foyer. Il éclata alors d'un rire joyeux, puis raconta l'anecdote aux pêcheurs, qui l'imitèrent, les hommes comme les femmes. L'un d'eux, hilare, découpa prestement une petite jambe et la tendit à mon frère.

– *Maash ! Maash !* insista-t-il.

Désemparé, Meren-Maât prit la chose avec dégoût. Hualco, les yeux pleins de larmes, expliqua alors qu'il ne s'agissait pas de bébés, mais de singes.

– Entre nous, je n'y toucherais pas, précisa-t-il. Ce n'est pas très ragoûtant. Ils les font cuire avec la fourrure.

Le soir, lorsqu'enfin nous pûmes prendre un repos bien mérité, Meren-Maât me fit part de sa satisfaction. Ce premier contact avec la capitale se révélait très positif.

Pourtant, le lendemain eut lieu un événement qui faillit jeter une ombre sur ces relations chaleureuses.

20

Tout commença par une fête rituelle à laquelle nous fûmes conviés après l'heure la plus chaude de la journée, heure à laquelle traditionnellement avait lieu le repas principal. Hualco nous convia une nouvelle fois à prendre place dans l'arène délimitée par les temples, sur les estrades utilisées la veille. La foule importante des prêtres et des courtisans avait déjà pris place. Soudain, un épouvantable rugissement retentit. Un personnage hallucinant bondit au milieu de l'arène. Revêtu d'un masque et d'une peau de jaguar, il s'identifiait tellement à l'animal que ses feulements auraient pu être confondus avec ceux d'un vrai fauve. Il effectua quelques pas balancés, les bras écartés. Ses doigts se prolongeaient de griffes solidement fixées. Peu à peu, sa démarche se modifia. Il chuta sur les genoux, puis se mit à ramper à la manière du terrible félin. Hualco commenta :

– Cet homme a absorbé du *pulque*, une boisson fermentée qui a fait entrer en lui l'esprit de Tezcatlipoca, le dieu jaguar. Il oublie qu'il est un homme.

En effet, paré du masque et de la fourrure du fauve, l'individu mimait son comportement à s'y méprendre, tordant même les membres dans des positions surprenantes, qu'il n'aurait certainement pu adopter dans son état normal. Amusé, je pensais que nous allions assister à une fête rituelle célébrant la chasse au jaguar. J'ignorais encore que, tout comme le Tlachti, le jeu de l'Anneau, cette manifestation avait une signification religieuse. L'homme-jaguar s'était immobilisé au centre de l'arène, et son masque monstrueux parcourut lentement la foule. Tout à coup, il bondit sur une estrade, toutes griffes dehors. Terrifiée, l'assistance recula. Je crus à une simulation, mais je changeai d'avis en m'apercevant qu'il avait réellement blessé un jeune homme à la jambe. Par chance, les estrades, installées en hauteur, ne lui avaient pas permis de le basculer dans l'arène. Mais sa victime avait le mollet déchiré et hurlait de douleur. Un malaise sournois m'envahit.

L'homme-jaguar retomba souplement sur ses pattes et chercha une autre proie, déclenchant des réactions de panique chez les spectateurs. Je comprenais de moins en moins. Lorsqu'il passa non loin de moi, je remarquai les gouttes de sang qui suintaient de ses griffes. Celles-ci étaient fixées à ses doigts par des liens de fibre d'agave tellement serrés que sa main en était devenue bleue. Pourtant, il ne paraissait pas en souffrir.

Il tenta une nouvelle fois d'escalader l'estrade royale. Mais des gardes armés le repoussèrent brutalement de leurs lances. Stupéfaits par la violence de la cérémonie, nous restâmes silencieux. Bientôt, six nouveaux personnages firent leur entrée : des chasseurs armés de javelines à la pointe durcie au feu. L'homme-jaguar leur fit face, puis se coula vers eux en poussant de terribles rugissements. Les chasseurs effectuèrent un mouvement d'encerclement, lui interdisant toute fuite. Le malaise se transforma en nausée. Ils n'allaient tout de même pas tuer ce malheureux...

Meren-Maât nous traduisit les commentaires de Hualco.

– Il dit que l'homme-jaguar ne s'appartient plus. Le dieu est entré en lui. Il va prendre sa vie afin de connaître les désirs du peuple Olmèque.

Mon estomac se noua : je compris enfin que nous allions assister à un sacrifice humain. Je détestais cette tradition monstrueuse. Lorsque j'étais jeune, à Byblos, certains clans cananéens avaient coutume d'offrir de jeunes enfants ou des vierges à leur dieu, Baâl. Ils les sélectionnaient parmi leurs prisonniers, et je gardais encore en mémoire les hurlements de terreur et de souffrance de ces malheureux, jetés vivants dans les flammes. Pendant les jours suivants, une abominable puanteur de chair brûlée pesait sur la cité. Nefer-Kheret, le père de Meren-Maât, avait tenté d'interdire cet usage atroce, sans succès. Les sacrifices humains avaient toujours fait partie de la vie des tribus du Levant, depuis les plaines marécageuses du Tigre et de l'Euphrate jusqu'aux rives de la Méditerranée. Des chefs de clans n'hésitaient pas à égorger leurs propres enfants pour complaire à leurs dieux.

Pourtant, peu à peu, mon dégoût céda le pas à une sordide fascination. Comme l'avait dit Hualco, l'homme s'était réellement métamorphosé en jaguar et se conduisait comme tel. Il bondissait sur les chasseurs avec une puissance incroyable. À chaque fois, ils parvenaient à esquiver ses attaques. Cependant, l'une d'elles fut si foudroyante que sa victime n'eut pas le temps de se protéger. Un coup de griffe imparable lui ouvrit la poitrine. Puis la mâchoire de l'homme-fauve se referma sur sa gorge. Un terrifiant hurlement d'agonie retentit, qui s'acheva dans un gargouillis infâme. Les autres chasseurs intervinrent, mais il était déjà trop tard. Ils ne purent empêcher leur compagnon d'avoir la gorge déchiquetée. Lorsque à l'aide de leurs lances ils parvinrent à immobiliser l'homme-fauve, sa gueule dégoulinait du sang de sa proie. Celle-ci eut quelques soubresauts, puis retomba sans vie.

J'étais pétrifié. Jamais je n'avais assisté à une scène aussi cruelle dans le cadre d'une cérémonie religieuse. Mais la mort du chasseur n'eut pas l'air d'impressionner l'assistance outre mesure. Hualco hocha la tête d'un air entendu et dit simplement :

– L'esprit de Tezcatlipoca est bien présent ! Le message sera reçu par les dieux.

Je me demandais bien de quelle manière !

La réponse ne se fit pas attendre. Ayant réussi à maîtriser l'homme-jaguar, les chasseurs l'entravèrent, puis l'obligèrent à avaler une substance noirâtre qui le laissa étourdi. Tandis que l'on emportait le corps de la victime, Topohatloc se leva, aussitôt imité par les prêtres. À sa suite, on se dirigea vers la pyramide. Mais, parmi les Égyptiens, seuls Meren-Maât et moi fûmes conviés à la seconde partie de la cérémonie. Aux yeux de nos hôtes, il s'agissait là d'un insigne privilège et, en d'autres circonstances, j'en aurais éprouvé un grand honneur. Mais cette fois, j'enviai nos compagnons condamnés à attendre au pied du monument, avec la foule.

La procession gagna lentement le sommet de la pyramide derrière le vieux roi. Des prêtres chantaient une étrange mélopée, accompagnés par des flûtes au son aigre, qui répétaient sans cesse une ritournelle lancinante. D'autres rythmaient la marche lourde avec des tambourins. Au sommet de la pyramide se dressait une longue dalle noire creusée de rigoles. Les chasseurs amenèrent l'homme-jaguar, qui n'opposait plus désormais aucune résistance. Il ne regimba pas lorsqu'on le dépouilla de sa fourrure. Docilement, il se laissa allonger sur la pierre sombre. La musique obsédante avait atteint son paroxysme. Peu à peu, le chant des prêtres s'intensifia, créant une atmosphère étouffante, proche de l'hystérie. Je regardai Topohatloc et ses compagnons non masqués. Je ne comprenais plus. Comment des hommes aussi prompts à rire et à s'amuser étaient-ils capables de cette cruauté ?

Meren-Maât demeurait immobile comme un *kâ*. À son regard fermé, à ses mâchoires crispées, je devinais qu'il souffrait. Il aimait la vie et considérait comme monstrueuses et stupides ces pratiques religieuses. Mais nous étions dans un monde nouveau, accueillis par un peuple avec lequel nous souhaitions nouer des relations commerciales et amicales. Il ne nous était pas possible de nous opposer à leurs coutumes.

Pezcatl, revêtu d'une longue robe rouge décorée de motifs religieux, s'empara d'un couteau d'obsidienne. Le cristal noir étincela au soleil. Il écarta les bras et prononça des phrases scandées d'une voix rauque, aussitôt reprises par les assistants. Puis ses deux mains se refermèrent sur le manche du poignard. À la fois fasciné et écœuré, je ne pus m'empêcher de fixer le grand prêtre. La lame s'abattit d'un geste précis et ouvrit d'un coup la poitrine du malheureux. Stupéfait, je constatai que le sacrifié arborait un sourire extatique, qui ne le quitta même pas lorsque la lame lui découpa les entrailles. Pezcatl plongea une main experte dans la chair tiède et en ressortit le cœur de la victime, encore palpitant. L'espace d'un instant, je crus voir le thorax du mort continuer à se soulever, comme s'il respirait encore. Le grand prêtre déposa l'organe dégoulinant de sang dans une vasque située à la tête de l'autel, dans laquelle avaient été déposés de l'étoupe et un liquide inflammable inconnu. Topohatloc s'approcha à son tour et plaça un miroir concave face au soleil. Une fois de plus, le phénomène étonnant se produisit. De la fumée s'éleva, et une grande flamme apparut, qui consuma le cœur. Une infecte odeur de chair calcinée me pénétra. Je ravalai ma nausée en serrant les dents.

Plus tard, Meren-Maât eut, par le truchement de Hualco, une longue conversation avec le roi. Celui-ci, que sa bonne humeur coutumière n'avait pas quitté, s'étonnait du visage sombre de son invité.

– Je ne peux me réjouir, mon ami, répondit mon frère. Aujourd'hui, deux hommes sont morts sous mes yeux. C'est un spectacle que j'ai peine à supporter.

Topohatloc le fixa d'un air stupéfait.

– Ces deux hommes avaient choisi leur sort. Et ils ne sont pas malheureux, puisqu'ils sont à présent auprès des dieux. Les messagers que nous leur envoyons sont toujours accueillis avec bienveillance. Les dieux les écoutent, puis leur offrent une place à leurs côtés. Pourquoi être si triste dans ce cas ?

– Parce qu'ils ne sont plus parmi vous. J'appartiens à un peuple qui a abandonné depuis extrêmement longtemps ces pratiques terrifiantes que sont les sacrifices humains. Pour nous, la vie d'un homme est sacrée, et son sang ne doit pas être versé inutilement. Il existe d'autres moyens d'entrer en communication avec les dieux.

– Mais le sang fertilise le sol. Le dieu de la terre, le serpent Coatl, est le fils de Tezcatlipoca, le dieu jaguar.

Il fit la moue.

– Ta réaction est étonnante, ami Meren-atl, ajouta-t-il. Pour nous, il s'agit d'une réjouissance. La mort n'est qu'un passage qui leur a permis de rejoindre les dieux. Ces hommes n'ont-ils pas eu un sort enviable ?

La conviction du vieil homme était telle que Meren-Maât pensa qu'il était inutile de perdre son temps à essayer de le convaincre. Son rôle ne consistait pas à modifier les coutumes de ce pays.

– Je ne le crois pas, dit-il enfin. Mais chaque peuple a ses propres traditions, et il est vain de tenter de les comprendre si l'on n'accepte pas de s'imprégner de l'esprit du peuple ami. Je ne dois pas regarder les tiennes avec mes yeux d'Égyptien, mais comme si je faisais partie du peuple olmèque. Peut-être alors, bien qu'elles me paraissent inutilement cruelles, accepterai-je ces pratiques.

Cette phrase aurait dû mettre un terme à ce début de polémique, mais Topohatloc avait été frappé par la réaction de mon frère. Il médita longuement sa réponse.

– Tes paroles sont sages, mon ami, dit enfin le souverain. Et je ne dois pas oublier que le sorcier affirme que tu es toi-même un dieu. Cela veut dire que je dois tenir compte de tes paroles. Parle-moi encore, Meren-atl. Pourquoi ton peuple a-t-il abandonné les sacrifices ?

À ce moment, je compris réellement le prestige stupéfiant que mon frère avait déjà acquis aux yeux des Olmèques. Il n'avait pas seulement vaincu le dieu jaguar en combat singulier. Les oracles indiquaient sans ambiguïté qu'un homme incarnant une divinité nouvelle était arrivé dans le Pays du Caoutchouc. Meren-Maât réfléchit quelques instants, puis répondit :

– Les hommes croient faire plaisir aux dieux en sacrifiant l'un d'eux. Mais ils se trompent. Les dieux ont fait présent de la vie aux hommes, et ne peuvent donc se réjouir de voir ce présent anéanti. Chaque fois qu'un homme meurt, c'est un peu d'eux-mêmes qui meurt, à cause de cette parcelle divine qui anime chacun de nous. Comment veux-tu qu'ils apprécient un tel spectacle ?

– Ces hommes étaient heureux de les rejoindre pour leur parler, riposta faiblement Topohatloc.

– L'homme-jaguar est mort sans appréhension parce qu'on lui avait fait absorber de la drogue.

– Afin qu'il ne souffre pas pendant la cérémonie du sacrifice. Nous n'avions aucune raison de le torturer, il n'était ni un prisonnier ni un criminel.

– Et il n'a sans doute pas vraiment souffert. Mais la drogue annihile tout désir de survie. Or, dans son état normal, l'homme refuse la mort de toutes ses forces. Il luttera contre elle jusqu'à son dernier souffle. Ce refus de mourir est le reflet de la volonté des dieux. Ils aiment trop la vie pour accepter ainsi que l'on tue en leur nom des hommes en pleine santé, dont le travail et l'affection sont bien plus utiles à leurs semblables qu'aux divinités.

– Penses-tu sincèrement que les dieux pourraient s'irriter de nos coutumes ? s'inquiéta Topohatloc.

– Non, car les dieux ignorent la mesquinerie. Ils savent que les hommes sont sujets à l'erreur. Mais ils désirent ardemment que cessent ces sacrifices rituels, qui ne les réjouissent nullement. Peut-être est-ce pour cela qu'ils m'ont envoyé en Anahuac.

Le roi secoua la tête, bouleversé par les paroles de mon frère.

– Ce que tu dis m'effraie, Meren-atl. Nous pratiquons ces sacrifices depuis l'aube des temps. Jamais nous n'avons pensé qu'ils pourraient mécontenter les dieux. Mais peut-être as-tu raison. Je dois... je dois en parler avec les prêtres.

Il s'éloigna. Tandis que Meren-Maât rejoignait Edna, je restai en compagnie de Hualco, qui ne semblait pas moins désemparé.

– Les paroles de Meren-atl sonnent terriblement juste, Khenty.

Mais elles remettent en question un rituel observé depuis toujours, auquel les prêtres tiennent particulièrement. Pour ma part, je suis prêt à abandonner cette pratique, car je sais à présent qu'elle indispose les dieux. Mais je crains que mes compagnons ne soient pas tous du même avis. Pezcatl ne renoncera pas facilement à ce privilège, qui lui vaut une grande influence sur le peuple. Il est respecté, et surtout redouté, au même titre que le roi. Cela promet des palabres difficiles.

Il resta un moment silencieux, puis ajouta :

– Par chance, Topohatloc voue une grande admiration à Merenatl. En lui, et en moi, vous avez les plus solides des alliés.

Je lui posai la main sur l'épaule.

– Sois remercié de ton amitié, Hualco.

Je savais qu'il était sincère. Cependant, son avertissement indiquait clairement que nos relations avec le Peuple du Caoutchouc ne seraient pas aussi simples qu'il y paraissait de prime abord. Le fait que les Olmèques pensaient que Meren-Maât était l'incarnation d'un dieu avait facilité le contact et permis de nouer une alliance. Mais il risquait aussi de déchaîner des passions aux conséquences désastreuses.

21

Deux jours plus tard, je sus par Hualco que d'âpres discussions opposaient les prêtres. Pezcatl n'acceptait pas qu'un étranger vînt se mêler des pratiques religieuses que les Olmèques respectaient depuis toujours. Derrière lui se rangeaient la majorité des officiants, peu désireux de voir leurs prérogatives – et surtout le prestige qu'elles leur apportaient et la crainte qu'elles suscitaient – remises en cause. En vérité, la controverse n'aurait pas déclenché autant de passion si Topohatloc n'avait attaché tant d'importance aux affirmations de Meren-Maât. Car le roi avait fermement pris son parti, soutenu en cela par Mahatlazol et par une minorité de prêtres. Le vieux sorcier estimait que sa façon de pratiquer était bien plus efficace, et qu'il n'était pas nécessaire de sacrifier des vies pour satisfaire les dieux. La position de Meren-Maât lui permettait de renforcer la sienne. Son ralliement n'était donc pas motivé par un souci d'humanité, mais il constituait un atout non négligeable.

– Je regrette d'avoir déclenché cette polémique, me dit Meren-Maât. Je ne pensais pas que Topohatloc y accorderait tant d'intérêt.

– Il te considère comme un *atl*, un envoyé des dieux. Tout ce que tu diras est important, mon frère, et il est trop tard pour reculer. Mais cette querelle religieuse aura peut-être des conséquences bénéfiques pour les Olmèques. Elle a déjà touché la ville basse, et la grande majorité du peuple t'est désormais acquise. C'est parmi eux que Pezcatl choisissait le plus souvent les victimes de ses immolations. Je m'y suis rendu hier. Même ceux de la jungle nous considèrent à présent avec le sourire. Tu es aimé et admiré, mon frère.

– Je me suis tout de même fait quelques ennemis. J'aurais voulu l'éviter.

– Il s'agit de Pezcatl et de ses fidèles, ainsi que de quelques nobles. Que veux-tu qu'ils fassent ? Topohatloc te vénère, et il est le roi.

– Je le sais. C'est d'ailleurs à cause de son appui qu'est apparue cette dissension.

– Personne n'osera se dresser contre lui.

– Qu'Amon t'entende, Khenty. Je ne suis pas venu ici pour semer la discorde.

Je ne me trompais pas en affirmant que Topohatloc lui apportait un soutien inconditionnel. Un matin, Hualco se présenta à notre demeure, porteur d'un message royal.

Quelques instants plus tard, nous étions reçus en grande cérémonie dans la salle du trône, dallée de schiste, au centre de laquelle était installé un siège de bois sculpté. Topohatloc nous attendait, entouré des dignitaires et des prêtres. Près de lui se tenait une fille magnifique.

Hualco rejoignit le roi et s'adressa à mon frère.

– Noble Meren-atl, le roi Topohatloc a le désir de te présenter sa fille. Elle a pour nom Chahuitlalotl, ce qui veut dire *Parfum de l'herbe après la pluie*. Il sait que tu as déjà une autre compagne, mais, si cela ne heurte pas les coutumes de ton pays, il souhaite de tout son cœur que tu acceptes Chahuitlalotl pour épouse, afin de sceller l'alliance entre nos deux peuples.

La jeune fille croisa ses bras sur sa poitrine et s'inclina profondément devant lui. Son visage n'était guère souriant. Sans doute ne souscrivait-elle pas à ce mariage.

– Ta fille est vraiment très belle, mon ami, répondit Meren-Maât. Ton offre me prouve la valeur de ton amitié et réjouit mon cœur. Le fait d'avoir plusieurs épouses n'est pas en contradiction avec les mœurs égyptiennes, et je serais très heureux de l'avoir pour compagne. Mais on ne peut forcer le cœur d'une femme. Aussi, je n'accepterai ce mariage que si Chahuitlalotl elle-même y consent. A-t-elle librement donné son accord ?

Hualco traduisit. Topohatloc s'étonna :

– Il ne saurait en être autrement. Au pays d'Anahuac, les filles doivent une entière obéissance à leur père ! N'en est-il pas de même dans ton pays ?

Meren-Maât sourit.

– C'est aussi le cas. Mais je sais par expérience que, entre les désirs des pères et ceux de leurs filles, il existe un monde que les pères ne comprennent pas toujours. Je n'accepterai donc de l'épouser que si elle en formule le désir elle-même.

Chahuitlalotl observa intensément Meren-Maât. Contrairement à la plupart des femmes olmèques, elle était plutôt grande. Elle devait avoir entre quinze et dix-huit ans. De longs cheveux noirs lui tombaient librement sur les reins. À la mode olmèque, elle portait une jupe courte et blanche de fibre d'agave. Sa poitrine nue et fière était ornée d'un collier de perles de jade qui mettait la couleur ambrée de ses seins en valeur. Son regard résolu trahissait une femme de caractère, qui n'acceptait qu'avec réticence de se soumettre à la volonté de son père. Pourtant, derrière ce masque énergique, je devinais un sentiment de crainte qui me laissait perplexe. Était-il motivé par la personnalité impressionnante de Meren-Maât, ou par autre chose ?

Topohatloc se tourna vers elle.

– Eh bien, ma fille, as-tu entendu ? As-tu le désir d'épouser Meren-atl ?

Le ton sur lequel il avait formulé sa question ne souffrait pas de refus. Prise au piège, elle avala sa salive et déclara d'une voix qu'elle aurait voulu forte :

– Oui, mon père, je l'accepte.

– Alors, nous célébrerons ce mariage dans quatre jours, afin de sceller de manière concrète et durable l'alliance entre nos deux peuples.

Comme on peut le penser, cette décision ne réjouit pas Edna. Il n'était pas dans sa nature de faire preuve de jalousie, et, lorsque mon frère lui apprit la nouvelle, elle ne manifesta aucune colère. D'ailleurs, elle ne s'en sentait pas le droit. N'était-elle pas une esclave qui bénéficiait du grand honneur d'être l'épouse du maître ? Cependant, elle était malheureuse. Elle n'osa rien dire à mon frère, mais s'en ouvrit à moi, les yeux brouillés par les larmes.

– Cette fille est une princesse, Khenty. Il va m'oublier.

– As-tu si peu confiance en lui ? Jamais il n'a aimé une femme autant que toi !

– Mais je suis laide ! Regarde-moi ! Je suis énorme comme une mère des veaux sur le point de mettre bas.

Je faillis éclater de rire devant sa véhémence.

– Cela ne l'a pas empêché de continuer à honorer ta couche régulièrement, ma belle. Vous m'avez assez cassé les oreilles, certaines nuits !

Elle rougit. J'insistai :

– Ce mariage est politique. Il consolidera l'alliance avec les Olmèques. Et puis, cette petite Chahuitlalotl ne semble pas très amoureuse de Meren-Maât. Apparemment, il ne lui plaît pas.

– Comment ça, il ne lui plaît pas ? s'insurgea-t-elle.

– Eh bien, cette nouvelle ne te réjouit-elle pas ? Quelle étrange personne tu fais !

– Mais comment peut-elle ne pas l'aimer ?

Cette fois, je ne pus retenir mon hilarité.

– Et tu ris ! s'emporta-t-elle. Tu ris de mon malheur !

– Oh, ton malheur...

– Et comment est-elle ? Bien laide, j'espère.

– Magnifique, au contraire. C'est une vraie princesse. À faire tourner la tête de tous les hommes !

– Tu es un monstre, Khenty ! Tu te moques de moi.

Je la pris affectueusement contre moi.

– Mais non ! Allez, ne te fais pas de souci. Meren-Maât aurait pu depuis longtemps prendre d'autres épouses. Il en avait le droit. Au lieu de quoi, il t'est resté fidèle. Tu devrais t'en féliciter, jamais je ne l'avais vu ainsi. Et puis, tu vas avoir bientôt besoin de te reposer. Lorsque tu allaiteras ton fils, tu n'auras guère la force de le satisfaire.

Elle fit la grimace, puis m'embrassa avec tendresse.

– Tu es un monstre, mais tu es le meilleur des amis.

Le mariage reçut l'agrément du sorcier Mahatlazol. Il avait une nouvelle fois pénétré le monde des dieux par la danse rituelle. Ils avaient approuvé l'union entre les deux peuples. D'après ses prédictions, Meren-Maât et Chahuitlalotl engendreraient une grande dynastie qui régnerait longtemps sur Anahuac. Il n'y avait donc pas de temps à perdre. Une grande chasse fut organisée. Le gibier était abondant : faisans, perdrix, coqs de bruyère, pécaris, tapirs. On envoya également une troupe de pêcheurs dans la lagune. La pêche se révéla miraculeuse, car c'était la saison où les tortues géantes venaient pondre leurs œufs. Selon la tradition, le roi devait offrir un festin à l'ensemble de son peuple.

J'envoyai un message à la Cité des Vents afin que les nôtres pussent participer aux réjouissances. Quelques jours plus tard, la quasi-totalité de nos compagnons arrivaient.

Meren-Maât voulut avoir une conversation avec Pezcatl, lui expliquer que jamais il n'avait voulu créer de polémique. Mais le grand prêtre refusa de le recevoir et s'absenta pendant la durée des noces.

Ce fut donc Hualco qui célébra le mariage. Celui-ci eut lieu dans le grand temple de Lo-Ren. Pour l'occasion, Meren-Maât reçut, de la part du roi, un ensemble de magnifiques vêtements olmèques. Les tisseuses de la basse-ville avaient œuvré avec rapidité et efficacité. Elles avaient confectionné une ample robe de sisal teinte en rouge et bleu. Pour la cérémonie, Meren-Maât avait accepté qu'on lui tressât les cheveux à la mode locale, ce qui fit beaucoup rire Edna.

Pendant les jours qui avaient précédé leur union, Meren-Maât n'avait pu voir sa fiancée seul à seul. Ainsi le voulait la coutume. La cérémonie se déroula sans incident. Des offrandes furent faites aux divinités. Hualco encouragea les jeunes mariés à faire beaucoup d'enfants. Nombre d'entre eux mouraient en bas âge, et seule la fertilité des couples pouvait compenser ces pertes.

Selon la tradition olmèque, on noua ensemble les vêtements des nouveaux époux, qui ne purent ainsi s'éloigner l'un de l'autre pendant la journée. Des musiciens prirent place, munis d'instruments étranges : flûtes taillées dans l'os ou dans des roseaux, tambourins en peau de singe, et une sorte de harpe dont le corps était constitué de la carapace d'un animal local, le tatou. Tandis que danseurs et chanteurs se succédaient, un repas copieux fut servi. De la ville basse montaient une rumeur joyeuse, des cris et des rires. Pourtant, malgré la gaieté de la foule, ce mariage me laissait une impression amère. Assis non loin du couple, je voyais bien que le visage de Chahuitlalotl n'affichait qu'un sourire de circonstance. Elle ne posait pas un regard sur Meren-Maât. Lui-même la contemplait à la dérobée, avec une certaine perplexité.

La fête se prolongea fort tard dans la nuit, mélangeant les deux peuples, provoquant des rencontres chaleureuses entre les filles libres olmèques et nos marins, ravis de profiter de l'occasion. Apparemment, non seulement nos hôtes ne s'en offusquaient pas, mais ils s'en réjouissaient. Objet moi-même de l'attention de plusieurs ravissantes jouvencelles, je remarquai à peine l'instant où Meren-Maât et sa nouvelle épouse se retirèrent.

Lorsque je le retrouvai le lendemain, son visage soucieux ne l'avait pas quitté. Décontenancé, j'attendis qu'il me parlât, comme il l'avait toujours fait.

– Je ne l'ai pas touchée, m'avoua-t-il.

Il avait passé ces derniers jours à se perfectionner dans la langue olmèque, afin de faciliter la conversation avec Chahuitlalotl. Apparemment, cela n'avait été d'aucune utilité.

– Ne la désires-tu pas ? demandé-je.

– Si ! Et c'est bien là le problème. Lorsque je suis entré, les servantes l'avaient préparée. Elle était nue devant moi, et c'est vraiment une fille superbe. Elle m'attendait. Pourtant, lorsque je me suis approché, elle s'est mise à trembler et s'est terrée contre le mur. Je me suis assis près d'elle et je l'ai prise par les épaules. Elle a dû croire, je ne sais pas... que j'allais la violer, peut-être. Il y avait de la terreur et de la résignation dans son regard. Sa peau frémissait sous mes doigts et j'ai eu peine à maîtriser le désir qui montait en moi. Mais je n'ai jamais été capable de prendre une femme qui n'en avait pas envie. Alors, je l'ai allongée sur le lit et j'ai remonté la couverture sur elle. Elle m'a regardé d'un air étonné. J'ai cru un instant qu'elle allait me parler, mais elle n'a rien dit. Elle avait trop peur. Je lui ai caressé le visage pour la rassurer, puis je me suis retiré discrètement.

– Tu aurais peut-être dû faire preuve d'un peu plus de patience et lui parler. Sans doute ignore-t-elle ce qu'est un homme.

– Sa peur a une autre origine. Khenty, cette fille avait l'air terrorisée. J'ai eu l'impression qu'elle me prenait pour un monstre.

– Elle était peut-être effrayée par ta barbe et tes cicatrices.

– Non ! Je pense qu'on l'avait prévenue contre moi. On a dû lui raconter je ne sais quelle fable terrifiante.

– Mais qui ? Et pourquoi ?

– Je n'ai pas que des amis dans cette cité. Pezcatl me déteste. Il a refusé de m'écouter. Son autorité vacille depuis que Topohatloc a pris position contre lui en ma faveur. Le fait qu'il m'offre la main de sa fille a sans doute provoqué la colère du grand prêtre. Pourquoi n'aurait-il pas influencé Chahuitlalotl pour la détourner de moi ?

– Comment cela ?

– La première fois que je l'ai vue, il y a quatre jours, elle ne semblait pas très enthousiaste à l'idée de m'épouser. Mais elle n'avait pas peur de moi.

– C'est vrai.

– Hier, pendant la cérémonie, elle s'est contenue, mais je sentais bien qu'elle était effrayée. Lorsque je me suis retrouvé seul avec elle, cette peur s'est transformée en panique. Cela ne peut s'expliquer que d'une manière : quelqu'un lui a fait croire que j'étais un démon. Elle devait s'attendre à ce que je me conduise avec elle comme une brute. Mais je me suis montré délicat, et elle a été étonnée de mon attitude.

– Pourquoi voudrait-on détourner ta femme de toi ?

– On espère peut-être que je serai mécontent et que je m'en plaindrai au roi. Cela pourrait alors dégrader nos relations et remettre l'alliance en question. Je ne tomberai pas dans ce piège. Je vais contrer leur jeu et afficher un visage satisfait. Mais une chose est sûre : le sorcier Mahatlazol a vu juste : quelqu'un cherche à nous nuire. Il va falloir rester sur nos gardes.

22

Pendant les jours qui suivirent, Meren-Maât passa le plus clair de son temps avec sa jeune épouse. Certaines fois, il l'emmenait à la chasse, à d'autres, ils suivaient les pêcheurs. Zangha et moi les accompagnions. Ma compagne nubienne ne relâchait pas sa vigilance. Elle avait parfaitement ressenti la sourde hostilité qui entourait Meren-Maât depuis le mariage.

Pour ma part, je redoutais le geste sournois d'un assassin anonyme. Aussi ordonnai-je aux gardes de redoubler d'attention. Cependant, rien ne se produisit. Pezcatl était revenu de son court exil volontaire, et nous témoignait la plus grande indifférence.

En revanche, le roi Topohatlcc se montrait plus enthousiaste que jamais. Ses fils lui avaient déjà donné des petits-enfants, mais il attendait avec impatience la naissance du premier-né de sa fille, car il était sûr qu'un sang divin coulerait dans ses veines. Aussi encourageait-il Meren-Maât à se montrer assidu auprès de sa femme, avec des gestes aussi spontanés que graveleux. Amusé, mon frère écoutait le gros roi et prenait la main de son épouse, pour donner le change. Chahuitlalotl affichait un sourire faussement radieux, et faisait semblant de rougir aux phrases lestes de son père.

Elle avait pris l'habitude de se faire accompagner de sa jeune sœur, Letihuacan. C'était une gamine pleine de vie, d'une douzaine d'années, qui, à l'inverse de Chahuitlalotl, n'éprouvait aucune crainte vis-à-vis de nous. Remarquablement intelligente, elle avait entrepris d'apprendre notre langue, et s'efforçait de converser avec nous dans notre sabir de marins. Se cherchant un professeur, elle jeta très vite son dévolu sur moi. Amusé par sa faconde, j'entrepris de lui enseigner la langue égyptienne. Elle se montra une élève plutôt brillante, poussée par une motivation que je ne compris pas immédiatement. Elle me suivait partout, me harcelait de questions sur mon pays, sur mes parents, sur notre voyage. La couleur de ma peau l'intriguait au plus haut point, et, parfois, elle me frottait le bras avec insistance pour vérifier qu'il n'y avait pas derrière quelque supercherie.

– Les hommes de ton pays sont-ils tous aussi noirs que toi ?

– Et même parfois plus !

– Pourquoi les dieux t'ont-ils fait ainsi ?

– Pourquoi t'ont-ils faite toi-même de cette couleur bistre ? Pourquoi certains ont-ils les cheveux noirs, d'autres couleur de l'or, d'autres encore couleur de feu ? Pourquoi les différentes couleurs des yeux, les différentes formes des visages et des corps ? En réalité, chaque être humain est unique, parce que les dieux aiment la diversité, tout simplement. Si tous les hommes se ressemblaient, quelle monotonie !

– En tout cas, cela te va bien ! Tu es très beau !

Souvent, elle se faisait câline et se glissait dans mes bras. Je pensais au début qu'elle éprouvait un grand besoin de tendresse, mais je m'aperçus qu'elle avait d'autres objectifs le jour où elle me déclara avec sa spontanéité habituelle :

– Quand je serai plus grande, je veux être ta femme. Tu accepteras, n'est-ce pas ?

– Bien sûr ! répondis-je, amusé, après une hésitation due à la surprise. Si ton père n'y voit pas d'inconvénient.

– Oh, il dira oui. Il ne me refuse jamais rien.

Le contraire m'eût étonné. Il était difficile de résister à sa fougue juvénile et à sa candeur.

Lorsque mes occupations m'en laissaient le loisir, elle me prenait la main et me faisait visiter la ville, m'abreuvant de son bavardage joyeux et intarissable. Peu à peu, grâce à ma petite compagne, je compris comment fonctionnait la société de nos hôtes.

Comme en Égypte, il existait plusieurs classes sociales. Ainsi, les nobles vivaient dans la ville haute, près du roi et des prêtres. À une époque où les Olmèques menaient encore une vie de nomades, une aristocratie s'était formée à partir des familles de guerriers, auxquels leur courage avait valu une notoriété et des privilèges qui se transmettaient de génération en génération. On estimait que les enfants héritaient des qualités de leur père. Aujourd'hui, bien que le peuple olmèque fût très rarement en guerre, la caste des guerriers continuait d'exister, et le peuple avait la charge de leur fournir la nourriture, les vêtements et le logement.

Les prêtres étaient choisis dans cette aristocratie dès leur naissance. On imposait alors aux bébés sélectionnés une pratique étrange, qui consistait à enserrer leur crâne dans des bandages. Peu à peu, la tête s'allongeait. Cette déformation caractérisait la supériorité de ceux qui entraient en contact avec les dieux. Ainsi, mon ami Hualco avait subi cette coutume, dont il m'avoua un jour qu'elle lui provoquait parfois de douloureuses migraines.

Si les nobles, comme les prêtres, avaient le droit de posséder plusieurs épouses, en revanche, les paysans et artisans de la basse cité n'avaient droit qu'à une seule femme, qu'ils devaient obligatoirement choisir dans un clan différent du leur. Car, outre les classes sociales, la population était divisée en clans, issus des anciennes tribus qui s'étaient amalgamées pour former le peuple olmèque. Afin de maintenir l'unité de la nation, la coutume exigeait d'un homme qu'il prît toujours femme dans un autre clan que le sien. Dans les villages extérieurs, les hommes n'avaient pas le droit de prendre épouse dans leur propre village. Les mariages étaient arrangés par les femmes elles-mêmes. Peu à peu, je compris qu'elles représentaient le véritable ciment de ce peuple singulier. Les plus anciennes se réunissaient régulièrement. On appelait cela le *Conseil des Mères*. Elles y discutaient de la culture, des semailles, des moissons, de la pêche et de l'artisanat, et se chargeaient de négocier les mariages entre les jeunes des différentes tribus. Cette exogamie avait le mérite d'entretenir les bonnes relations entre les différents villages. Les contacts permanents qu'elle exigeait favorisaient le commerce et la paix.

Les deux cités, la haute et la basse, étaient bâties suivant des plans rigoureux, qui obéissaient aussi bien à des critères de fonctionnalité qu'à des règles mystérieuses, qui permettaient de placer les demeures sous les influences fastes des esprits, et d'écarter les démons. Les maisons des nobles comportaient au moins trois salles principales, et une quantité d'annexes. Elles s'agrémentaient souvent d'une cour intérieure, et d'une cuisine où s'affairaient des serviteurs. Elles étaient construites en bois et en briques crues, liées par un mortier de chaux. Les cabanes des paysans, alignées régulièrement le long d'artères bien dessinées, n'offraient qu'une seule pièce. Le mobilier y était réduit à sa plus simple expression : des nattes de roseaux tressés. Les plus épaisses étaient utilisées comme lits. Les autres couvraient le sol de terre battue.

La ville haute affichait une opulence indéniable. Des nattes murales représentaient des scènes importantes de la vie des occupants, acte de courage, victoire sur un adversaire, mariage, naissance d'un enfant, afin d'en perpétuer le souvenir. Il n'était cependant pas toujours facile de comprendre la signification de ces images, car les dessins étaient stylisés et ornés de masques de divinités. Le mobilier comportait des tables basses en bois d'acajou, et des coffres de vannerie où l'on rangeait les vêtements et la vaisselle. Celle-ci se composait d'assiettes, de coupes, de cruches et de calebasses, une sorte de courge dont on extrayait la pulpe pour fabriquer des récipients.

On modelait les poteries à la main, en superposant des rouleaux d'argile, car les Olmèques ne connaissaient pas le tour de potier. Comme les Égyptiens, ils utilisaient des anneaux de roseaux tressés pour maintenir ces poteries verticales. Certaines cependant étaient équipées de trois pieds. Tous ces objets étaient décorés de motifs inspirés par les animaux, serpents, caïmans, aigles et requins. Les peintres les transformaient en êtres surnaturels terrifiants. L'un d'eux revenait très souvent. On l'appelait le jaguar-garou ; il représentait une divinité mi-humaine, mi-animale, dont les traits étaient ceux d'un bébé hurlant doté de crocs acérés et des yeux féroces du jaguar. Comme je m'étonnais qu'un peuple aussi gai que les Olmèques pût ainsi vivre entouré de ces démons grimaçants, Letihuacan m'expliqua que c'était là une manière de se moquer des animaux dangereux, et par la même occasion d'effrayer les esprits malintentionnés. Cependant, certains exerçaient une influence favorable, comme le caïman, qui symbolisait le travail de la terre, ou encore l'oiseau quetzal, un oiseau magnifique à longue queue, qui avait une fonction protectrice. C'étaient les plumes de cet oiseau que le vieux sorcier Mahatlazol avait offertes à Meren-Maât.

Outre les potiers, on rencontrait nombre de sculpteurs. Ceux-ci travaillaient sur le schiste, mais aussi le jade et la serpentine.

Les Olmèques avaient été très intrigués par nos outils de bronze. Ils ignoraient les instruments métalliques, et le travail s'effectuait par percussion et grattage, à l'aide de meules de pierres dures, de maillets et de pilons en diorite ou en basalte. Ils utilisaient également des couteaux de silex ou d'obsidienne, une lave noire solidifiée translucide très résistante, souvent réservée aux fonctions religieuses. Malgré ces outils rudimentaires, les Olmèques possédaient un talent remarquable. Letihuacan me fit ainsi admirer les bas-reliefs aux personnages en ronde bosse qui décoraient les flancs des autels. Les traits des visages, les vêtements, bijoux et autres ornements y étaient finement ciselés, et peints de couleurs vives, pour créer l'illusion de la vie. Les yeux des divinités, bonnes ou mauvaises, y étaient soulignés de manière tellement réaliste qu'ils en devenaient inquiétants.

Après le mariage, une bonne partie des nôtres était retournée à la Cité des Vents. Mais Meren-Maât, qui ne souhaitait pas séparer Chahuitlalotl des siens, avait conservé près de lui quelques guerriers, dont les Tjekerous de Ragnar et les anciens esclaves d'Ebla, qui adoraient le dieu des Cèdres, Huwawa. Ils avaient commencé à construire des demeures au pied de la ville haute, sur un terrain offert par Topohatloc.

Hamel avait, lui aussi, décidé de rester. Il avait découvert à Lo-Ren des hommes qui partageaient sa grande passion : l'étude des astres. Lorsqu'il eut compris les méthodes mathématiques des Olmèques, que Hualco lui fit partager, il se lança dans l'observation des étoiles en sa compagnie. Il s'aperçut que ce peuple, qui paraissait, sur le plan technologique, moins évolué que les Égyptiens ou les Crétois, possédait une remarquable science de l'astronomie. Ainsi, ils avaient su effectuer les opérations complexes qui permettent de calculer les cycles de révolution de la lune et des planètes. L'une d'elles était d'ailleurs liée au cycle des semailles et des moissons[1].

À la demande de Meren-Maât, j'avais pris en charge la construction du village. Les autochtones, qu'ils fussent nobles, artisans ou paysans, se montraient très curieux de nous, et aimaient se mêler à nos travaux. Letihuacan se montrait la plus assidue. Les nôtres l'appréciaient, car elle ne manquait jamais de faire apporter des corbeilles emplies de fruits juteux, ananas, papayes, goyaves. Au contact des

1. Il s'agit de Vénus.

Égyptiens, elle ne cessait de perfectionner son langage, lequel fleurissait d'expressions vigoureuses dues aux guerriers. Elle n'en comprenait pas vraiment le sens, mais les utilisait avec une conviction qui faisait rire mes compagnons. Elle ne démordait pas de son projet de mariage, et regardait d'un œil sombre les femmes que je glissais dans ma couche. Seule Zangha trouvait grâce à ses yeux, parce que sa peau était aussi noire que la mienne et qu'elle avait décidé une fois pour toutes que cela constituait le summum de l'élégance. Peu à peu, je m'attachais à elle. L'idée de l'épouser, après tout, ne me déplaisait pas, car elle promettait de devenir une très jolie fille. Mais surtout, il y avait en elle une générosité et une joie de vivre un peu semblables à celles d'Edna.

À l'inverse, malgré toutes les tentatives de séduction menées par mon frère, Chahuitlalotl demeurait toujours aussi farouche. Un mois après le mariage, il m'avoua un soir que celui-ci n'avait pas encore été consommé.

– Elle a peur de moi, et cette peur est trop profondément ancrée en elle. Dès que je m'approche, elle se met à trembler. Je ne peux me résoudre à la faire mienne de force, car elle me haïra pour toujours.

Il soupira :

– Je crois que j'ai commis une erreur en acceptant ce mariage. Si au moins je pouvais savoir ce qui provoque sa réaction...

Peut-être Letihuacan aurait-elle pu expliquer l'attitude de sa sœur, mais il m'était impossible de lui en parler. La ville entière s'imaginait que cette union était une bénédiction pour les deux peuples. Si l'on apprenait que Meren-Maât n'avait pas encore touché sa femme, de graves difficultés risquaient de surgir.

Cependant, Meren-Maât eut bientôt d'autres sujets de préoccupation. Edna approchait de son terme, et l'enfant ne se présentait pas bien. Une fièvre maligne la tenait, contre laquelle Hamel et Daraan se montraient impuissants. Tous deux regrettaient la mort de la petite Rîany, dont ils étaient sûrs qu'elle aurait su trouver un remède. Nous commençâmes à craindre le pire lorsque Topohatloc en personne vint rendre visite à mon frère. Par le truchement de Hualco, il annonça :

– Meren-atl, mon cœur est lourd de la nouvelle que je dois te communiquer. L'un de nos prêtres, Metzaco, a lu dans les graines sacrées que les dieux réclamaient un sacrifice pour conserver la vie de ta première épouse. Il dit que, dans le cas où les dieux ne seraient pas satisfaits, elle mourra, et l'enfant qu'elle porte avec elle.

– Non ! s'insurgea Meren-Maât.

– Ma tristesse est grande, mon ami, conclut le roi. Mais les prédictions des graines se sont toujours réalisées. C'est pourquoi j'ai voulu t'avertir moi-même. Il faut sauver ton épouse. Aussi, nous pratiquerons ce sacrifice dès demain.

– Je refuse ! Je connais les dieux. Ils aiment la vie, et jamais ils n'ont pu formuler une telle exigence. Sacrifie une chèvre ou un chien si tu le souhaites, mais épargne la vie d'un innocent. Et s'il existe vraiment des dieux assez cruels pour se repaître du sang des hommes, eh bien qu'ils s'adressent à moi, et qu'ils osent m'affronter loyalement !

Sa voix, déjà forte, s'était amplifiée, impressionnant tous ceux qui assistaient à l'entretien. Topohatloc, pétrifié par le défi lancé par mon frère, regardait de tous côtés, s'attendant d'un instant à l'autre à voir surgir une créature épouvantable envoyée par les dieux pour châtier l'insolent. Mais rien ne se passa.

– Alors ! rugit de nouveau Meren-Maât, auriez-vous peur de moi ?

Ce disant, il s'empara de sa hache et la fit tournoyer. Puis il se planta devant le lit où reposait Edna et poursuivit :

– Vous entendez, divinités stupides et sanguinaires ! Il n'y aura pas de sacrifice. Et ma femme et mon fils vivront ! Que vous le vouliez ou non !

Topohatloc intervint faiblement.

– Tu ne devrais pas défier les dieux ainsi, Meren-atl. Tu ne connais pas leur puissance.

– Quelle puissance ? Où sont-ils, ces dieux ? Ils n'osent pas se manifester.

Il brandit le poing de nouveau.

– Parce qu'ils n'existent pas ! Et je ne peux donc croire aux prédictions de ce Metzaco !

Impressionné, le souverain ne répondit pas.

– Roi Topohatloc, intervins-je, les dieux du Grand Océan eux-mêmes n'osent affronter Meren-Maât. Je l'ai vu plusieurs fois leur lancer un défi, et aucun d'eux n'y a jamais répondu.

Edna se redressa sur sa couche et renchérit d'une voix faible :

– Je ne veux pas que quelqu'un meure à cause de moi, grand roi. Ma fidèle Rîany a déjà donné sa vie pour me sauver du jaguar. Si je dois mourir, je mourrai, mais le sang ne coulera pas pour moi.

Le monarque hocha la tête et s'inclina devant mon frère.

– Il est vrai que tu es un dieu toi-même, dit-il enfin. Tu dois savoir ce que tu fais.

Lorsqu'il fut parti, l'angoisse s'installa. Car, même si nous refusions d'y ajouter foi, la prédiction demeurait. Et elle semblait confirmer l'impuissance des médecins. Meren-Maât s'assit sur le lit et caressa le front emperlé de sueur d'Edna. Malgré la chaleur humide de la maison, elle grelottait. Installée dans un coin de la grande salle, Chahuitlalotl les contemplait, le visage grave. Je m'approchai d'elle et dit :

– Par malheur, Rîany n'est plus parmi nous. Je suis sûr qu'elle aurait su comment soigner Edna.

– Qui était Rîany ? demanda-t-elle d'une voix sourde.

– La suivante d'Edna. Elle possédait le don de soigner par les plantes, et nos médecins eux-mêmes lui accordaient leur confiance, car, parfois, elle se montrait plus savante qu'eux. Mais elle fut tuée par le jaguar.

Je serrai les dents à l'évocation de la jeune esclave. Sa disparition avait été une perte irréparable. Une main fine se glissa soudain dans la mienne. Chahuitlalotl.

– De l'eau coule de tes yeux, Khenty. Comme elle coule de ceux de Meren-atl. Comment pouvez-vous être capables de défier les dieux et de pleurer comme des femmes ?

Je lui adressai un pauvre sourire.

– Il n'y a pas de honte pour un homme à pleurer quelqu'un que l'on a aimé, princesse. Les larmes ne sont pas un signe de faiblesse, mais une preuve d'amour.

– Et crois-tu que Meren-atl me pleurerait si les dieux reprenaient ma vie ?

– J'en suis sûr. Il n'attend qu'un signe de toi pour t'aimer. Jamais il n'a fait preuve d'autant de patience avec une femme.

– Mais il me fait si peur...

– Pourquoi ?

– Parce que... parce qu'on m'a dit qu'il était une divinité mauvaise, et qu'il allait détruire le peuple olmèque.

– Qui a pu te dire ça ?

Elle devint blême et sa respiration s'accéléra.

– Je... je ne peux pas le répéter. C'est un homme puissant. Il jetterait la malédiction du jaguar sur moi et ma descendance.

– Pezcatl ?

– Non ! Ce n'est pas lui.

Elle se tut, terrorisée. Je compris que je n'obtiendrais rien de plus d'elle. Ce fut alors que je me rendis compte de l'influence extraordinaire que les prêtres possédaient sur le peuple, y compris sur les nobles. Mineesakea m'avait affirmé qu'ils détenaient des pouvoirs surnaturels, reçus des divinités. Il était sûr qu'ils savaient se rendre invisibles, et qu'ils pouvaient agir à distance sur les gens et les événements. Par exemple, ils étaient capables de provoquer la maladie ou même la mort. Cela ne m'avait pas vraiment impressionné sur le moment, mais la fièvre d'Edna n'était-elle pas due à la malveillance de notre ennemi anonyme ? Devant une telle puissance occulte, la terreur éprouvée par Chahuitlalotl ne m'étonnait plus.

Je laissai passer un silence, puis je dis doucement :

– Peu importe qui est cet homme malfaisant, princesse. Mais, depuis une lune que tu vis avec Meren-Maât, tu as pu constater combien il est bon et patient. Quel autre homme aurait ainsi accepté de ne pas poser la main sur toi ? Regarde-le ! Crois-tu qu'un démon serait capable d'un tel chagrin parce que sa compagne risque de mourir ?

– Justement, il aime cette femme. Alors, y a-t-il de la place pour moi dans son cœur ?

– S'il n'y avait pas cette place, se serait-il montré si doux avec toi ?

Elle ne répondit pas. Soudain, elle se leva et se dirigea vers le lit. Meren-Maât leva vers elle des yeux brillants et lui adressa un sourire triste.

– Tu vois, petite princesse, je suis capable de défier les dieux eux-mêmes, mais je pleure comme un enfant parce que je suis impuissant à combattre les *oukhedou* qui rongent la vie d'Edna.

Elle lui prit la main.

– Tu ne peux rien faire, mais moi, je le pourrai peut-être.

– Toi ?

- Moi aussi, je connais le secret des plantes qui soignent. Un vieux sorcier me l'a enseigné. Malheureusement, il est mort l'année dernière. Je vais être obligée d'agir seule.

Elle posa la main sur le front d'Edna, puis palpa différentes parties de son corps, l'examinant avec attention, écoutant le souffle, cernant le mal à travers la peau. Son expression s'était métamorphosée. Stupéfaits, nous la regardâmes opérer. Il n'y avait pas la moindre hésitation dans ses gestes. Elle semblait entrer en communication avec la maladie, lui parler un langage muet. Enfin, elle adressa un ordre à un serviteur, qui revint peu après avec un coffre de vannerie contenant des fioles et des herbes séchées.

– Mon père n'apprécie pas trop que je me livre à cela, dit-elle. Il pense que seuls les prêtres sont capables de soigner en implorant l'intervention des dieux. Mais j'ai constaté plusieurs fois que les remèdes de mon vieux sorcier étaient bien plus efficaces.

Pour avoir vu les miracles accomplis par Rîany, nous ne l'aurions pas contredite. J'ignore la nature du remède qu'elle donna à Edna, mais, quelques jours plus tard, la fièvre avait baissé. L'attitude de Chahuitlalotl s'était radicalement modifiée. Elle avait découvert que ses préventions envers Meren-Maât étaient injustifiées, et que, contrairement à ce qu'elle croyait, elle voulait se faire aimer de lui. Et c'était cet amour qui lui avait donné le courage de braver sa terreur des prêtres.

– Je ne comprends plus rien, me dit-elle un jour. J'étais terrorisée par Meren-atl, mais je crois qu'au fond je l'ai aimé dès les premiers instants. Et cela aussi me faisait peur. Comment expliquer alors que j'aie pu soigner ma rivale et la guérir ? Je devrais la détester, et j'en suis incapable. Pourquoi, Khenty ?

– Pendant plusieurs jours, tu as veillé sur elle, tu l'as soignée, changée, lavée comme un nourrisson, parce qu'elle était trop faible. Il est difficile de détester quelqu'un que l'on a ainsi protégé et choyé. Edna est très attachante, tout comme toi. Et, dans votre cœur, l'amour et la générosité sont plus forts que la haine.

– Mais Meren-atl l'aime plus que moi !

– Je ne crois pas que l'amour puisse se mesurer, petite princesse. Il est différent suivant la personne à qui il s'adresse, mais il reste entier, on ne peut le découper en parts comme une galette de maïs. Lorsque l'on a des enfants, on les aime tous, totalement, sans restriction. L'amour est une chose merveilleuse : nous pouvons en donner autant que nous voulons, nous en avons toujours autant en réserve, et peut-être même plus.

Chahuitlalotl n'avoua jamais le nom de celui qui l'avait montée contre Meren-Maât. Elle redoutait sa vengeance, et mon frère n'osa insister. Avec le temps, il finirait bien par savoir qui le détestait au point de lui tendre un piège aussi insidieux. À la vérité, il n'accordait pas grande importance à cette hostilité sournoise. La fièvre d'Edna lui avait permis de vaincre les réticences de sa seconde épouse. Un soir, lorsqu'elle fut certaine qu'Edna était sauvée, elle se glissa dans le lit de Meren-Maât et l'attendit. Le lendemain, ils ne jouaient plus la comédie. Ils étaient réellement amoureux l'un de l'autre.

Chahuitlalotl s'était épanouie. La personnalité de Meren-Maât la fascinait. Malgré de louables efforts, il ne possédait pas encore très bien la langue olmèque, et ses fautes de syntaxe la faisaient rire. Son nom étant un peu compliqué pour lui, Meren-Maât lui proposa de porter un nom cananéen qu'il affectionnait particulièrement.

– Isah-Bel ! dit-il. *Isah*, en langage cananéen, veut dire femme, et Bel, ou Baâl, est le nom du dieu de Byblos, où je suis né. Il te protégera[1].

Quelques jours plus tard, Edna ressentit les premières douleurs. Depuis qu'elle avait chassé sa fièvre, une véritable complicité la liait à celle que l'on appelait désormais Isah-Bel, et elle lui demanda de l'assister pour l'accouchement. Nous fûmes écartés sans ménagement, mais le bébé naquit sans trop de difficultés. C'était un garçon vigoureux, qui annonça sa venue au monde d'une voix puissante. On l'appela Meren-Ptah.

Il fut le premier enfant méditerranéen né dans le Pays du Caoutchouc. Il y en eut de nombreux autres.

1. Isah-Bel, ou Ishe-Bel, est un prénom phénicien sans doute à l'origine d'Isabelle. Très curieusement, il existe un prénom maya très proche, Ixshe-Bel, dans lequel *ixshe* signifie également « femme ». Coïncidence troublante ou résultat d'un contact entre les deux civilisations ?

23

Deux années s'étaient écoulées depuis la naissance de Meren-Ptah. Un an après, Isah-Bel avait mis au monde un garçon vigoureux, prénommé K'in-Hotep, un nom qui mélangeait les cultures égyptienne et olmèque, et qui traduisait la joie du dieu soleil. L'entente née entre les deux femmes après la maladie d'Edna ne s'était pas démentie. Meren-Maât passait du lit de l'une au lit de l'autre avec sa fougue coutumière, et toutes deux étaient de nouveau enceintes.

Elles n'étaient pas les seules. Peu à peu, les Égyptiens avaient abandonné la lointaine Cité des Vents pour s'installer à Lo-Ren. Nos guerriers jouissaient d'une excellente réputation auprès des femmes olmèques, qui accouraient de provinces éloignées pour se faire épouser. Quelques-unes de nos filles s'étaient mariées avec des autochtones. Chaque communauté y avait trouvé avantage. Pour nos hôtes, ces mariages répondaient à la tradition qui exigeait que les unions se fissent en dehors du clan, afin de maintenir la cohésion de la nation olmèque. Pour les marins, cela se traduisait par une vie douce et agréable après toutes les années passées en mer. Peu d'entre eux manifestaient le désir de repartir. Pour la première fois de leur vie, ils étaient réellement libres. L'autorité de Meren-Maât n'était guère contraignante.

Nous parlions rarement du retour en Égypte. Il y avait à cela plusieurs raisons. Tout d'abord, nous ignorions quelle route suivre. Les courants nous avaient poussés d'est en ouest, mais rien ne prouvait qu'il existait des courants inverses, capables de nous ramener vers la Méditerranée. D'autre part, Meren-Maât aimait ce pays. Alors, tout prétexte lui était bon pour rester. De nouveaux territoires, des produits inconnus à découvrir, les éléments défavorables, cyclones, tempêtes...

Cependant, certains acceptaient mal cet état de fait. Amonisfet ne cessait de récriminer. Il ne comprenait pas pourquoi nous nous étions installés à Lo-Ren plutôt que de rester à la Cité des Vents. Il manifestait le désir de revenir au plus tôt en Égypte, entraînant quelques dizaines d'Égyptiens derrière lui, recrutés essentiellement parmi ses soldats. Mais Meren-Maât n'accordait pas d'importance à ces manifestations de mauvaise humeur.

Parfois, il m'arrivait de penser que nous ne reverrions jamais le Double-Royaume. Cette idée m'avait chagriné au début, mais, plus je voyais Letihuacan se métamorphoser, moins j'en souffrais. Moi aussi, j'étais un homme libre dans ce pays magnifique et sans limites.

D'innombrables nations peuplaient l'immense pays d'Anahuac. Les Olmèques entretenaient avec les autres royaumes des relations commerciales qui leur permettaient d'obtenir grâce au troc les produits introuvables sur leur territoire. Ils envoyaient régulièrement des caravanes jusque dans les contrées les plus reculées, aussi bien vers le nord que vers le sud. Des pistes reliaient les différentes cités. Depuis des siècles, les Olmèques avaient ainsi tissé un remarquable réseau acheminant les marchandises, qu'ils échangeaient contre des productions locales. En tant qu'initiateurs de ces routes, ils collectaient quantité d'informations qui leur conféraient un avantage indéniable sur les autres nations, moins évoluées.

L'année précédente, une caravane était partie vers le nord-ouest, emportant des fourrures de jaguars, des couvertures de laine de lama, des bijoux, des outils et quelques objets que nous avions apportés d'Égypte et de Byblos. Elle devait rapporter de l'obsidienne pour la fabrication des couteaux, du minerai de fer, destiné essentiellement aux miroirs, ainsi que des pierres précieuses ou semi-précieuses : jade, turquoise, serpentine, améthyste, onyx, agate, calcédoine, chrysoprase, cornaline... Ces gemmes étaient utilisées pour la réalisation des joyaux destinés aux temples ou aux tombeaux, mais aussi à la parure. Ce commerce avait peu à peu enrichi la nation olmèque, non seulement à Lo-Ren, mais aussi dans les autres cités moins importantes. Après avoir parcouru le pays et ses abords, nous avions constaté que nos hôtes vivaient dans une certaine opulence par rapport à leurs voisins.

Ceux-ci leur rendaient des visites régulières destinées à préserver la paix. Les Olmèques redoutaient peu les conflits. Ils disposaient d'une population nombreuse, d'un territoire vaste, et d'une avance technologique certaine. Ils avaient compris que la guerre ne résolvait rien, et qu'elle appauvrissait le vainqueur lui-même. De plus, elle engendrait toujours chez le vaincu un désir de revanche qui, tôt ou tard, débouchait sur un autre conflit. En revanche, le trafic commercial enrichissait les deux parties.

Cependant, avec le temps, j'avais fini par découvrir qu'une menace pesait sur Anahuac. Si les plus jeunes ignoraient à quoi pouvait bien ressembler un ennemi, les plus âgés évoquaient parfois les souvenirs de batailles meurtrières, menées contre des démons redoutables, dont les exactions avaient profondément marqué leur mémoire.

Un soir, Hualco me parla du Peuple des Nuages. Cette nation, originaire de hautes vallées enneigées du Sud, avait mené, trente ans auparavant, une guerre de conquête contre les Olmèques. La victoire n'avait été obtenue que d'extrême justesse. Nombre d'hommes jeunes, mais inexpérimentés, avaient été sacrifiés pour vaincre cet ennemi farouche et solidement armé. Depuis toujours, les Olmèques considéraient ce peuple vindicatif comme une malédiction envoyée de temps à autre par les dieux. Cependant, cette menace n'inquiétait nullement la nouvelle génération. Seuls les vieux gardaient souvenir des horreurs qu'il avait commises autrefois. Leurs enfants, n'ayant jamais connu de conflit hormis quelques escarmouches avec des tribus nomades peu dangereuses, se moquaient gentiment des récits que radotaient les anciens, le soir, en fumant leur cigare ou leur calumet.

Hualco m'avoua également le conflit sournois qui l'opposait à Pezcatl. Après la guerre, certains nobles, soutenus par quelques prêtres, dont lui-même, avaient demandé la constitution d'une armée régulière. Pezcatl s'y était opposé avec virulence, arguant que cette armée n'était pas nécessaire. Selon lui, le Peuple des Nuages ne s'attaquerait plus de sitôt aux Olmèques. La plupart des autres nations voisines n'étaient pas belliqueuses, et étaient surtout moins évoluées. Enfin, une formation militaire permanente exigerait la levée d'inutiles impôts supplémentaires. Soutenu par le peuple en raison de ce dernier argument, il avait obtenu gain de cause, et l'armée olmèque n'avait jamais vu le jour.

– Nous entretenons de bonnes relations avec les peuples voisins, conclut Hualco. Mais les Mixtèques ne sont pas des humains. Ce sont des démons créés par les dieux. Jusqu'à présent, nous avons réussi à les repousser, au prix de nombreux morts, mais je crains qu'un jour ils ne parviennent à envahir Anahuac. Alors, ce sera la fin de notre monde, et la fin du cinquième cycle.

Je compris alors pourquoi il répugnait à parler du Peuple des Nuages. Adolescent à l'époque du conflit, il lui gardait une haine obscure qui refusait de s'effacer, mêlée à une crainte irrationnelle issue des visions atroces qu'il conservait des combats.

– La légende dit qu'au début la terre n'existait pas. Il n'y avait que les eaux. Puis les dieux ont fait surgir les plaines, la jungle et les montagnes, et ils les ont peuplées de plantes et d'arbres. Puis ils ont créé les animaux, les poissons, les oiseaux, les pécaris, les tapirs, les cerfs, les agoutis, et les jaguars.

Assise à mes côtés sur un gros rocher, Letihuacan me contait, selon les croyances olmèques, la manière dont le monde s'était formé. Intrigué, je remarquai qu'il existait d'étranges similitudes avec les légendes égyptiennes. Ne disait-on pas en effet que le monde avait été créé à partir du *Noun*, l'océan primordial, dont était sortie la première terre émergée ?

– Ensuite, les dieux façonnèrent un homme dans la glaise, mais cela ne leur convint pas, car il était trop fragile. Alors, ils le taillèrent dans le bois. Celui-ci était plus résistant. Ils lui donnèrent une compagne, et tous deux se multiplièrent. Mais, dans leur orgueil, les hommes de bois rejetèrent les dieux. Ceux-ci se vengèrent et envoyèrent sur le monde une terrible catastrophe, qui anéantit les hommes de bois. Il y eut quelques survivants, que les dieux prirent en pitié. Ils les transformèrent et en firent les hommes du Maïs, qui se montrèrent plus respectueux. Ils furent nos ancêtres. Mais il leur arrive encore d'indisposer les dieux. Alors, régulièrement, le monde est détruit, les volcans explosent, la terre tremble, la mer envahit les plaines basses, et les hommes meurent par milliers. Nous n'y pouvons rien, telle est la volonté des dieux. Les prêtres disent que cela est déjà arrivé quatre fois, et que nous vivons une cinquième ère. Mais celle-ci s'achèvera, elle aussi, par l'anéantissement des hommes.

Lorsqu'elle eut terminé, je restai silencieux. J'avais peine à comprendre cette vision du monde, terrifiante et sans espoir. Nous-mêmes, Égyptiens, nous redoutions chaque matin que le terrible serpent Apophis, la créature de Seth, ne parvînt à empêcher Amon-Rê de se lever. Mais cela n'arrivait jamais, et cette peur-là ne nous empêchait pas de dormir. Les croyances des peuples révélaient parfois des terreurs bien surprenantes. Ainsi, les habitants des Cassitérides pensaient qu'un jour le ciel s'écroulerait sur eux. À cause de cela, les orages les terrorisaient. Les Tjekerous, originaires des pays du Grand Nord, avaient une vision encore plus pessimiste que les Olmèques. Pour eux, non seulement le monde des hommes était voué à disparaître, mais leurs dieux eux-mêmes n'échapperaient pas à l'anéantissement.

Je contemplai la silhouette fine de Letihuacan. Peut-être était-ce cette résignation devant un avenir si sombre qui donnait aux Olmèques un tel appétit de vivre. Deux ans s'était écoulés depuis la naissance de Meren-Ptah. Ma petite compagne approchait aujourd'hui de ses quinze ans. Elle était devenue une fille superbe, à la démarche de gazelle et aux formes pleines. Je ne voyais plus en elle une gamine bouillonnante et excessive. C'était aujourd'hui une jeune femme. Son enthousiasme ne l'avait pas quittée, mais il s'y glissait, à mon égard, une attitude provocatrice à laquelle j'avais bien du mal à résister. J'avais plus du double de son âge, mais elle ne paraissait pas s'en soucier. Elle n'avait pas renoncé à m'épouser, et son père avait donné son accord. Meren-Maât et Isah-Bel étaient ravis de cette décision. Meren-Maât était déjà mon frère, il deviendrait aussi mon beau-frère.

Le mariage était prévu pour l'anniversaire de Letihuacan, que nous attendions tous deux avec impatience. Selon la tradition olmèque, je ne devais pas la toucher avant ce mariage, et la petite rouée prenait un malin plaisir à se baigner nue devant moi, afin d'exciter mon désir. Ma fidèle Zangha, qui partageait encore ma couche, bénéficiait de l'état d'énervement dans lequel elle me mettait.

Après avoir achevé la légende, elle se défit de son pagne léger et se glissa dans l'eau de l'étang près duquel nous nous étions isolés du monde. L'endroit était situé à l'écart de la cité, vers le nord, là où commencent les contreforts de la montagne. La plaine se faisait plus chaotique et la forêt dense qui la recouvrait hésitait entre deux sylves différentes : celle de la jungle et celle de la montagne. On pouvait ainsi y croiser des palmiers, mais aussi des cèdres et des acajous. Au creux de cirques ignorés, les dieux avaient déposé de petits lacs ombragés. Letihuacan m'avait fait découvrir l'un d'eux, et, depuis, il était devenu notre lieu de rendez-vous secret.

Soudain, un bruit étrange se fit entendre. Cela ressemblait au souffle d'une bête énorme. Mais j'étais incapable de dire si le bruit était proche ou lointain. Ma compagne se hissa hors de l'eau, inquiète. On aurait dit que la forêt elle-même s'était mise à vibrer. Letihuacan écouta avec attention.

– Qu'est-ce que c'est ?

– Le Bâton à vent ! C'est une pièce de bois percée que l'on fait tourner au bout d'une corde. Le son porte très loin, et permet d'avertir ceux qui sont éloignés de la cité. Mais on ne l'utilise qu'en cas d'extrême urgence.

– C'est-à-dire ?

– Je ne sais pas. Peut-être un ennemi approche-t-il. Depuis que je suis née, le Peuple du Caoutchouc n'a jamais été en guerre. Mais les anciens parlent d'un conflit qui a éclaté autrefois avec le Peuple des Nuages. Ils disent que les morts furent nombreux, car les dieux étaient assoiffés de sang. Ceux des Nuages sont des démons envoyés par Kisin, et ils ravagent tout sur leur passage. On dit que leurs dents sont semblables à celles du jaguar, et qu'ils dévorent leurs prisonniers.

Elle frissonna, puis ajouta :

– Il y a peut-être une autre raison. Mon frère, Huwan-Tlaloc, est parti depuis bientôt trois ans vers les pays du Sud. Peut-être est-ce pour son retour que l'on fait vibrer le Bâton à vent.

– C'est sans doute cela, répondis-je pour l'apaiser. Si un ennemi approchait, les chasseurs l'auraient déjà signalé.

Son inquiétude envolée, elle se jeta avec fougue dans mes bras, oubliant qu'elle ne portait strictement rien sur elle. Je la serrai très fort, luttant péniblement contre mon envie, puis me dégageai doucement.

– Tu ferais mieux de te rhabiller avant que je ne te mange toute crue.

Elle eut un regard provocant et répondit avec effronterie :

– Dans quelques jours, tu pourras me manger toute crue !

Encore aujourd'hui, je me demande où j'ai trouvé la force de résister à ces bravades. Sans doute étais-je très amoureux.

De retour à Lo-Ren, nous retrouvâmes Meren-Maât et ses deux épouses, entourés de leurs enfants et de quelques-uns de nos compagnons, eux aussi intrigués par le bruit étrange. Heureusement, j'avais vu juste. Le Bâton à vent annonçait le retour de la caravane dirigée par Huwan-Tlaloc, le frère de Letihuacan et d'Isah-Bel. Un messager avait descendu le Coatzal pour prévenir le roi Topohatloc.

Malheureusement, il était aussi porteur d'une mauvaise nouvelle : Huwan-Tlaloc souffrait d'un mal étrange, contre lequel tous les efforts des sorciers s'étaient révélés impuissants. Le prêtre qui l'accompagnait avait interrogé les astres, et il y avait vu la mort prochaine du jeune homme.

24

La joie du retour fit aussitôt place à la tristesse. Letihuacan se mit à pleurer. D'après le messager, les sorciers ne savaient que faire. Huwan-Tlaloc souffrait de violentes migraines, qui l'amenaient parfois à perdre connaissance. À d'autres moments, il ne ressentait rien du tout et se conduisait normalement. Mais les crises étaient de plus en plus fréquentes, et l'on craignait le pire. Son arrivée était prévue trois jours plus tard.

Pendant cette période, Letihuacan passa le plus clair de son temps auprès de son père, qui portait sur lui toute la misère du monde. Huwan-Tlaloc était son fils aîné, et devait le remplacer à la tête du Pays du Caoutchouc. Lui seul possédait la sagesse suffisante pour remplir ce rôle. Ses fils cadets passaient leur temps à chasser et à courtiser les filles. Tout au plus feraient-ils de bons guerriers, mais aucun d'eux n'était capable de diriger la nation. Si Huwan-Tlaloc périssait, il s'ensuivrait une période de chaos pour Anahuac. Des factions se formeraient derrière plusieurs prétendants et diviseraient le pays. Outre le chagrin qui l'assaillait, le vieux roi ne pouvait s'empêcher de songer à ces éventualités.

Lorsque la caravane atteignit Lo-Ren, on n'organisa aucune fête, contrairement à la coutume. Huwan-Tlaloc avait sombré dans l'inconscience la veille, et on le transportait sur des brancards tirés par de gros chiens. Quand il vit son fils à l'agonie, Topohatloc s'enferma dans son palais et refusa de recevoir quiconque. J'avais appris que, chez les Olmèques, les larmes des hommes étaient considérées comme une marque de faiblesse, et je compris qu'il voulût cacher les siennes. La manière dont il avait évoqué son fils pendant son absence prouvait assez quelle affection et quelle estime il lui portait.

On amena immédiatement le malade au temple, où les prêtres se mirent à l'ouvrage. Le soir, Hualco vint me trouver, le visage défait.

– Nous sommes des ignorants, mon ami, dit-il. Rien ne pourra sauver notre prince. Ni nos prières, ni nos incantations ne sont efficaces. Il a repris un peu conscience cet après-midi, mais il souffrait tellement que nous avons été obligés de lui faire boire une tisane calmante. Depuis, un étrange sommeil s'est emparé de lui. Je crains qu'il ne meure dans les jours qui viennent.

– Peut-être nos médecins pourraient-ils tenter quelque chose ? avançai-je.

Il haussa les épaules.

– C'est possible, en effet, mais je leur déconseille de se rendre spontanément auprès de Huwan-Tlaloc. Les autres prêtres ne le verraient pas d'un bon œil. Ils palabrent déjà pour savoir si nous devons pratiquer un sacrifice humain afin d'attendrir les dieux. Pezcatl et Metzaco, le prêtre de Tlaloc, l'exigent, et la majorité est prête à les suivre. Un petit nombre s'y oppose sans réelle conviction.

– Et toi, qu'en penses-tu ?

– Je ne sais plus... Meren-atl a ouvert mon esprit sur une autre vision du monde. Mais cette fois, les dieux semblent vouloir reprendre la vie du prince. Peut-être que, si on leur offrait une autre vie en échange, ils chasseraient la maladie...

– Pardonne-moi, mon ami, mais je ne peux croire une chose pareille. Rien ne prouve qu'un sacrifice amènerait les dieux à changer d'avis. Et si au contraire ils s'en irritaient et condamnaient le prince à cause de ce sacrifice ?

Il médita sa réponse.

– Tes paroles sont sages, Khenty. Mais que pouvons-nous faire ?

– Essaie de convaincre les prêtres de laisser Hamel et Daraan examiner le prince !

– Ils n'accepteront pas. Si vos hommes-médecine guérissaient Huwan-Tlaloc, ils perdraient de leur prestige.

– Rien ne dit qu'ils réussiront, mais nous devons au moins les laisser essayer. Préfères-tu condamner Huwan-Tlaloc ?

– Je n'ai aucun pouvoir, mon ami. Seul le roi peut imposer sa volonté aux prêtres.

– Alors, allons le voir immédiatement. Je vais demander à mon frère de nous appuyer.

Quelques instants plus tard, Topohatloc acceptait de nous recevoir. Toute joie de vivre l'avait déserté, et son visage avait vieilli de dix ans. Meren-Maât lui expliqua notre idée.

– Je ne peux te promettre que Hamel et Daraan sauveront ton fils, mon ami. Mais ils peuvent au moins l'examiner. S'il existe un espoir de le guérir, il faut le saisir.

Topohatloc ne fut pas long à prendre sa décision.

– Je vais encore mécontenter les prêtres, mais tant pis pour eux. La vie de mon fils passe avant leur stupide orgueil.

Lorsque nous pénétrâmes dans le temple en compagnie de nos deux médecins, nous fûmes accueillis par un tollé de protestation.

– Vous offensez les dieux, s'exclama Pezcatl.

Metzaco renchérit :

– Ils réclament une vie en échange de celle du prince. Si ces hommes ont le désir de le sauver, qu'ils acceptent donc de mourir sur la pierre du sacrifice.

– Silence ! tonna Topohatloc.

Le brouhaha s'atténua.

– Ces deux hommes vont essayer de réussir là où vous échouez. Je veux que tout soit fait pour faciliter leur travail.

Après un instant d'hésitation, les prêtres s'écartèrent en maugréant du lit où l'on avait installé le malade. Le teint de Huwan-Tlaloc était pâle et cireux, éclairé seulement par les torches fumeuses du temple, auxquelles se mêlaient les flammes de l'encens, le *copal*, que les prêtres faisaient brûler dans des cassolettes. Hamel et Daraan s'approchèrent et examinèrent longuement le prince, tâtant son pouls, étudiant ses yeux, palpant ses muscles un à un. Tous deux bavardèrent à voix basse, puis hochèrent la tête. Hamel revint vers Topohatloc.

– Nos avis sont les mêmes, ô grand roi. Il existe bien un moyen de sauver ton fils, mais il est très risqué. Il y a de fortes chances qu'il y perde la vie. Cependant, si nous ne tentons rien, il est certain qu'il mourra dans les jours qui viennent.

– Quel est ce moyen ? demanda le roi.

– Le mal dont souffre ton fils se situe à l'intérieur de la tête. Nous avons réussi à le localiser, mais il faut percer son crâne pour aider l'humeur à sortir.

– Percer son crâne ? s'exclama Topohatloc, affolé.

– C'est une torture monstrueuse ! s'emporta Metzaco. Ces hommes veulent le faire périr.

– Daraan et moi avons déjà pratiqué cette opération, riposta Hamel. Dans plus de la moitié des cas, malgré nos efforts, les malades ont succombé. Dans les autres, ils ont survécu, et leur mal a disparu.

– Mais mon fils aura un trou dans la tête !

– Non, grand roi, car nous remettrons en place la partie du crâne que nous aurons ôtée. Si Huwan-Tlaloc guérit, il ne conservera aucune trace.

Pezcatl interpella le souverain avec virulence :

– Noble Esprit du jaguar, tu ne peux accepter de confier la vie de ton fils à ces criminels. Ils veulent le découper comme on dépèce un animal. J'exige que tu donnes ton accord pour que soit pratiqué dès demain un sacrifice humain, afin d'infléchir la décision des dieux.

À notre grande surprise, ce fut Hamel qui répondit vertement au grand prêtre :

– Ton idée est complètement stupide ! Tu pourras massacrer autant de victimes que tu veux, jamais tu ne pourras faire sortir ce mal de la tête de ton prince ! Tu n'es qu'un ignorant sanguinaire.

Désarçonnés par l'emportement du vieil homme, d'ordinaire affable, les prêtres ne surent que répondre. Hamel se tourna vers Topohatloc :

– La décision t'appartient, ô grand roi. Si nous tentons cette opération, nous ne pouvons t'assurer qu'il vivra. Mais si nous ne faisons rien, et même si plusieurs victimes sont sacrifiées, Huwan-Tlaloc mourra très vite.

– C'est faux ! rugit Metzaco. Esprit du jaguar, tu ne peux approuver cette... monstruosité !

– Il n'a pas tort, bougonna faiblement Topohatloc. Comment puis-je accepter que l'on creuse un trou dans la tête de mon fils ?

– Dans ce cas, nous ne pouvons rien faire pour éviter la mort de Huwan-Tlaloc, dit Hamel en écartant les bras en signe de lassitude.

Puis, sans attendre de réponse, il se dirigea vers la sortie, suivi par Daraan. La réaction de Topohatloc ne se fit pas attendre. Il courut derrière les deux médecins, qu'il arrêta par le bras.

– L'esprit de K'in parle par ta bouche, vieil homme. Je refuse de perdre mon fils. Penses-tu avoir une vraie chance de le sauver ?

– Oui, grand roi, cette chance existe. Daraan et moi avons déjà sauvé des hommes condamnés par nos confrères.

Le roi hésita un court instant, puis déclara d'une voix forte :
– Alors, je vous confie sa vie.
Hamel acquiesça d'un signe de tête, puis se dirigea vers la couche.
– Il ne doit pas rester ici. Il nous faut un endroit plus calme.
– Nous allons l'emmener chez moi, intervint Meren-Maât.

Quelques instants plus tard, Huwan-Tlaloc était transféré dans la chambre même de mon frère. Les deux médecins ne perdirent pas de temps en vaines paroles. Hamel, qui connaissait aussi bien la magie qui soigne que les étoiles, organisa très vite l'opération. Daraan, le silencieux, le secondait avec efficacité. Surmontant son appréhension, Isah-Bel se proposa pour les aider. Meren-Maât et moi restâmes à l'écart, nous sentant un peu inutiles. Edna avait emmené les enfants dans une autre pièce.

Il m'était déjà arrivé d'assister aux soins donnés par Hamel, à la réduction d'une fracture ou à l'ablation d'un membre trop abîmé, mais jamais encore je n'avais vu d'intervention aussi impressionnante. Malgré mon expérience des batailles, je dus plusieurs fois serrer les dents pour ne pas m'évanouir.

Hamel sélectionna des lames de bronze ornées de la tête d'ibis du dieu Thôt. Puis il adressa une prière à Imhotep, le grand magicien des temps passés, qui avait construit la pyramide du dieu bon Djoser, mais qui avait aussi écrit un livre de médecine. Bien que Crétois, Hamel avait un temps suivi l'enseignement des prêtres-médecins de Iounou, l'antique cité du Delta où vivait le grand homme. Tandis que Daraan rasait le crâne du malade, Hamel affûta les lames. Puis tous deux effectuèrent un dernier examen, palpant longuement la tête du prince. Enfin, ils déterminèrent l'endroit où percer, qu'ils délimitèrent par un triangle. Je me souviens qu'un vent violent soufflait à l'extérieur. La chambre était plongée dans la pénombre. Seul le lit était éclairé par des lampes à huile et des torches, afin d'offrir un maximum de clarté aux deux magiciens.

J'aurais voulu être ailleurs, pourtant j'étais fasciné par les gestes précis des médecins. Près d'eux, Isah-Bel préparait les couteaux, les calebasses d'eau tiède. J'entends encore le bruit que fit la lame entamant la chair, puis l'os. C'était un grincement à la fois insignifiant et impressionnant. Du sang coulait le long du cou du malade, que la jeune femme épongeait à gestes précautionneux. De temps à autre,

Meren-Maât et moi échangions un regard, et je constatai qu'il était aussi bouleversé que moi.

Daraan maintenait la tête du malade afin qu'il ne pût bouger. Ses mains étaient écarlates. Enfin, il y eut un chuintement étrange, et Hamel ôta une chose sanguinolente dont j'avais peine à penser qu'il s'agissait d'un morceau d'os. L'instant d'après, un sang noir gicla, éclaboussant le visage du vieil homme. Isah-Bel l'essuya prestement, et je constatai qu'il souriait ! Je compris alors qu'il ne s'était pas trompé sur la localisation du mal. Mû par la curiosité, je dominai mon angoisse et m'approchai. L'humeur continuait de s'égoutter, dégageant peu à peu une masse rougeâtre semblable à la cervelle d'un agneau. Je compris qu'il s'agissait du cerveau même de Huwan-Tlaloc. Je maîtrisai avec difficulté un haut-le-cœur, puis, les jambes flageolantes, retournai m'asseoir près de mon frère, qui, lui, n'avait pas osé regarder.

Le plus surprenant était l'absence de réaction du malade. Je m'imaginais à sa place, cette lame obsédante m'entaillant le crâne. Huwan-Tlaloc était inconscient, mais il vivait encore. Il avait réagi au premier coup de lame. Puis il était demeuré immobile, comme s'il ne sentait rien. Hamel m'expliqua plus tard que cette opération semblait très peu douloureuse. Le cerveau lui-même paraissait totalement insensible.

Aidés par Isah-Bel, qui n'avait pas faibli une seconde, les médecins lavèrent la plaie avec une potion désinfectante, puis, ainsi qu'il l'avait dit, Hamel replaça le morceau d'os, qui revint s'emboîter dans son logement. Une pommade cicatrisante termina l'opération, et l'on recouvrit la tête du malade d'un bandage propre. Ses traits semblaient déjà détendus.

Je ressentais une admiration sans bornes pour les deux médecins et leur assistante. Leur savoir était tellement plus élevé que le mien. Au fond, je n'étais qu'un guerrier maladroit et brutal. Il était facile de blesser ou de tuer un homme. Un coup de poignard ou de hache bien ajusté suffisait à ôter la vie, il n'y avait pas grand mérite à cela. L'œuvre des médecins était bien plus utile et plus difficile, et exigeait un courage que je n'aurais jamais. Pouvait-il exister de plus noble occupation que de soulager la souffrance des autres ?

Le lendemain, Huwan-Tlaloc reprit conscience. Stupéfait, il regarda autour de lui d'un air effaré en découvrant nos visages.

– Qui êtes-vous ? demanda-t-il.

– Il est sauvé ! s'exclama Isah-Bel.

Folle de joie, elle prit Hamel dans ses bras et l'embrassa. Celui-ci la ramena à la réalité avec douceur.

– Nous avons chassé le mal, mais nous ne pouvons pas encore nous prononcer. Il ne faut pas que la fièvre le prenne.

– Je sais à présent qu'il va guérir, répondit-elle avec enthousiasme. Metzaco s'est trompé.

Elle s'approcha du lit.

– Comment te sens-tu, mon frère ?

Huwan-Tlaloc porta les mains à la tête, toucha le bandage.

– Je ne sais pas. Il me semble que la douleur s'est estompée. Mais il y en a une autre, comme si je m'étais écorché le crâne.

– Elle va disparaître, intervint Hamel.

– Voici le médecin qui t'a soigné, expliqua sa sœur. C'est un grand sorcier, qui vient d'au-delà de la Grande Mer de l'est.

Elle entreprit alors de tout lui raconter.

Une quinzaine de jours plus tard, Huwan-Tlaloc était sur pied. Aucune fièvre ne s'était manifestée, et, grâce au baume cicatrisant, les traces de la trépanation commençaient à s'effacer. Les cheveux repoussaient déjà et, bientôt, il ne subsisterait plus rien[1]. Le succès de l'opération menée par nos deux médecins rejaillit sur notre communauté. Le peuple nous fit un triomphe, et l'on organisa de grandes réjouissances pour célébrer la guérison du prince, et aussi l'arrivée de la caravane. Nous remarquâmes avec surprise qu'il n'existait ici aucun scribe chargé de noter scrupuleusement la liste des marchandises. Comme c'était la coutume, le roi préleva sa part, puis les marchands se répartirent le reste.

Seuls les prêtres fidèles à Pezcatl et Metzaco ne participèrent pas à l'allégresse générale. Cependant, ils se firent discrets, car ils ne pouvaient se permettre de faux pas après un échec aussi cuisant. En revanche, Hualco et ses compagnons sollicitèrent Hamel afin qu'il leur enseignât son art.

---

1. On a retrouvé des traces de trépanation au Mexique quinze siècles avant J.-C. Rien ne prouve que cette opération, connue depuis la plus haute antiquité en Égypte, ait été transmise aux Olmèques par des voyageurs venus de l'est. Mais on ne peut cependant pas en rejeter l'hypothèse.

Huwan-Tlaloc était un homme de fière allure et de robuste constitution. Il se rétablit très vite et ce fut avec étonnement et curiosité qu'il fit notre connaissance. D'une nature fougueuse et audacieuse, il s'était aventuré très loin vers le sud, traversant jungles et montagnes, plaines et déserts de rocaille. Dans son aventure, il avait rencontré quantité de peuplades différentes, avec lesquelles il avait effectué un troc permanent. De son voyage, il rapportait un véritable trésor : des pierres précieuses, du minerai de fer, du cuivre, de l'argent, des pépites d'or, des lots de couvertures, des pommes de terre, mais aussi des herbes aux vertus médicinales, aphrodisiaques ou hallucinatoires, comme les feuilles de coca, à destination des prêtres. Toutes ces marchandises avaient été transportées à dos de lama.

Meren-Maât et lui se lièrent très vite d'amitié. Ils partageaient tous deux le goût des voyages. Durant le temps de sa convalescence, Huwan-Tlaloc passa de longs moments dans la demeure de mon frère à nous conter son long périple. Dans l'ensemble, il avait été accueilli avec hospitalité et curiosité. Une cinquantaine de guerriers solidement armés l'accompagnaient, et cela suffisait souvent pour dissuader d'éventuels agresseurs. Parfois pourtant, des escarmouches l'avaient opposé à quelques tribus belliqueuses. Il nous narra dans le détail les mœurs particulières à chaque nation, leur manière de se vêtir, les cultures qu'elles pratiquaient, les techniques qu'elles employaient, et qui pourraient peut-être se révéler profitables. Il pensait que l'on apprenait beaucoup plus en observant les autres qu'en les combattant. En cela, il rejoignait les idées de son père. D'ailleurs, Topohatloc, qui souvent se joignait à nous, nous expliqua qu'il avait mené une caravane identique lorsque son propre père était encore roi. Et il avait contribué à établir ce réseau commercial dont les ramifications s'étendaient très loin.

À voir les yeux brillants de mon frère, je compris que l'idée d'une expédition vers le sud le hantait. Cette perspective m'effrayait un peu, car je savais que je le suivrais, mais, d'après ce qu'en disait Huwan-Tlaloc, ces terres semblaient ne pas avoir de fin. Il avait marché pendant des dizaines de jours, à travers une chaîne montagneuse aux sommets très élevés, dont il n'avait jamais atteint l'autre extrémité. Il avait fini par revenir sur ses pas, car il craignait de ne pas retrouver le chemin du retour, et les tribus rencontrées devenaient de plus en plus hostiles. La dernière, avec laquelle il avait tout de même réussi à nouer des liens, lui avait expliqué que la montagne se prolongeait très loin vers le sud. Une légende disait que, tout au bout, la terre et l'océan s'affrontaient dans un combat féroce, qui durait depuis le début des temps et qui ne s'achèverait jamais. Personne ne vivait dans ces contrées effrayantes où des vents violents soufflaient en permanence. On disait aussi que, si l'on restait trop longtemps exposé à ces vents, la folie s'emparait de l'esprit et l'on errait dans le désert de glace et de pierre jusqu'à y perdre la vie.

Un mois plus tard, Topohatloc émit l'idée d'organiser une chasse au jaguar pour fêter le retour de son fils. Il avait attendu que celui-ci fût complètement remis de son opération afin qu'il pût y participer. Ravis de cette proposition, nous commençâmes à préparer nos armes. Mais Meren-Maât surprit Isah-Bel à pleurer silencieusement.

– Qu'y a-t-il ? demanda-t-il.

– Il ne faut pas que cette chasse ait lieu, Meren-atl. Les dieux m'ont envoyé un rêve la nuit dernière. Mon père Topohatloc se faisait tuer par un être terrifiant, mi-homme, mi-jaguar. C'est un avertissement. Tu dois le convaincre de ne pas organiser cette chasse.

– Je... je vais essayer.

Hamel renchérit :

– Dame Isah-Bel a raison, Seigneur. Le roi veut organiser cette battue dans trois jours. J'ai consulté notre calendrier : à cette période aura lieu une succession de jours particulièrement néfastes. Je suggérerais de ne rien faire pendant ces jours-là. Dans le cas contraire, les conséquences pourraient se révéler désastreuses.

Nous nous rendîmes immédiatement au palais royal pour faire part à Topohatloc de ces avertissements. Mais il refusa de nous écouter. Pezcatl et Metzaco, tous deux présents, nous annoncèrent sur un ton de défi que nous nous trompions, car, dans le calendrier olmèque, les jours prochains allaient au contraire se révéler très bénéfiques. Pour eux, la princesse Isah-Bel ne possédait aucun don particulier de divination. Il n'y avait donc pas lieu de tenir compte de son rêve. Topohatloc approuva ces arguments avec véhémence. Il avait trop envie de chasser en compagnie de son fils.

– Il suffirait d'attendre quelques jours, insista Meren-Maât. Je ne crois guère à l'influence faste ou funeste de certains jours, car tout cela diffère suivant les pays. Mais j'ai confiance dans l'intuition des femmes. Et ta fille n'a pas pour habitude de se laisser dominer par la peur.

Isah-Bel eut beau lui confirmer son angoisse, supplier son père d'entendre raison et de remettre la date de la chasse, il ne revint pas sur sa décision.

Malheureusement, la prémonition de la princesse ne l'avait pas trompée. Malgré les précautions prises par Meren-Maât pour protéger Topohatloc à son insu, il ne put éviter que son audace inconsciente le poussât à commettre une imprudence irréparable qui l'écarta des autres chasseurs.

Profitant de cette maladresse, un jaguar énorme lui bondit à la gorge et le tua.

25

La funeste prédiction d'Isah-Bel avait pris tout son sens. Et, comme l'avait annoncé Hamel, cette chasse mille fois maudite eut de graves répercussions immédiates, mais aussi des conséquences bien plus tardives, dont encore aujourd'hui je mesure toute l'importance. Il en est ainsi de certains jours. Ils marquent notre vie d'événements primordiaux, parfois néfastes, parfois bénéfiques, dont les retombées peuvent faire ressentir leurs effets bien des années plus tard. Malheureusement, sur le moment, le tourbillon de la vie nous aveugle, et l'on ne comprend les liens tissés entre ces événements majeurs qu'après les avoir vécus.

Lorsque Hamel et Daraan avaient sauvé la vie de Huwan-Tlaloc, ils avaient aussi, involontairement, mais de manière inéluctable, provoqué la haine de certains prêtres comme Pezcatl et Metzaco. Ceux-ci s'empressèrent d'oublier qu'ils avaient affirmé que le jour de la chasse serait favorable. En revanche, ils sautèrent sur l'occasion pour relancer la querelle les opposant à Meren-Maât. À peine avait-on ramené le corps mutilé de Topohatloc qu'ils prirent en main l'organisation des cérémonies funèbres. La tradition olmèque exigeait que, lors de la mise au tombeau d'un roi, on offrît un sacrifice humain aux dieux.

Le lendemain du retour des chasseurs, Letihuacan pénétra en courant dans mes appartements et se précipita dans mes bras en pleurant. Je crus qu'elle avait peine à supporter la disparition de son père et je la serrai tendrement contre moi pour la consoler. Mais son chagrin s'aggravait d'une autre raison. De ses phrases hachées par l'émotion, je finis par comprendre que les prêtres la cherchaient, qu'elle s'était échappée du palais. Alertée, Isah-Bel nous rejoignit. Letihuacan se jeta contre elle comme un petit animal terrorisé. Le visage livide, Isah-Bel m'expliqua :

– C'est elle qu'ils ont désignée pour le sacrifice.

Je restai un instant pétrifié, puis je hurlai :

– C'est impossible, Letihuacan est la fille de Topohatloc !

– Justement ! Pour les immolations classiques, les victimes sont choisies parmi les gens du peuple. Mais les funérailles d'un roi exigent que la victime soit de sang royal.

– Je ne les laisserai pas faire ! Nous la protégerons !

– Vous n'êtes pas assez nombreux.

– Meren-Maât est soutenu par le peuple.

Isah-Bel secoua la tête, bouleversée.

– Cette fois, le peuple ne bougera pas, et les prêtres le savent. Au contraire, il risque même de se ranger derrière eux. Dans l'esprit des habitants de la ville basse, l'immolation d'une princesse royale compensera tous les sacrifiés qu'ils ont dû fournir. Pezcatl et Metzaco veulent profiter des circonstances pour reconquérir leur influence. Ils tiennent là l'occasion de se venger de Meren-atl.

J'eus l'impression que la maison s'était écroulée sur moi.

– Votre frère Huwan-Tlaloc va devenir roi. Il peut s'opposer à leur décision.

– C'est impossible ! Il n'est pas encore roi, il n'a aucun pouvoir. De plus, il ne peut se permettre de s'aliéner Pezcatl et Metzaco. Il n'a pas l'autorité qu'avait notre pauvre père. Les prêtres agiraient pour le destituer, en invoquant n'importe quel prétexte. Ils choisiraient alors l'un de nos demi-frères, et ils n'auraient aucun mal à obtenir gain de cause. Deux d'entre eux au moins n'hésiteraient pas à sacrifier Letihuacan pour devenir roi. Les prêtres ont tout prévu. Il ne faut pas les sous-estimer. Ils possèdent une puissance surnaturelle, parce qu'ils sont aidés par les dieux.

Elle se mit à pleurer à son tour. Une vague de colère intense me submergea. Je ne les laisserais pas faire. Au besoin, je quitterais Lo-Ren, et je m'enfuirais avec Letihuacan dans la jungle. Tel était mon état d'esprit lorsque mon frère et Edna nous rejoignirent. En quelques mots, je le mis au courant. Il n'hésita pas un instant. Il prit Letihuacan contre lui.

– Il est hors de question de te laisser entre les griffes de ces assassins, dit-il. Tu vas rester avec nous. Nous te protégerons.

– Le peuple risque de se retourner contre toi, gémit-elle.

– Ce ne sont pas de vrais guerriers, petite. Mes troupes comptent six cents soldats habitués au combat. Mais rassure-toi, je ferai tout pour éviter un affrontement. Nos deux peuples ont tissé de vrais liens d'amitié. Nous trouverons une solution à ce conflit.

Les prêtres avaient agi rapidement, mais nous les avions pris de vitesse. Pezcatl et Metzaco, persuadés que, cette fois, personne n'oserait s'opposer à leur décision, s'étaient contentés de se présenter au palais en compagnie d'une dizaine de gardes pour exiger qu'on leur remît Letihuacan. Celle-ci avait surpris la conversation qu'ils avaient eue avec Huwan-Tlaloc. Abasourdi, celui-ci n'avait su comment réagir. L'autorité religieuse avait joué. On s'était mis en quête de la future victime. Mais celle-ci s'était enfuie. La cité haute n'était pas encore au courant du projet de sacrifice, et cet élément joua en notre faveur. Je réunis nos gardes et nos servantes, auxquelles se mêla Letihuacan, vêtue à l'égyptienne. Sans perdre un instant, nous gagnâmes la ville basse en évitant l'artère principale. Par chance, les prêtres n'avaient pas eu le temps de donner l'alerte. Sans doute pensaient-ils que la jeune princesse s'était absentée du palais momentanément et qu'ils allaient très vite la retrouver.

Quelques instants plus tard, nous avions rejoint notre village. J'informai Amonisfet, Hirabaal et Ragnar des événements, et leur ordonnai de se préparer discrètement à un éventuel combat. Ils transmirent aussitôt leurs ordres. Je constatai avec plaisir que nos guerriers n'avaient pas perdu leur efficacité. Les armes, remisées dans les coffres, surgirent de nouveau.

– Je n'aime pas cela, me dit Hirabaal, le visage soucieux. Je ne tiens pas à me battre avec ces gens qui nous ont si bien accueillis. Et puis, nombre de nos marins ont pris femme parmi eux.

Ragnar le coupa.

– C'est possible, mais nous ne pouvons les laisser assassiner Letihuacan. Elle doit épouser Khenty, ne l'oublie pas.

Je les pris par les épaules.

– J'espère que nous n'en arriverons pas au combat. Meren-Maât va tenter de les convaincre de renoncer à ce sacrifice.

Après m'être assuré que Letihuacan était en sécurité, je remontai dans la ville haute. Mon frère m'attendait. Par précaution, j'avais ramené avec moi une trentaine de guerriers. Accompagnés d'Isah-Bel, nous rejoignîmes le palais, où Huwan-Tlaloc nous accueillit avec un visage défait.

– Je suis bouleversé, Meren-atl. Je ne sais que faire. N'étant pas encore roi, je n'ai aucun pouvoir pour contrer Pezcatl et Metzaco. Ils sont furieux de ne pas avoir trouvé Letihuacan.

– Désires-tu vraiment qu'elle soit mise à mort ? demanda Meren-Maât.

– Non, bien sûr. J'aime ma sœur. Mais les prêtres risquent de déchaîner la colère des dieux contre le peuple de Lo-Ren. Ils possèdent des pouvoirs surnaturels.

– C'est faux, répliqua Meren-Maât. Ils avaient prédit que le jour de la chasse serait faste, et ton père a péri. Ils ont été incapables de te soigner. Leurs prétendus pouvoirs ne reposent que sur la peur qu'ils vous inspirent. Et puis, les prêtres ne sont pas tous aussi intransigeants. Hualco désapprouve ce sacrifice.

– Mais le peuple, lui, se rangera de leur côté.

– Je sais qu'il ne lui déplairait pas de voir sacrifier une fille de la ville haute. Mais cela ne sera pas, car si Pezcatl ne possède pas de véritables pouvoirs, moi, si.

Stupéfait, je regardai mon frère. Quelle idée lui était encore passée par la tête ? Au même moment, les prêtres fanatiques entrèrent dans le palais, suivis de leurs gardes. Nos guerriers se placèrent autour de nous.

– Où est-elle ? tonna Pezcatl. Huwan-Tlaloc, nous exigeons que tu nous remettes immédiatement la princesse Letihuacan, qui doit être sacrifiée aux dieux en mémoire de ton père, le grand roi Topohatloc. Si tu ne le fais pas, redoute notre colère ! Tu sais que nous pouvons nous opposer à ton sacre.

Meren-Maât s'interposa.

– Letihuacan est en sécurité, dit-il doucement, et personne ne prendra sa vie, ni les dieux, ni vous. Elle doit épouser mon frère bien-aimé Khenty, et ce mariage se fera, que vous le vouliez ou non.

– Tu n'es qu'un étranger ! explosa Metzaco. Tu t'es déjà trop souvent mêlé des rituels sacrés du peuple olmèque. Nous exigeons que tu nous rendes la princesse. Si tu refuses, vous serez tous massacrés.

– Par qui ? répondit Meren-Maât sans élever la voix. Tu ne disposes que d'une poignée de gardes mal entraînés. J'ai derrière moi six cents soldats rompus à l'art de la guerre, et dont les armes sont supérieures aux vôtres. Et n'escompte pas que le peuple se battra pour toi. Je saurai bien lui faire valoir que le prochain sacrifice lui enlèvera un fils ou une fille.

Il se planta devant Metzaco, le plus acharné des deux. Peu à peu, sa voix s'amplifia.

– Je sais que tu n'as choisi Letihuacan que pour te venger de moi, à travers la douleur que tu veux infliger à Isah-Bel et à Huwan-Tlaloc. Mais tu n'es pas assez fort pour cela. Tu prétends que tes pouvoirs menaceront Lo-Ren tout entière ? J'affirme, moi, que c'est faux ! Ta puissance ne repose que sur la terreur. Elle n'est rien. Mes propres pouvoirs sont, eux, bien réels. Les dieux n'acceptent pas les sacrifices humains. J'affirme qu'ils sont furieux, et qu'ils vont déclencher sur cette ville une tempête effrayante, en représailles contre ton aveuglement et ta stupidité.

– Tu mens, il n'y a pas un nuage dans le ciel ! rétorqua Metzaco.

Meren-Maât pointa un doigt menaçant sur lui et martela ses paroles.

– Dès demain, un ouragan d'une force incroyable soufflera sur Lo-Ren, et tu trembleras, car tu sauras alors qu'il s'agit de la manifestation des dieux. Nous attendrons qu'il soit apaisé pour célébrer les funérailles de Topohatloc. D'ici là, Letihuacan restera parmi les miens. Si tu t'avises de tenter quoi que ce soit contre elle, je te tue de mes propres mains, Metzaco. M'as-tu bien compris ?

Un silence lourd de tension avait épaissi l'atmosphère. Le prêtre blêmit, mais n'osa répondre. Pour la première fois, quelque chose qui ressemblait à de la peur apparut dans son regard.

– As-tu compris ? explosa soudain Meren-Maât.

Tout le monde sursauta devant la puissance de sa voix, y compris moi-même, qui y étais pourtant habitué. Intérieurement, je jubilais. J'ignorais encore quel était le plan de mon frère, mais je me réjouissais de son audace et de la frayeur qu'elle inspirait à nos adversaires. Metzaco, contenant sa colère, n'osa répliquer.

Le vieux sorcier, Mahatlazol, se rangea une nouvelle fois de notre côté. Depuis deux ans, j'avais appris les raisons de l'antagonisme existant entre les prêtres et lui. Il appartenait au peuple de la jungle, dont les rites différaient de ceux des anciens envahisseurs. Il était farouchement opposé aux immolations, car, dans la grande majorité des cas, c'était son peuple qui fournissait les victimes. Il aurait pu se réjouir que les prêtres aient choisi Letihuacan, mais il aimait la famille royale, et particulièrement les princesses. C'était un individu étrange, d'une maigreur ascétique, au visage sculpté comme dans du vieux bois, dont le regard luisait d'un violent feu intérieur. Il ne portait pour tout vêtement qu'un pagne de sisal aussi usé que lui, qu'il ne lavait jamais. Depuis toujours, il refusait de dormir sous un toit, et passait ses nuits couché devant l'entrée du palais royal. Parfois, il s'isolait dans la forêt, et on ne le revoyait pas de plusieurs jours. Bien qu'il vécût comme un mendiant, les plus hauts personnages du royaume venaient humblement solliciter ses conseils. Son timbre cassé par les ans résonna.

– J'ai pénétré le monde des dieux. Meren-atl dit la vérité. Ils s'irriteront d'une nouvelle immolation.

Hualco renchérit :

– Je crois que tu ferais mieux de renoncer une fois pour toutes aux sacrifices, Metzaco. Les prédictions de Mahatlazol se sont toujours avérées. On ne peut en dire autant des tiennes.

Blême de rage devant l'attaque directe, le prêtre ne sut que répondre. Pezcatl répliqua :

– J'attends de voir la tempête prédite par Meren-atl. L'état du ciel ne la laisse pas présager.

Puis il se retira, emmenant Metzaco et ses gardes.

Plus tard, après avoir regagné notre demeure, je pris Meren-Maât à part.

– Tu me fais peur, mon frère. Te rends-tu compte que tu as fait preuve d'une audace inconsciente ? Pourquoi avoir parlé de cette tempête ? Pezcatl a raison : le ciel est bleu, et je ne vois pas comment un ouragan pourrait s'abattre sur le pays d'ici demain.

Il me prit par les épaules et m'entraîna à l'extérieur.

– J'ai écouté le vent aujourd'hui ; j'ai humé l'air, j'ai contemplé le vol des oiseaux, j'ai vu la couleur du ciel changer, les arbres s'agiter différemment, les fourmis rentrer sous terre. Depuis deux années que nous sommes installés ici, j'ai appris à déceler les signes avant-coureurs des tempêtes. Et celle qui se prépare sera très puissante. Je comptais en avertir Huwan-Tlaloc afin qu'il prévienne son peuple de prendre ses dispositions pour protéger les maisons et les bâtiments.

Il eut un sourire espiègle.

– Mais, devant les événements, j'ai décidé d'utiliser ce que je savais pour servir notre cause. Demain, la colère des dieux frappera Lo-Ren, et tout le monde, y compris les prêtres, croira que je l'aurai déclenchée. Alors, nous aurons vaincu, et ces immolations cruelles prendront fin.

– Et... si tu te trompais ?

– Eh bien... il vaut mieux ne pas y penser.

Il avait tenté une fois de m'éclairer sur la façon dont il s'y prenait pour deviner ainsi le temps à l'avance. Mais ses repères étaient tellement subtils que j'avais très vite perdu le fil de ses explications. En vérité, je crois qu'il était capable de communiquer avec le monde d'une manière surnaturelle. La veille du jour où nous avions découvert le premier îlot, il avait senti la présence de la terre.

Cette fois encore, il avait vu juste. Le lendemain, en fin de matinée, des hordes de nuages noirs envahirent le ciel à l'orient, fondant sur Lo-Ren comme un troupeau de taureaux sauvages. Un vent d'une violence rare se mit à souffler et la température chuta. Les ténèbres envahirent Anahuac. Avertis que la tempête était la manifestation de la fureur divine, les habitants fuyaient en tous sens, s'attendant à voir surgir du néant des hordes de jaguars-garous. Chacun se cloîtra dans sa demeure après avoir enfermé les animaux et fixé tout ce qui pouvait s'envoler.

La tempête dura trois jours et trois nuits, emportant des toits, gonflant le niveau du Coatzal, brisant les frêles barques de pêche, noyant des animaux domestiques et quelques imprudents. Lorsque enfin elle s'apaisa, un soleil resplendissant laissa apparaître un décor de cauchemar. Plus de la moitié des demeures et des temples avait été endommagée. La colère des dieux s'était enfin calmée.

Huwan-Tlaloc vint trouver mon frère et déclara :

– Meren-atl, mon père, dans sa grande sagesse, a reconnu en toi un envoyé des dieux, un *atl*. Tu avais prédit que les dieux manifesteraient leur fureur, et ils t'ont donné raison. Sois remercié de nous avoir évité une nouvelle erreur en autorisant le sacrifice de ma sœur bien-aimée. Dès que nous aurons donné une sépulture à Topohatloc, je la donnerai à ton frère Khenty.

Le lendemain eurent lieu les funérailles de Topohatloc, dont le corps avait été entouré de bandelettes un peu à la manière égyptienne. Cependant, les prêtres chargés de cet embaumement ne pratiquaient pas tout à fait les rituels de Kemit. Il n'existait pas de vases canopes, et le corps conservait son cerveau et ses viscères. En revanche, le tombeau était rempli d'offrandes, sous la forme de haches votives en basalte et en silex, d'arcs et de flèches, de bijoux et de petits meubles. On glissa dans la bouche du mort une bille de jade. Cette bille était destinée à payer son passage dans le monde des dieux. Cette coutume étonnante rappelait celle de nos Cananéens, qui glissaient dans les vêtements de leurs défunts des pièces de monnaie et des objets précieux afin de payer le vieux nocher immortel qui les aidait à traverser le fleuve menant à l'univers souterrain[1].

Le mort avait été paré de ses plus beaux bijoux, notamment de boucles d'oreilles en or, serties de gemmes précieuses. De même, un masque fut déposé sur son visage, représentant le dieu jaguar. Celui-ci était censé le protéger des démons.

Deux jours plus tard, Huwan-Tlaloc succédait à son père. L'une de ses premières décisions fut d'interdire les sacrifices humains. Cette mesure lui assura immédiatement une grande popularité auprès du peuple, qui n'aurait plus à offrir ses enfants aux dieux. Le soir même, les deux villes, la haute et la basse, célébraient l'avènement de leur nouveau souverain. Des danseurs, bateleurs et chanteurs s'étaient répandus dans les rues, entraient dans les maisons, le visage masqué. Nos marins s'étaient mêlés aux Olmèques, et, à la manière dont les femmes les regardaient, je gageai qu'il y aurait sous peu une nouvelle génération de petits métis.

Le lendemain, je pus enfin épouser Letihuacan. Pezcatl ayant refusé de nous unir, ce fut mon ami Hualco qui présida la cérémonie. Lo-Ren était devenue un lieu de festivités permanentes, et j'eus quelque peine à trouver un moment de calme pour m'isoler enfin avec ma jeune épouse. Les réjouissances se prolongèrent pendant trois nuits, pendant lesquels nous fûmes invités dans toutes les demeures,

---

1. Cette coutume était commune à plusieurs peuples méditerranéens, mais aussi aux Méso-Américains. Coïncidence, ou influence résultant d'un contact entre les deux mondes ?

aussi bien dans la ville basse que la ville haute. J'étais le frère de celui que l'on commençait déjà à appeler *Quetzalcoatl*, et certains étaient convaincus que j'étais moi aussi un envoyé des dieux.

Au soir du troisième jour, mon esprit était passablement embrumé par les feuilles de coca que j'avais mâchées et les calumets que j'avais fumés. Le monde me semblait d'une beauté sans pareille et j'avais l'impression de flotter sur un nuage moelleux, aussi chaud et doux que les seins de ma compagne, allongée près de moi auprès d'un feu. Il y avait du monde autour de nous, épuisé par les folles journées de festivités au cours desquelles nous avions tous bu et mangé plus que de raison. Quelqu'un parlait, mais je ne comprenais pas ce qu'il disait. L'air était suave et parfumé, les couleurs mauves de la nuit proche coulaient de la forêt.

Soudain, un cri retentit, provenant de l'extrémité nord de la cité. Surpris, je me redressai. Au loin, en direction de la pyramide, une lueur rougeâtre déchirait la nuit.

– Le feu ! Le feu ! hurla une voix.

La démarche alourdie, Letihuacan et moi, serrés l'un contre l'autre, nous dirigeâmes vers le lieu du sinistre. J'avais peine à aligner deux pensées cohérentes. Tout autour, la foule courait, vociférait. Parfois, j'avais l'impression que les visages, les corps se déformaient sous l'effet de la magie. Je me promis de ne plus toucher à ces maudites feuilles de coca, qui obscurcissaient l'entendement. Dans un état second, nous parvînmes sur l'esplanade des temples, bousculés par des fantômes grondants, dont certains portaient des récipients pleins d'eau. Quelque part au fond de ma tête, une voix me hurlait de les aider. Mais je n'éprouvais en surface qu'une terrifiante envie de m'endormir, la joue posée sur le ventre tiède de mon épouse. Je finis par m'écrouler dans l'herbe avec elle. Devant mes yeux hallucinés dansaient des flammes géantes, qui dévoraient un temple proche de la pyramide. Une épouvantable odeur fouaillait mes narines, faite de poix et de chair grillée.

Tout à coup, Meren-Maât se dressa devant moi, silhouette noire et monumentale contre la lueur fauve de l'incendie. J'eus l'impression que son visage disgracié se déformait encore plus sous l'effet d'une quelconque diablerie.

– Metzaco est mort, me dit-il.

Je ne compris que le lendemain. Nauséeux, je m'éveillai sur ma couche, la gorge pleine de cette puanteur infecte qui m'avait envahi la veille. J'étais incapable de me souvenir de ce qui s'était passé après la révélation de mon frère. Comme s'il lisait dans mes pensées, Meren-Maât répondit :

– Ragnar et moi vous avons ramenés sur nos épaules, dit-il avec un sourire amusé. Vous aviez un peu abusé des feuilles de coca.

Puis ses traits devinrent graves.

– Le prêtre Metzaco a péri dans l'incendie de son temple. Mais il y a quelque chose d'étrange. Hualco souhaite que nous nous rendions sur place.

– Metzaco était grand prêtre de la pluie, nous expliqua notre ami. C'est lui qui pratiquait les sacrifices rituels lorsque celle-ci tardait à venir. Ces sacrifices exigent des nouveau-nés, ou des femmes ayant déjà eu des enfants. Il était furieux de la décision du roi Huwan-Tlaloc de les interdire définitivement. Il a refusé d'assister aux festivités. L'un de ses assistants m'a dit qu'il n'a pas quitté le temple de la journée. Il a exigé de rester seul, et... il s'est donné la mort.

– Comment cela ?

– Il a arrosé les murs avec de la poix, puis il s'est enfermé à l'intérieur et il a mis le feu. Mais ce n'est pas tout.

Il nous montra une pierre sur laquelle étaient gravés des signes incompréhensibles : l'écriture sacrée olmèque.

– Il a écrit ces mots avant de mourir. Il accuse Meren-Maât d'être un démon qui a abusé de la confiance du roi et qui détourne le Peuple du Caoutchouc de ses dieux. Il attire la malédiction sur lui, sur ses descendants, et sur tous les tiens.

Une main glaciale me broya l'estomac. Meren-Maât m'avait appris à ne pas avoir peur des dieux. Je le croyais lorsqu'il affirmait qu'ils étaient des êtres supérieurs, et donc incapables des mesquineries des hommes. En revanche, je redoutais plus que tout les esprits des morts et les fantômes, car ils avaient été des hommes, et pouvaient garder toute leur méchanceté. Metzaco avait jeté sa malédiction sur nous, et je savais que, désormais, je ne m'endormirais plus sans penser qu'il pourrait venir hanter mes rêves et me harceler. Malgré le soleil resplendissant qui inondait les ruines fumantes, je regardai partout avec circonspection, m'attendant à voir surgir un spectre au visage dévoré par les flammes, au rictus effrayant. Le corps du prêtre, ou ce qu'il en restait, était pourtant allongé au centre des décombres. L'odeur infecte rampait, s'infiltrait partout, à l'image de l'esprit retors et vindicatif qu'avait été Metzaco. Une nausée me prit, qui n'était pas sans rapport avec les feuilles de coca de la veille.

Pezcatl nous garda une sourde rancune de la mort de son compagnon. Il prit ses distances avec nous et ne nous adressa plus la parole, sauf obligation. Il semblait avoir pris son parti de la modification des rituels religieux, mais fit remarquer plusieurs fois avec aigreur à Huwan-Tlaloc qu'un jour ou l'autre les dieux s'irriteraient de sa décision.

La vie avait repris son cours normal. Chaque nuit que je partageais avec Letihuacan était un enchantement. J'avais retrouvé avec elle la fougue de mes vingt ans, et je n'étais pas peu fier de marcher avec elle dans les rues de Lo-Ren, où chacun me saluait avec respect. Parfois, j'aurais aimé que ma mère fût présente pour assister au triomphe de son fils.

Les récoltes s'annonçaient bonnes, et les greniers se remplissaient. Cette année encore, la famine ne frapperait pas. Nous aurions pu espérer mener une existence de rêve. Mais la perfection n'est jamais donnée aux humains. Quelques jours après la mort de Metzaco, on retrouva le cadavre de Mahatlazol à demi dévoré par les bêtes. Ragnar et moi étions en train de chasser lorsque l'un de nos compagnons olmèques découvrit le corps. Nous reconnûmes immédiatement le vieux sorcier. Personne à Lo-Ren ne pouvait être aussi maigre que lui.

– Il a été tué par un jaguar, déclara un homme d'une voix lugubre. Peut-être Tezcatlipoca a-t-il voulu le punir d'avoir fait interdire les sacrifices.

Je ne répondis pas. J'aimais beaucoup le vieux sorcier, qui nous avait toujours soutenus, et mon cœur souffrait. Mais il y avait autre chose, qui me laissait dans la gorge un goût de cendre. C'était comme si le cadavre décharné tentait une dernière fois de me parler. Tandis que mes compagnons préparaient une couverture pour ramener la dépouille, je l'examinai attentivement.

– Ce n’est pas un jaguar qui a tué Mahatlazol, dis-je enfin. Quelqu’un l’a assassiné.

– Comment ça ? s’inquiéta Ragnar.

– Regarde ! On lui a tranché la gorge.

26

La mort de Mahatlazol avait frappé la cité. Bien sûr, il était risqué, à son âge, de s'aventurer seul dans la forêt. On redoutait toujours l'attaque d'un jaguar ou d'un serpent. Mais, avec le temps, on s'était habitué à son originalité. Pendant des dizaines d'années, les animaux de la jungle ne l'avaient jamais agressé. Il disait lui-même qu'il connaissait leur langage, et qu'aucun d'eux ne lui aurait fait de mal. On avait fini par le croire. Et sans doute avait-il raison, car ce n'était pas un animal qui l'avait tué. Quelqu'un l'avait assassiné, et personne ne comprenait pourquoi. S'il arrivait parfois que des hommes s'entre-tuassent pour une femme ou suite à une querelle stupide, les combats avaient toujours lieu au grand jour. Ils faisaient partie de la vie, même s'ils étaient rares chez ce peuple peu belliqueux.

Cette fois, c'était différent : un homme avait été assez lâche pour s'attaquer à un vieillard. On refusait d'admettre que ce vil assassin habitait à Lo-Ren, d'imaginer que l'on pouvait le croiser, lui parler en toute ignorance. On préférait penser que le vieux sorcier avait été victime d'un rôdeur venu d'un pays éloigné.

Cette hypothèse ne me satisfaisait pas, bien entendu. Je décidai de mener ma propre enquête. Mahatlazol avait eu le tort de prendre vigoureusement notre défense face à Pezcatl et à ses partisans. Je soupçonnais fortement le grand prêtre d'avoir fait éliminer son rival de toujours. Mais il était difficile d'en apporter la preuve, d'autant plus que le grand prêtre paraissait sincèrement attristé par la mort du vieux sorcier. Amonisfet, qui entretenait de bonnes relations avec tout le monde, y compris avec les prêtres, m'obtint un entretien. Cet exploit m'étonna, car Pezcatl n'acceptait plus de parler directement avec nous depuis la mort de Metzaco. Mais Amonisfet possédait l'art de se faire apprécier. Pezcatl m'avoua alors qu'il estimait Mahatlazol pour sa sagesse, même si leurs opinions divergeaient.

Mais alors, si ce n'était pas Pezcatl ou l'un des siens, qui avait intérêt à tuer le vieux sorcier ? J'eus beau retourner la question dans tous les sens, je ne parvins pas à trouver une réponse. Je recommandai à nos chasseurs de se montrer vigilants. Peut-être une menace inconnue rôdait-elle à notre insu dans les environs. Au bout de plusieurs jours, il fallut me rendre à l'évidence : aucun ennemi ne hantait la forêt. Je dus affronter la vérité : l'assassin du vieux sorcier vivait à Lo-Ren. Je cherchai discrètement à savoir s'il ne pouvait pas y avoir un autre motif à ce crime. En vain. Tout le monde aimait Mahatlazol, et chacun le pleurait.

En désespoir de cause, je dus renoncer à mes investigations.

Cet échec me consterna. Heureusement, ma vie nouvelle avec ma jeune épouse m'évita de trop penser à Mahatlazol. Letihuacan rayonnait. Elle était plus belle que jamais, et je prenais plaisir à la voir vivre. Comme avant, elle me suivait partout, s'intéressait à mes activités, participait aux chasses. Elle voulut également monter à bord du *Cœur d'Isis* lorsque nous lui fîmes prendre la mer, comme chaque année. Tout l'émerveillait. Elle me demandait de lui raconter nos voyages, de lui parler des pays situés au-delà du Grand Océan. Je passai des heures à évoquer pour elle, avec une pointe de nostalgie, les rivages sauvages de la Grande Verte, les côtes battues par les vents des Cassitérides, les tempêtes, les animaux fabuleux que nous avions croisés. Et je me surpris plusieurs fois à exagérer la vérité, simplement pour le plaisir de voir ses yeux s'agrandir de stupéfaction. Il n'était pas étonnant dans ces conditions que les récits des marins fussent toujours sujets à caution.

Nos nuits n'étaient pas moins agitées, et, bientôt, elle m'apprit avec un large sourire que j'allais être père. Cette nouvelle me réjouit. J'avais déjà des enfants, disséminés dans différents ports de l'Ancien Monde, mais jamais je n'avais pris le temps de m'y intéresser. La vie des marins est ainsi faite. Cette fois, j'allais voir naître et grandir mon fils. Lorsque je voyais mon frère bien-aimé jouer avec les enfants d'Edna et d'Isah-Bel, il m'arrivait de l'envier. Car les enfants représentent l'avenir. Ils nous soutiennent, nous nourrissent lorsque nous devenons trop vieux pour subvenir nous-mêmes à nos besoins.

À mesure que le ventre doux et doré de ma compagne s'arrondissait, il me semblait prendre de l'importance. Je n'étais pourtant qu'un père parmi d'autres. Mais jamais je n'avais ressenti une telle fierté.

La vie avait repris ses droits. Après l'assassinat de Mahatlazol, j'avais un moment redouté qu'il n'y eût d'autres crimes. Mais il n'en fut rien. Après une période délicate, où une atmosphère de suspicion avait détérioré l'ambiance chaleureuse de la cité, tout était rentré dans l'ordre. On avait fini par admettre l'hypothèse du rôdeur.

La popularité de Meren-Maât ne cessait de croître. Le défunt roi Topohatloc ayant décrété qu'il était une divinité, les Olmèques y croyaient. La moindre anecdote servait à nourrir sa légende. On aurait pu craindre que son fils Huwan-Tlaloc n'en prît ombrage, mais mon frère n'empiétait jamais sur ses prérogatives. Au contraire, le roi sollicitait souvent ses conseils et n'entreprenait rien sans lui en parler.

Meren-Maât s'était intéressé à l'agriculture. Et, une nouvelle fois, le pouvoir qu'il possédait sur les plantes s'était manifesté. Comme autrefois le blé et l'orge de Kemit, les plants de maïs, de haricots noirs, de tomates, de courges, de piments s'étaient mis à porter des graines plus nombreuses, des fruits plus gros. Il avait retrouvé les paroles et les gestes qu'il avait là-bas, sur les rives du Nil, pour caresser les tiges et les feuilles. Et les plantes s'épanouissaient sous son influence bénéfique. Il ne savait pas m'expliquer comment il faisait, mais je sais bien d'où venait ce don extraordinaire. Tout simplement, il aimait la vie, et celle-ci lui rendait son amour. Les plantes lui offraient en retour leurs plus beaux fruits.

Ce don étrange avait particulièrement impressionné les Olmèques, qui l'appelaient Quetzalcoatl, « le Serpent à plumes ». Par un curieux amalgame, ils avaient associé l'oiseau quetzal au serpent, qui, comme en Égypte, symbolisait le travail de la terre. Cette appellation insolite rejoignait la vision qu'il avait eue sur l'île des Ciboneys. L'aigle s'était fondu au serpent pour former un être hybride et fantastique. Nous n'avions pas compris cette vision sur le moment. Elle prenait à présent tout son sens.

Comme les deux années précédentes, les récoltes furent abondantes. Les plants de maïs avaient donné des épis presque deux fois plus gros qu'à la dernière moisson. Les greniers se remplirent dans l'allégresse générale. J'aimais cette période joyeuse, qui me rappelait un peu l'époque de Denderah. Comme nos paysans égyptiens, les Olmèques accompagnaient leur travail de chants et de danses.

Pourtant, nous aurions dû nous méfier de cette paix trompeuse. Parfois, des rumeurs venues d'on ne sait où annonçaient la fin des temps. On les tenait d'étranges voyageurs qui prédisaient que les démons de Tezcatlipoca, les jaguars-garous, allaient bientôt surgir des profondeurs des terres infernales. J'aurais souhaité interroger l'un de ces oiseaux de mauvaise augure, mais ils demeuraient insaisissables, et disparaissaient sitôt leur sinistre discours tenu. Il m'était difficile d'agir directement et d'organiser une chasse systématique de ces individus. Nous étions les invités du peuple olmèque, et il ne nous appartenait pas d'y organiser une milice de gardes. Et surtout, en raison du développement des échanges commerciaux avec les autres nations, il passait beaucoup d'étrangers à Lo-Ren. Ces présages incontrôlables suscitaient comme de grands frissons d'angoisse qui traversaient de temps à autre la cité, et que l'on oubliait peu après dans l'euphorie des moissons abondantes.

Ils contribuèrent pourtant peu à peu à créer un désagréable climat d'inquiétude et d'insécurité, qui trouva sa confirmation peu avant la saison des pluies. Celle-ci allait commencer lorsque nous parvint la terrible nouvelle. Un matin, un petit groupe d'hommes arriva par la piste méridionale. Quelques-uns souffraient de multiples blessures. Ils demandèrent à être reçus par le roi. Leur chef se prosterna devant Huwan-Tlaloc et prit la parole.

– Ô Noble Esprit du jaguar, nous sommes venus implorer ton secours. Nous arrivons de Ma-Dran. Notre village a été attaqué il y a quelques jours par des démons.

– Explique-toi !

– Certains étaient revêtus de fourrures de jaguars, d'autres de peaux de tapirs. Ils ont surgi un matin des brumes de la montagne. Nous n'avons même pas eu le temps de saisir nos armes. Ils ont massacré nos vieillards, nos femmes et nos enfants, ils ont brûlé nos maisons, incendié nos champs, pillé nos réserves. Une centaine d'entre nous a réussi à fuir. Nous avons trouvé refuge à Limas. Puis nous avons fait route jusqu'à toi pour te supplier de venger nos morts.

– Nous les vengerons ! clama Huwan-Tlaloc d'une voix forte.

Pezcatl leva la main pour l'interrompre.

– Et comment feras-tu pour combattre des esprits ? demanda-t-il.

– Des esprits ?

– N'as-tu pas entendu les prédictions de ces voyageurs, qui annonçaient la venue prochaine des hordes infernales du dieu jaguar ?

Il se planta devant le roi au milieu de la salle et écarta les bras.

– La fin du Cinquième Soleil est proche, Hommes du Maïs ! Les démons de Tezcatlipoca vont fondre sur Lo-Ren pour vous anéantir. Et ils se montreront sans pitié, car vous avez enfreint leurs lois en refusant de leur adresser des messagers.

Je compris qu'il faisait allusion aux sacrifices interdits par Huwan-Tlaloc. Celui-ci, impressionné par le récit des réfugiés et par l'attitude du grand prêtre, demeurait silencieux. Malgré toute l'amitié que j'éprouvais pour lui, je ne pouvais m'empêcher de penser qu'il ne possédait pas la noblesse et l'autorité de son père Topohatloc.

Curieusement, Meren-Maât, à mes côtés, ne disait mot. Il écoutait au contraire avec beaucoup d'attention la diatribe de Pezcatl.

Plus tard, je lui demandai ce qu'il pensait de ces massacres. Il me fit partager sa perplexité.

– Je ne crois guère à cette fin des temps annoncée par Pezcatl, mon frère. Et je n'aime pas ce qui se prépare. Ne trouves-tu pas singulier que ces massacres aient été précédés par d'inquiétantes rumeurs propagées par des individus fantomatiques ? Comme si quelqu'un était déjà au courant de ce qui allait se passer. Comme si... tout cela faisait partie d'un plan parfaitement organisé.

– Ces pauvres gens ne peuvent mentir. Ils paraissaient terrorisés par ces démons vêtus de peaux de jaguars.

– Ces démons ne sont sans doute pas autre chose que des guerriers, Khenty. Ils s'affublent de peaux de bêtes pour effrayer leurs ennemis, comme nous le faisons nous-mêmes.

– Mais alors, qui sont-ils ?

– Ce récit m'a fait penser aux élucubrations des anciens, qui ressassent leurs combats contre le Peuple des Nuages.

– Crois-tu qu'il pourrait s'agir de ce même peuple ?

– Le mieux serait de capturer l'un de ces prétendus démons.

La nouvelle s'était répandue dans Lo-Ren à la vitesse du vent. À l'inquiétude suscitée par les rumeurs avait succédé une atmosphère qui oscillait entre la colère et la panique. Certains jeunes hommes parlaient de prendre les armes pour combattre les monstres, ainsi que l'avaient fait leurs lointains ancêtres. Une légende affirmait en effet que des guerriers courageux avaient autrefois vaincu les légions démoniaques de Tezcatlipoca. Mais la plupart des citadins tremblaient de peur à l'idée de devoir les affronter. On en traçait des portraits terrifiants, basés sur les anecdotes rapportées par les rescapés. On racontait comment ils avaient ouvert à coups de hache le ventre d'un vieillard, comment ils avaient tranché la tête d'une centaine de prisonniers, comment ils avaient brûlé des femmes et des enfants en les embrochant sur de longues perches. Il était difficile de démêler le vrai du faux dans cette débauche d'histoires horribles, auxquelles chacun devait ajouter des détails épouvantables de son cru. L'imagination aidant, le village martyr, qui comptait un peu moins de cinq cents habitants, en avait vu massacrer plus de mille.

Un étrange fatalisme s'était emparé des citadins. Hormis une poignée de jeunes excités rendus furieux par la résignation des leurs, les Olmèques ne songeaient même pas à former une armée. J'avais peine à comprendre cet état d'esprit surprenant. Mais nos hôtes étaient intimement persuadés qu'il ne servait à rien de lutter contre les dieux.

– Si ce sont bien des dieux ! dis-je à Meren-Maât. Nous n'allons tout de même pas les laisser se faire massacrer sans réagir !

– Huwan-Tlaloc ne sait que faire. Pezcatl le persuade chaque jour un peu plus qu'il ne sert à rien de s'opposer aux hordes du dieu jaguar.

– Je ne serais pas étonné qu'il fût derrière tout cela ! grondai-je. Ce grand prêtre est capable de tout. Et je ne serais pas étonné qu'il ait œuvré pour déclencher cette guerre, afin de nous chasser d'Anahuac !

– Ne sois pas si médisant, mon frère ! Pezcatl n'irait pas jusqu'à faire massacrer les siens pour nous porter préjudice.

– Au contraire ! Imagine ce qui se passera lorsque l'ennemi attaquera Lo-Ren. Pezcatl aura beau jeu d'affirmer que nous sommes les vrais responsables, et qu'il faut nous anéantir. Les Olmèques risquent de se retourner contre nous. Je suis sûr que tout cela fait partie d'un plan.

– Et tu penses que Pezcatl aurait été provoquer un ennemi du royaume dans ce seul but...

– Il y a trop de coïncidences troublantes, mon frère. Tout d'abord, des voyageurs sortis d'on ne sait où prédisent la venue de hordes d'hommes jaguars. Ensuite, un village du Sud est anéanti.

– Mais Pezcatl n'a pas quitté Lo-Ren.

– Quelqu'un a pu agir pour lui. Il n'est pas notre seul ennemi. N'oublie pas les paroles du pauvre Mahatlazol.

Il médita mes propos, puis répondit :

– C'est toi qui as raison, mon frère. Je ne suis pas assez méfiant. Le piège tendu par Pen-Aser auprès de la reine Hatchepsout aurait dû me servir de leçon. Nous allons agir.

Une bouffée de joie m'envahit.

– Comment ?

– Nous allons essayer de capturer l'un de ces démons. S'il s'avère n'être qu'un homme, Huwan-Tlaloc ouvrira peut-être enfin les yeux et acceptera de former une armée.

Le village attaqué par les monstres n'était qu'à quatre jours de marche de Lo-Ren. Le lendemain, à l'aube, Meren-Maât et moi quittions la capitale, suivis par une vingtaine de guerriers. Ragnar nous accompagnait, car il était le meilleur pisteur. Afin de ne pas éveiller les soupçons d'un éventuel espion, nous avions fait croire que nous partions en chasse.

Trois jours plus tard, nous parvenions à proximité de Limas, autour duquel régnait une effervescence insolite. Nous dissimulant dans l'épaisseur de la forêt, nous eûmes tôt fait de repérer une armée importante progressant en direction du village, divisée en plusieurs groupes. Je ne m'étais pas trompé : il ne s'agissait nullement de démons, mais de guerriers d'une peuplade inconnue, vêtus de peaux de jaguar ou de tapir. Ils avançaient en rangs serrés, le visage bariolé de peinture verte et noire, les yeux cernés d'un violet sombre qui faisait ressortir l'éclat de leur regard farouche.

– Par les dieux, ils vont attaquer, gronda Meren-Maât. Et nous ne sommes pas assez nombreux pour intervenir.

Limas était installé au creux d'une petite vallée suspendue, accessible uniquement par un défilé étroit. Les assaillants ne commirent pas l'erreur de s'y engouffrer. De loin, nous les vîmes escalader les parois presque verticales de la montagne. Lentement, inexorablement, ils investirent les sommets entourant le village, depuis lesquels il ne leur resterait plus qu'à lancer leur attaque. Une rage muette nous tenait. Nous étions impuissants face au nouveau massacre qui se préparait. Jusqu'au moment où nous nous aperçûmes que Ragnar avait disparu, en compagnie de deux de ses Tjekerous.

Il resta absent plus d'une heure. Puis il réapparut, le visage triomphant, et portant sur ses épaules le corps d'un ennemi qu'il bascula devant nous. Le crâne défoncé par un magistral coup de casse-tête, l'homme était mort.

– Pardonne-moi, Seigneur, dit-il à Meren-Maât. J'ai été obligé de le tuer. Il refusait de nous suivre.

J'observai l'inconnu. Il portait une fourrure de tapir, et son corps, comme celui des Olmèques, était orné de tatouages. Mon frère serra Ragnar dans ses bras.

– Tu as bien agi, compagnon ! dit-il. Nous avons la preuve que nous cherchions.

Contournant les lieux avec prudence, nous regagnâmes Lo-Ren au plus vite. Notre retour ne passa pas inaperçu. Il n'était pas courant de voir des chasseurs rapporter pour tout gibier un homme quasiment nu et ruisselant de sang. Mon frère et moi nous rendîmes directement au palais royal, où Pezcatl continuait de harceler Huwan-Tlaloc. Lorsque nous arrivâmes, il avait déjà commencé, ainsi que je l'avais imaginé, à nous rendre responsables des malheurs du royaume.

– Il ne te reste qu'une chance d'éviter le massacre de ton peuple, affirmait le grand prêtre, tu dois chasser les étrangers et revenir aux anciennes coutumes. D'ailleurs, où est donc Meren-atl en ce moment ? Pendant que nos villages sont anéantis par les monstres, il est parti depuis plusieurs jours chasser le gibier. Peut-être a-t-il fui...

– Me traiterais-tu de lâche, Pezcatl ? tonna mon frère en entrant dans la grande salle.

Le visage du grand prêtre se décomposa.

– Le grand Topohatloc avait conclu une alliance avec ton peuple, riposta-t-il. Tu devais combattre à nos côtés. Où étais-tu, depuis plusieurs jours ?

– À la chasse, ainsi que je l'avais dit. Et j'en rapporte un gibier bien étrange.

Il lança sur le sol le corps du guerrier et s'adressa à Huwan-Tlaloc.

– Noble Esprit du jaguar, voilà le genre de créature qui a attaqué les villageois. Pour moi, ce n'est qu'un homme affublé d'une peau de bête, et non un démon.

Les visages se penchèrent sur le cadavre. Le roi s'approcha, puis ses traits se déformèrent sous l'effet d'une colère violente. Il décocha un coup de pied brutal à l'ennemi et s'exclama :

– C'est un... Mixtèque ! Nous sommes attaqués par le Peuple des Nuages !

Il se tourna vers le grand prêtre.

– Tu n'es qu'un imbécile, Pezcatl. Il ne s'agit pas des hordes de Tezcatlipoca.

Il se mit à marcher de long en large, en proie à une vive excitation.

– Nous allons les combattre. Je vais lever une armée. Mon grand-père les a déjà vaincus. Je vais les anéantir. Il ne doit rien rester de ces chiens !

La nouvelle fit très vite le tour de la ville. Les récits des anciens prenaient tout leur sens, et les plus jeunes les écoutèrent cette fois avec beaucoup d'attention. Ivres de rage et de haine, galvanisés par la perspective des combats, ils se présentèrent spontanément au pied de la ville haute pour s'engager dans l'armée que Huwan-Tlaloc avait pris la décision de former. Il fallait porter secours à Limas. Mais il était probable que la place était déjà tombée.

Dois-je le dire, l'idée de cette guerre me déplaisait souverainement. Depuis notre installation à Lo-Ren, j'avais pris goût à la paix, et je n'avais guère envie de quitter ma douce Letihuacan en raison de sa maternité prochaine. Je voulais être là pour la naissance de mon fils. Mes compagnons partageaient cette opinion. Nous avions livré trop de batailles par le passé, et nous connaissions le prix souvent amer de la victoire. Mais notre peuple avait conclu une alliance avec les Olmèques, et nous devions la respecter.

L'armée fut très vite constituée. Les femmes et les enfants avaient été réquisitionnés pour fabriquer des armes en quantité. Tandis que les gamins glanaient des morceaux de silex qui deviendraient pointes de flèches, les femmes confectionnaient des cordes de sisal à l'aide desquelles elles fixaient de lourdes pierres sur des manches pour en faire des casse-tête. D'autres taillaient des épieux dont on brûlait la pointe pour la durcir. D'autres encore fabriquaient des arcs.

Le matin du départ, Meren-Maât affichait un visage sombre.

– Un rêve a visité Isah-Bel, me confia-t-il. Elle pense que nous allons remporter la victoire, mais elle a vu aussi la mort d'un homme qu'elle aime.

– Toi ?

– Je l'ignore. Elle n'a pas vu son visage.

Quelques jours plus tard, l'armée se mit en route, forte de plus de quatre mille guerriers armés jusqu'aux dents, et bien décidés à en découdre.

27

Encore aujourd'hui, lorsque je repense à cette bataille féroce, je frémis. Elle dépassa même en atrocité celle que nous avions livrée contre les Arawaks. Malgré les efforts de mon frère, elle fut très mal préparée. Huwan-Tlaloc s'était laissé emporter par la colère, et négligeait toute stratégie. Il clamait qu'il fallait fondre sur l'ennemi et l'anéantir définitivement.

Meren-Maât eut beau tenter de lui faire comprendre qu'il eût mieux valu rechercher la paix, que les combats allaient entraîner la mort de nombreux hommes, il ne démordit pas de ses intentions. Il fallait détruire le Peuple des Nuages. On appelait ainsi ce peuple parce qu'il vivait dans les hautes montagnes du Sud, dans des vallées élevées dont on pensait qu'elles étaient situées dans les nuages. Son vrai nom était les Mixtèques. Trente années auparavant, le grand-père de Huwan-Tlaloc les avait vaincus, au prix de combats sanglants. Il rêvait de renouveler son exploit. Et cette fois, fort de son alliance avec nous, il comptait soumettre totalement le pays ennemi, et transformer ses habitants en esclaves. Il offrirait ainsi aux prêtres des victimes toutes désignées pour les sacrifices humains. Meren-Maât ne pourrait y trouver à redire, puisqu'il s'agirait de prisonniers. Mon frère, contrarié par l'attitude belliqueuse du roi, renonça à discuter.

Huwan-Tlaloc estimait, compte tenu de la puissance de l'armée qu'il avait réunie, que l'affrontement serait de courte durée, et qu'il remporterait une victoire facile. Mais le fossé qui sépare un rêve de sa réalisation est parfois profond.

Le premier objectif était de reprendre Limas, située à trois jours de marche. Le deuxième jour, les éléments se mirent de la partie et des trombes d'eau nous détrempèrent, entamant quelque peu le moral de nos troupes. Le soir, au bivouac, la nourriture avait un goût de moisi, les *was* emportées la veille se décomposaient.

Meren-Maât suggéra à Huwan-Tlaloc d'envoyer quelques éclaireurs jusqu'à Limas. Mais le roi refusa. Il ne faisait aucun doute dans son esprit que l'ennemi ne pourrait lui résister. Il était impatient de se battre, impatient de venger les morts de son peuple et d'imposer son nom par une grande victoire.

Découragé, Meren-Maât chargea Ragnar d'effectuer une reconnaissance jusqu'au village. Peu avant l'aube, le Tjekerou quitta le campement en compagnie de trois guerriers.

Une heure plus tard, alors que nous nous apprêtions à repartir, ils étaient de retour, en compagnie d'une poignée d'indigènes hagards et terrorisés.

– Limas est aux mains des Mixtèques, dit Ragnar. Le village est en flammes. Ils ont massacré tous les habitants. Ceux-là sont des survivants. Ils erraient dans la forêt pour échapper à leurs poursuivants. Nous les avons ramenés aussi vite que nous avons pu, mais je crains que l'ennemi ne nous ait repérés.

Huwan-Tlaloc poussa un rugissement de colère.

– Nous allons exterminer ces chiens !

Une clameur formidable lui répondit. Meren-Maât voulut ajouter quelque chose, mais le roi ne l'écoutait plus. En désespoir de cause, il nous entraîna à part.

– Le cœur d'Huwan-Tlaloc est aveuglé par la haine et la colère, dit-il. Attaquer de front est une folie. Limas est un vrai coupe-gorge. En raison du défilé étroit qui constitue son seul accès, une poignée d'hommes suffit pour le défendre. Or les Mixtèques sont aussi nombreux que nous.

Je pris mon frère par le bras.

– Meren-Maât, tu dois tenter de convaincre le roi de renoncer à son projet, où nous courons au massacre.

– *Il* court au massacre, rectifia-t-il. Je n'ai pas l'intention de nous jeter dans ce piège.

Il revint vers Huwan-Tlaloc.

Mais la colère de celui-ci avait pris le pas sur sa raison. Il ne voulut rien savoir.

– Les dieux nous seront favorables ! rétorqua-t-il. Mes guerriers sont bien plus forts que les Mixtèques. Nous allons leur faire payer leurs tueries. Ce soir, nos armes seront rouges de leur sang. Grâce à notre alliance, nous les vaincrons.

Meren-Maât laissa soudain exploser sa colère.

– En effet, nous sommes alliés, Huwan-Tlaloc. Mais je refuse d'envoyer mes guerriers se faire tuer pour satisfaire ton désir de vengeance. Tu connais la situation de Limas. Tu sais qu'il n'existe qu'un accès. Trop d'hommes mourront si tu attaques par là. Il nous faut attirer l'ennemi hors de son repaire.

– Et comment ?

– En lui faisant croire, par exemple, que nous nous replions. Il faut le combattre en terrain découvert.

– Reculer ? Tu veux reculer ? s'emporta Huwan-Tlaloc.

– Je veux éviter un carnage.

– Les Mixtèques ont bien réussi à s'emparer de Limas ! Pourquoi pas moi ?

– Les Mixtèques n'ont pas attaqué par la gorge. Ils ont escaladé la montagne afin de prendre les habitants par surprise. Nous les avons vu faire. Si tu t'engages dans ce défilé, ton armée sera exterminée.

– C'est faux ! hurla le roi. Je vaincrai ces chiens, et leurs têtes seront exposées sur des lances dans les rues de Lo-Ren afin de montrer que les Olmèques sont les plus forts !

– Dans ce cas, va remporter cette magnifique victoire seul.

– Tu romps notre alliance ?

– Je ne la romps pas. Mais je suis encore le maître de mes troupes. Elles n'obéiront qu'à moi, et je refuse que mes hommes participent à une bataille perdue d'avance.

– Tu me trahis, Meren-atl !

– C'est toi qui trahis ton peuple ! As-tu imaginé un instant ce qui se passera si tu es vaincu ? Il ne restera plus personne pour défendre Lo-Ren. Est-ce cela que tu veux ?

– Eh bien, reste à l'arrière si tu le souhaites ! Je n'ai pas besoin de toi pour vaincre.

Il tourna les talons et s'éloigna, rameutant ses guerriers qui piaffaient d'impatience. Certains avaient entendu la dispute et affichaient des visages perplexes. Quetzalcoatl était réputé pour sa sagesse, et l'inquiétude se lisait sur quelques visages. Mais, dans leur grande majorité, les Olmèques brûlaient de se battre. Les récits des rescapés de Limas n'avaient rien fait pour calmer leur ardeur.

La pluie avait redoublé. La plus élémentaire prudence aurait voulu que l'on attendît un peu avant de livrer combat. La piste serait glissante. Mais Huwan-Tlaloc était dominé par la fureur, et plus rien ne le ferait changer d'avis.

L'armée olmèque quitta le campement et marcha vers son destin. L'esprit nauséeux, nous la regardâmes s'éloigner dans les trombes d'eau. Elle franchit le Coatzal, puis se lança à l'assaut du défilé.

– Nous allons les suivre, décida soudain Meren-Maât. Je ne peux pas les laisser exterminer aussi stupidement.

Son visage était soucieux. Je savais qu'il pensait au rêve d'Isah-Bel.

Nous fermions la marche. Les visages de nos alliés reflétaient le mépris et l'hostilité, mais certains étaient heureux de notre présence. Sans doute pensaient-ils que nous avions changé d'avis. Mais lorsque, avec une superbe inconscience, ils s'engouffrèrent dans l'étroit défilé, Meren-Maât nous donna l'ordre de ne pas aller plus loin. Une fois de plus, je rendis grâce à sa sagesse et à sa clairvoyance. Il fallait être véritablement aveugle pour se risquer dans ce piège innommable. Seuls quelques hommes pouvaient marcher de front. La progression était pénible en raison de la boue. Outre la pluie, un vent violent s'était mis à souffler. J'éprouvais une désagréable sensation de froid, qui n'était pas due à la baisse relative de la température. Malgré mon amitié pour lui, j'en voulais à Huwan-Tlaloc de n'avoir pas été capable de modérer sa fougue. Son erreur allait coûter la vie à trop de ses guerriers. J'en connaissais à présent beaucoup. Il y avait parmi eux des fils de paysans avec lesquels nous avions fait les récoltes, d'autres étaient des artisans de la ville basse. Je souffrais, parce qu'ils pensaient que nous étions lâches alors que nous étions seulement prudents. Malheureusement, ni leur roi ni eux n'avaient l'expérience d'une véritable bataille. Dans leur enthousiasme naïf, ils pensaient qu'il suffisait de défendre la cause juste de la vengeance pour que les dieux octroient la victoire. Mais la réalité est bien différente.

Le résultat de la stratégie désastreuse de Huwan-Tlaloc ne se fit pas attendre. Depuis notre position de repli, nous entendions les hurlements furieux des combats, les cris de rage des combattants, les gémissements des blessés et des agonisants. Bientôt, le torrent qui descendait de la combe charria des flots de sang. En dépit de sa supériorité numérique, le Peuple du Caoutchouc subissait une défaite cuisante.

– Qu'attendons-nous pour intervenir ? explosa soudain Ragnar.

– Qu'ils abandonnent cette tactique stupide, répondit sèchement Meren-Maât. Je ne vais pas vous sacrifier parce que Huwan-Tlaloc est incapable de mener correctement une bataille. Ses guerriers sont pris en tenaille dans la passe.

Ragnar grogna. Il savait que mon frère avait raison, mais il lui était difficilement supportable d'entendre ainsi ses amis olmèques se faire décimer. Enfin, Hualco revint vers nous, couvert de sang. Une vilaine blessure à l'épaule lui tordait le visage de douleur.

– Le roi est mort, Quetzalcoatl. Le Pays du Caoutchouc n'a plus de roi. Là-haut, c'est la débandade complète. Tu avais vu juste : nos hommes tombent les uns derrière les autres sans que nous puissions rien faire. J'ai tenté de raisonner Huwan-Tlaloc, mais il était ivre de rage et d'orgueil. Il a combattu avec bravoure, et il est tombé comme un grand guerrier. Mais il nous a menés à la défaite.

– Hualco, un grand guerrier est celui qui n'expose pas ses hommes inutilement ; il refuse d'obéir à sa haine. Pour combattre efficacement, il faut chasser toute colère de son esprit, car elle rend aveugle.

Autour de nous les Olmèques commençaient à refluer en désordre vers la vallée du Coatzal.

– Que comptes-tu faire ? demanda Hualco. Les Mixtèques vont se lancer à notre poursuite.

– Ordonne aux survivants de se replier. Trop d'hommes sont déjà morts dans cette bataille. Je vais prendre le commandement.

– Mais si nous abandonnons, ils vont déferler sur Lo-Ren.

– Ils ne sont pas encore à Lo-Ren.

Plus de cinq cents Olmèques étaient tombés sous les coups de l'ennemi. Les autres, démoralisés, n'avaient plus en tête que la fuite. Leur exaltation du matin s'était effacée devant la cruelle réalité des combats. Beaucoup s'enfuirent dans la jungle, pour regagner la sécurité de la ville.

– Nous ne pourrons pas tenir dans ces conditions, dis-je à mon frère. Mais il y a une possibilité. Pour gagner Lo-Ren, l'ennemi doit franchir le Coatzal. Nous devrions l'attendre à cet endroit.

Il approuva mon idée. Nous battîmes également en retraite. Nous traversâmes le petit fleuve. Parvenus sur l'autre rive, nous établîmes une défense similaire à celle que nous avions employée contre les Arawaks. Nos archers, abrités derrière leurs boucliers de cuir d'hippopotame, attendirent l'assaut des Mixtèques.

Intrigués par notre manœuvre, certains Olmèques s'arrêtèrent, puis se rangèrent derrière nous. Encouragés par Hualco et ses compagnons, la fuite se transforma peu à peu en une retraite ordonnée. Mais les poursuivants n'étaient pas loin. À peine avions-nous pris nos positions qu'un flot hurlant déferla vers le fleuve, pourchassant quelques malheureux retardataires. Des hurlements de triomphe retentirent. Ils nous avaient repérés. À cet endroit le cours d'eau formait un gué, parcouru par des courants violents. Dissimulés dans la forêt, nous attendîmes que l'ennemi se fût suffisamment engagé dans le fleuve. Meren-Maât m'avait remis le commandement de nos marins. Il s'occupait quant à lui de rassembler les troupes éparses des Olmèques. À part Hualco et quelques autres, ils n'avaient désormais plus de chefs, et leur armée ressemblait à un grand corps décapité qui s'agitait dans tous les sens. Seule la forte personnalité de Meren-Maât pouvait ramener l'ordre.

Une bonne partie des troupes ennemies luttait contre le courant pour traverser lorsque je donnai l'ordre de tirer. Des nuées de flèches précises cueillirent l'ardeur des Mixtèques. Incapables de reculer en raison du flot d'assaillants qui arrivait derrière eux, ils tombèrent par dizaines avant de comprendre. Comme le torrent, le Coatzal se teinta de rouge sombre, des corps basculèrent dans le courant, puis furent emportés vers l'aval. Des odeurs de sueur et de sang nous assaillaient les narines, mêlées aux effluves de la forêt.

Mais les Mixtèques étaient trop nombreux, et mes lignes d'archers ne pouvaient les contenir. Bientôt, certains parvinrent à prendre pied sur notre rive. Il s'ensuivit alors un corps à corps sauvage, féroce, bestial. Les casse-tête brisaient les crânes, les lances crevaient les ventres, déchiquetaient les membres. La rage était telle que les combattants luttaient même sans arme, à coups de poing, à coups de dents. Jamais je n'avais été plongé au milieu d'un tel carnage. Là, on s'acharnait sur un blessé qui hurlait de douleur. Ailleurs, un Mixtèque fracassait le crâne d'un Olmèque sur les pierres du fleuve. Rien ne semblait pouvoir arrêter cette boucherie sinon l'anéantissement total de l'un des deux partis. Mes compagnons résistaient fermement. Nous savions tous que si ces hordes furieuses nous débordaient, elles se précipiteraient sur la ville où attendaient nos épouses et nos enfants.

Fort heureusement, nous reçûmes bientôt un renfort inattendu. Meren-Maât avait réussi à rassembler les troupes olmèques éparses, qui revinrent dans la bataille. Cette fois, galvanisés par la fougue de mon frère, les indigènes se battirent efficacement, et la supériorité numérique joua en notre faveur. Lorsque enfin la bataille s'acheva, plus de la moitié des Mixtèques était hors de combat. Les autres s'enfuirent en direction du sud, abandonnant du même coup les ruines de Limas. Nous n'eûmes pas le courage de les poursuivre. Plus d'un millier des nôtres avaient été tués.

Le rêve d'Isah-Bel avait trouvé sa signification. Un homme qu'elle aimait était mort. Mais il s'agissait de son frère. Je n'osais penser aux conséquences de cette bataille. Anahuac se retrouvait désormais sans roi. Qu'allait-il se passer ? Qui remplacerait Huwan-Tlaloc ? Il n'avait pas de fils capable de lui succéder. Ses trois demi-frères avaient eux aussi péri dans les combats. Verrait-on se former des factions rivales ? Pezcatl profiterait-il des circonstances pour imposer un nouveau roi qui nous serait hostile ?

Meren-Maât se fit amener les Mixtèques prisonniers. À peu de chose près, ils ressemblaient beaucoup aux Olmèques. Mon frère interdit qu'on les massacrât.

– Le sang a trop coulé aujourd'hui, gronda-t-il pour calmer ceux qui avaient déjà sorti leurs poignards d'obsidienne pour offrir des sacrifices aux dieux. Quelqu'un parle-t-il leur langue ?

Mineesakea s'avança.

– Moi, Meren-atl. Il y a dix ans, j'ai vécu dans un de leurs villages.

– Demande-leur pourquoi ils ont attaqué ainsi le royaume d'Anahuac. Y a-t-il eu provocation de la part des Olmèques ?

Notre ami posa la question à l'un des captifs. La réponse eut l'air de le surprendre.

– Il dit qu'un homme est venu les rencontrer il y a une lune. Un Olmèque. Il venait les avertir que son peuple se préparait à envahir le Pays des Nuages. Au début, ils ne l'ont pas cru. La paix régnait depuis plus de trente ans, et les Mixtèques commençaient à penser qu'il serait peut-être intéressant d'établir des relations commerciales avec leurs anciens ennemis. Mais l'homme leur a dit que des étrangers étaient arrivés à Lo-Ren, et qu'ils avaient convaincu les Olmèques d'asservir toutes les autres nations. Puis, il y a quelques jours, une famille d'une douzaine de personnes a été massacrée. Elle vivait près de la Grande Piste. On a retrouvé sur place des traces accusant indiscutablement les Olmèques. Le roi mixtèque, Copahotl, est entré dans une grande colère. Il a décidé de venger ses morts.

Un grand silence suivit la traduction de Mineesakea.

– Il est évident que l'on a voulu provoquer une guerre entre les deux peuples, dit enfin Meren-Maât.

Il s'adressa au prisonnier.

– Écoute-moi ! Je suis le seigneur étranger dont a parlé l'homme qui vous a visités. Jamais je n'ai eu l'intention d'envahir le Pays des Nuages. Jamais le roi Huwan-Tlaloc n'a voulu cette guerre. Il n'a fait que répondre au massacre des villageois de Ma-Dran.

– Alors, qui a tué nos frères ? demanda le prisonnier d'un ton farouche.

– C'est ce que j'aimerais savoir. Comment était l'homme qui a dressé nos deux peuples l'un contre l'autre ?

Il tenta de nous décrire l'inconnu, mais sa description aurait pu correspondre à beaucoup d'Olmèques. Il se souvenait seulement d'un individu au regard de feu, très maigre, dont la voix *perçait les cœurs*. De même, il ignorait ce qu'il était devenu. Il avait disparu après avoir conseillé au roi Copahotl de se préparer à une *guerre impitoyable*. Peu de temps après, le clan de la Grande Piste avait été exterminé dans des conditions épouvantables. Hommes, femmes et enfants avaient été dépecés vivants avant d'avoir la tête tranchée. La cruauté avec laquelle on s'était acharné sur les malheureux avait provoqué l'émotion et la colère des Mixtèques. Le visiteur inconnu n'avait pas menti. Les Olmèques voulaient anéantir le Peuple des Nuages. Il n'en avait pas fallu plus pour déclencher les hostilités.

– Je comprends la réaction de ton peuple, dit enfin Meren-Maât. Mais les Olmèques n'étaient pas responsables de ce crime. Je pense au contraire que votre visiteur inconnu en est à l'origine.

– Il n'a pu massacrer une famille de douze personnes à lui seul ! rétorqua le captif.

– Non, bien sûr. Il est clair qu'il avait des complices.

– Pourquoi aurait-il fait cela ?

Meren-Maât laissa passer un silence.

– Je pense que cela a un rapport avec la présence des miens à Lo-Ren. On a cherché à nous rendre responsables des massacres commis par les Mixtèques. Certains Olmèques souhaitent nous voir partir. Je ne pensais pas qu'ils iraient jusqu'à déclencher une guerre, et surtout d'une façon aussi ignoble.

– Pourquoi te croirais-je ?

Meren-Maât s'agenouilla pour être à la hauteur du prisonnier.

– Réponds-moi ! Si ce massacre n'avait pas eu lieu, le Peuple des Nuages aurait-il attaqué le royaume olmèque ?

– Certainement pas ! Je te l'ai dit. Notre roi pensait à établir des relations commerciales avec le Peuple du Caoutchouc.

Meren-Maât hocha la tête. Soudain il dégaina son glaive et trancha les liens du prisonnier. Celui-ci le regarda, interloqué. Les Olmèques se rapprochèrent, incrédules. La coutume exigeait que les prisonniers soient torturés avant d'être mis à mort. Mon frère se redressa et toisa les guerriers frustrés. Sa voix résonna comme le tonnerre.

– Il n'y aura pas de torture ! Cette guerre a été fomentée par un Olmèque. C'est lui qui a volontairement provoqué les Mixtèques en massacrant une famille. Ceux-ci n'ont fait que répondre à la provocation. Aussi, tous les captifs seront libérés.

Un murmure de protestation lui répondit, qui finit par se calmer devant son regard inflexible. Par le truchement de Mineesakea, il s'adressa au prisonnier.

– Tu es libre. Tu vas retourner parmi les tiens et leur dire que ni les Olmèques ni les étrangers ne sont responsables du massacre de cette famille. Cet inconnu a voulu tendre un piège à nos peuples. C'est lui qu'il faut châtier. Si jamais il revenait parmi vous, je souhaiterais que vous le capturiez, et que votre roi me le fasse savoir. Je veux savoir qui est ce traître. Acceptes-tu de transmettre ce message ?

– Je crois que ta bouche dit la vérité, répondit le prisonnier. Je porterai tes paroles à Copahotl.

Puis il regarda autour de lui, stupéfait et inquiet. Meren-Maât ordonna que l'on libère les autres. Incrédules, ils firent quelques pas. Domptés par le regard de mon frère, les Olmèques, privés de leur roi, s'écartèrent. Tacitement, ils le reconnaissaient pour leur nouveau chef. Lentement, les Mixtèques quittèrent le camp, puis se fondirent dans la nuit.

La pluie tombait sans discontinuer. Je ne cessais de penser à l'inconnu qui avait déclenché cette guerre stupide. Une rage impuissante me taraudait. J'ignorais qui était ce sinistre individu et j'aurais voulu le tenir au bout de mon glaive. Je soupçonnais fortement Pezcatl, mais rien ne prouvait qu'il avait un rapport avec le félon. En vérité, il serait impossible de démasquer le responsable. Je repensai aux paroles que Mahatlazol avait adressées à Meren-Maât : « Tu as un ennemi acharné à ta perte. » Il ne faisait aucun doute que cet ennemi vivait parmi nous. Mais qui pouvait-il être ? Et quelles étaient les raisons d'une haine aussi féroce ?

Le retour fut une épreuve difficile. Des messagers avaient porté la nouvelle de la victoire. Mais les citadins avaient également appris la mort du roi Huwan-Tlaloc et d'un millier des leurs. Ils avaient péri par sa faute et, sans le courage de mon frère, les hordes mixtèques eussent déferlé sur la ville. J'étais étroitement associé à ce triomphe. Les Olmèques qui avaient combattu à nos côtés racontaient avec admiration la stratégie que j'avais utilisée pour repousser les assaillants.

Il n'y eut pas de festivités pour célébrer la victoire. Chaque famille avait perdu un père ou un fils, et l'on n'avait guère le cœur à se réjouir. Pour ma part, je retrouvai avec joie la peau tiède de Letihuacan, dont le ventre était désormais tendu à l'extrême. Mon héritier promettait d'être un fier gaillard à en juger par les coups qui déformaient régulièrement le ventre de mon épouse. Le soir de notre arrivée, je m'écroulai comme une masse dans ses bras, respirant son odeur à m'en étourdir. Les trombes d'eau avaient lavé le sang qui maculait mes mains et mon corps, mais elles n'avaient pas dilué les visions atroces des combats. Dès que je fermais les yeux, je revoyais les scènes épouvantables auxquelles j'avais participé. La colère ne m'avait pas quitté, et mon âme était lourde de remords et de dégoût. Cet affrontement n'aurait jamais dû avoir lieu. Il était le résultat des manipulations d'un seul homme, un être ignoble qui avait réussi à dresser les deux anciens ennemis l'un contre l'autre. Il savait qu'il fallait peu de chose pour ranimer les vieilles haines. Des centaines d'hommes avaient péri par sa faute, et aucun châtiment n'eût été assez terrible pour lui.

Je frémissais à l'idée qu'il était probablement encore en vie, et qu'il se trouvait peut-être parmi nous, insoupçonnable. Mais il avait échoué. Les Mixtèques avaient été vaincus, et les Olmèques ne nous avaient pas rendus responsables de leurs malheurs. Alors, allait-il frapper de nouveau. Et de quelle manière ?

Dès son retour, Meren-Maât exigea une entrevue avec Pezcatl. Il lui dit clairement qu'il le soupçonnait d'avoir partie liée avec l'inconnu qui avait provoqué la guerre. Pezcatl s'en défendit avec la dernière énergie. Pourtant, malgré l'affront subi, il ne se répandit pas en imprécations. Il savait qu'en s'attaquant à mon frère, il se rendrait impopulaire. Cette fois, son influence ne serait pas suffisante pour contrebalancer l'admiration dont Meren-Maât était l'objet. Le peuple olmèque savait qu'il lui avait évité l'anéantissement. Les guerriers indigènes qui nous avaient méprisés en raison de notre refus de courir au massacre rendaient aujourd'hui hommage à sa lucidité. Parce qu'il avait péri, on n'osait critiquer ouvertement le roi Huwan-Tlaloc, mais on lui tenait rigueur de la défaite initiale.

Le Pays du Caoutchouc n'avait plus de roi. Hualco avait pris en main le gouvernement, mais il ne faisait que répondre aux problèmes les plus urgents. Dans les jours qui suivirent, pendant que la population pansait ses plaies, un phénomène insolite se produisit. Une rumeur courut dans la ville basse, qui fut relayée par la ville haute : le peuple voulait Quetzalcoatl pour roi. Depuis trois ans, il avait su acquérir la confiance des Olmèques. Et puis, n'était-il pas l'époux de la propre fille de Topohatloc, qui avait été un grand souverain ? Son fils était l'héritier naturel du trône d'Anahuac. Puisque Huwan-Tlaloc avait péri, et ses deux demi-frères avec lui, il était donc normal qu'il devînt roi.

La rumeur m'associait étroitement à Meren-Maât. On me considérait avec un respect nouveau, presque de la déférence. J'étais devenu le Gardien de la cité. Si l'on désirait Quetzalcoatl pour roi, on voulait que je devienne le nouveau commandant de l'armée. Dans la bouche de ceux qui les racontaient, nos exploits prenaient des proportions mythiques, le nombre des assaillants était multiplié par trois ou quatre.

Lorsqu'il apprit les intentions des Olmèques, Meren-Maât fut très embarrassé.

– Je ne peux accepter, me dit-il. Je suis un étranger pour eux.

– Mais ton fils ne l'est pas, rétorquai-je. Cette idée n'est pas stupide. Ton épouse, Isah-Bel, s'appelle en réalité Chahuitlalotl. Elle est la fille de l'ancien roi, et la sœur de celui qui vient de mourir.

– Alors, c'est mon fils K'in-Hotep qui doit devenir leur souverain.

– K'in-Hotep est trop jeune. Qui d'autre que toi peut prendre en main le destin de ce pays ? Un ennemi sournois le ronge de l'intérieur. Tu auras ainsi le pouvoir de le démasquer.

– Qui suis-je pour prétendre devenir roi ?

– Tu en possèdes toutes les qualités, mon frère. Les dieux t'ont guidé vers ce pays. N'oublie pas ce qu'a dit le vieux Mahatlazol : Isah-Bel et toi engendrerez une dynastie qui régnera longtemps sur Anahuac.

– Il n'a jamais dit que je régnerais personnellement.

– Le pouvait-il ? Topohatloc était encore en vie. Il ne voulait pas créer de malentendu.

– Mais nous devons retourner en Égypte. Le voyage durera au moins une année. Un roi ne peut s'absenter aussi longtemps, sans savoir même s'il reviendra. Imagine que nous soyons pris dans une tempête et que nous périssions en route !

Je ne répondis pas immédiatement.

– Sommes-nous seulement capables de repartir, mon frère ? Nous ne savons même pas si un retour est possible.

– Tu oublies les Hommes rouges, Khenty. Ils ont franchi le Grand Océan dans l'autre sens. La route existe, je le sais. Et j'ai fait une promesse à la reine Hatchepsout. C'est grâce à son aide que nous avons pu organiser cette expédition. Il est juste qu'elle soit informée des résultats de notre voyage.

– Cela va faire cinq années que nous avons quitté Ouaset. Après tout ce temps, pense-t-elle encore à toi ?

– Je le crois ! Elle savait que cette expédition serait très longue. Je vais envoyer Hirabaal à la recherche du chemin du retour. Si cette route existe, il la trouvera.

Hirabaal avait été l'un de nos premiers compagnons d'enfance. C'était un gaillard aussi large que haut, au visage dévoré par une barbe en broussaille qui lui montait jusqu'aux yeux, qu'il avait petits et enfoncés dans les orbites. Ayant adopté la mode du tatouage prisée par nos hôtes, ses bras noueux comme des troncs d'arbres s'ornaient de dessins aux entrelacs compliqués représentant les animaux fantastiques qu'il avait croisés dans ses expéditions. Si aujourd'hui ses cheveux devenus rares grisonnaient, je ne pouvais m'empêcher d'évoquer le gamin rondouillard et pataud avec lequel nous avions partagé nos jeux turbulents dans les ruelles de Byblos. Malgré sa corpulence, qui lui jouait parfois des tours – lorsque, par exemple, il fallait déguerpir en hâte –, il n'était pas le dernier à imaginer les sottises que les autres s'empressaient d'exécuter. Quand Meren-Maât lui avait proposé de le suivre sur la Grande Verte, il avait immédiatement accepté, ravi de retrouver l'amitié chaleureuse qui nous avait réunis enfants. Peut-être plus encore que tous les autres, il vouait une admiration sans limite à Meren-Maât, qu'il aurait suivi sans sourciller dans le royaume d'Osiris. Il avait d'abord servi comme chef d'équipage, puis, la fortune aidant, Meren-Maât lui avait offert le commandement de son deuxième navire. Lorsque mon frère lui avait dit qu'il existait de grandes îles de l'autre côté de l'océan et qu'il avait l'intention de les découvrir, Hirabaal avait simplement demandé la date du départ. À l'instar de Meren-Maât, Hirabaal était aimé de ses marins. Il était le meilleur de nos capitaines. J'approuvai sans réserve le choix de mon frère.

– S'il trouve cette route, tu pourrais l'envoyer en Égypte à ta place. Ainsi, Hatchepsout connaîtra l'existence de ce nouveau monde, mais tu ne seras pas obligé de refaire ce voyage.

– Ne plus jamais retourner en Égypte ? Tu y songerais sérieusement ?

– Nous ne sommes plus tout jeunes, mon frère. Nous sommes loin d'avoir percé tous les mystères de ce pays. Nos vies, nos femmes, nos enfants sont ici. Quoi que tu en penses, nous ne sommes plus des Égyptiens. Nous sommes devenus olmèques. Nous vivons comme eux, nous respectons leurs coutumes, nous nous sommes mêlés à eux. D'ici quelques générations, nos descendants seront impossibles à distinguer, sauf peut-être les miens, et encore. Mes fils et mes filles ont la peau bien plus claire que la mienne.

Il fit quelques pas nerveux dans la salle. Puis il revint vers moi et me posa la main sur l'épaule.

– Tes paroles sont celles de Maât, mon bien-aimé frère. C'est toi qui as raison. Je vais accepter de devenir le roi d'Anahuac.

Sa réponse provoqua en moi une réaction paradoxale. J'avais obtenu ce que je souhaitais. La perspective d'un voyage de retour ne m'enthousiasmait guère, et j'étais satisfait qu'il se soit rendu à mes arguments. Pourtant, la nostalgie et la tristesse m'envahirent. Le souvenir du Fleuve-dieu me revint d'un coup avec ses palais grandioses, ses temples magnifiques, son peuple chaleureux, ses villes immenses et animées, sa lumière incomparable. J'avais peine à admettre que je ne reverrais jamais tout cela.

Mais le destin n'est jamais écrit d'avance, et les dieux se rient des intentions des hommes.

28

Quelques jours plus tard, Hualco réunit le conseil dans le palais. Pezcatl refusa de participer aux délibérations. Il ne se sentait pas de force à s'opposer à ce qui se préparait, mais il n'était pas question pour lui de le cautionner par sa présence. Nul ne savait qui avait lancé l'idée de choisir Meren-Maât comme nouveau roi. Elle était née quelque part dans la ville basse, dans les bavardages des artisans et des paysans, parce qu'elle s'imposait d'elle-même. Nul n'était plus qualifié que lui, et le fait qu'il fût étranger ne posait aucun problème, puisqu'il était *atl*. L'absence de tout autre candidat n'était pas un hasard. Les dieux l'avaient voulu ainsi. Personne d'ailleurs ne songea à se proposer parmi les nobles. Depuis l'arrivée de Meren-Maât, la vie de la cité s'était transformée, les récoltes étaient plus abondantes, les chasses plus fructueuses. Il avait épousé une princesse royale, et c'était à lui que l'on devait la victoire sur le Peuple des Nuages. Toutes ces raisons étaient suffisantes.

Lorsque mon frère donna son accord, une ovation enthousiaste accueillit sa décision. La nouvelle se propagea comme un incendie, et de nouvelles réjouissances furent organisées pour fêter son accession au trône. Quant à moi, ainsi que le désirait le peuple, je fus nommé commandant en chef de l'armée.

Je redoutais toujours une manifestation de notre ennemi inconnu. J'usai de mon pouvoir pour effectuer des recherches discrètes afin de le démasquer. J'étais sûr qu'il était également responsable de la mort de Mahatlazol. Peut-être avait-il vu son visage. Mes soupçons se portaient volontiers sur Pezcatl ou ses acolytes, mais il me fut impossible de les prendre en défaut. Ils semblaient résignés à accepter que Meren-Maât devînt roi. J'en vins à me convaincre qu'ils n'étaient pour rien dans la tragédie de la guerre contre le Peuple des Nuages.

Avec diplomatie, Meren-Maât tenta de se les concilier. Hors de l'interdiction des sacrifices humains, il encouragea Pezcatl à poursuivre les anciennes pratiques religieuses, auxquelles il assistait volontiers, comme le jeu de Tlachti ou les danses sacrées. Dans la ville basse coexistaient d'ailleurs toutes sortes de cultes. On avait construit un temple dans notre village, qui recevait aussi bien nos neters que les divinités cananéennes, crétoises, tjekerous, étrusques ou autres. La croyance de nos marins n'était pas très zélée, et tous ces dieux cohabitaient sans difficulté sous le même toit, et sans jamais provoquer la moindre querelle théologique. Les sacrifices à l'un ou l'autre dieu méditerranéen consistait plutôt en une réunion familière entre personnes de même confession, auxquelles se joignaient souvent les autres, par curiosité. Certains Olmèques, amusés et intrigués, participaient à ces séances.

Les deux communautés s'influençaient mutuellement. Certaines de nos divinités avaient trouvé grâce aux yeux des indigènes, comme le dieu cananéen Baal[1]. Le dieu sylvestre Huwawa, au visage grimaçant et dévoré par les rides, amusait beaucoup nos hôtes. Les anciens esclaves amanites leur avaient certifié qu'il s'agissait d'un esprit protecteur, et ils les avaient crus. Avec un visage aussi vilain, il n'était pas étonnant qu'il chassât les démons. Les sculpteurs s'étaient emparés de son image et l'avaient transformée à leur manière. On en avait fait des figurines, et surtout des masques. Ce phénomène ne fut pas unique. Les Olmèques manifestaient une véritable tendresse pour les dieux laids, car ils adoptèrent également le nain Bès, ainsi qu'une vieille déité que les marins cananéens affectionnaient particulièrement, et qu'ils appelaient Pazuzu. C'était un démon bénéfique dont l'origine remontait à l'antique cité d'Ur, à Sumer. La ville avait disparu depuis longtemps, mais ce diable grotesque pourvu de deux paires d'ailes avait survécu. Les marins

1. Le mot *baal* a le même sens dans les langues maya et phénicienne, et signifie « maître ». Aujourd'hui, une cité guatémaltèque dont l'origine remonte à la période maya porte le nom d'El Ba'al. Elle abrite la tête en pierre d'un dieu auquel les habitants apportent encore des offrandes de nos jours.

superstitieux le portaient, sous forme de figurine, sur la poitrine. Il était censé les protéger des maléfices [1].

L'influence réciproque se faisait également sentir sur la vie de tous les jours. Ainsi, les Olmèques avaient été séduits par les appuis-tête que nous utilisions pour dormir [2].

Malgré mes appréhensions, l'ennemi inconnu ne se manifesta pas. Les années qui suivirent comptèrent parmi les plus belles de ma vie, comme une longue période de repos où les dieux semblaient nous avoir accordé une trêve. Ma jeune et belle épouse me donna très vite un fils, que nous appelâmes Moraka, du nom de mon père.

Je ne fus pas le seul à connaître les joies de la paternité. Une ribambelle de gamins aux couleurs de peau fantaisistes galopaient dans les rues de Lo-Ren, aussi bien dans la ville haute que dans la ville basse. Quelques-uns présentaient un curieux strabisme. Les femmes indigènes utilisaient une bille de jade qu'elles balançaient pendant des heures devant les yeux de leurs nouveau-nés afin de provoquer ce défaut, qu'elles considéraient comme un signe d'élégance. Lorsqu'il l'avait appris, mon frère avait tenté de s'opposer à cette pratique barbare. Si beaucoup l'avaient écouté, quelques-unes avaient continué [3]. Isah-Bel elle-même avait pensé un moment déformer le regard de ses enfants. Mais Meren-Maât avait refusé.

Meren-Maât avait entrepris de développer l'agriculture et l'artisanat. De nouvelles terres furent conquises sur la forêt et consacrées au maïs, à la courge et au haricot. Nos redoutables guerriers s'étaient

---

1. Il existe une similitude surprenante entre certains êtres surnaturels méditerranéens et méso-américains. On rencontre ainsi des masques grimaçants, correspondant peut-être à Huwawa, ou Humbaba, un dieu issu de la culture mésopotamienne, qui apparaît dans l'épopée de Gilgamesh. On a également retrouvé quantité de figurines représentant des êtres petits et difformes, ressemblant d'une manière troublante au nain Bès. De même, en Amérique centrale comme en Méditerranée, on rencontre des représentations de divinités sous la forme d'un homme à tête d'oiseau et pourvu de deux paires d'ailes. C'étaient les caractéristiques d'Horus et du démon sumérien Pazuzu. Rien ne prouve une origine commune, mais les analogies existent, et pourraient s'expliquer par des contacts entre les deux cultures.

2. Les Égyptiens utilisaient des appuis-tête en forme d'animaux, le plus courant étant Thouéris ou Taoueret, la déesse hippopotame. On a découvert au Mexique des objets ayant une fonction similaire.

3. Ce rituel étrange était répandu chez les Mayas, où le strabisme était considéré comme un signe d'élégance. On retrouve également la coutume consistant à enserrer le crâne des bébés dans un linge pour l'allonger, observée par les Phéniciens.

transformés en de paisibles paysans. On construisit de nouveaux greniers. Il encouragea également la pêche. Des expéditions étaient régulièrement organisées en mer. On avait installé sur la plage des baraques destinées au fumage. Pendant toutes les années du règne de Quetzalcoatl, on oublia ce qu'était la famine. La ville prospérait, les enfants mouraient moins, sans doute en raison de la présence de Hamel et de Daraan, qui se dépensaient sans compter pour prévenir les maladies. Grâce aux récoltes abondantes, le commerce se développa avec les royaumes lointains.

L'une des premières actions de Meren-Maât fut de conclure une paix durable avec le Peuple des Nuages. Quelques mois après l'affrontement, il se rendit lui-même en pays mixtèque, où il fut accueilli avec méfiance et hostilité. Mais, lorsqu'il eut parlé, l'animosité s'atténua. Le roi Copahotl lui confia qu'il avait fait rechercher le responsable du conflit, sans succès. Il nous donna une description plus précise de l'individu. Ainsi que je le pensais, elle correspondait vraisemblablement à un prêtre. Mes soupçons sur Pezcatl me revinrent aussitôt à l'esprit, mais je fus obligé de les rejeter. Pezcatl n'avait pas quitté Lo-Ren avant le conflit. Peut-être avait-il envoyé l'un de ses partisans, mais aucun d'eux ne possédait une personnalité assez forte pour influencer le Peuple des Nuages. Alors, que penser de tout cela ? Il existait une autre hypothèse, encore plus difficilement vérifiable. Notre ennemi inconnu venait d'ailleurs, d'une autre cité olmèque. Je passai en revue tous les hauts personnages que je connaissais dans ces villes. En vain. Tous me semblaient au-dessus de tout soupçon.

La visite au roi des Mixtèques s'acheva dans une ambiance bien meilleure qu'elle n'avait commencé. Bien sûr, il faudrait du temps pour effacer les vieilles haines, et les centaines de morts récentes ne faciliteraient pas les choses, mais chacun semblait décidé à essayer d'oublier ce conflit stupide.

Une fois de plus, je constatai l'influence que Meren-Maât possédait sur ces gens. Sa renommée l'avait précédé, et il n'avait pas été accueilli en tant que nouveau roi des Olmèques, mais en tant que *atl*, envoyé des dieux. Son surnom, Quetzalcoatl, fut également adopté par les Mixtèques, et c'est sous ce nom qu'il fut désormais connu dans toutes les nations. Pendant les années qui suivirent, les relations entre le Peuple des Nuages et les Olmèques s'améliorèrent grandement.

Ainsi qu'il l'avait dit, Meren-Maât envoya Hirabaal à la recherche de la route du retour. Celui-ci effectua donc plusieurs expéditions, qui durèrent plusieurs mois. Mais à chaque fois, il revint sans avoir trouvé. Aussi loin qu'il allât, vers le nord ou le sud, les courants ramenaient irrémédiablement les navires vers l'ouest. Il avait ainsi découvert d'innombrables autres îles, où vivaient des tribus semblables aux Ciboneys ou aux Arawaks. Certaines se révélèrent hospitalières, d'autres hostiles. Mais aucune n'avait atteint un degré de civilisation équivalent à celui des Olmèques.

Cette absence de résultat ne chagrinait guère nos marins. Ils s'étaient mêlés à la population locale, et de nombreux enfants étaient nés de leurs unions avec les femmes olmèques. La perspective de retourner en Égypte ne les enchantait pas. Seul Amonisfet se plaignait. À chaque retour infructueux d'Hirabaal, il s'enfermait dans de longues périodes de mutisme.

Devant les échecs répétés d'Hirabaal, Meren-Maât aurait pu décider de mener une expédition lui-même. Jamais il n'y songea. Il était bien trop passionné par Anahuac et, peu à peu, la perspective de retourner en Égypte s'estompa dans son esprit. Les récits des voyageurs lointains lui donnaient envie de se rendre lui-même dans les pays mystérieux qu'ils évoquaient. C'est ainsi que nous suivîmes par deux fois les caravanes commerciales qui empruntaient les routes du sud. Pourrai-je jamais décrire les beautés que nous rencontrâmes, les jungles impénétrables, les cimes enneigées, les arbres hauts comme trente hommes, les tribus étonnées par notre aspect et intimidées par nos armes ? Grâce aux conteurs itinérants, qui voyageaient d'un village à l'autre en colportant les nouvelles, la réputation de mon frère avait franchi les frontières. Les indigènes, tout comme les Méditerranéens, aimaient écouter les histoires, souvent déformées et enjolivées. Quetzalcoatl était déjà devenu un personnage de légende. On nous recevait avec respect et curiosité. De chaque voyage, nous rapportions quantité de cadeaux : bijoux, larges ceintures de perles de couleurs célébrant notre passage, masques à l'effigie du jaguar ou d'autres divinités locales, pièces de tissu de sisal, statuettes, armes...

Mais la surprise la plus extraordinaire nous fut réservée lors de notre première expédition, lorsque nous découvrîmes qu'il existait un autre océan au-delà des hautes montagnes du Sud. Nous restâmes de longues heures à contempler cette étendue d'eau infinie, comme un nouveau défi qui s'offrait à nous. Je sentais vibrer l'envie de Meren-Maât. Comme à chaque fois qu'une émotion intense le tenait, ses yeux se mirent à briller.

– Quelle torture, mon frère bien-aimé ! J'ignore encore tout de l'océan que nous avons traversé pour parvenir en Anahuac, et voilà qu'un autre se dresse sur ma route, que je ne connaîtrai jamais. Ce monde regorge de beautés. Nous pourrions voyager jusqu'à notre dernier souffle, nous n'en découvririons qu'une infime partie. Qui peut savoir ce qu'il y a de l'autre côté ? Combien de temps faudrait-il pour le traverser ? Où nous mènerait-il ? Quels peuples vivent sur ses rives ? Parfois, j'aimerais être un aigle, pour m'envoler très haut et très loin. Je franchirais les montagnes et les fleuves, mes yeux porteraient bien plus loin que ceux des hommes... et surtout les miens, précisa-t-il avec un éclat de rire tonitruant. Il y a encore tellement de contrées et de peuples à découvrir. Ah, Khenty, que ne puis-je vivre mille ans pour visiter chaque pays, chaque cité, apprendre toutes les langues parlées par les hommes ! Mes yeux ont vu beaucoup plus de choses que ceux de la plupart des marins, j'ai suivi l'enseignement des prêtres de Kemit, et j'ai même découvert un secret qu'ils ignorent encore. Et pourtant, ce que je sais n'est qu'une goutte d'eau dans l'océan de la Connaissance, et je mourrai sans avoir pu comprendre qui a créé ce monde, et pourquoi.

« Mais au fond, cette question est-elle importante ? Les dieux nous ont offert un univers magnifique, aux dimensions quasiment infinies, où nous pouvons marcher, voyager, naviguer, nous enivrer de vin, de la beauté des femmes, de la fraîcheur de l'air, nous plonger dans les eaux tièdes et salées des mers couleur d'émeraude ou de turquoise. Là est sans doute la seule vraie réponse : jouir de ce monde si beau ! Khenty, la vie est un cadeau merveilleux !

Par les dieux, que j'aimais mon frère ! Rien ne pouvait résister à son enthousiasme. À un âge où beaucoup d'hommes sont déjà usés par la maladie et aigris par les désillusions, il conservait la foi qui l'animait lorsqu'il avait vingt ans et qu'il rêvait de prouver que la terre était une sphère suspendue au milieu du ciel. Les années lui avaient seulement apporté la sagesse qui lui manquait alors, mais son regard si particulier restait celui d'un enfant.

J'aurais aimé que cette période de bonheur et de paix se prolongeât indéfiniment, mais, un jour, une nouvelle menace apparut en Anahuac.

29

Cela faisait à présent dix années que nous étions installés au Pays du Caoutchouc. La plupart de nos compagnons avaient élu domicile à Lo-Ren, abandonnant peu à peu la Cité des Vents. Seuls quelques charpentiers et menuisiers demeuraient sur place pour entretenir les navires.

Meren-Maât assumait pleinement sa charge royale. Il régnait avec justice et clairvoyance, et jamais les Olmèques n'avaient regretté leur choix. Parfois, la mer lui manquait. Alors, sous prétexte de conserver la flotte en état, il organisait une expédition jusqu'à l'une ou l'autre des îles découvertes par Hirabaal lors de ses voyages. Mais cela ne durait jamais très longtemps.

En huit ans, Isah-Bel avait donné trois enfants à Meren-Maât. L'aîné, K'in-Hotep, promettait de devenir aussi grand et fort que lui. S'il avait gardé les cheveux noirs de sa mère, son visage s'éclairait d'un regard d'un bleu turquoise hérité de son père. Deux filles, Menihuan et Serenout, étaient nées ensuite, dont l'une arborait une crinière aussi rousse que la barbe de son père, et l'autre la chevelure sombre de sa maman. De son côté, Edna avait donné deux autres enfants à mon frère, un garçon et une fille.

Quant à moi, j'avais tout lieu de m'enorgueillir de ma descendance. Après Moraka, Letihuacan avait encore mis au monde deux garçons et deux filles, tous aussi beaux les uns que les autres. Mon rôle de père m'avait fait découvrir un sens nouveau à la vie. Pour mes enfants, j'étais prêt à affronter tous les spectres et les démons qui auraient eu la mauvaise idée de venir troubler ma quiétude.

En prévision d'une éventuelle agression, j'entretenais une phalange de gardes. Pourtant, contrairement à ce que j'avais craint, le mystérieux fauteur de troubles n'était jamais revenu nous hanter. Au fil des ans j'avais fini par penser qu'il avait péri.

Hamel avait oublié de vieillir. Il avait dépassé les quatre-vingts ans, mais il restait vert, et continuait à s'intéresser à tout avec l'enthousiasme d'un enfant. Sa peau s'était racornie, desséchée comme un vieux papyrus, et il mangeait comme un oiseau. Meren-Maât lui avait fait bâtir une maison dans la ville haute, où il vivait en compagnie de deux femmes olmèques qui n'étaient plus tout à fait jeunes, mais qu'il continuait d'honorer régulièrement, à ce qu'affirmaient ses voisins avec un sourire amusé. Il avait même, avec une de ses femmes, eu un fils auquel il avait entrepris d'enseigner ses connaissances. L'éventualité de sa mort ne l'effleurait jamais, et il continuait à faire des projets, comme s'il avait encore eu vingt ans.

Seule la marche lui devenait pénible, ce qui lui avait interdit de nous accompagner dans nos voyages. Il pestait assez lorsque nous partions. Nous n'étions jamais sûrs de le retrouver au retour, mais il était toujours là, assoiffé de réponses.

Notre palais de la ville haute s'était agrandi pour accueillir les enfants. Letihuacan et moi vivions dans un grand appartement que mon frère avait fait construire dans le prolongement des siens, et que j'occupe toujours au crépuscule de ma vie. C'est dans la grande salle, aujourd'hui désertée par mes héritiers, que j'écris, jour après jour, ce récit, en essayant de ne pas mélanger les souvenirs. L'une des chambres abritait les nuits que je partageais avec ma jeune épouse. L'autre logeait les enfants résultant de ces nuits mouvementées. Des fenêtres donnaient sur la cour et le jardin orné de fleurs et d'arbustes. Parfois, mes yeux usés croient apercevoir un fantôme oublié, le visage d'un ami disparu, olmèque, égyptien, cananéen, ou autre. Alors, je me lève, aussi vite que me le permettent mes vieilles jambes, et je tente de héler l'apparition. Mais la silhouette se dilue dans les brumes du souvenir et les larmes qui me brûlent les yeux.

Parfois, je me dis que ce que je fais est inutile, car personne ne lira ces signes sacrés, mais l'écriture est pour moi la seule manière de faire revivre ces visages emportés par le temps. J'ai tellement aimé cette vie et les compagnons qui l'ont partagée que je veux leur rendre cet ultime hommage, afin qu'il reste quelque chose d'eux lorsque mes os ne seront plus que poussière.

Au début de l'année, Hirabaal était parti une nouvelle fois à la recherche d'un passage qui permettrait de regagner l'Égypte. Son expédition avait cette fois duré deux mois de plus que les autres, et Meren-Maât commençait à s'inquiéter lorsque, un matin, les sentinelles signalèrent son bateau. Prévenue par les Bâtons à vent, la ville entière se porta sur le port pour accueillir les arrivants. Avant même d'avoir mis pied à terre, le capitaine cananéen nous adressa de grands signes de victoire.

– Il a réussi ! s'exclama Meren-Maât.

L'équipage débarqua dans la confusion la plus totale. Les Olmèques, toujours badauds, voulaient eux aussi tout apprendre du voyage. Ce ne fut que dans la soirée, lorsque la fièvre des retrouvailles fut retombée, qu'Hirabaal put nous conter ses aventures.

– La route existe, Seigneur ! Un courant puissant qui repart vers l'est. Il m'a fallu naviguer pendant plus de cinq mois pour le trouver.

À cause de l'aventure des Hommes rouges, Hirabaal estimait qu'un éventuel itinéraire de retour se situerait vers le nord, il avait plusieurs fois longé la côte en direction du septentrion. Il avait ainsi découvert les immenses plages bordées de hautes montagnes qui prolongeaient le pays d'Anahuac. Puis la côte suivait de mornes étendues marécageuses. Il avait tenté à maintes reprises de trouver un passage en pénétrant dans des lagunes si vastes qu'on n'en distinguait pas les rives. Il avait failli s'échouer sur des bancs de sable perfides. Mais il n'avait jamais trouvé ce passage. À quelques jours de navigation, la côte s'orientait vers l'est. Plus loin, il avait rencontré un fleuve tellement large qu'il pensait avoir affaire à une mer intérieure. Comme le Nil, ce fleuve mystérieux connaissait des crues phénoménales, qui recouvraient les rives sur plusieurs milles. Il avait ainsi navigué au-dessus d'une plaine plantée d'arbres. Comme la décrue s'amorçait, il avait bien vite manœuvré pour sortir de ce piège, et avait failli se retrouver échoué. Au-delà, l'océan longeait d'interminables marais. Puis la côte obliquait vers le sud, sans que le paysage se modifiât. L'horizon demeurait immuablement plat, sans le moindre relief.

– On se croirait à la frontière de deux océans, Seigneur, l'un d'eau, l'autre de végétation et de boue. Lors de mon précédent voyage, j'avais fini par abandonner ces rivages orientés au sud, car je redoutais de retomber sur le courant qui nous avait amenés en Anahuac.

J'étais persuadé qu'il existait un passage vers le nord, qui menait au pays des Hommes rouges. Cette fois non plus, je ne l'ai pas trouvé. Cela faisait plus de quatre mois que nous étions partis, et je ne savais plus vraiment où j'étais, ni quelle distance j'avais pu parcourir. J'ai encore failli renoncer, et ordonner de prendre la route du retour. Mais quelque chose me poussait à continuer. Si les Hommes rouges avaient découvert une route menant vers les Cassitérides, nous devions pouvoir la trouver aussi.

« En désespoir de cause, et contre toute logique, j'ai décidé de longer les terres du sud, pour savoir jusqu'où elles me mèneraient. Le découragement commençait à nous gagner, car les vents étaient défavorables, et, certains jours, nous n'avancions presque pas. J'avais parfois envie de mettre le cap sur la haute mer, mais je craignais, si je m'écartais de la côte, de me perdre définitivement et de ne plus pouvoir retrouver la route de Lo-Ren. Ces régions sont très peu peuplées. Les rares tribus qui y vivent sont encore plus arriérées que les Ciboneys. Nous avons eu les pires difficultés à trouver de l'eau douce. Là-bas, tout est saumâtre, imbuvable. Trois de mes marins sont morts de mauvaises fièvres. Heureusement, les fruits sont abondants.

« Et puis un jour, les étoiles m'ont dit que nous faisions de nouveau route vers l'est. Plus loin, la côte remontait vers le nord. Les neters m'avaient exaucé. Je les ai remerciés à genoux, Seigneur. Je sentais quelque chose de différent dans l'air. Alors, poussé par l'intuition, j'ai mis le cap sur le large. À deux jours seulement de navigation, j'ai découvert de nouveaux îlots ressemblant à celui sur lequel nous avons débarqué à notre arrivée. Il me fallait donc poursuivre ma route vers le nord si je ne voulais pas retrouver le courant qui nous avait amenés. J'ai longé l'archipel et, à peine l'avais-je dépassé que je rencontrai un autre courant qui remontait vers le nord-est. Je suis sûr que ce courant-là nous guidera vers la Méditerranée, Seigneur. Il est terriblement puissant ; nous avons dû lutter pour ne pas être emportés. C'est probablement lui qui a poussé les Hommes rouges jusqu'aux Cassitérides.

– Et peut-être n'étais-tu pas très loin du pays de Celui-qui-parle-avec-la-Lune... dit Meren-Maât.

– C'est possible, Seigneur. Mais il fait encore très chaud dans cette région. Leur pays doit se situer bien plus loin vers le nord. Cette île est sans limite. Il m'a fallu près de six mois pour arriver à découvrir ce courant. Pendant tout ce temps, je n'ai fait que longer des côtes, franchir l'embouchure de fleuves aussi puissants que le Nil. Après avoir vu ce que j'ai vu, je pense que ce pays est plus grand que la Libye et l'Asie réunie [1].

De son périple, il rapportait un trésor inépuisable de souvenirs, d'anecdotes, qu'il prit plaisir à nous conter. Les Olmèques l'écoutaient bouche bée. Jamais il ne leur était venu à l'idée d'entreprendre une telle expédition. Mais il faut dire que leurs navires se limitaient à des barques de pêche et à des radeaux.

En revanche, un cruel dilemme se posait à Meren-Maât. Pendant ces dernières années, l'éventualité du retour ne l'avait guère préoccupé. La découverte des terres immenses d'Anahuac occupait trop son esprit. Et surtout, le voyage en Égypte restait une abstraction tant que la route n'en était pas trouvée. Mais le périple d'Hirabaal avait bouleversé tout cela. S'il ne s'était pas trompé, le Double-Royaume n'était plus inaccessible. Mon frère se rendait plus souvent à la Cité des Vents, où sommeillaient nos navires. Il passait de longues heures à les étudier, à vérifier qu'ils étaient en bon état. De ce côté-là, il n'y avait rien à craindre. Les charpentiers s'acquittaient parfaitement de leur tâche. Parfois, il descendait jusqu'à l'embouchure du Coatzal et restait sur la grève à observer l'océan, à humer ses parfums, à regarder les vols majestueux des aigles de mer et des albatros.

– Je ne sais que faire, mon Khenty. Ma vie est ici désormais. Tu avais raison : je suis devenu un Olmèque. Mes enfants sont nés en Anahuac.

– Tu es notre roi, mon frère. Les Olmèques et nous ne formons plus qu'un seul peuple. Dans quelques générations, qui se souviendra que nous sommes arrivés d'un autre monde ? La seule trace que nous laisserons, ce sont des couleurs de peau différentes, mais qui s'en souciera ?

– Je ne peux pourtant pas laisser la reine Hatchepsout sans nouvelles. C'est grâce à elle que nous avons accompli cet exploit.

– Grâce surtout à ton obstination et aux navires que tu as conçus. Mais tu dis vrai : elle nous a aidés. Si tu souhaites qu'elle connaisse le résultat de notre voyage, demande à Hirabaal de retourner en

1. Ainsi Platon définissait-il l'Atlantide.

Égypte. Amonisfet le secondera. Cela fait suffisamment longtemps qu'il nous harcèle à ce sujet. Les marins qui désirent rentrer au pays profiteront de l'occasion.

– Il faut que j'y réfléchisse encore.

Pour la première fois de sa vie, il hésitait. Il craignait, s'il laissait partir les navires sans lui, de le regretter. Après tout, rien ne l'empêchait de partir, et de revenir plus tard. Il connaissait désormais la route à suivre. Mais il lui coûtait d'abandonner son royaume, ses deux épouses et ses enfants.

Un jour enfin, il prit sa décision : il resterait en Anahuac. Hirabaal porterait son message à la reine Hatchepsout. Sollicité, le capitaine cananéen accepta de diriger l'expédition. Amonisfet ne se fit pas prier, lui non plus, pour repartir. Meren-Maât commença à préparer la traversée, étudiant avec Hirabaal les détails de la route consignés dans le guide de navigation, qui gardait une trace précise de tous les incidents, les repères, toutes les informations utiles.

– Il doit être possible de diviser au moins par trois le temps nécessaire pour atteindre la région du courant, affirmait Hirabaal. Les marais et les fleuves m'ont beaucoup retardé. En longeant la côte à bonne distance, nous éviterons cet inconvénient.

Quelques jours après le retour d'Hirabaal, Meren-Maât quittait Lo-Ren pour Cerros, une petite cité située au nord, au pied des montagnes. Depuis plusieurs années, son gouverneur se plaignait de la disparition régulière de jeunes gens et de jeunes filles, parfois d'enfants. Longtemps, il avait mis ces disparitions sur le compte des jaguars, très nombreux dans la région. Il avait organisé des battues, tué nombre de fauves, en vain. La forêt avait continué à prélever son tribut de vies humaines. Et puis, des chasseurs avaient découvert les restes d'une jeune femme. Elle avait la tête tranchée, et quelqu'un lui avait ouvert la poitrine pour en extraire le cœur. Il ne pouvait en aucun cas s'agir de l'acte d'un animal, mais d'une immolation rituelle. Le gouverneur avait alors envoyé un messager à mon frère pour lui faire part de ses craintes. Il était persuadé qu'une tribu hostile, pratiquant les sacrifices humains, s'était installée dans la région.

En son absence, Meren-Maât me confia la responsabilité de Lo-Ren. Il était parti depuis trois jours lorsque se produisit le premier malheur.

L'après-midi était doux, l'air parfumé, et une brise tiède m'apportait les parfums légers de la plaine. J'avais déjà pris cette habitude que je conserve encore aujourd'hui de paresser en lisière du plateau, à un endroit d'où l'on domine la ville basse et le port. De la cité montaient des rires d'enfants, les appels des artisans et des pêcheurs. Au loin, je distinguais les paysans travaillant dans les plantations.

Au fond, j'étais ravi de ne pas retourner en Égypte. Il subsistait en moi un vague regret de ne jamais revoir Kemit, mais je préférais rester en Anahuac. La vie y était agréable, et chacun ici me considérait comme un personnage important. À Ouaset, je redeviendrais un esclave, et cette perspective ne m'enchantait guère.

Soudain, un hurlement épouvantable retentit. L'instant d'après, Ragnar, dont les cheveux commençaient à grisonner, vint me chercher, le visage bouleversé :

– Khenty ! Il faut que tu viennes ! Il se passe quelque chose d'horrible sur l'esplanade des temples. Un homme brûle comme une torche.

30

Lorsque nous arrivâmes sur les lieux, un attroupement se formait, qui s'écarta pour nous laisser passer. Au centre de la place, un homme était la proie des flammes. La chaleur était telle qu'il nous fut impossible d'approcher. La puanteur qui m'avait déjà assailli lors du suicide de Metzaco, huit ans auparavant, m'envahit de nouveau, écœurante. Tout à coup, le cadavre carbonisé s'écroula sur le sol dans une position grotesque. Autour, les visages étaient marqués par l'horreur. Certains avaient apporté de l'eau, mais il n'y avait rien à faire.

– Un homme ne peut pas brûler comme ça ! éclatai-je. Quelqu'un a-t-il vu ce qui s'est passé ?

– Oui ! répondit K'ayoum, un jeune prêtre au teint blême. Cet homme est arrivé en fin de matinée. Je ne le connaissais pas, mais je ne m'en suis pas inquiété, car il y a beaucoup de visiteurs à Lo-Ren. Il m'a intrigué, parce qu'il me paraissait très nerveux. Il portait une grosse gourde en vessie de pécari et un sac en bandoulière. Il a erré longtemps entre les temples. On aurait dit... qu'il cherchait quelque chose. Sa démarche était bizarre, comme celle d'un homme qui a mâché des feuilles de coca. Je l'ai revu après le repas. Il était là, près du temple de Tlaloc, le dieu de la Pluie. Soudain, tout a été très vite. Il a sorti du sac une pierre plate qu'il a déposée sur le sol. Ensuite, il a déversé le contenu de la gourde sur lui, et il a sorti de l'étoupe et du silex. Je ne comprenais pas ce qu'il voulait faire. Et tout à coup, ses vêtements se sont embrasés. Il a poussé un hurlement horrible, et il s'est transformé en torche.

Fasciné par le spectacle effrayant, je n'avais pas remarqué la tablette de schiste déposée près de lui. Hualco s'en empara. Des signes sacrés olmèques étaient gravés sur l'une des faces. Le visage de mon ami pâlit. Il me regarda et s'approcha.

– C'est impossible, dit-il.

– Quoi ? Qu'y a-t-il d'inscrit ?

– La pierre dit : "Les Olmèques ont accueilli les démons étrangers. Ils ont bafoué les dieux en choisissant leur roi parmi eux et en refusant de leur faire des sacrifices. Leur colère est terrible, et leur malédiction va tomber sur Anahuac et sur tous ceux qui s'y trouvent. Bientôt, des cataclysmes épouvantables s'abattront sur le Pays du Caoutchouc, et le malheur frappera ceux qui autrefois ont négligé de m'écouter. L'heure de ma vengeance est venue."

– Qui a pu écrire un message pareil ?

– Il y a un nom à la fin du texte, murmura Hualco d'une voix blanche.

– Lequel ?

– Metzaco !

Je restai un instant abasourdi. La menace que ce sinistre personnage avait gravé sur une pierre au moment de son suicide me revint.

– C'est invraisemblable ! m'exclamai-je, il est mort il y a plus de huit ans.

Hualco regarda le cadavre grésillant et dit :

– Pourtant, c'est bien le nom qui est gravé.

– Qu'est-ce que cela veut dire ?

– Je l'ignore. Mais cet inconnu est mort par le feu, comme Metzaco. Et je redoute le pire, car c'est peut-être son esprit qui se manifeste.

La nouvelle du drame se répandit à la vitesse de l'ouragan. Pendant les jours qui suivirent, une angoisse insidieuse s'installa dans Lo-Ren, corrodant les esprits, instillant la méfiance et la peur, détériorant les relations instaurées avec patience par Meren-Maât. Je regrettais vivement son absence. Lui aurait su faire face aux difficultés engendrées par le suicide de cet inconnu. J'en étais incapable. Depuis toujours, j'avais craint les fantômes, sur lesquels ma mère me contait autrefois des histoires à faire dresser les cheveux sur la tête. Elle disait que certains sorciers, en Nubie, possédaient le pouvoir de les faire revenir de l'Empire des morts. Ils les faisaient sortir des tombes, et on les voyait marcher, le visage dévoré par les vers.

Au bout de huit ans, le spectre de Metzaco devait être abominable, et je priais Amon, Ptah et Horus de l'écarter de mon chemin. Pourtant, il me fallait dissimuler l'angoisse qui me rongeait les entrailles. En l'absence de Meren-Maât, j'assumais ses fonctions en compagnie d'Isah-Bel, et chacun se tournait vers moi. Si les hommes plaisantaient et parlaient plus fort pour masquer leur crainte, les femmes ne cachaient pas leur peur. Craignant de voir surgir un fantôme hideux détruit par les flammes, Letihuacan avait interdit aux enfants de quitter la demeure.

J'aurais voulu trouver une explication à cette énigme, mais je n'en avais pas. La mort ignominieuse de l'inconnu avait frappé les esprits. Je ne pouvais m'empêcher de penser au mystérieux personnage qui avait déclenché la guerre avec le Peuple des Nuages, et qui avait totalement disparu depuis cette époque. Une obscure intuition me soufflait que tout cela était lié, mais j'étais incapable d'en comprendre la raison.

Je n'étais pas le seul à redouter les fantômes. Le nom de Metzaco, mort dans l'incendie du temple de Tlaloc huit ans auparavant, avait frappé les imaginations. Il ne faisait aucun doute que son spectre était revenu pour se venger. Déjà, certains Olmèques se détournaient de nous. Il s'agissait pour la plupart des pêcheurs, beaucoup plus sujets aux craintes superstitieuses que les autres. Quelques drames conjugaux éclatèrent. Encouragées par leur famille, des femmes quittèrent les marins qu'elles avaient épousés. Je dus user de toute ma diplomatie pour calmer les esprits bouleversés.

Le soir, avant de m'allonger près de ma douce Letihuacan, je faisais trois fois le tour de la maison pour m'assurer qu'aucun fantôme ne hantait les lieux. J'avais fait doubler la garde. Ma compagne, pourtant toujours friande d'ébats nocturnes, se blottissait contre moi en tremblant. Elle avait fait porter les couches des enfants dans la chambre, afin de pouvoir les protéger le cas échéant. Le fantôme avait tout intérêt à éviter de s'attaquer aux petits, car elle oublierait alors toute frayeur et bondirait sur lui comme une véritable panthère.

La vengeance du spectre se manifesta trois nuits plus tard.

Dans la journée déjà, la tension s'était encore accrue, lorsque des chasseurs nous avaient rapporté qu'ils avaient vu des hordes impressionnantes d'animaux fuir en tous sens, comme s'ils étaient frappés de folie. Vers la fin de l'après-midi, les chiens de la cité s'étaient mis à hurler à la mort, tandis que les lamas, dindons et autres animaux domestiques s'agitaient de façon désordonnée et tentaient de s'enfuir. Je scrutai le ciel, redoutant de voir se former une tempête soudaine et effrayante. Mais il restait immuablement bleu.

Était-ce dû à cette tension inexplicable, ou à autre chose, j'avais la sensation que l'air lui-même devenait plus épais. Le soir, lorsque je me couchai, j'eus l'impression d'étouffer. Il me fut impossible de fermer l'œil pendant une bonne partie de la nuit. Mes enfants eux-mêmes, qui, d'ordinaire épuisés par les jeux, s'endormaient dès qu'ils étaient allongés, gardèrent les yeux ouverts, observant un silence angoissé, guettant le moindre bruit suspect. J'aurais voulu les rassurer, au moins leur dire ce qui risquait de se passer. J'en étais incapable, je l'ignorais moi-même.

Finalement, dans la seconde partie de la nuit, le sommeil finit par me gagner, peuplé de cauchemars où j'avais l'impression que des falaises, des murs, des bâtiments immenses s'écroulaient sur moi, m'empêchant de respirer. Puis il y eut un gémissement lointain, et je m'éveillai, trempé de sueur. Le gémissement n'était autre que les pleurs de ma plus jeune fille. Sa mère la prit dans notre lit pour la rassurer. Mais il se passait autre chose. Un grondement sourd, presque inaudible, faisait vibrer mes entrailles. Aussitôt réveillés, les autres enfants se mirent à pleurer, et je vis que Letihuacan, affolée, faisait des efforts pour ne pas les imiter. L'espace d'un instant, l'histoire de Thalos, le vieux Crétois des îles de la Fortune, me revint à l'esprit, et je redoutai qu'un cataclysme épouvantable n'engloutît Anahuac sans que nous ayons le temps de fuir. Soudain, le sol se mit à trembler et les murs chancelèrent. Au dehors, les chiens avaient redoublé leurs hurlements. Des cris de terreur éclataient un peu partout. Mû par l'instinct de survie, je décidai de sortir de la maison. Nous prîmes les enfants dans nos bras et nous précipitâmes dans la rue. Une foule hébétée se formait. Le sol continuait de vibrer. Il était difficile de se maintenir debout. Comme dans mes cauchemars, les demeures vacillaient, des murs se fendillaient. Au loin, le poteau de Tlachti s'écroula. Des craquements, des chuintements, des tintements insolites retentissaient un peu partout, provoqués par la chute d'objets. Je ne saurais dire combien de temps dura ce phénomène d'apocalypse.

Puis tout s'arrêta aussi subitement que cela avait commencé. Le grondement sourd et les bruits laissèrent la place à un silence épais. Les animaux s'étaient tus. Les hommes, abasourdis, erraient dans les rues, étonnés d'être encore en vie. Je poussai un immense soupir de soulagement. Ce n'était qu'un tremblement de terre. En Égypte, nous y étions accoutumés. Parfois, ils provoquaient des dégâts importants. Mais apparemment, Lo-Ren avait peu souffert. Seules quelques maisons s'étaient écroulées. Nous en avions été quittes pour la peur. Bien sûr, d'autres secousses risquaient d'avoir lieu, mais elles seraient sans doute moins violentes.

Je pensai que tout allait rentrer dans l'ordre. Malheureusement, certains Olmèques avaient fait le rapprochement entre le tremblement de terre et la malédiction jetée par le spectre de Metzaco. Le lendemain, alors que tout danger était écarté, un mouvement de foule se forma dans la ville basse, autour de notre petit village. Dans la ville haute, une fraction de la population menée par Pezcatl avait pris les armes. Elle cerna notre demeure, devant laquelle nos gardes s'étaient regroupés. Hualco, qui s'était interposé, fut pris à partie par les prêtres belliqueux.

– Le messager avait raison, clamait Pezcatl. Les étrangers ont apporté le malheur et la destruction sur Lo-Ren. Regardez vos maisons détruites. Mais ce n'est pas tout : souvenez-vous des combats contre les Mixtèques. Quetzalcoatl a voulu endormir votre méfiance. Il doit abdiquer et partir définitivement.

– Ce n'était qu'un tremblement de terre, tonna Hualco. Ce n'est pas la première fois que la ville est touchée par ce genre de cataclysme. Il y en a eu bien avant l'arrivée des Égyptiens, et celui-ci n'était pas très puissant.

– Silence, Hualco ! gronda Pezcatl. Tu es leur complice ! Tu as renié nos dieux !

La majorité de la population restait à l'écart, visiblement embarrassée par ce qui se passait. Elle observait la plus stricte neutralité, et je sentais qu'elle n'interviendrait pas si les excités nous agressaient. En huit années, la popularité de Meren-Maât ne s'était jamais démentie. Mais peut-être mon frère avait-il eu tort de conserver leur pouvoir aux prêtres. Ceux-ci n'avaient jamais oublié l'humiliation subie à cause de l'interdiction des sacrifices humains. Ils ruminaient leur revanche depuis cette époque et sautaient à présent sur l'occasion pour faire valoir leurs revendications avec la dernière virulence. Je maudis Pezcatl et sa haine stupide. Mes soldats étaient bien armés, mais les assaillants bénéficiaient de l'avantage du nombre et nous n'avions pas envie de nous battre contre eux.

Tout à coup, il y eut un nouveau mouvement de foule. Lentement, comme à regret, les exaltés s'écartèrent, livrant passage à Meren-Maât. Une joie immense m'envahit. Puisque mon frère était de retour, il allait sauver la situation.

– Que se passe-t-il ici ? demanda-t-il.

Pezcatl l'apostropha sèchement :

– Écoute-moi, ô roi Quetzalcoatl ! À cause de toi, le malheur s'est abattu sur Lo-Ren. L'esprit de Metzaco nous a envoyé un messager pour nous avertir qu'un cataclysme effroyable allait frapper Anahuac, et, cette nuit, la terre a tremblé. Nous voulons que tu renonces à ta souveraineté, pour éviter que la colère des dieux ne s'abatte de nouveau sur nous.

– Il y a eu également un tremblement de terre à Cerros, répondit Meren-Maât sans se départir de son calme. Mais il était très faible. Ici aussi, à ce que je vois. Il y a eu quelques dommages, mais apparemment la ville est toujours debout.

– L'esprit de Metzaco nous avait avertis. Il exige ton départ.

– J'ai bien compris ! Comment avez-vous été alertés ?

– Je te l'ai dit : un messager s'est présenté il y a quelques jours, porteur d'une pierre sur laquelle était gravé ses ordres.

– Qu'est-il devenu, ce messager ?

– Il s'est immolé par le feu, pour rejoindre les dieux qui l'avaient envoyé.

– Nous avons vécu le même événement à Cerros. Un homme a transmis un message gravé sur une pierre, puis il a enduit ses vêtements de poix avant d'y mettre le feu.

– Alors, tu le savais, ô Esprit du jaguar ! La volonté des dieux est claire ! Ils désirent que tu partes !

– Es-tu bien sûr que ce soient les dieux, Pezcatl ? Cela fait à présent dix années que nous vivons parmi vous, et je ne pense pas que votre peuple ait eu à se plaindre du mien. Nos guerriers ont épousé vos filles, et leurs enfants ont agrandi la puissante nation olmèque. Vous n'avez pas subi de famine depuis notre arrivée. Ensemble, nous avons remporté une victoire sur le Peuple des Nuages, dont vous n'avez plus à craindre les attaques, car j'ai su en faire un allié. Lorsque Huwan-Tlaloc est mort sans descendance, vous m'avez demandé de devenir votre roi, et j'ai accepté. Ne crois-tu pas que, si les dieux s'étaient irrités de votre choix, ils auraient fait connaître leur volonté plus tôt, par exemple en détruisant les récoltes et le gibier ?

Pezcatl resta un moment désarçonné par la justesse de l'argument. Puis il fixa mon frère d'un regard chargé de haine et répliqua :

– Les dieux interviennent quand ils le souhaitent ! Comment expliques-tu le cataclysme qui a frappé Lo-Ren ?

– Très simplement ! À Cerros, des voyageurs venus du nord nous ont prévenus que le Vieux Dieu du Feu était sur le point de manifester sa colère. Des fumées épaisses s'échappaient du cratère des volcans. Les habitants de ces contrées savent qu'il faut fuir les villages trop exposés, qui risquent d'être engloutis par des rivières incandescentes. Mais ils savent aussi que ces éruptions engendrent des tremblements de terre. Il ne faut pas être sorcier pour en faire la prédiction. En Égypte, il y a aussi des séismes.

– Tu mens ! Dans ce cas, explique-moi d'où viennent ces hommes porteurs du message de Metzaco ! riposta Pezcatl.

– En effet, il est bien surprenant de voir des inconnus annoncer la colère des dieux au moment même où l'on sait qu'un tremblement de terre va avoir lieu. Il est facile alors de frapper les imaginations en envoyant des hommes qui, après avoir délivré leur message, s'immolent par le feu pour éviter d'avoir à répondre aux questions. Aussi, j'affirme aujourd'hui que quelqu'un s'est servi de la mort de Metzaco pour tenter de dresser les Olmèques contre les Égyptiens.

– Ces hommes étaient envoyés par les dieux ! s'égosilla Pezcatl.

– Les dieux n'ont rien à voir avec ces messagers !

– Ils sont les serviteurs de Metzaco. Metzaco est devenu un esprit très puissant !

– Alors, je lui jette un défi, explosa Meren-Maât. Si Metzaco est devenu un esprit aussi fort que tu le dis, qu'il le prouve en venant me combattre ici, maintenant !

Les murmures firent place aux gémissements affolés. Des regards épouvantés scrutèrent les alentours comme si le spectre furieux du prêtre mort allait surgir tout à coup. Mais rien ne se produisit. J'étais partagé entre la peur et une paradoxale envie de rire. Mon frère avait toujours aimé défier les dieux. Enfin, plus précisément, ceux qu'il appelait les faux dieux. Et, dans le cas présent, l'absence de réaction lui donnait raison. Un silence lourd de menace s'appesantit sur la foule. Meren-Maât le brisa de sa voix profonde.

– Eh bien, j'attends !

Puis il revint à Pezcatl.

– Tu vois, l'esprit de Metzaco ne se manifeste pas !

– Il se manifestera d'une manière que tu ne peux imaginer. Et ce jour-là, tu trembleras, et tu regretteras de l'avoir provoqué !

Meren-Maât marcha soudain sur le grand prêtre et tonna :

– Ce jour-là, il devra combattre Quetzalcoatl, celui qui a vaincu Tezcatlipoca, le dieu jaguar ! Metzaco me détestait parce que je m'étais opposé aux sacrifices humains. Toi aussi, tu me hais, Pezcatl, pour la même raison. Mais tu me hais surtout parce que j'ai affaibli ton pouvoir. Vos souverains eux-mêmes, le grand Topohatloc et son fils Huwan-Tlaloc, ont interdit cette pratique cruelle et imbécile. Depuis huit ans, j'ai essayé d'effacer ta rancune ; j'ai tenté d'établir avec toi des liens d'estime sinon d'amitié. Tu les as toujours rejetés, et tu as préféré t'isoler avec tes semblables. Tu es prêt à tout pour me voir quitter Lo-Ren. Tu pourrais ainsi retrouver l'influence néfaste que tu avais autrefois sur son peuple.

Il écarta les bras et s'adressa à la foule.

– Écoutez-moi tous ! Il y a huit ans, le sage Mahatlazol m'avait prévenu qu'un ennemi impitoyable luttait contre moi dans l'ombre. Il s'est rangé à mes côtés lorsque j'ai incité le roi Topohatloc à interdire les sacrifices humains. Il a été assassiné et son meurtrier n'a jamais été retrouvé. Peu de temps après, un mystérieux inconnu s'est rendu chez les Mixtèques pour provoquer une guerre entre les deux nations. Cet homme a lui aussi disparu, après la défaite du Peuple des Nuages. Pendant huit ans, il ne s'est pas manifesté. Peut-être est-il mort. Mais rien n'est moins sûr. Et j'affirme aujourd'hui qu'il a un rapport avec ces messagers. Quelqu'un a utilisé le nom de Metzaco pour semer la terreur. Ce scélérat a formé des êtres fanatisés, chargés de porter des messages trompeurs, destinés à dresser les Olmèques contre les Égyptiens. Ces messagers étaient sans doute imprégnés de coca, la plante qui annihile la volonté. Ils se sont donné la mort parce qu'ils en avaient reçu l'ordre. On voulait les empêcher de parler, de peur qu'ils ne révèlent le nom de celui qui les avait envoyés.

Il se tourna brusquement vers le grand prêtre.

– N'aurais-tu pas une idée sur l'identité de notre ennemi, Pezcatl ?

– Comment voudrais-tu que j'avale tes mensonges ? Ce n'est pas moi qui ai envoyé ces hommes, et le dieu jaguar Tezcatlipoca sait que la vérité sort de ma bouche.

Meren-Maât se planta devant lui.

– Je te crois, Pezcatl, dit-il d'une voix lourde de menace. Car il y a une autre explication.

– Laquelle ?

– Le spectre de Metzaco ne peut se manifester pour la bonne raison que Metzaco lui-même est toujours vivant !

La stupéfaction s'abattit sur la foule. Qu'avait donc encore imaginé mon frère ? Pezcatl blêmit, puis bredouilla :

– Comment oses-tu ? Tu insultes son esprit.

– Silence ! tonna Meren-Maât. Il y a huit ans, nous avons retrouvé un cadavre calciné dans le temple de Tlaloc. Rien ne prouve qu'il s'agissait du sien. Il a très bien pu tuer un innocent pour faire croire à sa mort.

– C'est absurde ! s'exclama Pezcatl.

– Il a agi ainsi parce qu'il savait qu'il ne pourrait lutter ouvertement contre moi. Ensuite, il a quitté Lo-Ren. Mais quelqu'un l'a aperçu.

– Qui ?

– Mahatlazol, qu'il a assassiné, lui aussi, pour l'empêcher de parler.

– Tu es complètement fou !

– Ce n'est pas tout. Je t'ai soupçonné pendant longtemps d'avoir été à l'origine de la guerre contre le Peuple des Nuages. Mais tu ne pouvais être le mystérieux inconnu qui a porté de fausses nouvelles aux Mixtèques, car à aucun moment tu n'as quitté la ville. De même, aucun de tes partisans ne possédait une personnalité assez forte pour se faire écouter des Mixtèques. Metzaco, lui, en était capable. Il a fui Lo-Ren avec un groupe de fanatiques et il a massacré une famille du Peuple des Nuages pour provoquer la guerre. Il espérait sans doute me faire porter la responsabilité de cette catastrophe. Tu n'agissais pas autrement de ton côté, Pezcatl.

– C'est faux !

– N'incitais-tu pas fermement le roi Huwan-Tlaloc à nous chasser ? Je pourrais en déduire que tu connaissais la vérité. Tu n'ignorais rien des projets de Metzaco, et tu les appuyais, à ta manière. Malheureusement, son plan a échoué. J'ai remporté la victoire, et je suis devenu votre roi. Son échec a été total, car il a été contraint de s'enfuir aussi du Pays des Nuages.

– Mensonges ! Mensonges ! hurla Pezcatl. Tout cela ne repose que sur des spéculations. Metzaco est mort.

– Je l'ai cru pendant huit ans, rétorqua Meren-Maât. Mais j'ai changé d'avis depuis mon dernier voyage à Cerros. Il s'est produit là-bas, depuis tout ce temps, un nombre élevé de disparitions. Il y a un mois, un groupe de chasseurs a découvert les restes d'une jeune femme dont on avait coupé la tête et ôté le cœur. Elle n'avait donc pas été tuée par un jaguar. Cette découverte signifie qu'il subsiste, dans les environs de Cerros, des monstres pratiquant le sacrifice humain. Et je suis persuadé que leur chef n'est autre que Metzaco. C'est lui qui a envoyé ces messagers.

Des murmures contradictoires agitèrent la foule.

– Qu'est-ce qui te permet d'affirmer tout cela ? grinça Pezcatl.

– Il a signé ses messages. Pour une raison encore inconnue, au bout de huit ans, il décide de ressortir de l'ombre et d'exercer ouvertement sa vengeance.

– C'est son esprit qui exprime sa volonté ! rétorqua le grand prêtre.

– Je ne crois pas à ce genre d'esprit, Pezcatl ! clama Meren-Maât.

Il pointa un doigt menaçant sur lui.

– Aussi, tu vas faire savoir à ton complice que j'ai dévoilé ses manœuvres criminelles, et que je n'aurai de repos que lorsqu'il sera démasqué et condamné !

Pezcatl recula, tremblant de rage.

– Tu n'as aucune preuve de ce que tu avances. Tu es fou !

Il s'adressa à la foule agitée par les révélations de Meren-Maât.

– Vous tous, prenez garde ! Vous avez tort de ne pas prendre ces menaces au sérieux. L'esprit de Metzaco se vengera ! Et ceux qui ont osé défier les dieux s'en repentiront. Les prêtres détiennent des pouvoirs que vous ignorez ! Vous viendrez implorer notre pitié !

Puis, sans attendre de réponse, il se dirigea vers les temples, suivi par une poignée de fidèles. La plupart de ses partisans, troublés par les paroles de mon frère, se dispersèrent, abasourdis.

Une fois de plus, Meren-Maât avait triomphé. Le soir, je le serrai dans mes bras avec affection.

– Tu es arrivé à temps, mon frère. J'ai bien cru que Pezcatl allait réussir à provoquer une bataille. Mais tu l'as vaincu.

– Ne nous réjouissons pas trop vite, Khenty. Rien n'est gagné. J'ai réussi à renouveler la confiance que les Olmèques m'accordaient. Mais l'apparition de ces fanatiques prouve que quelqu'un est déterminé à aller jusqu'au bout pour nous chasser.

– Est-ce que ce n'est pas Metzaco ?

– Je n'en ai aucune preuve. Le grand prêtre n'a pas tort : mon raisonnement ne repose que sur des hypothèses invérifiables. Il faudrait qu'il combatte à visage découvert. Mais il ne réapparaîtra que s'il triomphe et parvient à nous chasser. Le peuple lui sera alors de nouveau soumis. Dans le cas contraire, les Olmèques ne lui pardonneront pas ses manœuvres perfides et le tueront.

Il poussa un grand soupir.

– Je ne suis même pas sûr qu'il soit réellement encore en vie. Mais, de toute manière, quel que soit notre mystérieux ennemi, il existe bel et bien. Il est décidé à nous anéantir et il ne reculera devant rien pour parvenir à ses fins. Nous allons devoir redoubler de prudence.

Pezcatl observait un silence hautain et méprisant. La plupart du temps, il demeurait enfermé dans son temple. Lorsque Meren-Maât le demandait, il faisait répondre qu'il attendait dans la prière la manifestation de la colère divine. Mon frère n'insistait pas. Quelquefois, il se rendait, accompagné de ses partisans, sur le port. Ayant perdu son ascendant sur une grande majorité des nobles et des habitants de la ville basse, il veillait à le maintenir sur les pêcheurs, issus essentiellement du peuple de la jungle. Ces gens-là, que les autres appelaient « les mangeurs de singes », étaient très superstitieux, et redoutaient toujours les pouvoirs surnaturels des prêtres. Certains nous avaient même prévenus que le roi avait eu tort de le défier. Ils ne croyaient guère à la théorie de Meren-Maât. Pour eux, Metzaco était bien mort ; son spectre hantait Anahuac, et sa vengeance s'abattrait sur la ville un jour ou l'autre.

J'avais formé une phalange armée qui patrouillait sans cesse aux abords de la cité pour prévenir l'attaque de l'ennemi. Mais celui-ci ne se manifestait pas. Par précaution, je rendis une visite de courtoisie au roi des Mixtèques, en compagnie de Mineesakea, afin de connaître ses intentions. Avec les années, les vieilles rancœurs s'étaient quelque peu atténuées, et de timides relations commerciales avaient vu le jour. Il eût été prématuré d'affirmer que l'amitié naissait entre les deux nations, mais je ne décelai chez les Mixtèques aucun sentiment hostile. Au contraire, les échanges étaient souvent pratiqués par les Égyptiens avec lesquels, hormis la dernière bataille, il n'existait aucune haine ancestrale.

Pendant le mois qui suivit, il ne se passa rien. Je finis par penser que mon frère s'était peut-être trompé. Après une période d'angoisse, le souvenir du dramatique épisode du messager s'était effacé devant les soucis quotidiens. On s'inquiétait plus de la prochaine récolte et de la pêche que des menaces lancées par un fantôme. De plus, le tremblement de terre, malgré sa faible intensité, avait tout de même causé quelques dégâts, qu'il fallait réparer. Lo-Ren avait repris une activité complètement normale et débarrassée de ses angoisses. J'étais sûr que nous ne risquions plus rien, et j'avais diminué les patrouilles.

Malheureusement, j'avais tort, et je fus le premier à payer ma négligence.

31

Les Olmèques m'avaient surnommé « le Jaguar noir », ce qui me flattait beaucoup. J'avais tout d'abord pensé que cette appellation faisait directement référence à la couleur de ma peau, mais Hualco m'expliqua que l'on rencontrait parfois des jaguars dont la fourrure n'était pas jaune, mais d'un gris très foncé, parsemé de taches annelées noires. Ces animaux, extrêmement rares, étaient réputés pour abriter Kanank'ash, le dieu protecteur de la forêt.

– Kanank'ash est un esprit très puissant, mon ami, dit-il.

– Pourquoi m'avoir associé à lui ?

– Parce que toi aussi, tu veilles sur la forêt.

En fait, je devais ce surnom aux phalanges qui patrouillaient régulièrement autour de la cité, et que j'avais constituées. Il n'en fallait pas plus pour acquérir aux yeux des Olmèques une valeur symbolique. Ils redoutaient toujours les méfaits possibles de Metzaco, fantôme ou non, et la présence de mes guerriers les rassurait.

Pour concrétiser mon rôle et mon surnom, le maître des joailliers m'avait remis, au nom de la ville basse, un magnifique pectoral représentant un jaguar stylisé, fait de multiples pièces reliées par des nœuds métalliques et incrustées d'améthystes. Il était tellement large qu'il me protégeait la poitrine et le haut du dos. Ce joyau magnifique témoignait de l'affection qu'ils me portaient. Je l'arborais avec fierté lorsque je marchais dans les rues de Lo-Ren.

Je le portais aussi lors des parties de chasse. Ce fut ainsi qu'il me sauva la vie.

Ragnar et moi étions partis depuis l'aube, traquant une petite harde de cerfs qu'un patrouilleur avait repérée la veille. Le seul danger que nous avions à craindre était l'attaque sournoise d'un jaguar, mais ils ne s'aventuraient jamais trop près de la ville. Depuis plusieurs heures, nous pistions un cervidé mâle superbe, et, tout au plaisir de la chasse, je ne songeais plus du tout à notre mystérieux ennemi. Tout à coup, alors que j'avançais silencieusement, fixant ma proie avec attention, j'eus l'impression d'encaisser une série de violents coups de poing dans le dos et dans le cou. L'instant suivant, des douleurs fulgurantes me vrillèrent le corps. La respiration coupée, je me mis à tituber. Un goût de sang m'envahit la gorge ; je voulus crier, mais aucun son ne sortit de ma bouche. Une onde d'angoisse me parcourut. J'allais mourir là, dans cette forêt, parce qu'un ennemi trop lâche pour m'attaquer de face m'avait frappé par-derrière. Le visage de Letihuacan m'apparut. Je ne voulais pas périr sans l'avoir revue. Dans un effort surhumain, je parvins à aspirer un peu d'air, puis je tombai à genoux et vomit un liquide rougeâtre. Mes oreilles bourdonnaient étrangement. Autour de moi s'était déclenchée une agitation incompréhensible. Les silhouettes des Tjekerous hurlaient des mots dont je ne saisissais pas la signification, des hommes couraient en tous sens. Des ombres fugaces dansaient au loin, très loin dans l'épaisseur verte des arbres. Puis tout se troubla. Vaincu par la douleur, je sombrai dans l'inconscience.

Lorsque je revins à moi, je constatai avec stupéfaction que j'étais dans ma chambre. Je crus un instant que j'avais fait un cauchemar. Mais une angoissante et douloureuse sensation d'oppression me confirma que je n'avais pas rêvé. Ma petite Letihuacan était assise non loin de moi, les yeux rougis par les larmes. Une immense tristesse m'imprégna. Je n'aimais pas lui faire de la peine. Une bouffée de colère m'envahit, dirigée contre moi-même. Je m'étais laissé surprendre à cause de mon manque de vigilance. J'allais me relever, retourner dans la forêt pour anéantir ces lâches. Mais mon corps était lourd, trop lourd. Chaque inspiration me coûtait un effort épuisant. Par moments, un froid glacial me pénétrait, pénible, éreintant. Je voulus parler, mais une douleur vive me broyait le cou. Je ne comprenais pas ce qui m'arrivait : je ne pouvais plus émettre un son. Affolé, je m'agitai. Alertée, Letihuacan se porta aussitôt à mon secours. Elle me contempla avec stupeur, puis bondit hors de la chambre en hurlant.

– Il a ouvert les yeux !

Quelques instants plus tard, des visages apparurent : Meren-Maât, Hamel, Daraan, Edna, Isah-Bel, et d'autres que je ne distinguai pas très bien. Letihuacan me prit la main.

– Khenty ! Tu m'entends ?

Bien sûr que je l'entendais. J'aurais voulu le lui dire, mais j'avais l'impression qu'un carcan hérissé de pointes m'étranglait.

– Il a ouvert les yeux, mais il n'est peut-être pas encore conscient, dit la voix de Hamel.

Mais si, j'étais conscient ! Une onde de panique m'envahit. Que se passait-il ? Leurs regards inquiets, douloureux, me contemplaient, puis se détournaient. Je les vis échanger des paroles que je ne saisissais pas. Je tentai un effort surhumain pour me redresser, réagir, bouger, m'extraire de ce piège. Je ne réussis qu'à déclencher une souffrance violente. Désespéré, mes yeux accrochèrent ceux de Letihuacan. Elle me reprit la main.

– Ne t'agite pas ! murmura-t-elle. Je sais que tu m'entends. Tu as été gravement blessé. Ragnar et ses hommes t'ont ramené, mais tu avais perdu beaucoup de sang. Hamel et Daraan t'ont soigné. Tu vas guérir.

Mais les larmes qui coulaient sur ses joues démentaient son affirmation rassurante. Tout à coup, Meren-Maât se pencha vers elle et lui chuchota quelques mots. Sans doute pensait-il que je ne les comprendrais pas, mais j'entendis parfaitement ses paroles.

– Ne lui dis rien encore. Il lui faut beaucoup de repos. Il saura bien assez tôt la vérité.

La vérité ? Quelle vérité ? Une onde d'angoisse me parcourut à nouveau. Que refusaient-ils de me dire ? Je tentai d'étudier mon corps, pour vérifier s'il ne me manquait pas un bras ou une jambe. Mais, pour autant que je pouvais le deviner sous la couverture de poils de lama dont on m'avait recouvert, tout semblait en place. Je sentais mes doigts et mes orteils et, hormis la douleur rémanente de mon effort trop brusque, mon corps paraissait entier.

Ragnar et Amonisfet firent leur entrée. Constatant que j'étais réveillé, ils m'adressèrent des signes amicaux, puis entrèrent dans une discussion animée avec Meren-Maât. J'essayai d'en saisir quelques bribes. Mon frère leur fit signe de sortir, mais j'avais eu le temps de capter l'anxiété qui marquait leurs traits.

À présent, j'étais seul avec Letihuacan. Les deux médecins étaient ressortis, après m'avoir dit qu'ils reviendraient me voir le lendemain. Le visage épuisé de Hamel trahissait un surcroît de travail. S'était-il donc tant dépensé pour me sauver ? J'éprouvais une sensation bizarre. J'étais parti le matin même à la chasse, et je me retrouvais là, le soir venu, sans comprendre ce qui s'était passé entretemps, sinon que j'avais pris trois ou quatre flèches dans le dos. Et pourtant, cette image me semblait éloignée, comme si elle faisait partie d'une autre vie. Peut-être étais-je resté inconscient plus longtemps que je ne le pensais...

Mais pourquoi ces mines de conspirateurs ? Il se passait ici des choses mystérieuses, et j'avais le droit de savoir. Une nouvelle fois, je voulus parler à mon épouse. Je tentai d'ouvrir la bouche, d'émettre un son. Je ne réussis qu'à pousser un maigre gémissement qui l'alarma aussitôt.

– Repose-toi ! Hamel dit que tu dois dormir.

J'aurais aimé la prendre dans mes bras, mais je ne pouvais pas bouger, j'avais l'impression que je n'étais plus qu'une écorce vide de toute substance.

Des cauchemars hantaient mes nuits tourmentées. Des vagues de froid me traversaient le corps, fulgurantes, si violentes qu'elles en déclenchaient des nausées ; à d'autres moments, j'avais l'impression de baigner dans une tiédeur moite et écœurante. Quelquefois, j'étouffais de chaleur, et les couvertures collaient à ma peau ruisselante. Je dormais par intermittence, ignorant si c'était le jour ou la nuit. À chacun de mes réveils, Letihuacan était près de moi, elle m'épongeait le front, me faisait ingurgiter une nourriture que je ne parvenais pas à identifier, me lavait. Étais-je donc si faible que j'étais devenu incontinent ? De temps à autre apparaissait le visage de Hamel ou celui de Daraan. Ils me prodiguaient des soins, déclenchant des souffrances et des pertes de conscience.

Un matin enfin, la pénible sensation de froid mordant disparut. Une lumière bienfaisante coulait par la fenêtre, m'apportant des parfums agréables. Je me sentais beaucoup mieux. Des forces nouvelles coulaient dans mes muscles. Je fis un effort intense pour me redresser. J'eus l'impression qu'il me fallait soulever une montagne, mais je parvins à m'asseoir. J'étais seul. L'instant d'après, Letihuacan était près de moi, à la fois ravie et inquiète.

– Il faut te reposer !

– Je me suis assez reposé comme ça, tu ne crois pas ?

Une douleur brutale me scia la gorge lorsque je prononçai ces mots. J'avalai ma salive avec difficulté. Ma voix était déformée, rauque, cassée. Sans doute était-ce l'effet de la maladie. Letihuacan me contempla avec étonnement.

– Mais... tu parles ?

– Bien sûr que je parle !

La douleur revint, moins intense. Une joie immense avait envahi les traits de mon épouse.

– C'est merveilleux !

Elle me passa la main sur le cou. Ce fut seulement à ce moment que je constatai qu'un bandage l'enveloppait. Letihuacan se jeta dans mes bras.

– Oh, mon Khenty !

– Que s'est-il passé ? demandai-je, anxieux. Pourquoi es-tu si étonnée que je parle ?

Elle me contempla, hésita, puis se décida.

– Tu as été très gravement blessé, Khenty. Tu as pris cinq flèches dans le corps. Deux sont entrées dans les reins, deux autres dans le thorax. Mais la cinquième t'a déchiré la gorge. Par chance, le pectoral du jaguar noir t'a protégé en déviant la pointe. Mais elle a failli crever un... je ne sais pas, un canal très important où coule le sang. Hamel dit que, s'il avait été tranché, tu aurais succombé. Tu es resté très longtemps entre la vie et la mort.

– Combien de temps ?

– Plus d'un mois !

Je restai abasourdi.

– Un mois ?

– J'ai eu très peur. Je pensais que tu ne te réveillerais jamais. Et puis, il y a dix jours, tu as ouvert les yeux. Mais ta blessure à la gorge était mauvaise. Nous avons cru que tu ne pourrais plus jamais parler.

– Cela fait donc... quarante jours que je suis dans cette chambre...

– Quarante-quatre !

– C'est cela que Meren-Maât voulait me taire ? Que je ne parlerais peut-être plus ?

– Non !

Elle baissa le nez, embarrassée. Elle laissa passer un silence, puis se décida à m'avouer la vérité.

– Il s'est passé beaucoup de choses.

– Explique-toi !

– Des esprits mauvais sont apparus dans la forêt. Cela a commencé le jour où tu as été blessé. Ragnar et ses hommes ont tenté de rattraper tes agresseurs. Ils ont aperçu des silhouettes masquées vêtues de peaux de jaguars. Mais elles leur ont échappé. Le lendemain, un couple de pêcheurs a été tué. On les a retrouvés dans leur barque, la tête coupée, les membres tranchés. Et même...

Elle serra les dents pour continuer.

– On leur avait ouvert le ventre et sorti les boyaux. C'était une véritable boucherie.

– Mais qui a pu commettre un tel crime ? Les Mixtèques ?

– Non ! Meren-atl leur a rendu visite. Ils n'ont rien à voir avec ces abominations.

– Alors, qui ?

– Nous ne savons pas. Depuis, il y en a eu d'autres. Des champs, des maisons ont été incendiés. L'ennemi s'attaque toujours à de petits groupes isolés. Parfois même, des enfants sont enlevés. On les retrouve quelques jours plus tard, torturés et massacrés. Mais ce n'est pas tout.

Elle baissa la tête. Je compris qu'elle avait une nouvelle terrible à m'annoncer, et que cela lui était pénible.

– Qu'y a-t-il ?

– Il y a eu des morts parmi les Égyptiens. Et aussi...

– Aussi...

– Hualco a été assassiné.

– Hualco ?

Il me fallut un bon moment avant de prendre conscience de ce qu'elle disait. Une peine immense m'envahit. Hualco avait été notre plus fidèle allié parmi les Olmèques. Avec les années il était devenu un ami indéfectible. Plusieurs images me traversèrent l'esprit : la première rencontre, avec Mineesakea, alors qu'il était penché sur l'un de ses compagnons blessé à mort par le jaguar géant ; les longues conversations que nous avions ensemble ; ses rires joyeux... Une boule désagréable se forma dans ma gorge. Un mélange de chagrin et de fureur me pénétra.

– Que s'est-il passé ?

– Il a été tué il y a une quinzaine de jours. C'était la fin de l'après-midi. Il s'était rendu dans une portion de forêt que l'on avait commencé à défricher. Il n'était pas seul. Une dizaine de paysans l'accompagnaient. Tous ont été massacrés. Ils ont été criblés de flèches, puis on les a décapités et éventrés.

– Quelle abomination !

Elle soupira.

– Pezcatl proclame partout que l'esprit de Metzaco est revenu pour se venger.

– Cela ne m'étonne pas. Il n'a jamais pardonné à Hualco de nous avoir soutenus. Il le détestait. Il faut que je voie Meren-Maât.

Je mis les pieds par terre. Un vertige me saisit.

– Je crois qu'il vaudrait mieux qu'il vienne.

Quelques instants plus tard, Meren-Maât entrait dans la chambre, suivi par Ragnar, Hirabaal, Amonisfet et Zangha. Le roi me prit dans ses bras et me serra longuement.

– Mon frère bien-aimé ! J'ai bien cru que tu allais me quitter pour rejoindre le Champ des Roseaux.

Lorsqu'il s'écarta de moi, ses yeux brillaient.

– Ne me refais plus jamais une peur pareille, mon Khenty. Que deviendrais-je sans toi ?

– Je vais mieux, mon frère ! Et je brûle de me lever pour prendre les armes contre cet ennemi trop lâche pour nous attaquer de front. Parle-moi de ce qui s'est passé !

– Jusqu'à ce jour, une cinquantaine de personnes ont été tuées. Tout a commencé peu après ton agression. Quatre de nos capitaines ont été massacrés avec leurs seconds alors qu'ils se rendaient à la Cité des Vents pour inspecter les bateaux. Ils étaient dix. Pas un n'en a réchappé. Ragnar lui-même a failli être tué, lui aussi, il y a une douzaine de jours. Il était en forêt avec un groupe de chasseurs olmèques. Mais il a réussi à échapper à ses agresseurs. Il a décrit des guerriers vêtus de peaux de jaguars. Plusieurs de ses compagnons ont été tués. Il n'a eu la vie sauve qu'en se jetant dans le Coatzal, au risque de se faire dévorer par un caïman ou un fauve.

– Il va nous falloir redoubler de prudence, intervint Amonisfet. Si tous les capitaines étaient assassinés, tu serais isolé, Seigneur, et tu ne pourrais plus te défendre contre ces criminels.

– Mais comment les débusquer ? demandai-je.

Meren-Maât soupira.

– Cela ne sera pas facile. J'ai triplé les patrouilles. J'en envoie dans toutes les directions, la jungle, la forêt, les montagnes. Mais malgré notre surveillance, impossible de repérer l'ennemi. Il nous fuit sans cesse, pour réapparaître là où on ne l'attend pas. Nous devons faire face aussi à Pezcatl. Cet imbécile met la situation à profit pour monter les habitants de la ville basse contre nous. Il affirme partout que l'esprit de Metzaco exerce sa vengeance. J'ai pensé qu'il pouvait avoir un rapport avec ces crimes. Je le fais surveiller constamment, sans résultat. Il vitupère contre nous, mais cela s'arrête là. Malheureusement, sa politique porte ses fruits. La situation est préoccupante. Certains Olmèques commencent à se plaindre que je suis incapable de les protéger.

Il serra les poings.

– Par moments, ajouta-t-il, je me demande si nous n'avons pas réellement affaire à un esprit malfaisant.

Nous restâmes un long moment silencieux. Puis une nouvelle hypothèse m'apparut, effrayante. Je regardai tous ceux qui étaient présents dans ma chambre, et décidai de me taire. Mieux valait garder encore cette idée pour moi.

Resté seul, je réclamai à ma femme le petit miroir d'hématite que mon pauvre Hualco m'avait offert, et je pus contempler ma blessure à la gorge. Elle n'était pas très belle, et me laisserait une cicatrice assez laide. Mais j'étais vivant, et cela seul comptait. Une colère sourde me tenait. Bien décidé à agir, je convoquai Zangha, Ragnar et ses Tjekerous, ainsi que les Araméens qui constituaient la garde de Meren-Maât. Je leur résumai brièvement la situation.

– Mes compagnons, j'ai fait appel à vous parce que vous êtes nos meilleurs chasseurs. Vous êtes capables de suivre n'importe quel gibier à la trace sans qu'il s'en aperçoive et de le débusquer au moment où il s'y attend le moins.

– Quel animal veux-tu que nous chassions ? demanda Ragnar, intrigué.

– L'ennemi impitoyable qui rôde aux alentours de la cité. Il faut découvrir son repaire et le détruire.

– Et comment ? demanda Zangha d'une voix sombre. Le seigneur

Meren-Maât envoie des patrouilles chaque jour. Moi-même je suis allée plusieurs fois dans la forêt sur son ordre. Sans résultat. Tu sais que je ne crains aucun ennemi, Khenty ! Mais dis-moi comment combattre un esprit invisible ?

Ragnar renchérit.

– Elle a raison. Nous ne pouvons rien faire contre un adversaire insaisissable. Je commence à penser moi aussi que Pezcatl n'a peut-être pas tort, et que nous avons affaire au spectre du prêtre qui s'est suicidé il y a huit ans.

– Il y a une autre une explication, répondis-je.

– Laquelle ?

– Il bénéficie de complicités ici même, à Lo-Ren.

Zangha haussa les épaules.

– Pezcatl et ses fidèles sont étroitement surveillés. Ils n'ont de contact avec personne : ils ne sortent jamais des temples.

– J'ignore s'il s'agit de Pezcatl, d'un autre prêtre ou du chef d'une grande famille, mais je suis persuadé que l'on nous trahit. Comment expliquer autrement que l'ennemi soit si bien renseigné sur l'endroit où nous effectuons les patrouilles ? Quelqu'un l'avertit, et il a le temps de s'enfuir. Ces chiens ne sont sans doute pas très nombreux. C'est une poignée de guerriers fanatisés, comme ceux qui se sont fait brûler vifs. Ils ne peuvent nous combattre de front. Alors, ils s'en prennent à des personnes isolées, à des enfants, qu'ils massacrent d'une manière horrible pour amener les Olmèques à se dresser contre Meren-Maât. Ils tentent de leur faire croire qu'il est incapable de les défendre. Et, simultanément, ils s'en prennent aux chefs égyptiens. Quatre de nos capitaines et leurs seconds ont été assassinés. Comme s'ils voulaient isoler Meren-Maât. Dans quel but, sinon pour l'affaiblir et l'éliminer à son tour ? Si nous ne les arrêtons pas, le climat va se détériorer peu à peu, et la ville sombrera dans le chaos.

– Qu'attends-tu de nous, Khenty ? demanda Ragnar.

– Nous allons créer de nouvelles patrouilles. Les autres, organisées par mon frère, poursuivront leur tâche comme avant, afin de ne pas donner l'éveil. Les miennes, constituées uniquement par ceux qui sont dans cette chambre, effectueront des reconnaissances dans d'autres lieux, sans avertir qui que ce soit, y compris les nôtres. Vous partirez chacun de votre côté, et vous vous regrouperez dans des endroits convenus à l'avance. Il faudra vous fondre dans la forêt, comme nous l'avons fait lorsque nous avons affronté le jaguar géant, à notre arrivée. Il reste de la poudre de malachite. Vous utiliserez la ruse que mon frère employa autrefois pour l'approcher.

– Comment nous y prendrons-nous ? insista Zangha.

– Retournez sur les lieux des crimes, et recherchez n'importe quoi, des indices qui pourraient vous mettre sur une piste, ou nous fournir des indications sur l'identité des traîtres.

Resté seul avec Letihuacan, je demeurai longuement silencieux. L'idée que certains Olmèques pouvaient nous trahir me donnait la nausée. Pourquoi, au bout de dix ans que nous vivions parmi eux, s'étaient-ils retournés contre nous ? Ma douce compagne respecta mon mutisme. Je n'avais pas envie de lui faire partager mes sombres réflexions, mais elle les comprit. Plus tard, elle fit entrer nos quatre enfants. Il n'existait pas de meilleur remède pour me redonner l'espoir et chasser mes pensées moroses. Pour eux, je n'avais pas le droit d'échouer.

Plus tard, l'esprit reposé par les jeux de mes petits, je fis mes premiers pas hors de la maison. L'air tiède et parfumé de la ville haute pénétra mes poumons. Mes forces revenaient très vite, et chacun vint me féliciter de mon prompt rétablissement. Je répondis aux sourires par des sourires, me demandant à chaque fois avec angoisse si un félon ne se dissimulait pas derrière le masque. J'aurais voulu me tromper, mais plus je retournais l'hypothèse dans ma tête, plus elle me semblait la seule plausible. Les traqueurs de Meren-Maât ne pourraient jamais débusquer l'ennemi, parce que celui-ci était prévenu par un espion introduit dans la place. Un espion qui avait connaissance des zones explorées par les guerriers. Ce ne pouvait donc être qu'un personnage important et bien placé. Mais qui ?

Le soir, lorsque je regagnai la maison en compagnie de Letihuacan, un malaise m'avait envahi, qui n'était pas dû à la fatigue. Un climat de suspicion était venu s'ajouter au climat de menace qui pesait sur la cité. Même si nous parvenions très vite à capturer l'un de nos agresseurs, l'ennemi avait déjà en partie triomphé. L'ambiance chaleureuse d'autrefois n'était plus qu'un souvenir. On se demandait avec angoisse quelles seraient les nouvelles victimes.

Il faisait à présent totalement nuit. Ruminant mes pensées lugubres, je n'étais pas parvenu à trouver le sommeil. Soudain, il y eut du remue-ménage dans l'aile où vivaient Meren-Maât et ses épouses. À mes côtés, Letihuacan s'éveilla instantanément. Mon frère entra soudain dans la chambre, le visage bouleversé.

– Hamel vient d'être assassiné, dit-il d'une voix blanche.

32

Je restai pétrifié. Hamel faisait partie de ma vie depuis dix ans. Je le voyais, je bavardais chaque jour avec lui. Il venait de me sauver grâce à ses connaissances médicales. L'idée de sa mort m'était insupportable. Malgré les menaces qui pesaient sur la cité, je ne pouvais y croire. J'étais sûr que la fièvre m'avait repris, que je faisais un cauchemar. Mais l'attitude de Meren-Maât, son énervement, sa colère, l'air froid et humide de la nuit, tout me confirmait que je ne rêvais pas. L'ennemi venait à nouveau de supprimer un des nôtres. Abasourdi, je suivis mon frère.

La fraîcheur de la nuit me saisit. À la lueur des torches régnait une grande agitation. Des gardes couraient, des gens réveillés par le bruit sortaient des demeures, émettaient des suppositions, s'affolaient, des enfants pleuraient.

Nous nous dirigeâmes vers la maison de Hamel, située à seulement quelques pas du palais. Amonisfet en contrôlait l'entrée, le visage sombre. À l'intérieur reposaient les corps du vieux savant, de ses deux épouses et de son fils, tous quatre égorgés. Ils avaient été tués pendant leur sommeil. Un flot de colère m'inonda.

Quelques instants plus tard, Meren-Maât réunit l'état-major dans la grande salle du palais. Amonisfet, le visage décomposé, nous relata les faits.

– Je venais de donner mes ordres aux sentinelles. Comme souvent, j'étais resté avec mes soldats, afin de les encourager à ne pas relâcher leur vigilance. Lorsqu'on ne les contrôle pas, ils ont souvent tendance à s'endormir. Soudain, nous avons entendu du bruit, et un gamin s'est mis à hurler. Nous sommes intervenus aussitôt, mais trop tard. Les agresseurs avaient disparu lorsque nous sommes arrivés sur les lieux. Ils ont été tellement rapides que j'ai peine à imaginer qu'il puisse s'agir d'êtres humains.

– Je ne crois pas aux esprits, Amonisfet, rétorqua Meren-Maât. Hamel et sa famille ont été tués par des hommes. Cela signifie que, malgré les sentinelles, ces chiens sont parvenus à s'introduire de nuit dans la cité haute. À moins... qu'ils n'aient été déjà présents bien avant la nuit.

Un murmure de stupéfaction parcourut l'assemblée.

– C'est impossible ! s'exclama Amonisfet.

– Pourquoi impossible ? Peut-être sont-ils entrés dans Lo-Ren sous un déguisement quelconque, dont personne ne s'est méfié.

– Nous connaissons tous les habitants de la cité haute, rétorqua Amonisfet. Nous aurions très vite repéré des étrangers.

– Alors, il reste une autre possibilité : *l'ennemi vit parmi nous*, ici, à Lo-Ren.

Cette fois, la rumeur s'enfla. Quelques cris indignés éclatèrent. Meren-Maât leva les bras pour imposer le silence.

– Alors, je veux avertir ces misérables, gronda-t-il. Tout sera mis en œuvre pour les démasquer. Quels qu'ils soient, ils paieront leurs crimes. Dès aujourd'hui, les patrouilles seront doublées, et je les dirigerai personnellement.

Mon frère était donc arrivé, sans me consulter, aux mêmes conclusions que moi. Cela renforça ma conviction que j'avais vu juste. Dès le lendemain, Ragnar, Zangha et les Tjekerous se mirent en piste.

L'accusation royale se répandit très vite dans Lo-Ren. Les habitants de la basse ville ne se sentirent pas directement concernés. Seul l'esprit retors d'un prêtre ou d'un haut personnage pouvait avoir imaginé un plan aussi machiavélique. Mais il pouvait très bien se trouver parmi eux des hommes de main fanatisés, dissimulés parmi les pêcheurs. Je soupçonnais plus facilement cette frange de la population en raison de sa fidélité superstitieuse aux religieux, et surtout du fait que les canoës lui offraient un moyen rapide de se déplacer. De plus, les visages inconnus s'y fondaient plus facilement, car une bonne partie des pêcheurs vivaient hors de la ville elle-même, à la lisière de la jungle.

En revanche, l'accusation eut un effet dévastateur sur la cité haute. Affolés, les chefs des plus grandes familles demandèrent audience au roi. Certains lui firent part de leur indignation devant une telle diffamation. D'autres au contraire lui renouvelèrent leur attachement et se déclarèrent prêts à le soutenir dans son combat. L'idée d'une trahison leur était insupportable. J'assistais en silence à ces entretiens, et je dois avouer que j'étais enclin à les croire, les uns comme les autres. Leur mentalité différait sensiblement de celle des nobles de la cour égyptienne, où l'hypocrisie avait été élevée au rang d'un art. Qu'ils étalassent leurs griefs ou qu'ils apportassent leur aide, les Olmèques parlaient avec droiture. Ce fut tout au moins mon sentiment, qui me laissa perplexe. Lequel d'entre eux était assez retors pour jouer ainsi la comédie ?

Fidèle à lui-même, Pezcatl vint exprimer sa colère. Une fois de plus, Meren-Maât agissait pour semer la discorde dans la cité, afin de renforcer son pouvoir. Par ses contrôles, ses interrogatoires, ses patrouilles, il en profitait pour asservir un peu plus le peuple olmèque. Cette fois pourtant, Meren-Maât ne le laissa pas poursuivre sa diatribe. Il entra dans une fureur telle qu'une onde d'angoisse me parcourut.

– Et qui me dit que ce n'est pas toi le complice de ces chiens ? explosa-t-il. Prends garde, Pezcatl ! Si je découvre que tu as participé, de près ou de loin, au massacre dont notre peuple est victime, je te tuerai de mes propres mains !

Effrayé par la violence soudaine de mon frère, le grand prêtre recula. En toutes circonstances, le roi l'avait habitué à une grande emprise sur lui-même. Il était rare qu'il cédât à la colère. Cette fois, la mort de Hamel l'avait mis en rage. Sans un mot, Pezcatl sortit du palais, le teint blême.

Les troupes d'éclaireurs, composées d'Olmèques et d'Égyptiens, fouillèrent méthodiquement les alentours. Sans succès. Tout au plus découvrit-on les restes déchiquetés de deux enfants enlevés trois jours plus tôt. On décida d'interdire aux plus jeunes de quitter l'enceinte de la cité. Meren-Maât envisagea même la construction d'une muraille. Mais à quoi servirait-elle si l'ennemi était déjà dans la place ?

Ragnar vint me faire un premier rapport au bout de deux jours. Ils étaient partis de l'endroit où avait été tué un couple de pêcheurs.

Puis ils s'étaient fondus dans la forêt. Zangha était la plus acharnée. Lorsqu'elle avait appris la mort de Hamel, elle s'était juré de tuer l'assassin de ses propres mains. Les premières recherches n'avaient encore rien donné, mais ni l'un ni l'autre ne désespérait. Inlassablement, ils parcouraient les sentes animalières, traquant le moindre indice, la plus petite trace du passage d'un étranger. Seuls les plus proches collaborateurs de mon frère connaissaient leur objectif.

Les funérailles de Hamel réunirent la presque totalité de la cité haute. Depuis dix ans, il avait eu au moins une fois l'occasion de soigner l'un ou l'autre membre de chaque famille, et l'affection que les Olmèques lui portaient n'était pas feinte.

Un tombeau avait été préparé pour l'accueillir. Ce jour sinistre reste à jamais gravé dans ma mémoire. Meren-Maât avait fait sculpter un groupe de statuettes pour lui. Tandis que nous suivions le sarcophage taillé dans du bois d'acajou, le doute m'envahit. L'âme de mon compagnon saurait-elle trouver le chemin du royaume des monts crétois dans un pays aussi éloigné du sien ? Cette question angoissante m'avait souvent taraudé. Cette perspective effrayait tellement les Égyptiens qu'elle engendrait chez eux la peur de voyager. Pourtant, elle ne m'avait jamais empêché de parcourir les mers et les océans sans trop de soucis. Même s'il m'arrivait fréquemment d'y être confronté, je songeais rarement à la mort. Les combats, les maladies, les épidémies, les famines, les accidents emportaient nos marins, nos compagnes, mais nous étions jeunes et insouciants. Au jour de la disparition de Hamel, j'avais dépassé quarante-cinq ans et pris conscience que je ne vivrais pas éternellement. Cette illusion est le privilège de la jeunesse. Sans faire encore partie des vieillards, j'arrivais à un âge que peu d'hommes atteignaient, et je m'interrogeais sur ce qui advenait après. Les prêtres de Ouaset m'avaient enseigné le chemin difficile parcouru par les morts pour atteindre le lieu mystérieux où Anubis et Maât pèsent les âmes. Ils avaient évoqué le monstre effrayant, un serpent ou un crocodile géant – personne ne savait vraiment –, qui dévore celles qui s'avèrent plus lourdes que la plume de la déesse de la Vérité, et la barque d'Osiris qui emporte les cœurs purs. Mais, au cours de mes voyages, j'avais rencontré des croyances bien différentes. Se pouvait-il qu'il existât plusieurs royaumes des défunts, différents suivant les religions ?

Après la mort, était-on accueilli par les dieux que l'on avait toujours honorés, ou bien par ceux du pays dans lequel on périssait ? Si tel était le cas, Hamel allait se retrouver face à des divinités dont il ignorait tout, et qui pourraient prendre ombrage de cette ignorance. À cette idée, l'angoisse me broyait les entrailles.

Les yeux fixés sur le sarcophage porté par nos marins, je tentai de me convaincre que le *bâ* de mon ami saurait trouver le chemin de l'*Ament* sans trop de difficultés, et que je le rencontrerais de nouveau sur les rives du Nil céleste. Plus j'y pensais, et plus j'en étais persuadé – ou je voulais m'en persuader.

Hamel allait me manquer. Je songeai que je ne l'avais pas assez remercié de m'avoir tiré des griffes de la mort. Mais je savais que le simple fait de m'avoir sauvé était amplement suffisant pour le satisfaire. Sa nature était généreuse, et, comme autrefois le grand Imhotep, il ne réclamait jamais rien en échange de ses soins.

Depuis dix ans, la coutume de déposer des statuettes dans les tombeaux de nos compagnons décédés avait eu une conséquence inattendue chez nos hôtes. À notre arrivée, ils nous avaient demandé pour quelle raison nous agissions ainsi. Nous leur avions expliqué que ces statuettes effectuaient les corvées à la place des morts. Au fil du temps, l'idée les avait séduits, à tel point que certains parmi eux avaient pris l'habitude de nous imiter. De plus en plus souvent, l'usage olmèque voulait que l'on glissât des figurines dans les tombes, avec cette nuance : ils pensaient que ces figurines jouaient auprès du mort le rôle de serviteurs [1].

Le drame se noua le surlendemain. Aujourd'hui, avec le recul, je m'aperçois que c'est sans doute mon initiative qui le déclencha et accéléra le cours des événements. Mais je sais aussi qu'il aurait eu lieu, de toute manière, et qu'il aurait été encore plus terrible si je n'avais rien tenté.

---

1. Il s'agit bien sûr d'une interprétation libre. Il n'en reste pas moins que la coutume consistant à déposer des statuettes dans les tombes existait de part et d'autre de l'Atlantique. On a retrouvé, à La Venta, un ensemble de dix-sept figurines dont la fonction n'a pas encore été établie. Il s'agit peut-être de la représentation d'un personnage important recevant l'hommage de ses serviteurs, ou de ses prisonniers. Il est tentant de rapprocher ces figurines des *shaouabti* égyptiens, petites statuettes censées effectuer les corvées imposées par les dieux à la place du défunt.

Je n'appris qu'ensuite ce qui s'était passé, car je n'étais pas présent au moment où Amonisfet se présenta au palais en compagnie d'un de ses guerriers. Meren-Maât bavardait en compagnie d'Edna et de Daraan. Isah-Bel, absente elle aussi, soignait des malades dans la ville basse.

– Seigneur, Khafik a découvert quelque chose qui pourrait nous aider à débusquer nos ennemis.

Il se tourna vers le soldat, qui prit la parole.

– Seigneur, ainsi que tu l'avais ordonné, nous étions en patrouille dans le nord. Nous nous sommes rendus dans les ruines du vieux temple de Tlaloc. C'est un endroit que nous avions déjà vérifié à plusieurs reprises, mais, par acquis de conscience, j'ai voulu le revoir. Peut-être les dieux ont-ils guidé mes pas. Un Olmèque se cachait là. Je l'ai interrogé. Il m'a dit arriver de Cerros pour rencontrer le roi Quetzalcoatl. Je lui ai demandé pourquoi il n'était pas venu directement au palais. Il m'a répondu qu'il ne voulait pas apparaître dans la ville, parce qu'on risquait de le tuer.

– Le tuer ?

– Il m'a dit : "Il y a des assassins à Lo-Ren ! Si je me montre là-bas, je suis mort." Il semblait terrorisé à l'idée de venir. Il prétend avoir un message à te transmettre, mais il ne veut parler qu'à toi, Seigneur. Je ne savais pas si je devais le contraindre ou non. Alors, j'ai laissé six de mes compagnons avec lui, pour le protéger, et je suis venu te prévenir.

– C'est peut-être un piège, Seigneur ! s'exclama Amonisfet. Il ne faut pas y aller.

– Il a raison, mon Seigneur, renchérit Edna. Souviens-toi du rêve qu'a fait Isah-Bel. Un ennemi sournois te guettait dans l'ombre, dont elle ne parvenait pas à voir le visage. Il t'attirait dans un guet-apens.

– Je ne peux laisser passer une chance de découvrir la vérité. Il y a eu trop de crimes. Je dois y aller.

– Dans ce cas, laisse-moi t'escorter, exigea Amonisfet.

– Si tu le souhaites...

Quelques instants plus tard, Meren-Maât quittait Lo-Ren en compagnie d'Amonisfet et d'une douzaine de soldats solidement armés.

Vers le milieu de l'après-midi, je revins du port où j'avais été faire une tournée d'inspection. Edna m'attendait chez moi pour m'apprendre où s'était rendu Meren-Maât. Jamais je ne l'avais vue dans un tel état d'énervement.

– Ne t'inquiète pas, petite, lui dis-je pour la rassurer. Meren-Maât n'est pas seul.

Ce fut à ce moment que Ragnar et Zangha entrèrent dans ma demeure. Ils étaient essoufflés et leurs visages reflétaient un profond désarroi.

– Que se passe-t-il ? demandai-je.

La voix hachée par l'émotion et la longue course qu'il venait de fournir, Ragnar s'expliqua.

– Nous sommes retournés là où Hualco a été assassiné. Nous avions déjà fouillé les lieux, sans résultat. Mais je pensais que cela n'avait pas été fait assez sérieusement. Et j'avais raison : nous avons trouvé quelque chose. Regarde !

Il me tendit un collier portant un objet sur lequel avaient séché des taches de sang. Il me fallut un long moment avant de l'identifier. Une onde de frayeur m'envahit soudain.

– Par les dieux... murmurai-je. Ce n'est pas possible.

Un mélange d'angoisse et de colère m'imprégna. Je connaissais désormais l'identité du traître. Car le collier sanglant, orné d'une amulette représentant un pilier Djed, appartenait sans aucun doute possible à Amonisfet.

33

Ragnar et Zangha connaissaient l'emplacement du vieux temple, situé à plus de quatre milles de la capitale. En toute hâte, je réunis une cinquantaine de guerriers, choisis parmi nos plus anciens compagnons, les seuls désormais à qui je pouvais me fier. Je leur expliquai brièvement la situation. La stupéfaction, puis la colère s'emparèrent d'eux. Il leur fallut peu de temps pour s'armer. Quelques instants plus tard, sous les yeux de la foule médusée, nous nous mîmes en route au pas de course. Ce fut seulement à ce moment-là que je me rendis compte qu'Edna me suivait. Devant mon regard ébahi, elle déclara d'un ton essoufflé, mais péremptoire :

– Il est hors de question que je reste ici à me morfondre en sachant Meren-Maât en danger. Je vous accompagne.

Elle pointa le doigt sur moi.

– Et ne tente surtout pas de m'en empêcher !

Je grommelai pour la forme, mais je ne me sentais pas la force de lutter contre sa détermination. Aujourd'hui encore, je me reproche de ne pas l'avoir contrainte à rester à Lo-Ren, mais que pouvais-je faire ? Je n'avais pas le temps d'essayer de la dissuader.

De nombreuses questions se bousculaient dans mon esprit. Depuis combien de temps Meren-Maât était-il parti ? Les guerriers qui lui servaient d'escorte étaient probablement à la solde d'Amonisfet. Il n'avait aucune chance de se défendre, et je redoutais d'arriver trop tard. À la perspective de ne retrouver que son cadavre, une fureur noire m'envahissait, et des idées de vengeance abominables me rongeaient l'esprit. Aucune mort ne serait assez douce pour ces hyènes puantes, ces misérables chacals...

Mais, en même temps, je n'y comprenais rien. La trahison

d'Amonisfet n'avait aucun sens. Depuis dix ans qu'il vivait à nos côtés, il n'avait jamais manifesté la moindre haine. Mon frère avait-il des torts envers lui ? J'avais beau m'interroger, je ne voyais pas lesquels. Amonisfet ne gardait jamais ses griefs pour lui-même. Le seul reproche qu'il pouvait lui faire était d'avoir tardé à envisager le retour en Égypte. Il avait assez récriminé à ce sujet. Mais il allait obtenir satisfaction, puisque Meren-Maât lui avait proposé d'effectuer le voyage avec Hirabaal, en lui confiant même le commandement d'un navire.

Le temps que dura la course me sembla une éternité. Enfin, nous arrivâmes en vue du temple. Une vingtaine de guerriers vêtus de peaux de jaguars montaient la garde. Je ne pris pas le temps d'établir une stratégie. Les archers se mirent en place, décochèrent leurs traits. La colère n'avait pas amoindri l'adresse de mes guerriers. Avant que l'ennemi n'ait pu réagir, plus de la moitié gisaient dans la boue, se tordant de douleur. Un combat aussi bref que violent nous opposa aux autres. Visiblement, ils ne s'attendaient pas à nous voir arriver si vite. Mais bientôt, une douzaine de combattants sortirent du temple en renfort. Je reconnus les Égyptiens dévoués à Amonisfet. La rage au cœur, je bondis sur eux, imité par Ragnar et ses Tjekerous. Ces traîtres avaient sur leurs mains le sang de Hualco, de Hamel et des autres capitaines. Je crois que jamais je ne me battis avec une telle hargne. Je pris un plaisir malsain à les voir tomber sous mes coups de hache, à les achever en leur tranchant la tête.

Je n'attendis pas qu'ils fussent tous occis pour pénétrer dans le temple en ruines. Il y avait là une douzaine de personnes réunies autour d'un autel sur lequel Meren-Maât était allongé. Une douleur intense me broya le ventre. Il ne bougeait pas, et son visage était couvert de sang. J'adressai un regard chargé de fureur à ses tortionnaires. Je crus alors être l'objet d'une hallucination : parmi les hommes qui entouraient la dalle du sacrifice se trouvait Metzaco ! Il était squelettique, ses traits s'étaient creusés, aiguisés sous l'effet de la rancœur, ses yeux luisaient de rage. Ainsi, Meren-Maât avait deviné juste. Près du prêtre se tenait Amonisfet, le glaive à la main. Quatre Égyptiens l'entouraient, le dernier carré de ses fidèles. Les autres étaient des guerriers olmèques, aux yeux hallucinés. Il était visible que ces hommes étaient sous l'emprise de la coca.

Tout à coup, Edna se précipita sur l'autel.

– Il est encore vivant, cria-t-elle d'une voix hachée par la douleur et l'espoir mêlés.

Elle prit Meren-Maât dans ses bras, pour le protéger. Avant que je n'aie pu intervenir, Amonisfet bondit par-dessus la dalle et s'empara brutalement de la jeune femme, dont il se fit un bouclier. Je voulus m'interposer, mais un glaive aiguisé se posa sur la gorge d'Edna.

– Un pas de plus et je la tue ! s'époumona-t-il.

J'écartai les bras pour retenir mes compagnons, déjà prêts à donner l'assaut. Un geste malheureux, et Edna était morte. Lentement, tout en la maintenant sous la menace de son arme, Amonisfet contourna l'autel pour rejoindre ses complices. Je constatai avec soulagement qu'elle avait dit vrai : Meren-Maât n'était pas mort. Il était seulement ligoté sur la pierre du sacrifice. Le sang qui maculait son visage et son torse provenait apparemment des coups qu'il avait reçus en se défendant. Il était parfaitement conscient et m'adressa un sourire douloureux. Nous étions arrivés à temps, mais la partie n'était pas gagnée pour autant. Il me fallait convaincre Amonisfet de se rendre.

– Il est trop tard, dis-je doucement au traître. Tu ne pourras pas t'échapper.

Il émit un ricanement sinistre, puis confia Edna à Metzaco. Il revint ensuite vers Meren-Maât qu'il menaça à son tour de son glaive.

– Si un seul d'entre vous fait un pas, je lui tranche la gorge. Vous me tuerez peut-être ensuite, mais il mourra avant moi.

Il y eut un moment de flottement. Je ne savais que faire pour sortir de cette situation infernale. Tout à coup, Meren-Maât s'adressa à lui d'un ton calme.

– Pourquoi m'as-tu trahi, compagnon ? Quel crime ai-je donc commis envers toi ?

L'autre eut un rictus de haine.

– Quel crime, dis-tu ? Quel crime ?

Tremblant de rage contenue, il hésita, puis se mit à parler.

– Tu l'ignores sans doute, mais nous sommes presque frères.

– Frères ? Mais comment...

– Ma mère était l'une des épouses de ton père, Nefer-Kheret. Elle s'appelait Teh-Noutet. Elle lui a donné un fils, Pen-Aser. Et puis, Nefer-Kheret s'est détourné d'elle au profit de cette putain de Serenout, ta propre mère.

Je vis les mâchoires de Meren-Maât se contracter sous l'injure. Mais il parvint à se maîtriser. Amonisfet poursuivit :

– Nefer-Kheret a abandonné ma mère. Alors, elle l'a trompé avec un capitaine de la Maison des Armes.

Je vis un filet de sang couler le long de la gorge de mon frère. La lame avait entamé la chair. En moi, l'angoisse et la fureur se livraient un combat acharné. J'aurais voulu écraser cette vermine, mais le moindre geste de ma part se traduirait par la mort de Meren-Maât. Amonisfet cracha sur son visage.

– Nefer-Kheret n'a même pas remarqué que ma mère était enceinte. Il a ignoré ma naissance. Elle m'a fait élever parmi les orphelins de la Maison des Armes. Un jour, elle a avoué mon existence à Pen-Aser. J'étais de son sang, il m'a adopté, il m'a fait oublier que je n'étais qu'un bâtard. Il ne pouvait me faire admettre à la cour, mais il s'est occupé de moi. J'ai reçu une éducation militaire. Je suis devenu le meilleur capitaine de Sa Majesté. Lorsque Pen-Aser a constitué une troupe destinée à te suivre dans ton expédition insensée, il en a confié le commandement à Dereb. Officiellement, j'étais là pour le seconder. En réalité, j'agissais pour le seul compte de mon frère. Il désirait te nuire jusque par-delà les mers.

– Mais pourquoi ?

– Pen-Aser ne t'a jamais pardonné l'humiliation que tu lui as fait subir devant la reine Hatchepsout. Elle aurait dû te faire jeter en prison lorsque tu t'es introduit dans sa salle de bains. Au lieu de ça, elle t'a accordé les navires que tu lui demandais. Et mon frère s'est retrouvé en disgrâce.

– Il en était le seul responsable. Jamais je ne lui ai voulu de mal. J'ai même intercédé en sa faveur pour qu'il conserve son titre de directeur de la Marine.

Amonisfet se mit à hurler.

– C'est cela qu'il ne te pardonne pas ! Car tu as prouvé ce jour-là que tu étais plus fort que lui. Plus fort ! Il t'en a voulu à mort ! Il te haïssait depuis toujours, car ta chienne de mère avait évincé la nôtre. Et moi, dans l'ombre, je te haïssais autant, sinon plus que lui. Car, sans Serenout, j'aurais été moi aussi le fils de Nefer-Kheret. Tu n'aurais jamais existé.

– Pourquoi ne pas m'avoir tué avant, lorsque j'étais en Égypte ?

– Parce que la vérité est plus compliquée que ça. Contrairement à ce qu'il t'a dit, Pen-Aser croyait à tes idées. Il avait pris ses renseignements, et il pensait, tout comme toi, que le monde était rond, et qu'il pouvait exister d'autres îles par-delà le Grand Océan. Lorsque tu es venu lui exposer ton projet, il a pris peur, car il connaissait tes qualités de navigateur, et il estimait que tu avais de bonnes chances de réussir. À ton retour, tu aurais été accueilli et fêté comme un héros. Aussi, lorsque tu lui as demandé de t'introduire auprès de la reine, il t'a tendu un piège, dans lequel tu es tombé tête baissée. Malheureusement, tu t'en es sorti, et Hatchepsout t'a accordé son aide. Il n'a rien pu faire pour t'empêcher de monter ton expédition. C'est alors qu'il a eu l'idée de m'y faire participer. Il m'a donc envoyé vers toi peu avant le départ. Mais, pour éviter d'attirer l'attention sur moi, il a confié le commandement de la troupe à Dereb. Je devais te laisser découvrir ces îles, puis de te supprimer au retour. L'honneur de la découverte me serait ainsi revenu, et j'aurais pu obtenir le rang auquel j'ai droit. Dereb ignorait ma parenté. Pen-Aser l'avait prévenu contre toi, mais cet imbécile s'est mis à t'admirer. Et il a trahi mon frère en t'avouant que c'était lui, et non la reine Hatchepsout, qui l'avait placé à tes côtés. Il a payé sa trahison.

– C'est toi qui l'as tué ?

– Bien sûr ! Au cours de la bataille contre les Arawaks. Je l'avais entraîné dans la forêt à la poursuite d'un groupe d'indigènes. Cet imbécile venait même de me sauver la vie en détournant une lance ennemie. Il n'a pas compris pourquoi je le frappais.

Le souvenir du visage de Dereb, frappé de stupeur, me revint. Un sentiment d'écœurement m'envahit. Ce scélérat était encore plus abject que je ne le pensais. Les traits de Meren-Maât se contractèrent devant l'horreur que lui inspirait le personnage. L'autre émit un petit ricanement satisfait, et ajouta :

– De toute façon, il était prévu de le faire disparaître au retour, comme tous tes proches.

Je pris conscience à ce moment que le comportement d'Amonisfet était celui d'un dément. Sa haine l'avait rendu fou. Mais c'était aussi un être d'une intelligence démoniaque, totalement dépourvu de scrupules. Il n'en était que plus dangereux.

– Ensuite ? demanda Meren-Maât d'une voix neutre.

– Ensuite, tu as découvert ce pays. Mais, au lieu d'en repartir au bout de quelques mois, tu es resté. J'ai tenté de te contraindre à partir une première fois, il y a huit ans. Metzaco te détestait autant que moi, pour d'autres raisons. Tu avais réussi à convaincre Huwan-Tlaloc d'interdire définitivement les sacrifices humains, auxquels il tenait beaucoup. Pire encore, tu lui avais fait perdre la face vis-à-vis du souverain et de la population de Lo-Ren. Il ne pouvait pas te le pardonner. Mais il n'avait pas la force, seul, de te combattre. Je lui ai donc proposé une alliance. Nous poursuivions le même but : t'éliminer. Il a accepté.

– Et Pezcatl ?

– Pezcatl ne savait que vitupérer contre toi. Nous ne pouvions nous appuyer sur lui. Nous avons donc décidé de faire croire à la mort de Metzaco, afin de lui donner une grande liberté d'action. Seule une poignée de ses plus fidèles partisans furent mis dans le secret. Nous avons sacrifié un vieux pêcheur à sa place, que nous avons gavé de *pulque* afin qu'il ne crie pas lorsqu'il brûlerait. Vous avez cru que Metzaco s'était suicidé. En réalité, il avait trouvé refuge dans la forêt avec ses compagnons. Malheureusement pour lui, Mahatlazol les a aperçus, et ils ont été obligés de le supprimer. Notre objectif était de déclencher une guerre entre les Mixtèques et les Olmèques. Metzaco parvint à leur faire croire que les Olmèques avaient décidé d'envahir leur pays. Le massacre d'une famille vivant près de la grande piste a achevé de les convaincre qu'il disait la vérité.

– Pourquoi cette guerre ?

– Les Olmèques devaient croire que les dieux avaient déclenché la guerre à cause de toi, et te chasser. À son insu, Pezcatl nous fut d'un grand secours. En butte à l'animosité des indigènes, la vie te serait devenue impossible. Malheureusement, rien ne s'est déroulé comme nous l'avions espéré. À croire que les dieux te protégeaient. Malgré la hargne des Mixtèques, tu remportas une nouvelle victoire. Pire encore, Huwan-Tlaloc fut tué avec ses deux frères, et ces imbéciles d'Olmèques te choisirent pour roi. Et tu acceptas ! Au lieu de repartir pour l'Égypte, tu t'es installé en Anahuac.

Il poussa un rugissement de colère.

– Cela a duré huit ans ! Huit ans pendant lesquels j'ai dû patienter. Metzaco avait été contraint de fuir le pays des Mixtèques. Il avait trouvé refuge dans les environs de Cerros. Pendant ces huit années, il a continué à recruter des fidèles, nostalgiques de l'ancienne époque.

Il en fit des guerriers fanatiques, tous prêts à donner leur vie pour t'anéantir. Il a continué à pratiquer des sacrifices humains.

– Ce qui explique les nombreuses disparitions qui inquiétaient le gouverneur de Cerros.

– C'était pour lui la seule manière de maintenir la tradition.

– Tu aurais pu me tuer plus tôt.

– Ce n'est pas l'envie qui m'en a manqué. Mais cela aurait signifié que j'étais condamné à finir mes jours ici. Il fallait qu'Hirabaal découvre la route du retour auparavant. Je ne possède pas tes connaissances maritimes, ni les siennes. Lorsque enfin il a réussi, j'ai pu agir. J'ai averti Metzaco, avec qui j'avais gardé contact. Avec ses compagnons, il est venu s'installer dans ce vieux temple. Il m'était aisé de les prévenir de la venue d'une patrouille puisque je participais directement à l'organisation des recherches.

– Voilà pourquoi ils nous échappaient si facilement.

– Bien sûr. Et nous avions un renfort : Pezcatl. Cette fois, nous nous sommes alliés à lui. Il ne fut pas difficile à convaincre, car il avait perdu tout crédit auprès de la population de Lo-Ren, et il te détestait. Nous avons décidé de frapper les imaginations en envoyant des messagers fanatisés dans les plus importantes cités. Tu avais deviné juste : ils devaient se suicider après avoir délivré leur message afin d'éviter de parler. Et puis, les immolations par le feu devaient impressionner les citadins et leur faire croire à la vengeance du spectre de Metzaco. Les hommes sont si crédules ! Il y a d'abord eu le tremblement de terre. Pezcatl proclama que les dieux avaient décidé de punir les Olmèques. Mais tu as déjoué notre plan et tu as su garder la confiance du peuple. Nous avons continué en perpétrant quelques massacres sur cette population stupide qui avait rejeté à cause de toi ses coutumes ancestrales.

– Vous avez tué des femmes et des enfants !

– Des sacrifices rituels destinés à effrayer les Olmèques. Mais le premier objectif consistait à éliminer méthodiquement tous les personnages gênants : Hualco, qui t'avait vendu son âme, les capitaines égyptiens et leurs seconds, les médecins, ton crétin de frère.

Le « crétin » serra les mâchoires. La fourberie de ce scélérat était effrayante. Il lui était si facile de tuer Hamel. Le vieil homme n'avait aucune raison de se méfier de lui. Il l'avait supprimé, avec sa famille, puis il avait donné l'alerte en faisant croire que les hommes-jaguars s'étaient introduits dans la ville. Meren-Maât avait deviné que les traîtres étaient déjà dans la cité, mais il avait soupçonné des Olmèques, et non des Égyptiens. Amonisfet avait parfaitement su se jouer de nous et tromper notre vigilance. Il avait aussi massacré Hualco et ses paysans. Dans la bataille, mon ami avait dû arracher son collier. Si Ragnar et Zangha ne l'avaient pas retrouvé, jamais nous n'aurions découvert la vérité.

– Dans quel but as-tu commis ces crimes ?

– Je voulais t'isoler, te détruire à petit feu en supprimant tous ceux que tu aimais. Dans le même temps, je me débarrassais des gêneurs. Seul Hirabaal aurait été épargné, parce qu'il connaît la route du retour. Mais je devais rester seul face à toi. Malheureusement, tu as compris trop vite qu'il y avait un traître à Lo-Ren. Lorsque ton fouineur de frère a constitué ses propres équipes, j'ai pris peur. Ce gros balourd de Ragnar est pire qu'une hyène de chasse quand il suit une piste. J'ai craint qu'il ne découvre trop vite le repaire. Metzaco n'aurait jamais parlé, mais je n'étais pas sûr de ses hommes. J'ai donc décidé de prendre les devants et de t'attirer dans un guet-apens.

– Tout le monde m'a vu partir avec toi. Tu aurais été accusé.

– Non ! J'aurais simulé une embuscade. Au palais, je t'ai mis en garde. J'ai crié assez fort devant Edna que je redoutais un piège.

– Mais pourquoi cette mise en scène ridicule ? Tu aurais pu m'assassiner dans la forêt, comme Hualco.

– J'aurais attiré les soupçons sur moi. C'est la raison de ce sacrifice. Tout le monde aurait cru que tu avais été victime des hommes-jaguars. Quant à moi, j'aurais réussi à m'échapper pour aller chercher du secours. Des secours qui seraient arrivés trop tard. On t'aurait trouvé sacrifié sur l'autel, le cœur arraché et la tête tranchée.

Il y eut un court silence, puis Amonisfet poussa un cri hystérique.

– Mais j'ai échoué ! hurla-t-il d'une voix empreinte de folie. Pourquoi ces imbéciles sont-ils arrivés si tôt ? Qui m'a trahi ?

– Tu t'es trahi toi-même ! reprit Meren-Maât. Tout cela est sordide. Tu n'avais aucun besoin de massacrer tous ces gens. Si tu ambitionnais la gloire de la découverte, tu aurais pu repartir avec Hirabaal et te vanter de mon exploit auprès d'Hatchepsout. Qui aurait pu te contredire ?

– Personne en effet, car j'aurais même pris soin de supprimer Hirabaal. Mais tu n'as pas compris. Je ne pouvais pas repartir en te laissant vivre. Je voulais rapporter le récit de ta mort à mon frère Pen-Aser. Car, si je t'avais épargné, il ne me l'aurait pas pardonné.

Je compris que Meren-Maât faisait parler Amonisfet autant pour apprendre la vérité que pour gagner du temps. Sans doute espérait-il que l'attention de l'autre se relâcherait. Mais la lame s'enfonçait lentement dans sa gorge. Malgré la douleur qu'il devait éprouver, il conservait son calme.

– Tu as échoué, Amonisfet, continua-t-il. Si tu me tues, tu seras aussitôt massacré, et le plan de ton frère tombera à l'eau. Tu ferais mieux de poser cette arme.

La tension monta. Malgré sa position périlleuse, malgré son sang qui coulait, Meren-Maât défiait ouvertement son adversaire. L'autre pouvait l'égorger d'un seul geste. Mais sans doute mon frère avait-il évalué son ennemi. Il avait compris qu'il tenait à la vie et qu'il réfléchissait à la manière de se tirer vivant de ce guêpier. Nous étions une cinquantaine, solidement armés, et bien décidés à ne pas le laisser s'enfuir. Derrière l'autel, les guerriers étaient pétrifiés. Deux d'entre eux maintenaient fermement Edna. Si les Olmèques fanatisés ne montraient aucune peur à cause de la drogue, les quatre Égyptiens en revanche montraient des signes de nervosité flagrants. Metzaco fixait Meren-Maât avec un regard chargé d'une haine incommensurable. S'il n'avait tenu qu'à lui, il l'aurait égorgé sans se soucier des conséquences. Mais mon frère avait vu juste : Amonisfet n'était pas décidé à mourir. Et il disposait d'un atout précieux.

– Que chacun reste calme ! dit-il. Je vais emmener Edna. Si vous n'essayez pas de nous poursuivre, elle aura la vie sauve. Nous allons quitter Anahuac et disparaître pour toujours. Je la libérerai quand nous serons hors d'atteinte. Si vous faites quoi que ce soit pour nous en empêcher, elle mourra.

En moi-même, je songeai que ce chien ne serait jamais hors d'atteinte. Il devait savoir que Meren-Maât lui livrerait une chasse impitoyable. Mais nous ne pouvions risquer la vie d'Edna en le contredisant.

Il y eut un instant de flottement. Amonisfet reprit la jeune femme contre lui et lui tira violemment les cheveux en arrière. La lame de bronze se posa sur son cou, dégoulinant du sang de Meren-Maât. Edna poussa un cri de frayeur. D'un signe discret, j'ordonnai à mes guerriers de reculer pour libérer la sortie du temple. Lorsqu'il fut assuré que nous obéissions à ses ordres, Amonisfet se dirigea lentement vers la porte, suivi par ses complices. J'attendis qu'ils fussent éloignés pour m'approcher de l'autel. À gestes précautionneux, je coupai les liens qui emprisonnaient mon frère. Il se redressa en frottant ses poignets endoloris, et essuya le sang qui coulait de sa blessure au cou. Puis il apostropha le traître.

– Amonisfet, tu as tout intérêt à tenir ta parole, car, s'il arrive le moindre mal à Edna, tu regretteras de m'avoir suivi en Anahuac.

À regret, nos guerriers s'écartèrent. Amonisfet et ses acolytes sortirent à pas lents. Fermement agrippée par le scélérat, Edna nous jetait des regards désespérés. J'aurais voulu agir, lui porter secours, trouver un moyen de neutraliser ce monstre, mais comment ? Nous les suivîmes de loin.

– À présent, restez près du temple ! s'exclama Amonisfet. Si un seul d'entre vous nous traque, je la tue.

Meren-Maât nous fit signe de ne plus bouger. Soudain, une rumeur sourde se fit entendre. C'était comme si la forêt s'était mise en marche. Interloqués, les fuyards s'arrêtèrent, ne sachant pas d'où provenait le bruit. La rumeur s'amplifia, devint grondement, puis une foule importante apparut entre les arbres. Les citadins avaient appris ce qui s'était passé, et ils s'étaient portés à notre secours. Il y avait là plusieurs milliers de personnes, des paysans et des pêcheurs armés de bâtons, des femmes, des vieillards et même des enfants, Égyptiens et Olmèques confondus. Une immense clameur monta de leurs rangs lorsqu'ils constatèrent que mon frère était vivant. Celui-ci écarta les bras.

– N'approchez pas ! hurla-t-il. Si vous les empêchez de partir, ils tueront mon épouse.

Mais la foule ne comprenait pas et continuait à progresser, les suivants poussant les premiers arrivés. Constatant que la marée humaine commençait à encercler le temple, Amonisfet s'égosilla :

– Meren-Maât ! Ne les laisse pas approcher ! Ordonne-leur de s'écarter.

Une angoisse nouvelle me tordit l'estomac. Il était impossible de figer une telle foule en marche. Edna poussa un cri. La lame venait de lui entamer la gorge.

– Arrêtez ! s'écria Meren-Maât.

La foule hésita. Les premiers avaient compris le danger et obéi. Puis tout à coup, on reconnut Metzaco. Des cris de stupeur jaillirent, qui se transformèrent en un brouhaha indescriptible. Peu à peu, la lumière se fit dans les esprits, et les citadins comprirent que le prêtre les avait trompés, qu'il était, comme l'avait dit Quetzalcoatl, à l'origine des derniers massacres et de la guerre contre le Peuple des Nuages. Un vent de colère souffla, des insultes fusèrent, puis des pierres sifflèrent en direction du scélérat.

– Nooon ! explosa Meren-Maât.

Mais on ne l'écoutait plus. Des mouvements contradictoires agitaient la marée humaine. Certains voulaient reculer, obéir aux ordres royaux. D'autres au contraire exigeaient une vengeance immédiate, sans prendre conscience du danger couru par Edna. Impuissant, je me mis à hurler pour contenir les plus excités. Mais comment endiguer la colère d'un peuple ?

– Restez où vous êtes ! s'égosilla Amonisfet.

C'était peine perdue. Une pluie de cailloux s'abattit sur Metzaco et les guerriers félons. Ils hurlèrent de douleur et de rage et s'abritèrent comme ils purent de leurs bras. Amonisfet avait reculé en direction du temple, dont les ruines lui offraient un refuge incertain. À cause d'Edna, dont il se servait comme d'un rempart, les pierres l'épargnaient encore, mais pour combien de temps ? Les insultes fleurissaient, des exaltés brandissaient leurs armes vers le traître.

– Arrête-les ! hurla Amonisfet à mon frère.

Meren-Maât ordonna aux guerriers de s'interposer, puis il s'avança pour tenter de contenir la fureur de la foule. Mais autant essayer d'arrêter un cyclone. Les plus excités rappelaient à l'intention des autres les crimes commis par les assassins, les corps mutilés et torturés, les enfants éventrés et éviscérés, les femmes violées et massacrées. Leur colère s'entretenait d'elle-même, s'amplifiait comme un orage que plus rien ne pouvait maîtriser. Meren-Maât avait beau hurler, rien n'y faisait. Ivre de haine, le flot humain cerna Metzaco et les guerriers. Soudain, pris de panique, les quatre Égyptiens tentèrent de s'échapper en courant vers la forêt. Avant que nous n'ayons pu réagir, une bande de fous furieux les avait rattrapés. En quelques instants, ils furent pris à partie, frappés, exterminés à coups de poing, à coups de bâton, à coups de pierre. Leurs hurlements d'agonie se fondirent dans les braillements hystériques de la foule. Puis la fureur se porta sur Metzaco et les derniers hommes-jaguars. Le prêtre menaça une dernière fois le flot humain des foudres divines. Mais elle avait dépassé le stade de la peur. Une pluie de projectiles s'abattit sur lui et ses hommes, les frappant à la tête, au torse, aux membres. Fasciné, je vis avec horreur s'exprimer la vengeance des Olmèques. Leurs victimes tentaient de se protéger de façon dérisoire en se couvrant de leurs bras. Peu à peu, les corps lacérés par les arrêtes vives des cailloux se couvrirent de sang. Lorsqu'ils s'écroulèrent enfin, des surexcités s'acharnèrent sur eux, continuant de les frapper à coups de bâton ou de pied. Lorsqu'ils s'écartèrent, il ne restait plus du prêtre et de ses sinistres assassins que des amas informes et sanglants.

Pétrifié de terreur, Amonisfet comprit qu'il ne pourrait échapper à son sort.

– Meren-Maât ! Arrête-les ! clama-t-il d'une voix stridente où perçait une terreur sans nom.

Edna, plaquée contre lui comme un bouclier vivant, hurlait de panique. Elle avait assisté, épouvantée, à l'atroce lapidation des autres. Quelques projectiles avaient percuté le mur près d'elle.

Redoutant que la foule ne se précipitât sur Amonisfet sans tenir compte de la jeune femme, j'ordonnai aux guerriers de s'interposer. La foule, décontenancée, un peu dégrisée par le répugnant massacre auquel elle venait de se livrer, s'immobilisa.

Je me tournai vers le félon. Celui-ci, en proie à la terreur la plus totale, avait encore enfoncé sa lame dans la gorge de la jeune femme. Une rigole de sang coulait sur son cou, ruisselait entre ses seins dévoilés par la brutalité du traître. Elle respirait avec difficulté, les yeux agrandis par la panique. L'angoisse me broyait la poitrine. Je n'osais plus bouger, de peur de provoquer un mouvement fatal de la lame de bronze.

Amonisfet éclata alors d'un rire saugrenu, haché, provoqué par la peur.

– Oh non ! murmurai-je.

Meren-Maât avait compris que son ennemi se savait perdu. Il se rapprocha lentement de lui. Des larmes ruisselaient sur les joues d'Edna.

– Épargne-la, Amonisfet, gémit mon frère. Si tu la relâches, je te jure sur mon honneur de te laisser la vie sauve et de te laisser partir.

L'autre repartit de son rire saccadé.

– Tu ne peux plus me sauver, Meren-Maât. Je regrette de ne pas t'avoir tué tout à l'heure. Je n'échapperai pas à ces hystériques. Mais avant de mourir, je vais te frapper d'une manière que tu n'oublieras jamais. Regarde !

Et, sans hésitation, il trancha la gorge d'Edna. Meren-Maât poussa un hurlement de bête blessée à mort et bondit sur Amonisfet. La jeune femme s'écroula sur le sol en se tenant le cou, les mains écarlates. Le scélérat pointa son glaive sur Meren-Maât, mais celui-ci lui saisit le bras et le brisa d'un coup tellement violent que les os saillirent par la blessure. Amonisfet poussa un glapissement d'horreur et de souffrance. Puis Meren-Maât le prit à la gorge, le décolla du sol et lui broya la nuque. Le monstre s'affala sur le sol comme un pantin désarticulé.

L'instant d'après, mon frère et moi étions tous deux penchés sur Edna. Celle-ci vivait encore, mais ses yeux perdaient déjà leur éclat. Sa respiration était saccadée, hachée par la douleur et la certitude de la mort proche. Il me semblait revivre la nuit terrible où la petite Rîany avait été tuée par le jaguar géant. C'était la même sensation d'injustice que je lisais dans les yeux d'Edna. Je m'accroupis à ses côtés. Elle eut un regard pour moi, où passait toute la tristesse du monde. Elle aurait voulu parler, mais pas un son ne sortait de sa bouche. Un silence impressionnant s'était installé sur la forêt. Comme si elle prenait conscience de son erreur, la foule commença à reculer lentement, sans un mot. Jusqu'au dernier moment, Edna ne quitta pas Meren-Maât des yeux, pour qu'il soit l'image ultime qu'elle emporterait avec elle. Son corps tremblait, ses mains s'agrippaient désespérément à celles de mon frère. Les mâchoires serrées, impuissant, il regardait la vie s'échapper du corps de sa compagne.

Un sentiment de gâchis innommable m'envahit. Un nom s'imposait à moi, m'inspirant toute la haine, tout le mépris, tout le dégoût du monde : Pen-Aser. Car c'était bien lui le premier responsable de cette abjection, de tous ces morts, de toute cette souffrance. Sa jalousie fielleuse avait poursuivi mon frère jusque dans ce monde ignoré. C'était lui qui avait semé dans le cœur d'Amonisfet les germes de sa haine absurde. Mon cœur était partagé entre la rage et la nausée. J'aurais voulu tenir ce misérable, lui broyer la tête à coups de hache. Mais il était hors de portée de ma fureur.

Edna mit un long moment à mourir. Un espoir insensé se leva en moi, car je crus un moment qu'elle allait survivre. Mais le flot de sang ne tarissait pas. Son teint devenait de plus en plus pâle. Enfin, elle laissa échapper un cri léger, et sa tête retomba sur le bras de Meren-Maât. Alors, celui-ci poussa un hurlement déchirant, puis s'abattit sur le corps de sa compagne, pleurant comme un enfant.

La foule hébétée contempla son roi, consciente d'avoir une part de responsabilité dans la mort de la jeune femme. Certains regardaient autour d'eux, ahuris, comme s'ils s'éveillaient d'un cauchemar. D'autres s'étaient mis à pleurer. Sur qui, sur quoi ? Sur les assassins qu'ils avaient tués à coups de pierre ? Sur leur jeune reine ? Sur eux-mêmes ? La colère nous avait tous marqués de sa folie. Moi-même, j'avais pris un plaisir malsain à tuer les traîtres qui nous interdisaient l'entrée du temple. Un profond écœurement m'envahit, envers les hommes, envers la vie...

Et envers moi-même. Edna ne méritait pas de mourir ainsi. J'aurais dû l'empêcher de venir, la faire garder par des guerriers...

Meren-Maât souleva le corps de sa compagne dans ses bras et prit le chemin du retour, à pas lents. La foule silencieuse s'écarta. Incapable de lui dire le moindre mot tant ma peine était grande, je le suivis, imité aussitôt par Zangha, qui cachait son visage dans ses mains, et par Ragnar, dont le visage de brute ruisselait de larmes. Nos guerriers, la tête basse, se mirent en chemin. Beaucoup avaient les yeux rouges.

Soudain, Ragnar, la voix brisée par l'émotion, s'adressa à la foule.

– Tout cela est de votre faute ! Votre roi vous avait ordonné de vous tenir à l'écart. Vous ne l'avez pas écouté. C'est vous qui avez tué Edna. Vous l'avez tuée ! Je vous déteste ! Je vous déteste !

Personne n'osa lui répondre. Sa voix cassée par le chagrin impressionna plus encore que ses paroles. Peu à peu, les visages se brouillèrent, et un concert de lamentations s'éleva, incroyable, douloureux. Lentement, la foule nous emboîta le pas, composant un étonnant cortège funèbre. Meren-Maât transporta ainsi son épouse jusqu'à Lo-Ren.

Lorsque nous arrivâmes, Pezcatl avait cessé de vivre. Je ne sus jamais qui l'avait tué. Je soupçonne certains de nos compagnons, ceux qui avaient pénétré dans le temple, d'avoir regagné la capitale avant nous. On avait tranché la tête du grand prêtre d'un coup de hache précis, sans doute pour éviter une nouvelle boucherie.

Il ne fut guère pleuré.

Le lendemain, tandis que la cité se remettait lentement du drame, Meren-Maât m'entraîna à l'écart. Nous nous rendîmes sur l'esplanade méridionale, d'où l'on dominait la ville basse. Un temps lourd et gris pesait sur la jungle, masquant les montagnes lointaines. Un vent frais balayait la plaine, laissant présager la pluie. Tout me semblait gris, sale.

Meren-Maât observa un long silence, puis se décida à parler.

– Je l'aimais plus que ma vie, mon frère. Tu le sais, puisque tu sais tout de moi. Amonisfet a payé, et tous ceux qu'il avait manipulés pour parvenir à ses fins. Mais le véritable criminel, celui qui est à l'origine de toute cette horreur, celui-là vit encore. J'ai pris ma décision : nous allons retourner en Égypte, et je demanderai justice à la reine Hatchepsout. Je ne veux plus rester dans ce pays. Depuis hier, je vois partout l'ombre d'Edna. Je ne peux pas m'habituer à l'idée que je ne la verrai plus jamais.

Je tentai de le raisonner.

– Il te reste tes enfants. Et Isah-Bel...

– J'ai beaucoup de tendresse pour elle. Mais je ne l'ai jamais aimée comme j'ai aimé Edna. Sans le savoir, le roi d'Ebla m'a fait le plus beau cadeau de ma vie en me l'offrant. Elle ne devait pas mourir aussi jeune. Elle était gaie, elle était la vie elle-même. Pas une fois elle ne m'a causé le moindre chagrin, la plus petite contrariété. Sauf hier. Le seul jour où elle m'aura fait de la peine.

Il serra les poings pour retenir ses larmes, puis souffla d'une voix rauque :

– Son assassin doit payer !

Il ne changerait pas d'avis. Je le pris par l'épaule et le serrai contre moi avec affection.

– C'est bien, mon frère bien-aimé. Nous allons repartir en Égypte.

34

Le lendemain du drame, Meren-Maât fit connaître sa volonté de partir. Il y eut un moment de panique parmi les Olmèques. Quetzalcoatl était fâché contre son peuple à cause de la mort de sa compagne, et il l'abandonnait. Une foule incessante s'agglutina devant le palais pour le supplier de rester. Il démentit la rumeur : il ne tenait pas rigueur aux citadins de s'être portés à son secours. Il comprenait la colère qui les avait poussés à massacrer les criminels. Ils n'étaient pas responsables de la mort d'Edna. Le véritable assassin vivait au-delà du Grand Océan, et il devait lui demander justice. On se lamenta. Il allait entreprendre un voyage dangereux. Peut-être ne reviendrait-il jamais... Il assura alors qu'il n'avait pas l'intention de rester en Égypte. Les Olmèques l'avaient choisi pour roi. Il reviendrait.

On ne retint que ces derniers mots : il reviendrait. Alors, on allait attendre son retour avec patience. On ne doutait pas un instant qu'il tiendrait parole. De mauvais démons avaient usé de pouvoirs maléfiques pour le faire tomber dans un piège, mais il les avait vaincus. Il triompherait également de son dernier ennemi, qu'ils assimilaient à une divinité malfaisante.

Isah-Bel elle aussi avait tenté de le retenir.

– Cela fait près de douze années que tu as quitté ton pays, Meren-atl. Peut-être cet homme est-il mort. Que vas-tu chercher là-bas ? La vengeance ? Même s'il vit encore, sa mort ne ramènera pas Edna.

– Il y a d'autres raisons. J'ai fait ce voyage grâce à l'aide de la reine d'Égypte Hatchepsout. Je dois lui rendre compte de ma découverte.

– Tu as aimé cette femme, n'est-ce pas ?

– Oui, ma douce compagne, je l'ai aimée. Mais, comme tu viens de le dire : je l'ai quittée il y a douze ans. Et l'amour que j'ai éprouvé pour elle remonte à plus de vingt ans. Si Edna n'avait pas été tuée, jamais je ne serais reparti. Cependant, Hatchepsout reste le souverain du Double-Royaume. C'est à elle que je veux demander justice.

Elle avait compris que sa décision était irrévocable.

Plus tard, alors qu'elle se retrouvait seule avec moi, elle me parla.

– Il ne reviendra pas ! me dit-elle d'une voix mal assurée.

– Il reviendra lorsqu'il aura obtenu la condamnation de Pen-Aser, répondis-je doucement. Sa vie est en Anahuac, mais son cœur ne connaîtra pas la paix tant qu'Edna ne sera pas vengée. Combien de personnes sont mortes à cause de la haine morbide de Pen-Aser ? C'est lui qui a manipulé Amonisfet. À travers lui, il a tué Dereb, Hamel, Hualco, Mahatlazol et tant de nos compagnons. Il a déclenché la guerre contre le Peuple des Nuages, au cours de laquelle ton frère Huwan-Tlaloc a péri. Et il a assassiné Edna. Meren-Maât ne peut lui pardonner.

– Je sais qu'il a vraiment l'intention de revenir. Mais... j'ai un mauvais pressentiment.

Un profond malaise m'envahit. Les prémonitions d'Isah-Bel n'étaient jamais dénuées de fondement.

– Le voyage que nous allons entreprendre est dangereux, c'est vrai, mais...

Elle m'interrompit.

– Ce n'est pas le voyage que je redoute, Khenty. Meren-atl connaît la mer. Elle est son amie, et elle ne lui fera pas de mal. Le danger est ailleurs, dans ce pays que je ne connais pas. Il ne va pas y trouver la justice qu'il cherche. Un péril immense le guette là-bas. Je le lui ai dit, mais il a refusé de m'écouter. Il est persuadé que je n'agis ainsi que pour essayer de le retenir.

Elle se jeta dans mes bras et me serra avec force.

– Oh, Khenty ! Il faut que tu veilles sur lui ! Ne le quitte jamais !

– Meren-Maât est mon frère, Isah-Bel. Je me ferais tuer pour lui, tu le sais.

En notre absence, elle deviendrait la régente d'Anahuac. Jamais la situation ne s'était produite auparavant, et c'était la première fois que le royaume serait dirigé par une femme. Bien entendu, au cas où nous ne reviendrions pas, K'in-Hotep succéderait à son père. Mais il n'avait que neuf ans. Meren-Maât avait confié à K'ayoum la tâche de seconder Isah-Bel. Il était le neveu de mon ami Hualco, et j'avais eu plusieurs fois l'occasion d'apprécier son intelligence et ses talents de meneur d'hommes. Il serait soutenu par les quatre capitaines égyptiens qui resteraient à Lo-Ren.

Meren-Maât avait décidé que la flotte ne comporterait que cinq navires. En prévision du départ, ceux-ci étaient déjà en grande partie chargés. On emportait essentiellement des pierres précieuses, jade, améthyste, cornaline, du minerai aurifère, du bois d'acajou, ainsi que du tabac et de la coca, qui seraient certainement appréciés à la cour. On embarqua également plusieurs dizaines de chèvres, de moutons, ainsi que des agoutis et même trois couples de lamas. Nous espérions en ramener au moins un en Égypte, mais peut-être serions-nous obligés de les manger. Nos réserves de blé et d'orge ayant disparu depuis les premiers temps, nous organisâmes des cultures de maïs dans des bacs de bois afin de lutter contre le saignement de gencives. Lors du voyage aller, nous n'avions perdu aucun homme à cause de cette maladie, mais nous avions eu la chance de débarquer sur des îles regorgeant de fruits. Si, comme les Hommes rouges, nous arrivions dans les parages des Cassitérides à cette époque que l'on appelle l'hiver, nous risquions de périr de ce mal étrange. Je pris donc la précaution de doubler le nombre de bacs, et j'ordonnai que l'on chargeât aussi de grandes quantités de fruits. Ils avaient tendance à pourrir très vite, mais nous tenterions de les faire durer le plus longtemps possible.

J'avais peine à quitter ma douce Letihuacan et mes enfants. J'approchais des cinquante ans, et la perspective de ce voyage m'effrayait. J'avais rêvé terminer ma vie dans ce pays attachant, à regarder s'agrandir la famille que j'avais fondée, à chasser le cerf et le pécari, à écouter les vieux narrer de vieilles légendes. Mais les dieux et mon frère en avaient décidé autrement.

Depuis la mort d'Edna, nous ne dormions pas beaucoup. Letihuacan pleurait, m'abreuvait de conseils de prudence, m'assurait qu'elle m'aimait, me suppliait de revenir, me prévenait contre les femmes égyptiennes qu'elle ne connaissait pas, mais qu'elle supposait toutes prêtes à me séduire. Elle me fit promettre de fuir les tempêtes et les combats, de me nourrir à suffisance, de me protéger du froid, de la chaleur, des bêtes sauvages, des maladies, des dieux malfaisants. Je dus accepter une quantité invraisemblable d'amulettes destinées à me garantir de tous les dangers connus et inconnus. Les enfants n'étaient pas en reste, qui sanglotaient d'abondance, agrippés à moi. Les plus jeunes, qui parlaient à peine, ignoraient la raison de cette débauche de larmes, mais, par solidarité, ils imitaient leurs aînés. Quant à moi, je buvais l'amour des miens, je le dégustais, m'en enivrais.

Meren-Maât avait voulu que les funérailles d'Edna aient lieu au bord de la mer. Tous deux partageaient l'amour de l'océan. Elle ne manquait jamais de l'accompagner lors des courtes expéditions annuelles destinées à l'entretien des navires. Un bûcher haut de plus de dix coudées avait été dressé sur la grève, près de l'embouchure du Coatzal.

La plage était noire de monde. Plus de la moitié de la population de Lo-Ren avait fait le voyage. La totalité des pirogues avait été utilisé. Sans doute la foule se sentait-elle responsable de la mort de la jeune femme, et ce déplacement était une manière de lui rendre hommage. Il y avait là des hommes, des femmes, mais aussi des enfants de tous âges, et même des vieillards qu'il avait fallu porter sur des litières. Je me rendis compte à quel point Edna avait su se faire aimer depuis dix ans que nous étions installés en Anahuac. Beaucoup de nos rudes guerriers aux joues mangées de barbe avaient les yeux rouges lorsque son corps, enveloppé dans un drap blanc, fut déposé sur le bûcher.

Meren-Maât plongea lui-même la torche dans les fagots. Bientôt, de hautes flammes s'élevèrent, attisées par les vents violents qui soufflaient de l'orient. Un silence extraordinaire s'était installé sur la foule. Même les enfants, d'habitude si turbulents, se taisaient. Je crois que jamais je ne ressentis une telle communion dans la douleur et la peine. Le brasier diffusait une lumière et une chaleur intenses. Personne ne parlait. Il me semblait que chacun voulait partager le chagrin de Meren-Maât, comme pour lui apporter un réconfort. Nous avions déjà oublié les démons responsables de ce drame. Ils avaient voulu nous détruire, mais ils n'avaient réussi qu'à resserrer les liens existant entre Meren-Maât et son peuple – pardon, entre Quetzalcoatl et son peuple. Car les Olmèques ne l'appelaient plus que de cette manière, et il nous arrivait souvent, à nous autres Égyptiens, d'utiliser aussi ce nom.

Le départ de la flotte était prévu pour le lendemain même. Meren-Maât m'avait avoué qu'il n'aurait pas le courage de revenir à Lo-Ren avant de partir. Le bûcher brûla toute la nuit, déchirant les ténèbres de sa lueur éclatante. Les vents tourbillonnants arrachaient parfois des gerbes d'étincelles lumineuses qui s'envolaient en longues écharpes mouvantes et crépitantes. On eût dit que l'esprit d'Edna n'en finissait plus de quitter la terre des hommes pour rejoindre les cieux. Elle se séparait de nous à regret.

Meren-Maât et moi restâmes éveillés jusqu'au lendemain, les yeux brûlés par la lumière et l'épuisement. À l'aube, il ne restait plus que quelques braises rougeoyant encore sous l'effet des vents. Le temps tourmenté de la veille avait fait place à un ciel plus clément. À l'orient, un soleil resplendissant se leva ; de longs filaments nuageux s'embrasèrent d'une lumière étincelante. Des franges d'or rose contrastaient avec le bleu intense où, à l'ouest, persistaient quelques étoiles.

L'une d'elles luisait d'un éclat particulier. Elle brilla ainsi jusqu'au moment où nous embarquâmes sur les navires, comme pour saluer notre départ.

K'ayoum déclara :

– Quetzalcoatl, cette étoile est née avec ce jour, pour porter en nos cœurs l'espoir de ton retour. Jamais cet espoir ne mourra en nous [1].

1. Quetzalcoatl est aussi appelé le Seigneur de l'Aube.

LE RETOUR

35

Il nous fallut presque un mois pour atteindre l'endroit d'où partait le courant reconnu par Hirabaal. En raison de la longue traversée qui nous attendait, nous accostions tous les trois jours pour passer une nuit à terre et reconstituer nos provisions de fruits. Ceux que nous avions embarqués n'avaient pas résisté très longtemps. Heureusement, le climat humide et chaud favorisait la pousse des germes de maïs.

À bord des navires, l'atmosphère n'était plus celle du voyage effectué dix années plus tôt. À l'époque, même si l'angoisse étreignait nos cœurs – car nous ne savions pas où nous allions, ni même si nous arriverions quelque part –, une formidable exaltation nous soutenait. Je crois que, au fond de nous, nous savions déjà que nous allions réussir. Les dieux avaient insufflé l'espoir en nous.

En revanche, cette nouvelle traversée me laissait une impression de malaise. Bien sûr, nous revenions en Égypte en héros. Nous avions franchi le Grand Océan ; nous avions découvert un monde nouveau, avec lequel le Double-Royaume allait pouvoir établir de fructueuses relations commerciales. Mais nous savions aussi que ce n'était pas la satisfaction d'avoir réussi qui nous avait amenés à accomplir ce nouveau voyage ; la véritable motivation était la haine et le désir de vengeance. Et même si notre soif de justice était parfaitement justifiée, elle risquait fort de se traduire par un affrontement sans pitié où le sang coulerait.

L'enthousiasme et la joie de vivre de Meren-Maât s'étaient dilués dans un silence morose. Le souvenir d'Edna le hantait. Lui d'habitude si curieux de tout ne s'intéressait pas aux côtes nouvelles que nous longions. Il donnait ses ordres brièvement, demeurait de longs moments debout à l'avant du *Cœur d'Isis*, scrutant l'horizon, comme s'il avait voulu nous transporter par la pensée de l'autre côté. Une sourde impatience vibrait en lui.

Zangha partageait ces silences, Elle restait derrière lui, aussi immobile qu'un *kâ*. Parfois, elle s'asseyait sur le pont et, à gestes lents, aiguisait la lame du long poignard qui ne la quittait jamais. La haine de Meren-Maât avait trouvé un écho en elle. Elle avait appartenu à Pen-Aser avant que mon frère ne la lui rachetât. Elle n'avait pas oublié les mauvais traitements qu'il lui avait fait subir. Mais ils ne constituaient pas la véritable raison de sa colère. Zangha adorait Edna, qui l'avait toujours traitée comme une sœur. La rage froide et impitoyable qui luisait dans ses yeux farouches signait l'arrêt de mort de son ancien maître.

Avant le départ, Meren-Maât avait proposé aux Olmèques d'embarquer quelques-uns d'entre eux. Tous avaient refusé, sauf Mineesakea. D'une nature curieuse, il éprouvait l'envie de découvrir le monde d'où venait Quetzalcoatl. Depuis notre départ, tout lui était sujet d'émerveillement.

Mineesakea n'était pas prêtre. Il ne possédait aucune connaissance en astronomie ni en mathématiques, comme mon malheureux Hualco. En revanche, c'était un chasseur remarquable, qui n'ignorait rien de la jungle et des hauts plateaux d'Anahuac. J'avais eu de nombreuses fois l'occasion de chasser à ses côtés, et nous partagions quantité de souvenirs. Je passais de longues heures à bavarder avec lui, en langue olmèque. L'idée de traverser le Grand Océan le terrorisait, mais il savait dissimuler son angoisse, car il se réjouissait d'être accueilli en Égypte. Souvent, il me demandait de lui parler de notre bien-aimée reine, des temples, de la cité d'Ouaset.

Nos marins peinaient sur les rames. Comme moi, presque tous avaient atteint ou dépassé la quarantaine. Nos corps n'étaient plus aussi résistants qu'autrefois, et les capitaines devaient effectuer des rotations plus fréquentes. Pourtant, la flotte progressait. Les notes prises par Hirabaal étaient abondantes et précises. Un soir sur deux, nous le retrouvions pour un bivouac terrestre, et il nous commentait ce que nous allions rencontrer le lendemain. À chacun des voyages précédents, il avait consigné scrupuleusement toutes sortes d'éléments, les intempéries, la couleur de l'eau, les animaux marins et les oiseaux, la position des étoiles, les caractéristiques de la côte – la forme des rochers, la végétation, les tribus indigènes. Ces guides nous permirent d'éviter les détours au cours desquels il avait perdu beaucoup de temps lors de ses explorations précédentes.

Pourtant, cette navigation vers l'est semblait interminable. Nous traversâmes l'embouchure de plusieurs fleuves, dont celui qui, comme le Nil, connaissait des crues phénoménales. Les dimensions de ce monde me stupéfiaient. Bientôt, ainsi que l'avait prédit Hirabaal, la côte s'orienta au sud. Il nous fallut naviguer plusieurs jours avant qu'elle ne reprît la direction de l'est, puis du nord. Parvenus de l'autre côté, nous ne la longeâmes qu'une journée. Le soir, à terre, Hirabaal déclara :

– Demain, nous cinglerons vers la haute mer. Le courant n'est plus très loin.

Je me demandais comment il parvenait à retrouver ses repères sur un rivage aussi monotone. Pourtant, il ne commit aucune erreur. Deux jours plus tard, nous croisions un archipel semblable à celui que nous avions abordé à l'arrivée, dix ans plus tôt. À peine l'avions-nous contourné qu'un puissant courant nous entraîna vers le nord-est. Une nouvelle fois, nous quittâmes la présence rassurante de la terre pour nous lancer vers le plein océan.

Toutefois, la navigation se révéla plus délicate. Des vents contraires nous ralentissaient, et il nous fallait orienter les voiles correctement pour utiliser leur force. Parfois, nous étions obligés de les affaler et de n'avancer qu'à la rame.

Les dieux ne se montrèrent guère cléments. Le quatrième jour, le ciel se couvrit par le sud, et des troupeaux de nuages noirs fondirent sur nous à la vitesse d'un cheval au galop. Nous eûmes à peine le temps d'abaisser les mâts. En moins d'une heure, un grain d'une extrême violence s'abattit sur les navires.

Meren-Maât restait impassible, comme si la tempête ne le concernait pas. Il y avait en lui une lassitude que je ne lui connaissais pas, et qui m'angoissait. Je redoutais le pire, car les gestes de nos marins étaient moins assurés qu'autrefois. En dix ans, nous avions perdu de notre maîtrise. Devant les murailles liquides qui se ruaient sur nous, je crus que notre aventure allait se terminer là, dans le vacarme monstrueux des lames. Des masses d'eau furieuses balayaient le pont du navire. Par précaution, nous nous étions encordés, aux bancs de nage, au mât, à la cabine. Certains s'étaient réfugiés dans les cales, avec les animaux qui hurlaient de terreur. Je vis l'un de nos compagnons, un Crétois, basculer par-dessus bord. Je parvins à m'approcher de la lisse, mais il était trop tard : il avait déjà disparu dans les flots.

Près de moi, Mineesakea, affolé, gémissait entre deux nausées. Notre pauvre *Cœur d'Isis* craquait, grinçait comme s'il allait se disloquer d'un instant à l'autre. Au loin, on distinguait à peine les autres navires. Par moments, ils disparaissaient derrière de véritables collines mouvantes et grondantes. Le ciel lourd et ténébreux paraissait vouloir se fondre avec l'océan. Nous allions être écrasés entre les masses infinies des deux divinités.

Nous fûmes sauvés par un miracle incompréhensible. Droit devant nous, pour une raison inexplicable, la mer s'apaisait. J'ignore si ce fut l'acharnement désespéré des rameurs ou le courant qui nous mena vers cette zone de calme, mais, lorsque nous y pénétrâmes, les vagues se firent beaucoup moins violentes. Elles se gonflaient, lourdes et lentes, comme si l'eau s'était transformée en une huile épaisse et noire. Nous eûmes l'impression d'avoir franchi la frontière d'un monde différent, où les dieux de l'Orage n'avaient pas droit de cité. La fureur de l'ouragan n'avait aucune prise sur ces eaux étranges. Pourtant, malgré l'accalmie, les rameurs devaient accomplir des efforts importants pour mouvoir le navire. Intrigué, je jetai un coup d'œil par-dessus la lisse. L'aspect de l'eau était bizarre. Les flots semblaient imprégnés d'une substance d'un vert brun sombre. Meren-Maât me rejoignit.

– Des algues ! dit-il. Toute cette partie de l'océan est envahie par les algues.

Il ordonna aux marins de cesser leurs efforts. Cette étendue incompréhensible nous offrait une sécurité relative. Il valait mieux attendre là que la tempête s'arrêtât. Je scrutai les profondeurs glauques, qui dessinaient comme une improbable forêt sous-marine, où des milliers de traits sombres filaient vivement. Des anguilles [1].

Les autres vaisseaux manœuvraient pour se rapprocher de nous. À la lueur des éclairs, nous nous rendîmes compte que l'un d'eux manquait à l'appel. Hasdrubaal, le capitaine du quatrième vaisseau,

---

1. La mer des Sargasses était connue déjà dans l'Antiquité sous le nom de *Mare Pigrum*. Les anguilles viennent s'y reproduire.

nous adressa un message. Il avait assisté, impuissant, au naufrage. Le bateau s'était brisé en deux, puis avait sombré en quelques instants. Des survivants s'étaient accrochés à des morceaux de bois, mais les vagues furieuses, hautes de plus de vingt coudées, avaient interdit de leur porter secours.

Meren-Maât ordonna de rapprocher le *Cœur d'Isis* au plus près de la zone dangereuse. L'opération ne fut guère aisée, car les algues visqueuses entravaient le travail des rameurs. Malheureusement, nous fûmes obligés de renoncer devant le déferlement démentiel, sous peine de nous mettre de nouveau en péril. Pour répondre à la demande des Cananéens qui souhaitaient apaiser les dieux, nous sacrifiâmes un agneau. La tempête ne se calma pas pour autant. Plus rien à bord n'était sec. Les animaux affolés, coincés dans les cales, ne cessaient de gémir. Lorsque la nuit tomba, nous fûmes engloutis dans des ténèbres liquides déchirées de temps à autre par des éclairs aveuglants, accompagnés de terrifiants roulements de tonnerre.

Peut-être le gouffre sans fond n'existait-il pas, mais cet océan déchaîné n'avait rien à lui envier.

Zangha et Mineesakea s'étaient serrés contre moi, en proie à une peur insidieuse, accentuée par la nuit totale qui nous environnait. Il était impossible de fermer l'œil. Si la mer des Algues nous offrait un abri relatif, elle ne nous protégeait pas de notre propre imagination. Le sel qui poissait nos vêtements, les hurlements du vent et l'odeur écœurante du varech se mêlèrent dans notre esprit pour donner forme à des êtres monstrueux, engendrés par notre angoisse. Cette mer mystérieuse abritait sans doute des créatures abominables qui nous épiaient, tapies dans les profondeurs noires. Nous les imaginions, couvertes d'une peau épaisse et dure comme celle des caïmans, protégées par une fourrure d'algues vivantes, et armées de pinces gigantesques qui leur permettaient de broyer les navires. À chaque craquement de la coque, nous redoutions de voir surgir une bête colossale, aux yeux luisants, qui nous dévorerait les uns après les autres. Jadis, nous ne redoutions pas ces chimères épouvantables. Meren-Maât, qui ne croyait pas aux monstres, interpellait les dieux avec familiarité, narguait les créatures marines en les invitant à se mesurer à lui. Puis, devant l'absence de réaction, il se moquait de notre crédulité et partait d'un grand rire sonore qui nous rassurait.

Cette nuit-là, il ne défia pas les dieux. Il s'était isolé à l'avant, sous la figure de proue de la déesse coiffée de son trône de sycomore, indifférent au déchaînement des éléments. Son visage, illuminé de temps à autre par l'orage, était refermé sur la douleur et la haine. Dominant ma terreur par un violent effort de volonté, je tentai de réconforter mes compagnons. Mais je ne possédais pas la force de caractère de mon frère, et j'eus plutôt l'impression d'ajouter à leur frayeur. Je ne me sentais pas, moi, le courage de provoquer les divinités inconnues qui régnaient sur cette mer étrange.

Cette nuit d'effroi fut sans doute la plus longue de ma vie. Pourtant, elle finit par s'achever. Par l'un de ces changements d'humeur dont seul l'océan est capable, l'aube se leva sur une mer d'huile illuminée par un soleil rasant qui faisait naître des myriades d'ocelles de lumière sur la mer des Algues. Ce spectacle d'une beauté fabuleuse m'étonna tant que j'eus un moment l'impression d'avoir été transporté pendant la nuit dans un autre monde. Les ténébreuses montagnes liquides avaient cédé la place à une étendue d'un bleu irréel, au-dessus de laquelle tournoyaient des nuées d'oiseaux inconnus, sans doute attirés par les anguilles.

Soudain, un cri tomba du mât que nous avions redressé.

– Embarcation vers le sud !

Il ne s'agissait pas d'un bateau, mais d'une pièce de bois provenant du navire disparu. À bord, quatre survivants nous adressaient des signes de détresse. Meren-Maât donna ordre de mettre le cap sur eux. Un peu plus tard, ils étaient sauvés et nous contaient leur aventure. Lorsque leur vaisseau s'était disloqué, ils avaient été précipités dans les flots. Un large fragment de pont flottait à leur portée, sur lequel ils avaient réussi à trouver place. Autour d'eux, les flots déchaînés charriaient des cadavres humains, des animaux morts, des débris de toutes sortes. Il y avait eu d'autres survivants, qui s'accrochaient désespérément à des morceaux de bois trop petits. Incapables de manœuvrer leur esquif de fortune, ils n'avaient pu leur porter secours, et les avaient vu couler, l'un après l'autre.

Les navires rescapés avaient beaucoup souffert. Le mât de l'un d'eux s'était brisé en son milieu. En raison de la soudaineté de la tourmente, les marins n'avaient pas eu le temps de l'abaisser. Meren-Maât avait prévu ce type d'accident, et chaque vaisseau possédait un mât de rechange. Les réparations exigèrent cependant deux jours de travail.

La mer des Algues nous cernait de toutes parts. Le varech, omniprésent, entravait notre progression, s'agrippait aux rames, se collait aux coques. Nous ne pouvions utiliser la voile, car les vents ne soufflaient presque pas. Il nous fallut dix jours pour sortir de cette infernale forêt sous-marine, et une journée de plus pour retrouver le courant venu du sud-ouest.

Comme s'ils avaient voulu se faire pardonner le drame du naufrage, les dieux nous épargnèrent pendant le reste de la traversée et nous accordèrent même des vents favorables. Cependant, les conditions furent tout aussi pénibles. La nourriture vint à manquer. Nous n'avions plus de vin de Dakhla pour alléger nos soucis. Cependant, il n'y eut aucune récrimination, aucune plainte. Nous ne nous dirigions pas vers l'inconnu. Il existait des terres de l'autre côté de l'enfer liquide, des terres que nous connaissions, que nous avions déjà foulées. Un jour enfin, une côte apparut, que nous ne fûmes pas longs à reconnaître : nous étions dans les environs de Gadeth !

Une vive émotion m'étreignit. Au bout des deux mois passés au cœur de l'océan, nous retrouvions des rivages familiers. Cette vue provoqua en moi une réaction étrange. Peut-être toute cette aventure n'avait-elle été qu'un rêve, un rêve qui avait duré dix ans. N'avais-je pas imaginé le fabuleux pays d'Anahuac, la merveilleuse cité de Lo-Ren, la jungle, les hauts plateaux et les montagnes couverts de forêts, le terrible jaguar géant ? N'avais-je pas imaginé la belle Letihuacan et les enfants qu'elle m'avait donnés ? Chaque jour de navigation nous avait éloignés du Pays du Caoutchouc, et avait accentué la douloureuse sensation de déchirement qui me taraudait. Le regard, le visage des miens me fuyaient, et, par moments, je devais accomplir un effort violent pour restituer mentalement leurs traits.

Bien sûr, ce n'était que l'effet de l'épuisement. Tout ce que j'avais vécu là-bas était bien réel, et la présence de Mineesakea le confirmait. Mais il me faudrait entreprendre un nouveau voyage au bout de l'impossible si je voulais revoir ma tendre Letihuacan. Je maudissais ce chien de Pen-Aser dont la vilenie nous avait contraints à revenir en Égypte, et, malgré mon désir violent de retrouver ma famille, je tremblais déjà à l'idée d'affronter une troisième fois l'épreuve épouvantable du Grand Océan. Mes gencives me faisaient mal, ma bouche saignait, et le sel me brûlait la peau. Par endroits, ma chair était à vif. Tous nos animaux avaient péri. Certains avaient été emportés par la tempête, les autres avaient fini dans nos estomacs, y compris les trois couples de lamas, qui ne fouleraient jamais le sol du Double-Royaume. Depuis plusieurs jours, nous ne mangions pratiquement plus, trompant notre faim en mâchonnant qui un morceau de cuir, qui un bout de cordage. Nous n'avions plus que la peau sur les os, nos yeux s'enfonçaient dans leurs orbites, notre valeureux *Cœur d'Isis* paraissait ne transporter que des spectres.

Malgré cela, et malgré le temps écoulé, les habitants de Gadeth ne nous avaient pas oubliés. Notre retour provoqua une immense surprise. Par des navigateurs venus de Byblos, ils avaient appris le but de notre voyage. D'un bout à l'autre de la Méditerranée, chacun s'était accordé à dire que Meren-Maât était fou, et encore plus fous tous ceux qui l'avaient suivi. Dans les ports et comptoirs de la Grande Verte, on avait attendu notre retour avec impatience. Au bout de deux années, on avait commencé à penser que nous avions échoué. Dix ans plus tard, on nous croyait morts, et notre disparition avait accrédité la thèse selon laquelle le Grand Océan se terminait bien au bord d'un gouffre sans fond gardé par des créatures abominables.

Pourtant, nous étions là, harassés, mais bien vivants. On nous accueillit avec la chaleur et l'amitié dont seuls sont capables les gens de la mer, et aussi une insatiable curiosité. Nos hôtes voulaient tout savoir sur les îles lointaines que nous avions découvertes, et chacun de nos marins fut considéré comme un héros. Il y eut bien quelques sceptiques, mais l'aspect insolite de notre compagnon Mineesakea, et la langue inconnue qu'il parlait, et que nous parlions tous, accréditèrent notre récit.

Après ces deux mois éprouvants, nous fîmes enfin un véritable repas. Rarement j'avais autant apprécié le goût de la viande et des fruits que l'on m'offrit. En échange, nous fîmes découvrir à nos hôtes le tabac et les feuilles de coca. Parfaitement protégés dans des coffres étanches, ces marchandises n'avaient pas souffert du voyage. L'étonnement se peignit sur les visages lorsque l'on vit Meren-Maât allumer un cigare et en tirer d'épaisses volutes de fumée. Les plus audacieux l'imitèrent, mais les quintes de toux provoquées par le tabac dissuadèrent la plupart de prolonger l'expérience. En revanche, ils mâchouillèrent avec plaisir les feuilles de coca, qui embrument si bien l'esprit.

Nous étions désormais dans un univers que nous connaissions

bien. Il nous fallut cependant encore deux mois pour parvenir en Égypte, dont un pour remettre les navires en état et réparer nos forces. Enfin, après un dernier voyage sans incident, le cœur serré par l'émotion, nous vîmes se dessiner l'embouchure du Fleuve-dieu, que nous remontâmes, aidés par le vent léger soufflant du nord.

Ce fut à Saïs, où nous fîmes la première escale, que nous apprîmes la terrible nouvelle : la reine Hatchepsout était morte depuis un an, et son beau-fils lui avait succédé sous le nom de Thoutmôsis III.

36

– Comment ? Vous l'ignoriez ?

Le tavernier braqua sur nous des yeux globuleux, injectés de sang, qui trahissaient sa propension à boire lui-même son fonds de commerce.

À peine débarqués, Meren-Maât et moi n'avions pu résister à l'envie d'effectuer une promenade dans la ville. Dévoré par la curiosité, Mineesakea nous avait accompagnés, ainsi que Zangha et Hirabaal. Nous avions retrouvé avec émotion les odeurs, les couleurs, la lumière si particulière à l'Égypte, les étals du marché avec leurs tapis d'épices aux mille nuances, les gamins qui offraient de l'eau aux passants, les notables suivis de leur porte-sandales, l'architecture grandiose des temples, l'animation du port où sommeillaient les lourds bateaux de transport. De nouvelles constructions étaient en cours d'achèvement, et Meren-Maât voulut y voir l'esprit d'Hatchepsout, qui s'exerçait même dans une province aussi éloignée de la capitale. Nous avions observé, intrigués, deux ouvriers occupés à effacer un cartouche sur la stèle d'un temple. Il nous sembla reconnaître sa titulature royale, mais l'incident ne nous avait pas étonnés outre mesure. Sans doute était-il abîmé et les prêtres avaient ordonné sa réfection.

Accoutumés à l'humidité d'Anahuac, nous avions perdu l'habitude de la chaleur sèche et du sable soulevé par les vents du désert. Tous deux eurent tôt fait de nous dessécher le gosier. Nous avions été privés du goût merveilleux de la bière fraîche, et une auberge s'offrait à nous. Elle était presque déserte lorsque nous y pénétrâmes.

Quand le tavernier nous apporta les gobelets de terre remplis à ras bord, Meren-Maât lui demanda des nouvelles de notre bien-aimée reine. Le bonhomme prit une teinte encore plus rouge et contempla mon frère avec stupéfaction.

– Puisses-tu pardonner à ton serviteur, Seigneur, mais ignorerais-tu que la reine a rejoint le Champ des Roseaux ?

Une douleur soudaine nous comprima la poitrine. Meren-Maât pâlit.

– Ce n'est pas possible, dit-il.

L'aubergiste regarda autour de lui avec circonspection, puis il se pencha vers nous et se mit à parler à voix basse.

– Sans doute reviens-tu d'un très long voyage, Seigneur. C'est un sujet qu'il vaut mieux éviter d'aborder.

– Mais pourquoi ? Que s'est-il passé ?

– Je l'ignore, Seigneur ! Je sais seulement que Pharaon est aujourd'hui le très grand Thoutmôsis III, l'Unique, l'Aimé d'Amon. Je ne dois rien savoir d'autre.

Nous comprîmes que l'homme ne nous dirait rien de plus. Meren-Maât n'insista pas.

La bière avait un goût très désagréable...

– Je dois rencontrer le gouverneur ! déclara Meren-Maât lorsque nous ressortîmes de la taverne. Il faut que je sache ce qui est arrivé.

Il ne fut pas difficile de trouver le palais du nomarque. En revanche, il fut plus compliqué d'y entrer. Un intendant obèse, flanqué de six gardes, nous barra le chemin en nous toisant avec dédain.

– Crois-tu que l'on puisse déranger le Seigneur Per-Hathor ainsi ? cracha-t-il d'une voix aigre.

– Je suis le seigneur Meren-Maât, fils de Nefer-Kheret, et prince de Kemit, gronda mon frère. Tu as intérêt à te dépêcher de l'avertir de ma présence si tu ne veux pas recevoir le fouet, imbécile !

Les grasses bajoues de l'intendant se mirent à trembloter sous l'insulte.

– Comment oses-tu ? Un seigneur du Double-Royaume ne porterait pas cette... barbe répugnante et ces cheveux rouges ! Passe ton chemin avant que je n'ordonne aux gardes de te jeter en prison !

– Eh bien, que se passe-t-il ?

Un homme âgé d'une cinquantaine d'années venait de faire son apparition, confortablement installé sur une litière portée par six esclaves. Le gros serviteur glapit :

– Cet individu prétend être un prince d'Égypte, Excellence. Mais regarde comme il est sale et pauvrement vêtu. Il ressemble à un Hyksos...

L'arrivant le coupa d'un geste sec et s'adressa à mon frère.

– Qui es-tu ? demanda-t-il d'une voix méfiante.

– Je suis Meren-Maât, fils de Nefer-Kheret, Seigneur Per-Hathor. Je souhaiterais m'entretenir avec toi.

L'homme afficha alors un visage stupéfait, puis ordonna aux serviteurs de déposer la litière. Il s'approcha de nous et nous dévisagea avec insistance et étonnement.

– Par Amon, serait-ce possible ?

Son attitude ne se révélait pas le moins du monde hostile, bien au contraire. L'intendant obèse comprit aussitôt qu'il avait commis une bévue aussi grosse que lui et se recroquevilla sur lui-même. Le monarque saisit sa *courbash* et en cingla l'énorme fessier du bonhomme.

– Agenouille-toi devant cet homme, triple crétin. À partir de cet instant, traite-le comme moi-même.

L'autre s'exécuta immédiatement, heureux de s'en tirer à si bon compte. L'opération, accompagnée de douloureux soupirs dus à l'essoufflement, me réjouit beaucoup. J'avais toujours détesté les personnages répugnants qui, investis d'un petit pouvoir, en profitent pour humilier les autres.

– Sois le bienvenu, Meren-Maât, déclara-t-il. Tu peux considérer cette demeure comme la tienne.

Mon frère dissimula son étonnement et accepta l'invitation. Houspillant encore une fois le gros intendant, Per-Hathor lui ordonna de faire servir un repas. Quelques instants plus tard, nous étions confortablement installés sur des coussins, dans le jardin intérieur du palais. Un étang couvert de nénuphars, alimenté par un canal relié au Nil, abritait de longues perches qui ondoyaient nonchalamment dans la pénombre glauque. Figuiers et sycomores procuraient une ombre agréable. De jolies esclaves très peu vêtues apportaient des plats appétissants : quartiers d'oie ou de bœuf rôtis, pâtés aux herbes, concombre, oignons, pains fourrés aux dattes, gâteaux au miel, raisins, amandes, figues, abricots, oranges... Après quatre mois passés en mer, la vue de ces mets constituait une vision digne du Nil céleste.

– Mangez à volonté, nous dit le maître des lieux. Je sais que vous revenez d'un très long voyage. Nous bavarderons lorsque vous vous serez convenablement restaurés.

Bien que je ne m'expliquasse pas sa généreuse hospitalité, je bénis cet homme dont nous ignorions tout. J'avais beau fouiller dans ma mémoire, je ne parvenais pas à me souvenir de lui. Mais il respecta notre faim et ne parla que lorsque nous fûmes rassasiés, et après avoir ordonné à ses serviteurs de disparaître.

– Je vois que tu t'étonnes de la chaleur de mon accueil, Meren-Maât, dit-il avec un sourire chargé d'émotion.

– Je veux te remercier pour le soin que tu prends de nous, Per-Hathor. Je ne crois pas avoir le plaisir de te connaître déjà, mais ton amitié me console un peu de la terrible nouvelle que je viens d'apprendre.

Notre hôte sut immédiatement à quoi mon frère faisait allusion. À croire qu'il lisait dans nos pensées.

– Je sais qui tu es, Meren-Maât. C'est notre bien-aimée reine Hatchepsout elle-même qui m'a parlé de toi. Je commandais l'un des navires qui participa, voici quelques années, à l'expédition qu'elle avait organisée vers le mystérieux pays de Pount. Elle voyageait à bord de ce navire, et c'est ainsi que je devins l'un de ses proches.

– Elle avait évoqué ce projet avant mon départ.

– Elle était, tout comme toi, passionnée par les voyages. Elle me fit le grand honneur de son amitié, et ce fut à cette occasion que j'entendis parler de toi. Elle m'expliqua par le détail tes idées incroyables sur le monde, me raconta le but insensé de ton exploration. Elle désespérait de te revoir. Tu devais rester absent deux ou trois ans, mais, à l'époque, cela faisait déjà huit ans que tu étais parti. Elle en avait conclu que tu avais péri dans le Grand Océan. Pourtant, un jour, elle m'a avoué qu'elle gardait au fond d'elle-même un espoir secret. Elle a ajouté : "Meren-Maât est un homme admirable, mon ami. S'il a réellement découvert un autre monde, il prendra le temps de l'explorer avant de revenir. Malheureusement, je ne serai peut-être plus là à son retour. Aussi, s'il revient, je voudrais que tu l'accueilles avec les égards dus à son rang, et aussi que tu le protèges contre sa..."

Per-Hathor eut un sourire contrit.

– Pardonne-moi, mon ami – "... contre sa propre naïveté. C'est un homme foncièrement bon, incapable de déceler le mal. Il aura besoin de toi." Je lui fis le serment de respecter sa volonté. Tu peux donc comprendre ma surprise lorsque je t'ai vu aux prises avec mon hippopotame d'intendant, dont l'esprit est encore plus lourd que la carcasse. Elle m'avait donné de toi une description si fidèle que je ne pouvais me tromper. Ce sont les dieux qui t'ont guidé vers moi. Bénis soient-ils, et béni soit ce jour qui m'a permis de te rencontrer.

Son visage devint soudain très triste, et il ajouta d'une voix nouée par le chagrin :

– Hélas, notre bien-aimée reine ne pourra t'accueillir elle-même à Ouaset. Elle a rejoint les étoiles voici bientôt un an, peu avant Akhet, la saison de l'inondation.

Deux larmes coulèrent sur ses joues. J'eus peine à retenir les miennes. À la manière dont cet homme parlait de la reine, je compris qu'il avait été, lui aussi, amoureux d'elle. Un silence lourd s'installa.

– Le tavernier m'a semblé embarrassé lorsque je lui ai posé la question, reprit Meren-Maât. Que s'est-il passé ? Hatchepsout était encore jeune. Comment a-t-elle pu disparaître ainsi ?

– Personne ne le sait avec certitude, mon ami. Elle a gardé le pouvoir trop longtemps. Le nouveau roi, Thoutmôsis III, – Vie, Force, Santé – aurait dû succéder plus tôt à son père, mais elle refusait de lui céder la place. Elle a œuvré pour le bien du Double-Royaume. Jamais le pays n'avait été aussi prospère. Elle était soutenue par le clergé d'Amon, mais celui-ci a fini par lui préférer le nouveau souverain, et elle fut contrainte de se retirer. Je pensais qu'elle continuerait à veiller sur nous depuis son palais. Pourtant, elle a très vite rejoint l'Ament. Officiellement, elle a succombé à une maladie. Mais certains chuchotent qu'elle aurait été empoisonnée. J'ignore ce qu'il en est, bien sûr, mais, après l'avènement de Thoutmôsis, il n'était pas recommandé d'avoir fait partie des *Amis uniques* de notre reine. Beaucoup y perdirent leurs privilèges. Les complots de cour fleurissaient. Les personnages avides d'honneurs et de fortune, qu'Hatchepsout, avec sa lucidité coutumière, avait muselés, se bousculaient autour du nouveau souverain. Thoutmôsis tenait rigueur à sa belle-mère de l'avoir si longtemps maintenu éloigné du pouvoir, et il était facile à ces vils courtisans d'attirer les foudres de Pharaon sur les anciens favoris. En ce qui me concerne, je fus exilé ici, à Saïs. J'étais devenu indésirable, et le roi lui-même me battait froid, bien que je n'aie jamais agi contre ses intérêts. On pensa me punir, mais je n'avais guère envie de rester à la cour après la disparition de ma reine. Ici, au moins, je mène une existence calme. Les prêtres de cette ville se passionnent pour diverses sciences, et j'ai avec eux des conversations très intéressantes. Je fais tout pour me faire oublier, afin de conserver ce poste de nomarque, qui me convient parfaitement.

– Je comprends à présent pourquoi ces deux ouvriers effaçaient le cartouche d'Hatchepsout sur la stèle.

– Son souvenir est combattu avec virulence. C'est d'ailleurs assez étrange. Elle s'entendait plutôt bien avec Thoutmôsis. C'est elle qui lui a enseigné son métier de roi, et je crois qu'il avait pour elle un grand respect. Mais il est entouré de courtisans qui la haïssaient. Elle leur avait rogné les griffes ; aujourd'hui, ils se vengent en incitant Pharaon à déprécier son œuvre. Tout cela est fait d'une manière insidieuse. On supprime son nom, petit à petit. Je crois que Thoutmôsis ne s'en rend pas vraiment compte, parce que d'autres projets lui tiennent à cœur. Mais je te conseille d'éviter de parler de tes relations avec notre reine bien-aimée. Car je suppose que tu désires te rendre à Ouaset.

– Je dois obtenir justice auprès de Pharaon.

Meren-Maât lui expliqua notre voyage et le complot tramé par Pen-Aser. Per-Hathor l'écouta avec une grande attention. La nuit était bien avancée lorsqu'il termina. Le nomarque demeura un long moment silencieux, stupéfait par tout ce qu'il venait d'apprendre.

– Les dieux sont parfois bien injustes, déclara-t-il enfin. Hatchepsout aurait pris tant de plaisir à entendre ton récit. Elle aurait puni Pen-Aser comme il le mérite. Mais, en ce qui concerne Thoutmôsis, je suis perplexe. Il est plus préoccupé de conquêtes que de voyages. Kemit se prépare à la guerre.

– Contre qui ?

– Oh, peu importe. Les Mitanniens, les Syriens. D'aucuns affirment qu'Hatchepsout s'est montrée trop laxiste avec les provinces lointaines du Levant. Certaines tribus seraient sur le point de se rebeller. Pharaon veut asseoir sa domination sur ces régions et sur les îles du Grand cercle[1]. Je crains que le roi ne soit guère intéressé

1. Les îles du Grand cercle : Chypre, la Crète et les Cyclades.

par ton histoire. Quant à ton frère, je sais que la reine le traitait avec mépris. J'ignore ce qu'il est devenu, mais je ne suis pas retourné à Ouaset depuis l'avènement de Thoutmôsis. Je ne serais pas étonné qu'il fasse partie des courtisans zélés et intéressés qui gravitent autour de lui. Si tel est le cas, tu n'obtiendras jamais ce que tu désires.

Nous restâmes trois jours chez le seigneur Per-Hathor. Avec sagesse, il tenta de convaincre Meren-Maât de renoncer à son projet, qui risquait fort de se retourner contre lui. J'abondai dans son sens. Hatchepsout n'était plus là pour le protéger, et je craignais le pire. L'hypocrisie, la rouerie et l'obséquiosité, apanages des vrais courtisans, faisaient défaut à mon bien-aimé frère. De plus, son esprit libre et indépendant, renforcé par sa vie d'aventures et sa position royale en Anahuac, ne l'incitait pas à courber l'échine. Il avait oublié qu'il lui faudrait se prosterner devant Sa Majesté. Mais il ne nous écouta pas.

Au matin du quatrième jour, nous quittâmes Saïs à bord du *Cœur d'Isis*, commandé par Hirabaal. Les trois autres navires restèrent sur place. Tourmenté par la manière dont se présentaient les événements, Meren-Maât n'avait pas voulu risquer la vie de tous ses guerriers. Pourtant, nombreux furent ceux qui souhaitèrent le suivre. L'équipage comptait plus de soixante-dix marins.

Quinze jours plus tard, nous arrivions en vue d'Ouaset. La cité s'était encore agrandie, et le temple d'Amon s'était enrichi de nouveaux pylônes et de nouvelles salles. Comme à l'époque d'Hatchepsout, la ville multipliait les chantiers de construction ou de réfection. Le port s'était élargi, et le nombre des navires avait augmenté.

Le premier souci de Meren-Maât fut de rejoindre sa demeure. Une mauvaise surprise nous y attendait. L'homme qui ouvrit la porte n'était pas Naga. Il opposa un refus ferme et poli à notre intention d'entrer.

– Pardonne au serviteur que tu vois, Seigneur, mais je ne puis te le permettre. Cette maison appartient au seigneur Pen-Aser.

– Comment ? explosa Meren-Maât.

Je crus un moment qu'il allait frapper le bonhomme. Je tentai de le calmer.

– Ne punis pas l'esclave à la place du maître, mon frère. Cet homme n'est pas responsable. Il ne fait qu'obéir aux ordres.

– Cette demeure est à moi, Khenty. Pen-Aser a profité de mon absence pour la voler.

– N'oublie pas qu'on te croyait mort. Pharaon a dû distribuer tes biens à ta famille. Il n'y a rien là d'extraordinaire. C'est une raison de plus pour lui demander justice. Puisque tu es vivant, il ne pourra refuser de te restituer ton bien.

Il finit par se rendre à mes arguments. À regret, nous nous écartâmes de la maison. Un vieux mendiant s'approcha alors de nous.

– Pardonne à ton serviteur, Seigneur !

L'homme tremblait d'émotion. Il était vêtu de haillons et s'appuyait sur une béquille. L'un de ses yeux était visiblement aveugle, car le globe avait pris une vilaine teinte grisâtre. De l'autre, il scruta le visage de mon frère avec avidité. Puis il poussa un cri de joie.

– Mon œil valide ne me trahit pas, seigneur Meren-Maât. Ne me reconnais-tu pas ?

– Naga ?

– C'est bien moi, Seigneur. Ah, béni soit ce jour !

À ses côtés se tenait une fillette d'une dizaine d'années, qui l'aidait à marcher. Meren-Maât prit le vieil homme dans ses bras et le serra avec affection. L'ancien intendant n'avait plus que la peau sur les os. Mon frère prit d'abord soin de lui offrir un pain et des fruits, qu'il partagea avec la gamine ; tous deux dévorèrent avec un appétit féroce. Depuis quand n'avaient-ils plus fait de vrai repas ? Lorsqu'ils furent rassasiés, Naga nous raconta son histoire.

– Je vis ainsi depuis une année, Seigneur. En fait, depuis la mort de notre reine – qu'elle vive éternellement. Depuis ton départ, il y a bien longtemps, tes frères et sœurs ont tout tenté pour s'approprier tes biens. Ils affirmaient que tu étais mort, et que ton héritage leur revenait. Ils harcelaient la souveraine à ce sujet, mais elle a tenu bon. Hatchepsout leur rétorquait qu'elle t'avait envoyé dans une expédition lointaine qui te tiendrait éloigné pendant des années. Je continuais à faire fructifier ton bien, sans trop te voler, et en partageant avec mes compagnons. Malheureusement, lorsque notre reine a rejoint les étoiles, ton frère Pen-Aser s'est empressé de réclamer ton héritage à Pharaon, qui a écouté favorablement sa demande. C'est ainsi qu'il s'est emparé de ta demeure et de ton domaine de Denderah. Il a pris de vitesse tes autres frères et sœurs. Ils lui ont intenté un procès, mais ils ont perdu, car il a fait valoir qu'il ne s'agissait pas d'un héritage, mais d'un don royal. Thoutmôsis l'a soutenu dans son procès. Pen-Aser ne faisait pas partie des favoris de notre bien-aimée reine. Il a profité de sa mort pour se placer auprès du nouveau souverain, et il est devenu l'un des personnages les plus importants du Double-Royaume. Dès qu'il est entré en possession de ta maison, il en a chassé tes serviteurs. Je suis vieux et malade, Seigneur. J'espérais finir ma vie en te servant au mieux, même en ton absence. Je mangeais à ma faim, et j'avais un toit sur ma tête. Tu sais que je n'ai plus de famille, mais j'avais de braves compagnons. Certains ont été contraints de se vendre comme esclaves. Moi, je fus jeté dehors à coups de pied, parce que j'étais trop vieux pour travailler. Depuis, j'erre dans le quartier en vivant de la charité. Et, le croiras-tu, Seigneur, ce sont toujours les plus pauvres qui partagent le peu qu'ils ont avec moi. Grâce à eux, je ne suis pas mort de faim.

Il désigna la fillette qui l'accompagnait.

– Grâce aussi à Nekhi. Sa mère était l'une de tes esclaves. Elle est morte peu avant la reine. Lorsque Pen-Aser a pris possession de ta demeure, il a voulu la vendre aux tenanciers des auberges du port. Certains clients préfèrent les jeunes enfants, filles ou garçons. Elle s'est enfuie et m'a rejoint. Depuis, elle ne m'a pas quittée. Nous nous aidons mutuellement. Elle n'a pas sa pareille pour voler de la nourriture sur le marché.

Meren-Maât lui prit les mains avec émotion.

– Désormais, tu mangeras à ta faim, mon fidèle ami. Tu retrouveras ta place près de moi. Mon frère va apprendre que je suis encore vivant, et que j'ai un compte à régler avec lui.

37

Meren-Maât était incapable de la moindre hypocrisie et ne doutait pas un instant que la justice finît toujours par triompher. Il voyait les autres à son image, droits, loyaux, généreux et épris d'équité. Dans son esprit, Pharaon ne pouvait laisser un crime impuni. Tout lui semblait simple. Le roi avait donné ses biens à Pen-Aser en pensant qu'il était mort. Il lui suffisait donc de paraître devant Sa Majesté pour réparer cette erreur.

Mais les choses n'étaient pas aussi aisées. Je tentai de le raisonner.

– N'oublie pas que Pen-Aser est désormais un personnage important. Il a obtenu le soutien de Pharaon face à tes autres frères et sœurs.

– Cette maison est à moi ! Je l'ai reçue de mes parents.

– Bien sûr ! Mais je pense qu'il vaudrait mieux, dans un premier temps, éviter de parler de cela. Tu as accompli un exploit en découvrant Anahuac. Il te mettra en valeur aux yeux de Thoutmôsis. Lorsque tu seras, toi aussi, devenu son *Ami unique*, il sera temps alors de révéler les crimes de Pen-Aser.

Autant parler à un mur ! Lorsqu'il se rendit au palais royal pour solliciter une audience, il fut reçu par un haut fonctionnaire chargé d'examiner les demandes. Au lieu de suivre mes conseils, il expliqua que son frère avait profité d'une absence de plusieurs années pour s'emparer de ses biens. L'autre lui rétorqua avec dédain que Sa Majesté n'avait pas pour habitude de s'occuper des problèmes d'héritage. Les juges étaient faits pour cela. Il lui suffisait d'intenter un procès. Sûr de son bon droit, et agacé par le ton arrogant de son interlocuteur, Meren-Maât s'emporta.

– Regarde-moi bien ! gronda-t-il. Je suis Meren-Maât, fils de

Nefer-Kheret, et prince d'Égypte. J'exige que mes biens me soient restitués.

– Tu exiges ? Je doute que Pharaon apprécie ce genre de langage. Tu sembles oublier que tous les biens de Kemit lui appartiennent. S'il a cru bon de donner les tiens au seigneur Pen-Aser, il ne te reste plus qu'à t'incliner.

– Quoi ?

Je dus prendre Meren-Maât à bras-le-corps pour lui éviter de sauter à la gorge de son interlocuteur.

– Écoute-moi bien, espèce de singe déguisé ! rugit-il. J'avais été chargé d'une mission par la reine Hatchepsout. Je reviens en ayant réussi cette mission. Les informations que je détiens sont capitales, au-delà même de tout ce que tu peux imaginer. Je devais en rendre compte à notre ancienne souveraine. Elle n'est plus là, je dois donc faire mon rapport au nouveau roi.

Il brandit un doigt menaçant sous le nez du fonctionnaire.

– Dis-toi bien qu'un jour ou l'autre, avec ou sans ton aide, je rencontrerai Sa Majesté. Je lui parlerai de ce que j'ai découvert, et je lui ferai savoir aussi les obstacles que certains courtisans zélés ont placés sur mon chemin. Peut-être dédaignera-t-il ce que je lui apporte. Mais peut-être aussi estimera-t-il qu'il s'agit de la découverte la plus extraordinaire depuis que le Double-Royaume existe. Et, ce jour-là, il ne fera pas bon être dans la peau de ceux qui m'auront barré le chemin.

L'argument décontenança quelque peu le bonhomme, qui se radoucit.

– Quelle est cette découverte ? demanda-t-il avec circonspection.

– Au-delà des Portes de Neith, il existe, à deux mois de navigation vers le couchant, des îles immenses et très riches.

– Tu te moques de moi ! répliqua l'autre. Chacun sait que l'océan se termine sur un gouffre sans fond !

– Ce n'est qu'une légende ! J'ai abordé ces terres, j'ai noué des liens d'amitié avec les peuples qui les habitent, j'ai appris leur langage. J'en apporte des preuves irréfutables : des plantes ignorées, des pierres précieuses introuvables ailleurs. Un indigène m'accompagne. Il faut plus de deux mois pour parvenir dans ces îles, et elles sont très vastes. Ce qui explique que je sois resté absent de Kemit pendant de nombreuses années. Voilà la raison principale de ma visite. Pharaon doit être informé de tout cela, et aussi réparer les torts commis par mon frère envers moi.

L'autre hésita. Visiblement, les paroles de Meren-Maât l'avaient décontenancé.

– C'est que... l'emploi du temps de l'*Unique* est surchargé. Tu ne peux espérer rencontrer sa Majesté avant... un mois ou deux.

Meren-Maât le menaça de nouveau.

– Ne commets surtout pas l'erreur de protéger Pen-Aser. Il devra répondre du piège odieux qu'il m'a tendu au cours de cette mission, au cours de laquelle, par sa faute, plusieurs personnes ont été tuées, dont ma propre épouse et des capitaines égyptiens. Peut-être est-il tout-puissant aujourd'hui. Mais qu'en sera-t-il demain, lorsque Sa Majesté aura vu les trésors que je lui apporte, et qu'elle connaîtra les exactions commises par mon frère ?

L'autre hésita, visiblement mal à l'aise. Il était difficile de résister au regard insolite de Meren-Maât. Enfin, il se décida.

– Je vais demander cette audience, Seigneur. Mais il te faudra tout de même patienter quelques jours. L'*Unique* n'est pas à Ouaset actuellement. Il prépare sa campagne militaire.

Meren-Maât repartit du palais satisfait. Il avait obtenu son audience. Il était sûr désormais que tout allait rentrer dans l'ordre. Car il ne faisait aucun doute dans son esprit que le roi ne pourrait manquer d'être intéressé par son récit.

Dans l'immédiat, un problème se posait : où allions-nous loger ? Après plusieurs mois passés en mer, mon frère n'avait guère envie de rester à bord du *Cœur d'Isis*. Malheureusement, il ne comptait guère d'amis susceptible de l'accueillir parmi les nobles de la cour. Ceux dont il se souvenait l'avaient certainement oublié. Devant ce dilemme, sa hargne refit surface.

– Tout cela n'est-il pas invraisemblable ? s'exclama-t-il. Je ne peux même pas habiter sous mon propre toit !

Je craignis l'explosion d'une nouvelle colère, mais il se calma soudain.

– Je crois que j'ai trouvé, dit-il. Ma sœur Moutnedjemet vivait à Ouaset. Elle avait cinq ans de plus que moi. Elle n'a jamais accepté de se marier, elle préférait gérer sa fortune elle-même. Peut-être est-elle encore vivante.

Il me prit par l'épaule.

– Sa demeure se situait au nord, au-delà du temple de Karnak. Je vais lui demander l'hospitalité pour quelques jours.

– Crois-tu qu'elle acceptera ?

– Oh, comme les autres, elle ne m'aimait guère, mais je pense qu'aujourd'hui, elle déteste encore plus Pen-Aser. Seulement...

Il se tourna vers nous. Outre Naga, Nekhi, Mineesakea, Hirabaal et Zangha, une douzaine de marins nous escortait.

– Elle était plutôt avare. Si j'arrive avec un tel équipage, elle risque de s'effrayer. Vous allez regagner le navire. J'étudierai demain le moyen de vous loger plus correctement. Seuls Khenty, Naga et Nekhi viendront avec moi.

S'il n'avait tenu qu'à moi, nous aurions rebroussé chemin et rembarqué à bord du *Cœur d'Isis*. La perspective de loger chez Moutnedjemet ne me réjouissait guère. Le souvenir que j'avais conservé de la dame n'était pas très encourageant. De tout temps, elle m'avait fait penser à une araignée tissant sa toile dans le but d'amasser la plus grande fortune possible, une fortune qu'elle n'avait pas souhaité partager avec un époux, ce qui, avant sa laideur, expliquait son célibat. Ses serviteurs ne mangeaient pas tous les jours à leur faim. Toutefois, elle-même affichait un confortable embonpoint, dû à son autre travers : la gourmandise. Je conseillai à mon frère de rester sur ses gardes. Moutnedjemet n'était pas digne de confiance. N'avait-elle pas tenté de s'emparer, elle aussi, des biens de Meren-Maât ? Il me rétorqua, non sans raison, que, dans les circonstances présentes, elle pouvait se révéler une alliée efficace. Pen-Aser avait remporté le procès qu'elle lui avait intenté, elle ne devait donc pas le porter dans son cœur.

Meren-Maât retrouva sans difficulté sa demeure. C'était un bâtiment austère, situé autrefois à l'extérieur de la cité, mais autour duquel se construisaient de nouvelles maisons, destinées, ainsi que nous l'apprit Naga, aux grands fonctionnaires de Pharaon. La plupart n'étaient encore que de vastes chantiers où s'affairaient des nuées d'ouvriers.

Un intendant anormalement gras nous ouvrit et s'enquit de nos désirs. Il nous apprit que dame Moutnedjemet était présente, et qu'il allait la prévenir. Quelques instants plus tard, nous étions introduits dans la maison. Je remarquai aussitôt que les salles étaient largement occupées par des objets rituels : autels, statues d'Amon, de Mout, de Khonsou, d'Isis... Visiblement, avec l'âge, Moutnedjemet se rapprochait de la religion.

Elle nous accueillit dans la grande salle de réception, assise sur un fauteuil large, pourtant entièrement occupé par son opulent fessier. Elle me fit penser à un hippopotame coiffé d'une perruque. Outrageusement fardée de khôl et de malachite pour masquer ses rides, elle adressa à Meren-Maât un sourire qui se voulait sans doute chaleureux, mais qui éveilla en moi une instinctive réaction de méfiance. Son accueil était plus motivé par la curiosité que par la solidarité familiale. Les serviteurs qui nous servirent une collation mesquine n'avaient que la peau sur les os, preuve que son avarice ne s'était pas envolée avec l'âge. Seul l'intendant échappait curieusement à cette règle, mais je compris très vite, aux œillades qu'elle lui lançait, qu'il devait à l'occasion lui servir d'amant.

Lorsque Meren-Maât eut fait à sa sœur le récit de nos aventures et dévoilé la raison de son retour, elle se montra très intéressée.

– Tu peux compter sur mon appui, Meren-Maât. Depuis dix ans que tu avais disparu, nous étions persuadés de ta mort. Quatre des enfants de Nefer-Kheret sont toujours vivants, dont Pen-Aser et moi. Il nous semblait normal de réclamer ton héritage à Pharaon. Mais ce chien de Pen-Aser s'est joué de nous. Il a profité de sa position à la cour pour s'emparer sans scrupules de tes biens. Lorsque nous avons voulu faire valoir nos droits, il a invoqué un don de Sa Majesté. Et Thoutmôsis l'a appuyé lors du procès.

La hargne qui vibrait dans sa voix n'était pas feinte.

– Mais à présent que tu es revenu, tu vas lui faire rendre gorge. Ah, quelle belle revanche !

Bien entendu, elle acceptait de nous loger. Naga et Nekhi trouveraient une paillasse près des cuisines. Quant à nous, elle nous réservait chacun une chambre et une esclave aussi longtemps que nécessaire. Meren-Maât voulut y voir le témoignage d'une affection fraternelle un peu tardive, et je me gardai bien de le détromper. Je compris cependant que la frustration de Moutnedjemet avait provoqué chez elle un violent désir de vengeance. Les biens de mon frère lui avait échappé, et elle s'en estimait spoliée. Le retour de Meren-

Maât fournissait à la dame une occasion rêvée de se venger, et elle n'allait pas la laisser passer. Son enthousiasme était tel qu'elle nous invita à partager son copieux repas du soir.

Malgré mes appréhensions, ce repas se déroula dans une ambiance cordiale. Moutnedjemet aimait la bonne chère et surtout le vin, dont elle faisait une consommation rien moins que raisonnable. Les plats étaient nombreux et délicieux. La soirée se prolongea fort tard. Elle ne tarissait pas de questions sur Anahuac et sur les voyages que nous avions effectués.

La nuit suivante, nous pûmes coucher dans un vrai lit. Réconforté par la chaleur du nectar de Dakhla, je commençais à croire, moi aussi, que tout allait rentrer dans l'ordre.

Le lendemain, Moutnedjemet décida de se rendre au palais. Avant son départ, elle dit à Meren-Maât :

– J'ai conservé là-bas quelques influences et quelques amis. Je dois les rencontrer, afin d'obtenir leur soutien. Beaucoup de gens détestent Pen-Aser, et il serait bon de les avoir de ton côté. Je vais aussi essayer de trouver un logis pour tes marins.

Meren-Maât proposa de l'accompagner, mais elle préférait être seule. Elle connaissait l'impétuosité de son frère, qui n'avait jamais fait preuve de la souplesse indispensable au commerce des courtisans. Elle nous quitta en lui recommandant de se tenir tranquille. Ce n'était pas un conseil superflu. S'il n'avait tenu qu'à lui, Meren-Maât aurait couru jusqu'au palais de Pen-Aser et l'aurait réduit en miettes. Mais Moutnedjemet lui avait expliqué que, même dans le cas où son bon droit serait reconnu, Pharaon n'apprécierait pas que l'on ait trucidé son directeur de la Marine sans son accord.

Il me fut difficile de contenir la fougue de Meren-Maât durant cette longue journée d'attente. J'eus souvent l'impression de tenir un taureau furieux en laisse. Il tentait de se convaincre que ses affaires étaient en bonne voie. Moutnedjemet avait toujours été une femme avisée, et connaissait les rouages de la cour. Elle constituait un secours non négligeable.

J'étais loin de partager son regain d'enthousiasme. Moutnedjemet ne m'inspirait toujours pas confiance. Bien sûr, elle était sincère en affirmant qu'elle allait tout faire pour aider Meren-Maât. Mais je savais qu'elle n'agissait pas par amour fraternel. Seuls la vengeance et l'intérêt la motivaient. Elle connaissait la générosité de mon frère et espérait sans doute, en cas de victoire, une contrepartie substantielle. Encore une fois, je conservai mes réflexions pour moi. Je ne voulais pas ternir les maigres espoirs de Meren-Maât. La partie était loin d'être gagnée. D'après les propos du fonctionnaire, Pen-Aser était devenu très puissant. Il ne serait pas facile de s'attaquer à lui. Mon frère comptait beaucoup sur le succès de son expédition pour infléchir Pharaon. Or, il n'était pas évident que le roi fût intéressé. Il préparait une guerre et avait donc d'autres soucis en tête. De plus, Meren-Maât était un favori de l'ancienne souveraine, et cela pouvait lui porter préjudice.

Afin de lui changer les idées, je lui suggérai de faire des offrandes à l'esprit d'Hatchepsout.

– Par Amon, c'est toi qui as raison, mon frère, s'exclama-t-il. La colère et l'impatience m'aveuglent, et j'allais manquer à mes devoirs envers ma reine bien-aimée.

Après une visite au *Cœur d'Isis* où nous prélevâmes quelques mesures de tabac et de feuilles de coca, ainsi que des pierres et des objets de fabrication olmèque, nous traversâmes le Nil pour nous rendre à la Nécropole. La vue du magnifique temple construit par Senenmout pour Hatchepsout l'emplit d'émerveillement et lui fit peu à peu oublier sa haine. Le monumental édifice était construit au pied de la falaise et s'intégrait harmonieusement à elle. Sur la gauche s'élevait la nécropole du dieu bon Mentouhotep Ier, dominée par la pyramide. Le temple de notre reine se composait de trois gigantesques gradins, reliés entre eux par de larges rampes. Sur le mur du fond du deuxième niveau, des fresques colorées illustraient des scènes de la vie de notre souveraine, et notamment celles qui racontaient son expédition jusqu'au pays de Pount. Meren-Maât passa un long moment à les admirer.

Le véritable temple se dressait sur la troisième plate-forme. Les *ouab* nous regardèrent avec méfiance, en raison de notre aspect insolite – nous portions la barbe. Mais ils accueillirent mon frère par son titre, ce qui prouvait qu'on l'avait reconnu, et que chacun savait désormais qu'il était revenu à Ouaset. Cette information me réjouit, car elle ne tarderait pas à parvenir aux oreilles de Pharaon. Mais, à la réflexion, ma satisfaction se mua en inquiétude. Meren-Maât avait été l'*Ami unique* d'Hatchepsout, et c'était un titre dont il valait mieux ne pas se prévaloir auprès du nouveau roi. De toute manière, nous n'y pouvions rien.

Enfin, nous pûmes pénétrer dans la vaste salle des offrandes. Une foule de fidèles silencieux se pressait, les bras chargés de cadeaux. Il y avait là des gens de toutes conditions, aussi bien des seigneurs que des paysans, venus de toute la Vallée rendre un dernier hommage à leur souveraine. Tous communiaient dans le même chagrin, et les larmes qui coulaient sur les joues n'étaient pas feintes. Ces visiteurs avaient parfois accompli un long périple pour venir dans ce lieu saint. Une odeur d'encens pénétra nos poumons. Des tables basses en bois de sycomore avaient été aménagées pour accueillir les présents. Meren-Maât y déposa les siens un à un, puis s'abîma dans une longue prière muette. Les *ouab* considérèrent d'un œil méfiant le tabac et les feuilles de coca, mais n'intervinrent pas. Lorsqu'il se redressa, les yeux de mon frère brillaient anormalement.

– J'aurais tellement aimé lui parler de tout cela de vive voix, me souffla-t-il.

Moutnedjemet ne revint que le soir, assez tard. Meren-Maât l'abreuva aussitôt de questions :

– Que t'ont-ils dit ? M'apporteront-ils leur soutien ?

Elle répondit de manière évasive, expliquant qu'elle n'avait pu voir tous ceux qu'elle espérait rencontrer. Beaucoup suivaient le roi dans ses déplacements. Ma méfiance s'éveilla aussitôt. Son attitude avait radicalement changé depuis le matin, et j'éprouvai brusquement l'envie de fuir. Malheureusement, Meren-Maât, aveuglé par sa rancœur, ne remarqua pas cette modification. Lorsque le repas fut servi dans le jardin éclairé par une profusion de lampes à huile, Moutnedjemet me parut anormalement nerveuse, comme si elle attendait quelque chose. Je flairai vite un piège, mais comment en avertir un taureau révolté et bouillant d'indignation ?

Soudain, des coups impérieux résonnèrent sur la lourde porte de bois. Moutnedjemet se leva comme si un serpent l'avait mordu, et je sus qu'elle nous mentait en demandant :

– Qui se permet de marteler ainsi ma porte à cette heure-ci ?

Elle se précipita dans la salle de réception, manquant de renverser un fauteuil au passage. Intrigués, nous la suivîmes. La porte s'ouvrit sur une escouade de gardes bleus, chargés de la sécurité du palais.

Leur commandant s'inclina devant Moutnedjemet et s'adressa à mon frère.

– Prince Meren-Maât, au nom de l'*Unique*, aimé d'Amon, tout-puissant seigneur des Deux-Terres, grand en gloire et en mérite, Sa Majesté Thoutmôsis, j'ai reçu l'ordre de t'arrêter, ainsi que ton esclave Khenty. Accepte de nous suivre sans difficulté, et il ne te sera fait aucun mal.

Un grand froid m'envahit, doublé d'une terrible colère. Le mot esclave, prononcé intentionnellement avec mépris, me restait en travers de la gorge. Chacun savait que Meren-Maât me considérait et me traitait comme son frère, et on nous rappelait de manière cinglante que je n'étais qu'un serviteur nubien auquel sa vie n'appartenait même pas. Meren-Maât se tourna vers sa sœur et rugit :

– Tu nous as trahis !

Effrayée par le grondement de sa voix, Moutnedjemet se réfugia derrière les gardes.

– Tu prétendais vouloir m'aider ! Pourquoi cette trahison ?

La grosse truie lui répondit d'une voix suraiguë et mal assurée, où la peur se mêlait à la hargne.

– Tu n'es qu'un fou. Tout le monde te croit mort, et tu reviens demander un bien qui t'a été confisqué par décret royal. Les gens que j'ai rencontrés m'ont affirmé que jamais Pharaon ne reviendrait sur sa décision. Il me fallait faire un choix. Le seigneur Pen-Aser est beaucoup plus puissant que toi. Et je ne t'ai jamais aimé !

Abasourdi devant une traîtrise aussi infâme, Meren-Maât marqua un court silence, puis reprit :

– Tu m'as accueilli dans ta demeure. J'étais protégé par ton hospitalité, moi, ton propre frère, et tu en as profité pour me vendre à Pen-Aser. Jamais je n'aurais pensé que l'une de mes sœurs pouvait se conduire de manière aussi abjecte ! Tu me répugnes, Moutnedjemet !

Il cracha sur le sol. Elle glapit :

– Tu n'es pas mon frère ! Tu ressembles à ces maudits pirates qui rançonnent les navires de Kemit. Notre père a eu tort de préférer ta garce de mère !

Meren-Maât bondit sous l'insulte. Visiblement, cette hyène obèse utilisait les arguments les plus vils pour justifier sa félonie. Une envie féroce de lui ouvrir la panse me tenaillait. Mais un rempart de soldats la protégeait.

Ce fut alors qu'un nouveau personnage fit son entrée, le visage éclairé par un mauvais sourire de triomphe : Pen-Aser !

38

Avec les années, il s'était empâté. Il était de bon ton, chez les riches Égyptiens, d'entretenir un ventre conséquent, signe évident de réussite. Comme sa sœur Moutnedjemet, Pen-Aser avait mis ce principe en pratique au-delà du raisonnable. Son embonpoint tendait vers une obésité dont il écrasait les autres avec une satisfaction évidente.

– Cette fois, Hatchepsout ne pourra te sauver, mon cher frère, dit-il d'une voix essoufflée, aigrelette, qui contrastait avec sa masse énorme.

Je me rapprochai de Meren-Maât pour l'empêcher de bondir sur lui. Il n'était pas armé et les gardes n'attendaient visiblement qu'un signe pour le massacrer. Pen-Aser, qui avait perçu son désir irréalisable, savourait sa victoire.

– Le nouveau roi sait reconnaître les mérites beaucoup mieux que l'ancienne souveraine. Il m'a offert tes biens. Ta demeure et ton domaine sont à moi. À moi ! Et n'espère pas qu'ils te soient jamais rendus, même si tu m'intentais un procès. Tu es mort, Meren-Maât, tu as cessé d'exister pour le Double-Royaume.

– Je veux rencontrer Thoutmôsis !

– Cela sera difficile ! Il refuse de te voir.

Retranché derrière la phalange de gardes, Pen-Aser s'expliqua sur un ton de complaisance triomphante.

– Pharaon – qu'il vive éternellement – se moque complètement de ton voyage. Je suis bien placé pour le savoir. Tu ignores peut-être que je me suis intéressé à ton projet. Contrairement à ce que tu penses, ta théorie me semblait séduisante, et j'étais intimement convaincu que tu réussirais.

– Je le sais. Amonisfet a parlé. Tu y croyais assez pour tenter de t'approprier ma découverte par son intermédiaire.

– Je voulais qu'il devienne un grand prince d'Égypte. Nous en aurions tous deux recueilli le mérite, et ce n'eût été que justice. Toi, tu n'es qu'un bâtard, le fils d'une chienne d'étrangère.

Il cracha avec mépris sur le dallage.

– Où est-il ?

– Il a assassiné ma femme ! explosa Meren-Maât. Il a tué nombre de mes amis. Je l'ai tué, comme le chacal qu'il était.

– Tu paieras pour ce crime ! riposta Pen-Aser d'un ton aigu et fielleux.

– Pharaon me rendra justice !

Pen-Aser émit un ricanement cynique.

– Tu n'as pas bien compris, pauvre imbécile ! Malheureusement pour toi, Thoutmôsis a d'autres passions qu'Hatchepsout. Il ne s'intéresse pas aux voyages d'exploration. C'est un grand guerrier, un conquérant. Et il m'appartient de lui faire construire une flotte qui lui permettra de réaliser ses grandes ambitions. Il connaît ton histoire. Elle l'ennuie à un point que tu ne peux imaginer.

– Tu mens !

– Absolument pas ! Si Thoutmôsis avait été intéressé par les... îles Lointaines, j'aurais envoyé ma propre expédition immédiatement après son accession au trône. Mais il s'en moque. J'ai donc renoncé à ce projet.

– Il n'a pas encore vu les richesses que je lui apporte !

– Le commerce ne le passionne pas. Si tu lui présentais une arme nouvelle, si tu lui amenais l'alliance d'un peuple puissant qui se rangerait sous sa bannière, il t'accueillerait favorablement. Mais tu n'es qu'un vulgaire marin, mon cher frère.

Je serrai discrètement le bras de Meren-Maât. Pen-Aser cherchait visiblement à le provoquer pour lâcher ses gardes sur nous. Il devait éviter de tomber dans le piège. Il comprit mon avertissement. Grâce à un violent effort de volonté, il parvint à se calmer. Il nous fallait gagner du temps pour trouver une solution..

– Pour quel motif suis-je arrêté ?

Pen-Aser écarta ses mains potelées et chargées de bagues.

– Oh, pour tous les motifs qui me conviendront. Tu troubles l'ordre d'Amon, ton aspect rappelle trop celui des pirates des Peuples de la Mer. Il n'est point besoin de véritable motif lorsque l'on s'attaque à l'un des personnages les plus importants du Double-Royaume, c'est-à-dire à moi. Thoutmôsis ne veut pas entendre parler de toi. Tu as eu le tort d'avoir été l'*Ami unique* d'Hatchepsout. Je lui ai même raconté que tu avais couché avec elle. Il m'a chargé de régler cette affaire moi-même, le plus discrètement possible. Je vais donc avoir le grand plaisir d'exécuter ses ordres. Tu vas être envoyé dans les mines d'or de Nubie, avec tes serviteurs et tes complices. C'est un endroit où l'on meurt très vite. Personne ne te regrettera. On t'a déjà oublié.

– Tu es un porc immonde, Pen-Aser ! cracha Meren-Maât.

– Emparez-vous de lui ! hurla l'autre.

Nous étions dans une fâcheuse posture. Les gardes étaient au moins quarante et nous étions sans armes. Nous tentâmes de nous enfuir, mais d'autres soldats avaient déjà investi les lieux, nous coupant toute retraite. Contraints de nous rendre, nous fûmes bousculés, frappés avec violence. Je dus serrer les dents pour ne pas hurler ma haine à ce fils de truie en chaleur. J'aurais aimé le tenir au bout de mon glaive pour lui trancher les attributs virils et les lui enfoncer dans la gorge. On nous lia solidement les mains derrière le dos. Avant que l'on nous emmenât, Meren-Maât s'adressa à Moutnedjemet.

– Je t'avais accordé ma confiance, ma sœur, et tu m'as odieusement trahi pour une vulgaire question d'intérêt. J'ai commis une erreur et j'en paie les conséquences. Ma bien-aimée reine Hatchepsout avait raison lorsqu'elle disait que j'étais trop naïf. Mais toi, ne crains-tu pas que Pen-Aser ne te traite un jour comme il me traite aujourd'hui ? Crois-tu vraiment qu'il tiendra les promesses avec lesquelles il t'a achetée ?

– Silence ! glapit l'intéressé.

Meren-Maât ignora l'ordre et désigna un autel du menton.

– N'oublie pas, Moutnedjemet ! Le temps n'est plus éloigné où tu devras justifier tes actes devant Anubis. Je souhaite alors pour toi que ton cœur ne pèse pas plus lourd que la plume de Maât. Rappelle-toi le sort réservé aux maîtres obèses dont les serviteurs meurent de faim.

Il ne put en dire plus. Le capitaine des gardes, une sombre brute aux yeux petits et enfoncés, lui flanqua dans l'estomac un coup de poing qui lui coupa le souffle. Meren-Maât se plia en deux sous la douleur. Je ne pouvais réagir et, même si j'avais été libre de mes mouvements, sans doute n'aurais-je rien tenté. Ces chiens n'attendaient qu'un geste de ma part pour me tuer. Je ravalai donc ma fureur et restai aussi immobile qu'un *kâ*, attendant la suite. Un liquide chaud et salé coulait de mes lèvres et de mon nez. Un goût de sang m'emplissait la bouche. J'eus tout de même la satisfaction de voir le visage de Moutnedjemet changer de couleur. Apparemment, l'argument de Meren-Maât avait porté. Elle grelottait de peur.

– Étaient-ils seuls ? demanda Pen-Aser.

Elle répondit de mauvaise grâce.

– Son intendant et une esclave sont aux cuisines !

– Ce ne sont que des serviteurs ! clama Pen-Aser. Tuez-les !

Une dizaine de soldats sortit dans les jardins, sur lequel donnaient les cuisines. Quelques instants plus tard, ils revenaient, désappointés.

– Nous n'avons trouvé que le vieux bonhomme, Seigneur. La fillette s'est enfuie dès qu'elle nous a vus. Trois gardes la poursuivent.

– Qu'avez-vous fait de Naga ? gronda Meren-Maât.

– J'ai exécuté tes ordres, Seigneur, répondit le soldat à Pen-Aser.

Ils avaient tué notre vieil intendant. Mon frère laissa exploser sa rage, ce qui lui valut une volée de coups de fouet.

– Cette gamine ne perd rien pour attendre, siffla le directeur de la Marine. Je la ferai jeter aux chiens affamés. Emmenez-les.

Encadrés par l'escouade de soldats, nous fûmes contraints, à coups de lance dans les reins, de quitter la demeure de Moutnedjemet. La nuit était claire, inondée par une lune presque pleine. Les rues étaient désertes. À peine distinguait-on quelques mendiants qui s'esquivaient dès qu'ils apercevaient les gardes bleus. Il ne faisait jamais bon se trouver sur leur chemin. Nous nous dirigions vers la prison royale. Pen-Aser avait pris place sur une litière portée par une dizaine d'esclaves. Sa face grasse affichait un sourire stupide qui traduisait son triomphe. Aujourd'hui encore, malgré les années écoulées, je ne peux m'empêcher de sentir mon cœur se gonfler de haine et de rage lorsque je revois la figure de cet ignoble personnage. Meren-Maât l'avait traité de porc, mais c'était faire insulte à cet animal. Pen-Aser représentait l'abjection personnifiée. Sa seule évocation me donne envie de vomir.

Le piège tendu à mon frère avait fonctionné. Tout était perdu. Nos compagnons allaient sans doute être arrêtés à leur tour. Il n'y aurait pas de procès. Pharaon avait demandé à ce chien de Pen-Aser de régler cette affaire discrètement. On pouvait lui faire confiance pour cela. Les portes de la prison royale allaient se refermer sur nous, et nous n'en sortirions que pour rejoindre les mines d'or nubiennes, dont aucun prisonnier ne revenait jamais.

Si au moins Meren-Maât avait accepté de m'écouter...

Je touchais le fond du désespoir lorsque tout bascula de nouveau. Pen-Aser pensait tenir sa revanche, mais il avait négligé un détail : Meren-Maât n'était pas venu seul dans la capitale. La colonne traversait une placette encombrée par les étals de marchands d'épices lorsque nos marins surgirent, aussi silencieux que des loups. Les gardes bleus ne s'attendaient pas à une attaque. L'effet de surprise joua pleinement. En quelques instants, la place se transforma en un terrible champ de bataille. Commandés par Hirabaal et Zangha, les soixante-dix marins du *Cœur d'Isis* se ruèrent sur les soldats. Ceux-ci, malgré leurs qualités de combattants, ne purent réagir immédiatement. La litière de Pen-Aser bascula et le gros tas de graisse se mit à pousser des cris de goret qu'on égorge. Je sentis qu'on tranchait mes liens. Puis ma main se referma sur mon glaive, que Zangha m'avait apporté. Une joie sauvage m'inonda. Meren-Maât avait récupéré sa lourde hache de bronze. Elle s'abattit bientôt sur les casques des gardes, dont les crânes éclatèrent comme des fruits trop mûrs. Le capitaine tenta en vain de rassembler ses hommes en déroute. Mon frère, qui n'avait pas oublié le coup de poing donné alors qu'il ne pouvait pas se défendre, lui fendit le ventre comme une outre. Le désordre était à son comble. Des mendiants, des passants attardés s'enfuyaient, terrorisés. La victoire était à portée de main.

Soudain, je vis Meren-Maât chanceler. Je m'approchai de lui. Il tomba dans mes bras. Avec horreur, je constatai qu'un glaive était planté dans son dos. Affolé, incapable de réagir, je n'eus que le temps d'apercevoir une grosse silhouette s'esquiver par une venelle tortueuse. Pen-Aser ! Je poussai un rugissement de fureur. Dans la confusion, personne ne s'était méfié de lui. Il avait rampé sur le sol, saisi une arme, et avait attendu, dissimulé dans la pénombre, un moment propice pour frapper mon frère en lâche. Avant que j'aie pu prévenir les autres, il avait disparu.

Par un violent effort de volonté, Meren-Maât se redressa.
– Ce ne sera rien, dit-il.
Il fit quelques pas en titubant. La lame était profondément enfoncée dans les côtes, à la hauteur du poumon droit. Par chance, elle ne pouvait avoir atteint le cœur. Vaincus, les gardes bleus détalaient en tous sens. Une demi-douzaine des nôtres étaient blessés, mais huit gardes avaient été tués, dont le commandant.
Meren-Maât serra Hirabaal contre lui en grimaçant un sourire.
– Merci de nous avoir porté secours, mon vieil ami, souffla-t-il d'une voix douloureuse.
– La petite Nekhi nous a prévenus, répondit le Cananéen. Elle a vu les soldats tuer ton intendant Naga. Elle s'est échappée. Des gardes la poursuivaient, mais elle a réussi à les semer.
Meren-Maât regarda autour de lui.
– Où est Pen-Aser ?
– Il s'est enfui. C'est lui qui t'a frappé par-derrière.
Un rictus déforma les traits de Meren-Maât.
– Pouvais-je m'attendre à mieux de la part de cette hyène pleine de graisse ? Je n'aurai même pas eu le plaisir de le tuer. Malheureusement, à présent, il m'est impossible de rencontrer Pharaon. Il m'accusera d'avoir tué ses guerriers. Il refusera de m'écouter et me condamnera. Nous devons donc quitter Ouaset au plus vite.
– Le *Cœur d'Isis* est prêt à appareiller, précisa Hirabaal. Je me doutais qu'il nous faudrait fuir. Une poignée d'hommes est restée à bord pour préparer le départ. Nous pouvons partir cette nuit même, dès que nous serons à bord.
Il était trop dangereux d'essayer d'ôter immédiatement le glaive du dos de mon frère. Nous l'allongeâmes sur la litière. Il respirait avec peine. Nous regagnâmes le port en hâte. Une fois à bord, nous installâmes Meren-Maât dans sa cabine. Ce fut seulement à ce moment que je me rendis compte de l'absence de Zangha. Une angoisse douloureuse m'envahit, que je dissimulai à mon frère. Je sortis sur le pont, scrutai l'équipage qui prenait déjà place aux bancs de nage. Mais je dus me rendre à l'évidence : ma silencieuse compagne ne nous avait pas suivis. Je rejoignis Hirabaal et lui expliquai la situation.
– Nous ne pouvons pas la laisser là. Il faut l'attendre.
– C'est impossible. Bientôt, le port va grouiller de soldats. S'ils parviennent au navire, nous sommes tous perdus. Il faut l'abandonner.

La mort dans l'âme, je dus convenir qu'il avait raison.

– C'est bien, soufflai-je. Commence les manœuvres.

L'alerte avait déjà dû être donnée par les survivants de l'escouade, et bientôt, toute la garnison allait déferler sur le port. J'écarquillai les yeux, espérant voir surgir la silhouette souple de notre farouche compagne. Mais tout restait désespérément calme. Curieusement, je ne voyais pas non plus arriver de soldats en armes.

Je retournai dans la cabine. Par malheur, nous n'avions aucun médecin à bord. Daraan était resté en Anahuac. Mon frère laissait échapper des gémissements de douleur. Il devait souffrir atrocement, car il lui arrivait rarement de se plaindre. Je ne savais que faire. J'étais partagé entre l'angoisse et la colère, entre la peur de perdre mon bien-aimé Meren-Maât et la rage de n'avoir pu tuer cette hyène puante de Pen-Aser.

– Tu dois m'enlever ça, Khenty.

– Mais je ne suis pas médecin, répondis-je, pris de nausée à l'idée que je risquai de le tuer si j'effectuai un geste maladroit.

– Aucun de nous ne l'est. Mais il n'y a qu'en toi que j'ai entièrement confiance.

J'acquiesçai en silence, puis ordonnai que l'on m'apportât de l'eau. Je préparai des compresses avec de la charpie, puis saisit le manche du glaive. Meren-Maât serra les dents. Je tirai aussi vite que je pus. Il poussa un cri qui me broya les entrailles. Du sang suinta de la plaie. J'entrepris de nettoyer l'orifice béant avec de l'eau et les onguents cicatrisants que nous avait confiés Isah-Bel avant le départ. J'avais plusieurs fois observé la façon dont travaillait Hamel. Je tâchai de reproduire ses gestes le plus fidèlement possible. Simultanément, je marmonnai de vagues formules magiques destinées à éloigner les *oukhedou*. Malgré sa souffrance, Meren-Maât m'encourageait.

– C'est déjà beaucoup moins douloureux.

Il émit un petit rire.

– Cet imbécile voulait me tuer, mais il n'a pas frappé au bon endroit.

J'adressai une fervente prière à Isis afin qu'elle l'aidât à guérir au plus vite. Enfin, je lui enserrai le torse dans un bandage. Je pris seulement conscience à ce moment que le navire s'ébranlait, vigoureusement propulsé par nos marins. Tout à coup, des cris retentirent à l'extérieur. Je sortis sur le pont. Une silhouette agile courait sur le quai. Zangha ! Mon cœur bondit de joie dans ma poitrine. Une rumeur grondait derrière elle, faite de cliquetis d'armes et d'appels sonores. Elle était poursuivie. La joie fut suivie par l'angoisse. La rumeur se transforma en vacarme lorsqu'une nuée de gardes surgit d'une ruelle, lancée aux trousses de notre compagne.

Mais elle n'avait rien perdu de sa légèreté de gazelle. Parmi nous, aucun homme ne pouvait rivaliser avec elle à la course. Malheureusement, le navire s'était déjà éloigné du quai. J'ordonnai à Hirabaal de suspendre la manœuvre. Fasciné, impuissant à lui venir en aide, je vis notre superbe guerrière bondir dans l'eau et nager vers le *Cœur d'Isis*. Elle eut tôt fait de nous rejoindre. Je lui lançai une corde à laquelle elle s'agrippa. Déjà, les premiers soldats arrivaient sur le quai. Quelques lances furieuses jaillirent, qui retombèrent dans l'eau. Zangha se hissa à bord avec agilité. Un sourire triomphant illuminait son visage. Je la prit dans mes bras et la serrai avec force.

– Tu nous as flanqué une sacrée peur, ma belle. Que t'est-il arrivé ?

Elle ne répondit pas et me montra un paquet de toile qu'elle portait à la ceinture, et qui contenait apparemment quelque chose de lourd.

– Qu'y a-t-il là-dedans ?

– Où est le seigneur Meren-Maât ?

– Dans sa cabine ! Je viens de le soigner.

Sans se départir de son sourire, elle me prit la main et m'entraîna. Meren-Maât avait déjà entrepris de se lever, aidé par deux marins. Son visage s'éclaira lorsque nous entrâmes.

– Zangha !

– J'ai un présent pour toi, mon Seigneur !

Elle détacha la toile de sa ceinture. Je remarquai alors qu'il s'agissait d'une tunique ensanglantée. Et là, sous nos yeux ébahis, elle en sortit une tête chauve qu'elle saisit par les oreilles pour nous la montrer. À la lueur des lampes à huile, le faciès gras était figé dans un rictus reflétant l'horreur et la souffrance.

– Pen-Aser ! souffla Meren-Maât. Tu as tué Pen-Aser !

Elle répondit d'un air farouche :

– J'ai vengé nos morts, Seigneur ! J'ai vengé Edna. Peu m'importait de mourir. Je voulais tuer cet excrément de porc. Je l'ai vu te frapper dans le dos. Malheureusement, j'étais trop loin pour te prévenir. Après son crime, ce chacal puant s'est enfui dans un dédale de ruelles étroites. Il se retournait sans cesse. Il avait peur d'être poursuivi. Mais je sais pister le gibier sans qu'il s'en aperçoive. J'ai compris qu'il se dirigeait vers la Maison des Armes. Il me fallait l'intercepter avant qu'il ne l'atteigne. Après, ce serait trop tard. Il y avait un entrepôt désert. J'ai bondi sur lui et je l'ai obligé à me suivre dans le bâtiment.

Elle se tut un court instant, revivant par la pensée les derniers instants de son ennemi. Enfin, elle dit :

– Ce vomi de hyène ne méritait pas de vivre, Seigneur ! Et Pharaon ne t'aurait jamais rendu justice.

Je contemplai le sinistre trophée, posé sur le plancher de la cabine. Une étrange sensation de vacuité m'imprégna. J'aurais été capable, moi aussi, d'accomplir les gestes terribles de Zangha. Mais, à présent que Pen-Aser était mort, la haine avait fait place à un écœurant sentiment d'inutilité, de vide angoissant. Bien sûr, Edna et nos compagnons étaient vengés. Malheureusement, la mort de ce « vomi de hyène », comme elle disait, ne les ramènerait pas à la vie.

Tandis que l'on achevait de prodiguer des soins à Meren-Maât, je sortis sur le pont. Ouaset s'éloignait. Le port était en effervescence. Des cris assourdis et furieux en parvenaient. Des inconnus brandissaient le poing dans notre direction. Cependant, les navires de guerre étaient peu nombreux. Seuls quelques vaisseaux de transport de troupes sommeillaient à l'extrémité sud. Il faudrait un certain temps aux guerriers pour embarquer, ce qui nous laissait une avance confortable. En fait, nous n'avions pas grand-chose à craindre des navires de la capitale. Ils seraient incapables de nous rattraper. Notre valeureux *Cœur d'Isis* était deux fois plus rapide. Nous n'étions pas sauvés pour autant. Pharaon allait sans doute envoyer des chars pour prévenir les garnisons situées en aval. Nous risquions fort de nous retrouver face à un barrage fluvial. Il fallait donc nous éloigner au plus vite de la ville du Sceptre, afin de tenter de battre les chevaux de vitesse. Hirabaal organisa trois équipes de nage qui devaient se relayer même la nuit. Nous bénéficiions également d'un autre atout : le courant puissant du Nil nous entraînait vers l'aval. Les marins avaient abaissé la voile et le mât afin de ne pas offrir de prise au vent du nord. Nous avions à bord des vivres en quantité. Nous ne serions pas obligés de nous ravitailler avant plusieurs jours.

Le lendemain, nous atteignîmes Denderah. Je redoutai un instant de voir une flotte de vaisseaux militaires nous barrer la route, mais rien ne se produisit. Apparemment, l'alerte n'avait pas été donnée. Au moins pour ce jour, nous étions sauvés.

Le voyage se poursuivit ainsi, sans incident. J'ignore si une poursuite fut organisée. Je suppose que oui, mais jamais les navires de Pharaon ne parvinrent à nous rattraper. De même, aucun char ne donna l'alarme. Il faut dire que les routes terrestres n'étaient guère praticables et que les chevaux ne possédaient pas un énorme avantage par rapport à un navire, d'autant plus qu'un allié inattendu nous apporta son aide : le dieu Hâpi lui-même. À peine avions-nous dépassé Denderah que les eaux du fleuve s'enflèrent et que le courant s'accrut, favorisant notre fuite. Nous étions au début d'Akhet, la saison de l'inondation.

Forts de ce secours inattendu, nous atteignîmes Saïs dix jours plus tard.

39

Nos compagnons restés sur place nous attendaient avec impatience.

Per-Hathor nous accueillit avec son hospitalité habituelle et nous pûmes jouir du confort de son palais et des soins de son médecin personnel. L'état de santé de Meren-Maât m'inquiétait. En dix jours, la plaie avait commencé à cicatriser, mais il ne cessait de tousser et crachait du sang. Depuis notre départ précipité, une fièvre maligne le tenait. Le médecin m'expliqua que la lame avait perforé le poumon. Il fallait attendre que les formules magiques aient chassé les *oukhedou* de son corps. Je multipliai les amulettes de protection, adressai des prières à Isis, Ptah, Horus et surtout Amon le Mystérieux, imité par Zangha et par tous nos marins. Peut-être les dieux écoutèrent-ils la voix de nos cœurs. La fièvre finit par tomber. Cependant, la mauvaise toux persista.

Per-Hathor écouta notre récit avec beaucoup d'attention. Comme Meren-Maât s'étonnait de ne pas avoir rencontré d'obstacles sur le Nil, il répondit :

– Cela ne me surprend pas vraiment. Peut-être n'y a-t-il jamais eu de poursuite. Pen-Aser s'était fait beaucoup d'ennemis, et vous leur avez rendu un fier service en les débarrassant de lui. Si le chef de la Garde bleue faisait partie de ces ennemis, je présume qu'il n'a pas dû faire preuve d'un grand zèle pour vous retrouver. Toutefois, il faut redouter la colère de Pharaon lorsqu'il reviendra de sa tournée d'inspection. Il ordonnera ta capture, et tu ne pourras échapper aux mines d'or de Nubie. Pour l'instant, officiellement, je ne suis au courant de rien. Mais, si j'en reçois l'ordre, je serai obligé de t'arrêter.

– Je sais, mon ami. Nous allons quitter l'Égypte. Pour toujours cette fois. Tu seras bien le seul que je regretterai. Mais ne risques-tu pas d'avoir des ennuis si l'on apprend que tu m'as offert l'hospitalité ?

– Tu es un prince de haut lignage. Mon devoir consiste à t'offrir un accueil digne de ton rang. On ne pourra donc rien me reprocher.

– Nous partirons dès que possible, le temps de préparer mes navires. Il me faut des vivres en quantité suffisante. Le voyage durera près de cinq mois.

– Tu auras ce qu'il te faut. J'y veillerai.

– Mais je ne possède aucun bien, sinon le chargement de mes navires. Le négoce va me prendre du temps.

– Chasse ce souci de ton cœur, mon ami. Je t'achète le tout.

Le surlendemain, les vaisseaux étaient prêts à appareiller. J'en éprouvai un immense soulagement. Depuis notre arrivée, je redoutais de voir surgir un cavalier portant un message de l'*Unique* exigeant notre arrestation. Per-Hathor s'était montré plus que généreux. Outre les vivres et les troupeaux, il nous fournit de quoi négocier durant la traversée de la Grande Verte. Ce fut avec une grande émotion que Meren-Maât et lui se séparèrent, sur les quais de Saïs.

Deux jours plus tard, notre flotte avait quitté le Double-Royaume. Je regardai avec nostalgie les rives couleur de malachite s'éloigner lentement. Nous étions désormais hors d'atteinte de Pharaon, mais nous ne reverrions plus jamais ces rivages familiers.

La petite Nekhi était devenue la mascotte de nos marins. Grâce à son initiative courageuse, ils avaient pu intervenir pour nous sauver, et chacun lui en savait gré. Meren-Maât lui avait offert un magnifique collier orné de turquoises qu'elle ne se lassait pas d'admirer. Zangha l'avait prise sous sa protection. La mort de Naga avait laissé la fillette complètement désemparée. Arrachée à la rue, dont elle avait appris à connaître et à éviter tous les dangers, elle s'était retrouvée sur le *Cœur d'Isis* alors qu'elle n'était jamais montée à bord d'un navire. L'idée d'être entourée d'eau l'effrayait. Parfois, elle me demandait si le monde existait encore, si des monstres n'avaient pas avalé les Deux-Terres, comme dans la légende de Râ et d'Apophis. Pour la distraire, Meren-Maât lui racontait notre précédent voyage, les pays que nous avions découverts, les tempêtes que nous avions affrontées, les tribus auxquelles nous avions livré combat. Il lui racontait aussi la vie calme et plaisante de Lo-Ren, lui parlait de ses enfants. En leur absence, il l'avait adoptée.

De nouveau, nous nous retrouvions au cœur de la Grande Verte. J'aurais pu goûter enfin la paix, mais l'inquiétude me rongeait. Malgré les soins apportés par le médecin de Per-Hathor, la santé de Meren-Maât ne s'améliorait pas. Il se plaignait d'une douleur permanente dans la poitrine et respirait avec peine. À l'extérieur, la blessure s'était cicatrisée, mais le mal logé dans ses poumons refusait d'en sortir. Les quintes de toux se faisaient plus fréquentes. Voyant mon angoisse, il me prenait alors le bras et soufflait d'une voix qu'il tâchait de rendre ferme.

– Ce ne sera rien, mon frère !

Il faisait de violents efforts de volonté pour me convaincre que chaque jour apportait une amélioration. Et je me souviens avoir fait semblant de le croire. Nous nous mentions mutuellement, tout en sachant que l'autre n'était pas dupe, qu'il s'agissait d'un moyen de résister à la maladie qui le minait inexorablement. À la vérité, c'était à elle que nous mentions, aux *oukhedou* qui dévoraient lentement les poumons de mon frère. Le moindre geste lui coûtait. Chaque instant était une lutte acharnée pour retrouver son souffle. Malgré cela, il trouvait le moyen de rire, de parler de l'avenir, des projets qui lui tenaient à cœur pour Lo-Ren.

– Il ne faut pas permettre que l'on reprenne les sacrifices humains, Khenty. Mon fils devra combattre contre toute recrudescence des fanatiques.

Assis sur le pont du *Cœur d'Isis*, il passait de longs moments à m'expliquer les transformations qu'il envisageait.

– Il faudra construire de nouveaux canaux. Les anciens sont devenus de véritables cloaques par endroits. K'in-Hotep devra aussi favoriser la recherche, l'étude des étoiles, l'amélioration de l'agriculture. Les prêtres se consacreront à l'étude, comme ceux du Double-Royaume.

Il pensait aussi à envoyer des ambassades vers les lointaines nations du Nord, situées au-delà des hautes montagnes. Les voyageurs affirmaient qu'il n'existait pas de villes là-bas, mais que les tribus suivaient les migrations du gibier.

J'écoutais ses paroles avec une grande attention, mais chacun de ses mots me broyait le cœur. Il ne s'impliquait jamais directement dans ces projets. Il me chargeait de les transmettre à son fils. Je savais ce que cela signifiait.

Meren-Maât mourut un mois plus tard.

Durant la traversée de la Grande Verte, les dieux s'étaient montrés cléments et nous avaient envoyé des vents favorables. Il avait lutté pied à pied contre la maladie. Il savait qu'il ne rejoindrait jamais Anahuac, qu'il ne reverrait pas Isah-Bel, ses enfants, ni la belle cité de Lo-Ren. Mais il s'était fixé pour but d'atteindre le Grand Océan, peut-être afin que son esprit fût plus proche d'eux. Il avait jeté ses dernières forces dans la bataille. Nous avions franchi les Portes de Neith depuis deux jours lorsque son état empira. La fièvre maligne qui ne l'avait jamais vraiment quitté s'accentua. Le soir, alors que nous observions sans y penser une bande de dauphins jouer à l'avant du *Cœur d'Isis*, il me dit :

– Je ne veux pas être enfermé dans un tombeau, mon frère. Je n'y verrais plus la lumière.

J'eus peine à retenir les larmes qui me brûlèrent soudain les yeux. Il venait d'accepter l'inéluctable. Il avait cessé de mentir, et je compris que la fin était proche. Je dus faire un effort violent pour conserver à ma voix un semblant de fermeté.

– Que devrai-je faire, mon frère ?

– Lorsque mon âme sera lasse d'habiter cette carcasse usée, offre-la à la mer, afin que je puisse me fondre en elle. Mon corps deviendra celui du Grand Océan, il s'étendra d'un monde à l'autre. Je serai enfin libre. Mon esprit planera au-dessus des eaux, il franchira les montagnes et les fleuves, comme le font les aigles. Je ne connaîtrai plus aucune limite. Je retrouverai ma bien-aimée Edna. Et je pourrai enfin découvrir le pays des Hommes rouges, et son fleuve couvert de neige et de glace en hiver. Peut-être y rencontrerai-je l'esprit de Celui-qui-parle-avec-la-Lune...

Il me prit la main avec affection et ajouta :

– Je voulais aussi te remercier, mon Khenty. Grâce à toi, à la tendresse fraternelle que tu m'as apportée chaque jour de ma vie, depuis le plus loin que remontent mes souvenirs, jamais je n'ai eu l'impression d'être seul. La solitude est une chose que j'ignore. Toi et moi, nous n'avons fait qu'un. Nous avons partagé nos mères. L'une nous a donné son lait, l'autre son amour. Et je bénis aujourd'hui les dieux de t'avoir placé à mes côtés. Là-bas, tu poursuivras ce que j'ai entrepris, et je sais que tu le feras bien. Tu protégeras Isah-Bel et mes enfants, tu feras de mon fils un roi sage et éclairé, tu lui enseigneras tout ce que je n'aurai pas eu le temps de lui enseigner.

Je ne pouvais plus articuler un mot. Mais je n'avais rien besoin de promettre. Les mots étaient inutiles entre nous.

– Je ne veux pas que tu sois triste, mon frère bien-aimé. La mort est une chose naturelle, qui nous attend tous, quel que soit notre rang. Il faut l'accepter, car elle est un passage vers une nouvelle vie de lumière. Lorsque tu penseras à moi, je veux que tu te souviennes de tout ce que nous avons vécu ensemble, de tous nos bons moments, nos voyages, nos victoires, nos cavalcades sur les quais de Byblos. Je n'ai pas peur de mourir, puisque je n'ai pas à rougir de ce que j'ai fait dans ma vie, et je rencontrerai Anubis, Maât et Osiris avec sérénité. Pourtant, j'aurais aimé rester encore un peu. Sans ce maudit coup de poignard, j'aurais pu vivre encore de nombreuses années. J'avais tellement de choses à découvrir...

Il resta un instant silencieux, puis ajouta :

– Mais, si les dieux le permettent, je reviendrai. Ce monde est très beau, et la vie est un présent magnifique.

La nuit suivante, il perdit conscience. Au matin, sans doute en raison de la fatigue, je ne m'aperçus pas immédiatement qu'il avait cessé de respirer. Lorsque je m'en rendis compte, une détresse infinie s'empara de moi. Il n'avait jamais connu la solitude, parce que j'avais toujours été près de lui. Mais moi, j'allais la connaître.

Zangha vint me chercher. Abasourdi, je la laissai m'écarter du corps de mon frère, puis me réfugiai dans ses bras où je me mis à pleurer comme un petit enfant. Aujourd'hui, alors même que près de cinquante années se sont écoulées, tandis que je trace ces signes sacrés et douloureux, les yeux me brûlent encore tout autant.

Ainsi qu'il me l'avait demandé, Meren-Maât rejoignit l'océan. Je ne laissai à personne d'autre le soin de le préparer pour ce dernier voyage. J'ôtai tous ses vêtements, le lavai avec soin, puis l'enveloppai dans une grande pièce du lin le plus fin. Au matin du quatrième jour, un soleil magnifique se levait lorsque son corps glissa dans l'eau. Une lumière éblouissante découpait des franges mouvantes d'or rose et de ténèbres bleues à la surface des vagues.

Curieusement, je n'éprouvais plus aucune peine. Une paix immense m'avait envahi, car je sentais l'esprit de Meren-Maât près de moi, bien présent. Il m'avait dit qu'il reviendrait, parce qu'il aimait la vie et le monde qui lui servait de cadre. Alors, je le croyais. Il était là, il regardait avec moi, par-dessus mon épaule, son corps glisser dans les flots. Peut-être fut-ce un effet d'un courant capricieux, une dernière facétie, mais il me sembla que son corps s'ébrouait, que ses membres bougeaient, puis il plongea sous les eaux profondes, et disparut.

La fin de la traversée se déroula sans incident notable. Aucun de nos marins ne songea à se plaindre de sa durée. Il nous fallut près de trois mois pour retrouver les côtes d'Anahuac, mais aucune tempête ne se manifesta. La saison de la Colère des Dieux était passée.

Pendant notre absence, Lo-Ren n'avait connu aucun bouleversement. Isah-Bel avait assuré le gouvernement avec énergie et sagesse. Je retrouvai avec joie ma douce Letihuacan et mes enfants. Non, je n'étais pas seul. Un vide qui jamais ne se comblerait s'était creusé en moi, mais j'étais entouré de l'affection de ma famille, et elle me permit de supporter la douloureuse absence de mon frère bien-aimé.

Personne ne crut tout à fait à sa mort. Moi-même, je ne cessais d'affirmer que son esprit était présent à mes côtés, qu'il me conseillait, et qu'il continuait à protéger son peuple. Souvent, lorsque j'étais seul, je lui parlais, à haute voix. Je lui exposais nos soucis, lui demandais son avis. Et j'avais l'impression étrange de sentir les réponses surgir en moi, comme s'il me les avait soufflées. Peu à peu, les citadins, Olmèques et Égyptiens, se convainquirent que j'étais en contact avec son esprit, qu'il était réellement présent parmi nous. N'était-il pas *atl*, élu par les dieux ? Il avait tout simplement rejoint leur monde, et, depuis son royaume de lumière, il continuait de veiller sur Anahuac. Et puis, n'avait-il pas affirmé qu'il reviendrait un jour...

Dans les années qui suivirent, Hirabaal effectua deux autres voyages vers le Vieux Monde. Il ne revint jamais du second. Quelque temps plus tard, une petite flotte de navires commandés par des capitaines cananéens se présenta à l'embouchure du Coatzal. Il leur avait transmis ses guides de navigation, et ils avaient tenté l'aventure à leur tour. Ils venaient nous proposer un échange commercial. Bien entendu, nous acceptâmes. Ainsi, l'œuvre de Meren-Maât trouvait son accomplissement : il avait établi des relations entre les deux mondes. Pourtant, jamais nous ne vîmes de navires égyptiens. Hirabaal avait conservé pour ses compagnons cananéens le secret de la route menant en Anahuac. Peut-être en aurait-il été autrement si Thoutmôsis n'avait été hanté par ses rêves de conquête. Mais les dieux furent sages de le désintéresser de ces voyages. S'il avait connu la route du Nouveau Monde, il aurait sans doute éprouvé l'envie de le conquérir. Les Cananéens, eux, se contentaient de commercer.

Aujourd'hui, alors que je dessine avec application les *medouneter* sur les rares rouleaux de papyrus qui me restent, je songe à tous mes compagnons disparus. L'un après l'autre, ils ont rejoint mon frère, que tous désormais appellent Quetzalcoatl, le Serpent à plumes, ou encore le Seigneur de l'Aube. Il est présent chaque matin dans le lever du soleil. Mais les dieux furent bons avec moi, puisque je sens, à cet instant même, par-dessus mon épaule, le regard intense de ma bien-aimée Letihuacan. Elle contemple avec des yeux amusés ce langage écrit auquel elle ne comprend rien, mais qu'elle aime, parce qu'il prend vie sous mes doigts usés. Je suis le seul à voir encore, sous son écorce décharnée, sous sa peau ridée, tannée par le soleil, les pluies et les ouragans, le visage resplendissant de la fillette qui autrefois me suivait partout. Et, ne serait-ce que pour ne pas me priver du plaisir de la voir vivre, je n'ai pas l'intention de rejoindre de sitôt le Champ des Roseaux.

ÉPILOGUE

Hameran-Bal replaça avec soin le dernier rouleau dans la jarre. Koatlan et lui restèrent un long moment silencieux, les yeux et l'esprit emplis d'images merveilleuses et nostalgiques. Puis Hameran-Bal déclara :

– La légende affirme que Quetzalcoatl reviendra au premier jour d'une année sacrée, que l'on nomme Ce-Acatl. Elles ont lieu tous les cinquante-deux ans. Ce-Acatl est revenue neuf fois depuis son départ. Nous l'attendrons aussi longtemps qu'il faudra. Nous ne sommes pas seuls. Car ceux des autres nations savent qu'il était un dieu. Parfois, ils lui donnent un nom différent, mais il reste le même, le dieu de la Lumière.

– Qu'est devenu le seigneur Khenty ? demanda Koatlan.

– Il a vécu encore plusieurs années après avoir achevé son récit. Il lui semblait dommage de perdre tout ce savoir. Alors, il a enseigné la lecture des signes sacrés à Huakan-Tlaloc, le petit-fils de Quetzalcoatl, qui régnait à l'époque. C'est ainsi que nous avons conservé le secret. Il se transmet d'un roi à l'autre depuis ce temps-là. Mais l'histoire ne s'arrête pas là.

Après avoir refermé avec soin la crypte, Hameran-Bal revint à la Cité des Vents avec son fils, et l'amena devant l'une des têtes géantes.

– Khenty, le Jaguar noir, était considéré comme le Gardien du pays d'Anahuac. Après sa mort, le peuple se trouva désemparé. Il craignit de ne plus être protégé. Alors, on fabriqua d'immenses radeaux que l'on fit naviguer jusqu'à la lointaine montagne de Tuxtla, dans le Nord. Là, un énorme bloc de pierre fut découpé et sculpté en forme de tête. Une grande partie de la population participa à cette expédition. Au cours d'un voyage périlleux, les radeaux longèrent la côte maritime, puis remontèrent par le Coatzal jusqu'à Lo-Ren, où la pierre fut hissée jusqu'à la ville haute. Cette tête géante représentait Khenty, et elle veillait sur la capitale. Par la suite, d'autres rois eurent la même idée, et l'on tailla d'autres têtes, qui furent installées soit à Lo-Ren, soit ici, à la Cité des Vents. Depuis, elles protègent la nation olmèque[1].

Le lendemain, alors que l'on s'apprêtait à regagner Lo-Ren, des pêcheurs affolés demandèrent à être reçus par le roi. Hameran-Bal les accueillit intrigué. Un vieux bonhomme édenté s'expliqua d'une voix essoufflée.

– Ô Esprit du jaguar, nous arrivons de la côte où nous étions allés chasser la tortue. De grandes pirogues arrivent. Nombreuses.

– Ils sont revenus ! s'exclama Hameran-Bal. Dès demain, nous irons à leur rencontre.

Le lendemain, la cour s'était transportée sur la côte. Koatlan découvrit alors les grandes pirogues dont avait parlé le vieux pêcheur. Fasciné, il les contempla. Elles étaient sans doute assez peu différentes de celles dont parlait le récit de Khenty. C'était la première fois qu'il voyait des navires aussi grands. Les vaisseaux de Quetzalcoatl avaient été détruits par le temps, et les secrets des charpentiers s'étaient perdus.

Une grande curiosité dévorait le jeune prince. Pourtant, l'usage voulait que l'on n'approchât pas les navigateurs avant la fin du négoce. Les étrangers étaient occupés à entreposer sur la plage quantité de marchandises.

– Pourquoi n'allons-nous pas les saluer, père ? demanda Koatlan.

– Ils ne parlent pas notre langue. Il n'est pas facile de communiquer avec eux, car ils viennent trop rarement pour que nous ayons le temps d'apprendre leur langage. Ces hommes sont les descendants des Cananéens dont parle le seigneur Khenty dans son récit. Ils nous rendent visite de temps à autre, mais il peut s'écouler parfois plus de vingt ans entre deux expéditions.

– Que va-t-il se passer ?

– Lorsqu'ils auront terminé, ils remonteront à bord de leurs

1. Les têtes géantes de San Lorenzo et de La Venta présentent des traits négroïdes. Peut-être s'agit-il d'une coïncidence. Cependant, si on la rapproche des vases représentant les trois races, cette coïncidence devient troublante.

pirogues. Alors, nous irons examiner ce qu'ils nous proposent. Puis nous déposerons à côté nos propres marchandises. Il va falloir pour cela retourner à Lo-Ren. Cela prendra plusieurs jours, mais nos visiteurs sont patients. Si ce que nous leur apportons leur convient, ils le chargeront à bord et nous laisseront leurs marchandises. Dans le cas contraire, ils remonteront sans rien emporter. Cela voudra dire que notre proposition n'est pas assez conséquente. Alors, à nous de savoir si nous souhaitons compléter ou nous retirer. Une telle transaction peut demander plusieurs jours. J'ai déjà assisté à l'une d'elles sous le règne de mon père. Il m'a renseigné sur les produits que recherchent ces gens.

– Lesquels ?

– Le tabac, les feuilles de coca, les pierres précieuses... Mais il nous faut pour cela évaluer ce qu'ils nous apportent. Nous allons bientôt le savoir.

En effet, les visiteurs achevaient de présenter leurs articles. Peu à peu, ils regagnaient leurs navires. Lorsqu'ils furent à bord, Hameran-Bal invita son fils à le suivre. En compagnie des conseillers royaux, ils se dirigèrent vers les marchandises exposées. Koatlan ouvrit des yeux émerveillés. Il y avait là toutes sortes de produits inconnus : des bijoux, des masques, des vêtements, des flacons de verre coloré contenant des parfums ou des épices, des coffres emplis de pierres et de rouleaux de tissus, des meubles, des jouets... Les visiteurs possédaient un art consommé de les mettre en valeur. Il avait envie de les prendre, de les toucher. Des objets à l'usage indéfinissable attiraient son attention. L'un d'eux en particulier l'intrigua. Il s'en empara.

Il s'agissait d'un animal, peut-être un chien. Il était décoré de dessins incompréhensibles, mais là n'était le plus surprenant. Ses pattes étaient reliées par des tiges de bois sur lesquelles venaient se fixer des pièces rondes qui tournaient sur elles-mêmes.

Koatlan eut un sourire amusé. Comment ces étrangers pouvaient-ils imaginer un système aussi compliqué pour un simple jouet ?

BIBLIOGRAPHIE

Atlas historique de l'Amérique précolombienne, Casterman.
Au temps des Mayas, des Aztèques et des Incas, Le Livre de Poche.
Claude Baudez/Sydney Picasso, *Les Cités perdues des Mayas*, Découvertes Gallimard.
Heinke Sudhoff, *La Découverte de l'Amérique aux temps bibliques*, Éditions du Rocher
Azedine Beschaouch, *La Légende de Carthage*, Découvertes Gallimard.
A.C. Carpececi, *Merveilleuse Égypte des Pharaons*, Inter-Livre.
Mexique ancien, Office du Livre.
Madeleine et Michel Aubert, *Mexique : des origines aux Mayas*, Presses de la Cité.
Élisabeth Baquedano, *Les Peuples du soleil*, Gallimard.
Gerhard Herm, *Les Phéniciens*, Fayard.
Jacques Soustelle, *Les Quatre Soleils*, Plon.

Achevé d'imprimer en août 1999
sur presse Cameron
par ***Bussière Camedan Imprimeries***
à Saint-Amand-Montrond (Cher)

Éditions du Rocher
28, rue Comte-Félix-Gastaldi
Monaco

Dépôt légal : août 1999. N° d'Impression : 993414/4
N° d'Édition : CNE section commerce et industrie Monaco 19023

Imprimé en France